佛教文化经典丛书

白话楞严经

全注·全译 文白对照

注译◎ 荆三隆 邵之茜

陕西新华出版 三秦出版社

图书在版编目（CIP）数据

白话楞严经 / 荆三隆，邵之茜 注译. —西安：三秦出版社，2021.11（2025.9重印）

（佛教文化经典丛书）

ISBN 978-7-80628-592-3

Ⅰ. ①白… Ⅱ. ①荆… Ⅲ. ①楞严经－注释 ②楞严经－译文 Ⅳ. ①B942.1

中国版本图书馆 CIP 数据核字（2002）第 070806 号

佛教文化经典丛书

白话楞严经

荆三隆　邵之茜　注译

出版发行	三秦出版社
社　　址	西安市雁塔区曲江新区登高路1388号
电　　话	（029）81205236
邮政编码	710061
印　　刷	三河市兴达印务有限公司
开　　本	720mm×1000mm　1/16
印　　张	26.75
字　　数	331千字
版　　次	2021年11月第2版
印　　次	2025年9月第7次印刷
标准书号	ISBN 978-7-80628-592-3
定　　价	78.00元
网　　址	http://www.sqcbs.cn

总　序

佛教于公元前6世纪诞生在印度次大陆，西汉时期传入中国，与中国固有文化发生冲突和融合，使得中国传统文化变得更加丰富多彩，博大精深，逐渐形成了以儒家文化为主、以道家文化和佛教文化为辅的文化格局。这种格局几乎贯穿于整个中国封建时代。要真正了解中华传统文化，就必须了解中华佛教文化。随着社会历史的风云际会，文化潮流的峰回路转，在人类迈入新世纪之时，越来越多的人们开始把目光投向神秘的佛教文化。

佛教文化的载体就是各个时代传下来的汗牛充栋的佛教经典。正如儒家典籍分为经、史、子、集一样，佛教典籍也细分为经、律、论三大类，号称"佛法三藏"。"经"的地位最高，是佛陀为指导弟子修行所宣说的理论。因此，今天的人们最为关注的也就是这些"佛经"。

人们激赏、关注佛经，有着各种各样的动机。不管怎样，佛经毕竟已经不再局限于佛教内部，不再只是佛门弟子朝夕诵读的宝卷。学者们探幽发微，极力领悟通达无碍的大乘般若，解读出神入化的因明思辨，进而把握佛教文化与中国文化的脉络。普通人出于修身养性的需要，在接受了儒家和道家四书五经、道德南华的洗礼之后，自然而然地渴求从佛家的经典中汲取智慧和精神营养。如果说读书是千古风雅之事，那么读佛经更是被看做雅中之雅。正如明代学者陈继儒所言："闭门阅佛书，开门接佳客，出门寻山水，此人生三乐。"相信不少人就是抱着这种心态去读佛经的。

读佛经固然富有禅意，可是佛经却并非人人都能读懂，除了少数学者外，即使是终日诵习的佛门弟子，也常常受到"文字障"的困扰，更不用说一般读者了。有鉴于此，我社应读者的要求，组织国内佛教研究专家，编写了这套"佛教文化经典丛书"，选取十一部在佛教史上影响最大、在中国僧俗群众中名气最大的著名经典，详加注解破译，以便让深邃精妙的禅机法慧，化作为大众所喜闻乐见的菩提甘泉，滋溉读者的心田。这十一部经典是：《金刚经》、《法华经》、《圆觉经》、《地藏菩萨本愿经》、《六祖坛经》、《楞伽经》、《楞严经》、《阿弥陀经》、《无量寿经》、《观无量寿经》、《胜鬘经》。注译者抱着高度负责的态度，发扬当年译经大德的精神，潜心体悟，字斟句酌，力求使"二次传译"保持原经文的神韵，而又不失质朴和通俗晓畅。我们真诚地希望广大读者提出宝贵的意见，以便使丛书越出越好。

目 录

导言 ·· 001
楞严经卷一 ································ 001
楞严经卷二 ································ 051
楞严经卷三 ································ 099
楞严经卷四 ································ 148
楞严经卷五 ································ 195
楞严经卷六 ································ 233
楞严经卷七 ································ 272
楞严经卷八 ································ 303
楞严经卷九 ································ 342
楞严经卷十 ································ 385

导　言

　　佛学研究是一个涉及面较宽，颇有理论深度和吸引力的研究课题，历来受到国内外学者们的关注。放眼当今世界，佛学作为中国传统文化中的重要部分，已经呈现出凡有华人的地方都有佛学研究的状况，尽管在深度和广度上还存在着差异。

　　我们知道，由于印度是一个缺乏完整历史记录的文明古国，研究印度佛学，不得不借助于汉译佛教文献，事实上如果离开了中国佛教典籍的研究，就很难准确反映出印度佛学基本和真实的发展脉络。对于印度佛学、佛教中国化这些需要界定的问题，学术界都能够做出基本一致的看法，尽管研究的方法和角度有所不同，依据的典籍史料各有倾重，有许多的具体问题仍须进一步加以甄别和探究。对于印度佛教产生于公元前6至公元前5世纪时的北印，在1世纪时走向成熟，从7世纪出现颓势，12世纪时在印度本土渐没不闻的发展线索是明确的。纪元年前后，佛学东渐，入于中原，从7世纪开始，以中国长安为中心的佛教开始取代印度，成为佛学中心的历史事实，得到了学者们的广泛认可，但对这一转变的具体的标志性的研究成果仍有所不足。尤其是对于标志性人物和标志性理论成果的研究工作有待于进一步深入。

　　佛学中心由印度转移到中国的探究，可以分为印度佛学、佛学中心东渐的代表人物与经典这两个方面。

　　在印度佛学研究方面，我们的研究是有限的，与文化大国、文明古国的地位并不相称，新中国成立以前几成空白，新中国成立后主要有吕澂《印度佛学源流略讲》、季羡林《原始佛教的语言问题》、杨曾文《佛教的起源》、杜继文《佛教史》、巫白慧《印度哲学与佛学》、黄心川《印度哲学史》、高杨、荆三隆的《佛教起源论》等著作。国外的研究著述众多，以英、日、德、美、俄等国为代表，有独立理论成果的东方学家不下百人，笔者曾想编写一本百年百名国外东方学家的小传，一直未能如愿。

对于以中国长安为中心的佛学之代表人物与经典的研究，近年来引起了许多中外学者的重视，先后出版了两部《玄奘研究》的国际学术研究会议的论文集，对于标志性人物的研究渐有起色，颇有建树。但是，对于标志性经典的深入研究，是较为欠缺的，在有些方面还是空白。主要表现是视角狭窄，有不少研究者、信仰者自觉或不自觉地站在一宗或一派的角度来审视中国佛学，不能从印度和中国历史文化的大背景出发，把握由印度到中国，再由中国到周边国家的主线，并以此挈领整体，区别分析不同区域的特色，从而使研究工作有以偏概全、一叶障目之嫌。

我们认为佛教中国化的代表人物，首推玄奘法师，以他的西行求法，贞观三年始自长安，至天竺取佛学要义，标志着佛学在印度的发展，成为"西边的太阳"，贞观十八年至于阗，次年正月二十五日返长安（公元645年），代表着佛学"大乘天"与"解脱天"的"东方的朝阳"从中国的长安升起。佛学的中心，向中国转移。玄奘是把大乘佛学的中心从印度转向中国的一位标志性人物。使唐长安成为"佛教的第二故乡"，玄奘在中印佛教史上起到了承前启后，继往开来的历史作用。同时，经典也从印度源源不断地到了中国，在印度则渐次无存；由中国人"托伪"而作的"佛经"也不断产生，成为众说纷纭的历史悬案。《楞严经》也被列入"托伪"经典之列，这恰恰是这部佛经的价值所在，也是引起笔者注译、辨析的原因之一，以期从一字一句的推敲、考辨中，还这部经典的本来面目。力争在分析中持之有据，在注释中言之成理，能自圆其说，成一家之言。

《楞严经》全称《大佛顶如来密因修证了义诸菩萨万行首楞严经》，亦称《大佛项首楞严经》、《首楞严经》、《大佛顶经》。又名《中印度那烂陀大道场经》。唐神龙元年（公元705年）五月，唐中宗李显复辟年间（神龙为武则天年号，仍沿用）由中天竺僧人般剌蜜帝于广州制止道场译出。本经属大乘佛教秘密部经典，有无法不备、无机不摄、学佛要门之说；亦有性相总要、法门精髓、成佛正印、正法经典之论。自唐以降，被视为中国佛教的重要经典，不仅受到各宗派的重视，也得历代鸿生硕儒的喜爱。

历代《楞严经》的注释长盛不衰，不下百家，流传于今的，仍有四十余种。清章嘉呼图克图等将该经译成藏文，并有汉、满、藏、蒙四种文字对译的《首楞严经》全本刊行于世。在海外，仅日本与该经相关的注疏亦不下四十种之多，其流布之广泛、影响之深远可见一斑。

我国有代表性的注述有：唐怀迪证释《楞严经义海》三十卷；元代惟则禅师集宋代有影响的九家注本，作《楞严经会解》十卷；北宋王安石《楞严经新解》十卷；明释真界注《楞严经纂注》十卷；明释通润《楞严经合辙》十卷；明释真鑑《楞严经正脉》四十卷；兴隆《楞严经义疏显密幽玄记》十卷等。

《楞严经》在结构上分为序、正宗、流通三部分。第一卷为序，称为序分，介绍此经的由来，是佛祖释迦牟尼派文殊这位代表智慧的菩萨，以神力帮助佛陀的堂弟，十大弟子之一的以"多闻第一"称谓的阿难免受魔女诱惑的因缘来展开。二至九卷为正文，称为正宗分，讲述了"一切世间所有物，皆即菩提妙明元心。心精遍圆，含裹十方"，众生当行静虑，修禅定，破"妄见"，通过各种渐次递进的修行，达到"妙觉"。十卷为宣讲经文的传播，称为流通分，为经文的广泛流传而叙说。

本书在注译中，以清常州天宁寺刊本为工作底本，参阅其他流行本进行校阅。针对佛僧对话、散文与诗句相互交叉的特点来进行标点和分段；注释部分采用以句为主，兼顾数句一旨的方法，依次进行；有些佛教词语出现时前后在义理上各有侧重，在一词多义，一词别指，多词同义的情况下，则采用删繁就简的原则，予以复注；白话译文部分，以直译为主，在有的术语已有注释的前提下，兼采意译，以便于阅读。应当说明的是在注释部分，作者并不恪守于旧注，突破一教或某宗的信仰与偏执，力图在印度与中国历史文化发展的大背景上进行冷静客观的工作，根据需要采用了一些前期的研究成果，鉴于《楞严经》十卷本经文约六万六千，标点后达八万余言，为了不致使本书的篇帙过于庞大，采用了简注的方法，尚祈读者谅解。

由于笔者学识有限，在注译的工作中谬误、疏漏以至于偏颇之处在所难免，敬请方家指正，意在以心鉴月，不落言筌，拂去尘埃，但见清澄，衷心地期望本书能得到读者的喜爱和帮助。

荆三隆于西安

大佛顶如来密因修证了义诸菩萨万行首楞严经①

唐天竺沙门般剌密帝译②
乌苌国沙门弥伽释迦译语③

卷 一

【经文】

如是我闻④。

【注释】

①《楞严经》题解：

1. 大佛顶如来，佛名、尊称。大者，有因、义、行、果皆备之义，故称；佛，指觉悟者；顶，为最胜之义；如来，佛陀名号之一。

2. 密因修证了义，指是凡人不能了解的进行修行证悟佛果的理解了义理的经典。密因，佛教名词，又称密事密因，非常人所知，称为密，密即因也。"唯圣自证，故云密因"，对不知者不可轻易言说；了义，针对不能了解佛理而言，指"说示究竟显了之义"的经典。

3. 诸菩萨万行，一切有成就的证悟者，其修行的"法门"即方法，有八万四千种方法。

4.首楞严经，第一个就是定力，名为佛性。首楞严，指健行、一切事竟，一切事得坚固，称首楞严。首楞严者，三昧之名，万行之总称。三昧即"定"。

②译者：

1.唐，唐代。天竺，古代印度的别称。

2.般剌密帝，印度僧人名。意为"极量"，宋《高僧传》卷二有载。本经由他口诵。

3.沙门，"沙门那"的简称，意为勤劳、净志、修道等。原指古印度各宗教派别中出家修行的人。佛教兴起后，成为专有名词，指佛教僧人。

③汉语助译者：

1.乌苌国，即乌仗那国，北印度境内，如来昔日为尸毘王舍身于鹰的传说即在此地。

2.弥伽释迦，僧名。意为"降伏"，他助译，由梵语译为汉语。译经还有"证译"，证实译文义理准确；"笔受"，专门负责润色文字，本经由曾任宰相的房融担任。

④如是我闻：佛经开头的用语。据说释迦牟尼寂灭后，以十大弟子中号称多闻第一的阿难，将佛当年讲经时所说的凭记忆再复述出来，经在场的高僧确认无误后就整理结集成佛经。他在诵出一切经典的开头都用此语，以表示与其他教派教理之间的区别。如是，指佛陀的言论和行动，亦即经典的内容；我闻，指阿难所听到的。如是，又指自己闻法而信；我闻，又指坚信佛说的信徒。一切佛经凡明示佛说，皆用此句开头。

【白话】

我曾当面聆听佛陀的教诲。

【经文】

一时佛在室罗筏城①，祇桓精舍②。与大比丘众千二百五十人俱③。皆是无漏大阿罗汉④。佛子住持，善超诸有。能于国土，成就威仪。从佛转轮⑤，妙堪遗嘱。严净毗尼⑥，弘范三界⑦。应身无量，度脱众生，拔济未来，越诸尘累。其名曰：大智舍利弗、摩诃目犍连、摩诃拘絺罗、富楼那弥多罗尼子、须菩提、优波尼沙陀等⑧，而为上首⑨。

【注释】

①一时：即"说此经竟，总谓一时。"在讲授本经的这一段时间。

佛，这里特指佛教的创始人释迦牟尼，其名在梵语的意思是"释迦族的圣者"，亦称佛陀。关于他的生卒年月，多有异说，大多数学者认为，约在公元前6世纪中叶出生在古代印度北部的迦毗罗卫城，在今天的尼泊尔境内。佛陀名悉达多，姓乔答摩，出身于王族，据说他是迦毗罗卫城的国王苏图冒那即净饭王的王子。佛陀29岁出家修行，35岁成道，此后一直在北印一带传教，历时45载，80岁时，逝世于毗舍离的波梨婆村。佛陀的尊称很多，约二百七十个之多（参见《方广大庄严经》卷十一），最常见的有：

◎佛陀，意为觉者。原指摆脱一切世间束缚，到达涅槃境地者。最初并非佛教创始人的专名，以后随着佛教的发展，才逐渐成为悉达多的专称。

◎如来，即修行完成的人，可以理解为没有错误者。

◎释迦牟尼，除指释迦族的圣者外，《本行集经》卷二十云："菩萨行路，谛说徐行。有人借问，默然不答。彼等人民，各相语言：此仙人者，必释种子，因此得名释迦牟尼。"

◎释迦如来，复合名词，即释迦族的如来。

◎释迦师子,即释迦族的俊杰。师(狮)子为百兽之王,佛陀为人中之王,故称释迦师子。

◎萨婆若,意为一切智。

◎萨婆若提婆,意为一切智神。

◎斫迦罗伐罗提,意为转轮王,即教化广大世界的圣明之王。

◎阿沙罗那沙罗那,意为无处可逃者的避难处。

◎世尊,或者译为婆迦婆,指有德。这一名词在古代印度的吠陀文献和史诗中原为学生对老师的尊称,意即尊师。在婆罗门教中一般又把此词作为神的同义语。佛教借用此词专指佛陀,以后随着佛陀的进一步神化,渐渐失去了人的特征,其真理的探索者,伟大的思想家的特征被演化成了惟我独尊的神的形象。

室罗筏城,即舍卫城,今印度西北部。古时因该地多异人奇珍,又名多有国、好名闻国等。

②祇桓精舍:全称"祇树给孤独园",其中"园"亦作"洹"、"桓"。原为舍卫国波斯匿王太子祇陀的林园,故简称"祇林"、"祇树";给孤独,人名,为舍卫国长者,因善施且哀恤孤危,故人称为给孤独。他皈依佛教后,用重金买"祇树",太子祇陀将园中林木献给佛陀,仅将土地卖给长者。给孤独又在园中建寺院,作为佛陀传法的居所。后人将两人名字并称为"祇树给孤独园",该园与王舍城的竹林精舍并称为两大最早的精舍,均为佛教圣地。

精舍,是寺院的别称。俗称佛寺为"静舍"或"精舍",意指精行者所居,非"精妙"之谓。

③大比丘:指高僧大德。比丘,在佛教戒律体系确立后,专指出家得度受过其足戒、年满二十的男性修行者。

④无漏大罗汉:无漏,无与有相对,漏指烦恼,无漏指脱离了一切烦恼。大罗汉,有成就的罗汉。罗汉,阿罗汉的简称,能断尽一切烦恼,故汉译为杀贼;又因应受人、天供养,故又称应

供。当佛教兴起时期，阿罗汉为古印度各宗教对值得尊敬的修行者的通称。直到今天，印度的耆那教徒仍把该教的创始人大雄称为阿罗汉。见《有部律杂事》卷三十五㊅24，383页。以后，随着佛陀的逐渐被神化，阿罗汉便成为佛陀的十号之一。小乘佛教时期，为了把佛陀和阿罗汉相区别，遂将佛弟子可能修行后达到的最高境地称为阿罗汉。见《游行经》㊅1，13页；《四分律》㊅22，578页；《十诵律》㊅23，8页等（参见于高杨、荆三隆《金刚经新注与全译》61页所列出处）。

⑤转轮：即转法轮，对佛陀宣讲佛理的比喻，"转"喻宣讲，"轮"喻佛法，即佛教义理。

⑥毗尼：戒律。

⑦三界：佛教把世俗世界分为欲、色、无色三界。三界皆在迷中，在轮回中不能脱离苦海。

⑧六人名。除优波尼沙陀，译为尘性，为有德高僧和摩诃拘绨罗为罗汉，亦名拘瑟耻罗，为舍利弗的舅舅外，其余均为佛陀的十大弟子之一，其分别为：

1. 大智舍利弗，舍利弗，婆罗门种姓，号称决疑第一。

2. 摩诃目犍连，摩诃，译为大，又译多、胜，禅门课诵楞严咒之后常念摩诃般若波罗蜜，意为大智慧度彼岸。目犍连，号称神通第一。

3. 富楼那弥多罗尼子，富楼那为其名，译为满，弥那多罗尼，母姓，译为慈，其子叫富楼那。富楼那为简称，他能言善辩，号称说法第一。

4. 阿那律，又译为阿㝹楼陀，佛陀堂弟，号称天眼第一。

5. 须菩提，舍卫城长者鸠留之子，在佛弟子中号称解空第一。

6. 大伽叶，婆罗门种姓，佛陀入寂后，被推为上首，号称头陀第一。

7. 迦旃延，长于哲学思维，号称论义第一。

8. 优波离，出身于首陀罗种姓，号称持律第一。

9. 罗睺罗，佛陀之子，号称密行第一。

10. 阿难，又译为阿难陀，佛陀堂弟，号称多闻第一。

⑨上首：在座大众中的主位，称为上首，或一个人，或若干人乃至数十人，今称首座为上首。

【白话】

那时，佛住在舍卫城的祇园寺院。有高僧和一千二百五十位修行聚集在这里。他们都是脱离了烦恼的有成就的修行者。佛陀的弟子们依佛法修证，能超脱世俗的生死有无，在广大的世界中，成就庄严美好的境地。追随佛陀的佛教法理和美妙无比的教诲，严格遵守律法，做世俗世界弘扬佛法的楷模。用各种形象来度脱众生于苦海彼岸，脱离未来尘世的苦难。其中以名叫大智慧的舍利弗、大神通的目犍连、大勇的拘绨罗、说法第一的富楼那、解空第一的须菩提、有德的优波尼沙陀等六人为代表。

【经文】

复有无量辟支无学①，并其初心，同来佛所。属诸比丘，休夏自恣②。十方菩萨③，咨决心疑。钦奉慈严，将求密义。即时如来敷座宴安，为诸会中宣示深奥。法筵清众，得未曾有。迦陵仙音④，遍十方界⑤。恒沙菩萨⑥，来聚道场⑦，文殊师利而为上首⑧。

【注释】

①辟支无学：辟支，即辟支佛。分为缘觉和独觉两种。前者

以前世所修而得道，或观俗世悟十二因缘而证悟的修行者；后者以出家独自苦修而得悟之人。无学，修行达到罗汉的境地，即三界诸惑已尽，证悟了真谛，但不再进一步修学，仍达不到圆满智慧境界的证悟者，即声闻。缘觉、声闻，称为"二乘"，与菩萨合称为"三乘"。三乘中菩萨乘亦称佛乘，方可称之为"圆满"。大乘菩萨还分十个阶位。

②休夏自恣：休夏指安居后的三天，佛教徒自四月十五至七月十五日集聚一起修行，这一段时间称安居；自恣，指自我反省或任由其他僧人指出过失以自律。安居后用三日来自律。

③十方菩萨：十方，十个方位，佛家指东南西北，东南、西南、东北、西北、上、下，合为十方。

菩萨，菩提萨埵的简称。意译为觉有情、大心众生、大士、高士、开士等。基本含义有：

1. 指立志修持大乘六度，以智慧求菩提即觉悟，下利众生，以便于未来成就佛果的大乘佛教修行者。见《般若心经》㊅8，848页；《华严经》卷一㊅9，395页；《无量寿经》㊅12，265页；《阿弥陀经》㊅12，346页；《灌顶经》㊅21，532页；《瑜伽论》卷三十五㊅30，478页。

2. 指成道前的佛陀，即修行时期的佛陀。见《长阿含》卷二㊅1，16页；《佛所行赞》卷三㊅4，24页。

3. 指佛陀之子。见《法华经》卷一㊅9，3页。

4. 指佛陀的前生。

5. 中国封建社会中，朝廷也赐名给有声望的大德高僧以菩萨的称号。在世人之中对有德高僧亦尊称为菩萨。

④迦陵仙音：比喻。迦陵为迦陵频伽的略称，鸟名。译为妙声鸟，《智度论》卷二十八有该鸟能在壳中未出"发声微妙，胜于余鸟，菩萨摩诃萨亦如是"之说。

⑤遍十方界：喻佛陀传法之音遍及各地。

⑥恒沙菩萨：比喻受法的修证者如恒河沙的数量，无可限量。

⑦道场：佛教名词，有多种义。如佛成道之处，修行所依据的佛法，供佛之处，法会等等。本处指到这里来听讲，即修行学道的地方。

⑧文殊师利：文殊是美妙之义，师利汉译为头、吉祥、德等。统称"妙吉祥"、"妙德"，简称文殊菩萨。在佛教造像中文殊与普贤二菩萨常对一对，为释迦牟尼左右的侍者。文殊居左，掌管着智慧，头顶结有五髻，并以此为本体，表示大日之五智（法界体性智、大圆镜智、平等性智、妙观察智、成所作智）。手持剑，代表着智慧的利刃能断除众生的一切烦恼，骑狮子，表示智慧的威猛和无敌。文殊被尊为佛弟子中的德之首和众菩萨之首，故为上首。《华严经·菩萨住处品》中有："东方有处，名清凉山，从昔以来诸菩萨众于中止住。现有菩萨文殊师利，与其眷属诸菩萨众一万人俱，常在其中而演说法。"清凉山，五台山的别名，在山西省五台县东北，方圆约五百里，由五座山峰环抱而成，各峰顶平坦如垒土之台，由东、南、西、北、中五台构成，故称。这里从北魏，约五世纪中叶至今，历代所建佛教塔庙林立，青黄二庙共处（青庙为汉传佛教寺庙，黄庙主要为藏传佛教寺院），约一百二十余处。中国佛教认为五台山是文殊修行、显相、说法的道场，各种传说流布甚广，一进五台就会感触到十分浓郁的佛教文化气息。每年的农历六月初六至十五，这里都要举行规模很大的"大誓愿会"，自唐以来香火隆盛，今天中外信众和游览观光的人群更是络绎不绝。笔者曾夜宿台中旅舍"风波府"，白日也亲历香火缭绕之寺庙，闻佛号声声；傍晚漫步小径，山风习习，引人思绪连绵，使人有置身于灵境之感。五台与峨眉、普陀、九华山并称为中国佛教四大名山，并以其历史悠久，丛林梵刹众多而居首位。

【白话】

还有无数的声闻、缘觉二乘的修行者,能自度但未能度人的证悟者,也生闻佛法之想,一同来到祇园。随佛陀修行的出家信徒,在安居一齐修行后的自省时期。一切有成就的证悟者来请教认识在修行中所遇到的疑难。恭敬信奉慈悲与庄严,了解凡人所不解的义理。这时佛铺好坐垫后,盘腿端坐,随和安详,为到场的听众解说深奥的理趣。在听佛理的筵席上清净心境的信众,获得了从未听过的道理。如妙声鸟的精美之音,传遍每一个地方。似恒河之沙那样多的证悟者,都来聚集在佛讲经的会场,在这些有成就的修行者中,以文殊证悟者为代表。

【经文】

时波斯匿王①,为其父王讳日营斋②。请佛宫掖③,自迎如来,广设珍羞无上妙味④。兼复亲延诸大菩萨⑤。

城中复有长者居士,同时饭僧,伫佛来应。佛敕文殊⑥,分领菩萨及阿罗汉应诸斋主⑦。唯有阿难,先受别请。远游未还,不遑僧次⑧。既无上座及阿阇黎⑨,途中独归,其日无供⑩。

【注释】

①波斯匿王:意译为胜军,是北印舍卫国国王,佛教徒。他与佛陀同日生,同年死。时人称佛为"日光",称他为"月光"。

②讳日营斋:讳日,为祖先避讳的日子,七月十五日为佛教"鬼节",又称"中元节";亦称"盂兰盆节"、"盂兰盆斋"。"盂兰盆"梵文音译,其义为"救倒悬",佛教认为在此日设各种饮食供一切僧人即设斋饭供佛及佛弟子,可救度地狱受难的已故祖先,求得解脱,故也是佛欢喜日。

③宫掖：为王室的内庭，以王宫内设宴，表示礼佛。

④珍羞：精美的菜肴。

⑤亲延：亲自迎请。

⑥敕（chì）：告诫、自上命下之词。

⑦斋主：施斋饭的主人。

⑧不遑僧次：不遑，赶不及。僧次，由文殊安排至各施主家受施的事宜即僧所应做之事。

⑨阿阇（shé）黎：梵文音译，指有德高僧、法师。

⑩供：供养、供给，指以香花、灯明、饮食等供佛、菩萨、亡灵，也指斋供僧人。

【白话】

这时舍卫国王胜军，为救度已故父王在盂兰盆节准备了供给佛陀的斋饭。请佛到内宫，亲自相迎，准备了许多精美的菜肴。同时又亲迎接了各位有成就的证悟者。

城中还有德高望重在家修行的佛教徒，也同时准备了饭食，站在门口，恭敬地等候佛陀来接受供奉。佛叫文殊悟道者，带领有成就的修行者以及有道高僧分别到各设宴主人家中接受供奉。只有阿难，事先受到外地施主的约请。单独一个人外出未回，来不及参加佛教的这次活动。既没有证悟者同行，也没有法师相伴，独自一人在返回的途中，这一天没有受到供给。

【经文】

即时，阿难执持应器。于所游城，次第循乞。心中初求最后檀越①，以为斋主。无问净秽，刹利尊姓②，及旃陀罗③。方行等慈，不择微贱，发意圆成一切众生④，无量功德⑤。阿难已知如来世尊，诃须菩提及大迦叶，为阿罗汉心不均平。钦仰如来，开阐无遮⑥，度诸疑谤。经彼城隍⑦，徐步郭门⑧。严整威仪，肃恭斋法⑨。

【注释】

①檀越：梵文意译，即施主，施财、饭的世俗信众，意指施舍自可越渡贫穷。

②刹利尊姓：古代印度实行把人分为四个种姓。婆罗门，掌握神权，成为知识的垄断者；刹帝利，掌握王权的各级官吏；吠舍，商人及手工业者；贱民，奴隶。

③旃（zhān）陀罗：屠夫。

④众生：主要指人类，也泛指世间一切有灵性的生物。佛教认为，一切众生以其诞生方式的不同可分为四种，即四生：胎生，指一切由母胎而生的动物，如人和兽；卵生，指一切由卵化而生的动物，如鸟；湿生，指一切由湿气而生的动物，如虫；化生，指无所依托，自然而生者，如神、幽灵等。

⑤无量功德：不可计数的福德。

⑥无遮：指不分贵贱、僧俗、圣贤，众生平等。

⑦城隍：护城河。

⑧郭门：古代在城的外围加筑的城墙称之郭，郭门即城墙门。

⑨斋法：化缘的方法、规定，即托钵也称应器随缘而化，给什么即吃什么，并无挑剔，若过七家，无人施饭或过午时即正午，则不食。

【白话】

这时，阿难拿着乞食的用具，在舍卫城挨家挨户依次化缘。他心中希望能在最后得到饭食，得遇施主。无论干净或不干净，不问是官吏或屠夫。都要有平等的慈悲心，不挑别身份的卑微低贱，发愿圆满成就一切众生，都能有无数的福德。阿难知道受世人尊敬的佛曾责备须菩提和大迦叶，为只求自身觉悟的修证者在心里对人不能平等对待。钦佩和仰慕佛，广开善缘阐明不分贵贱，化解了各种怀疑和诽谤。他经过了护城河，从容地走出城门。严肃、端庄使人生敬意，恭敬地实行化缘乞食的方法。

【经文】

尔时，阿难因乞食次，经历淫室。遭大幻术，摩登伽女①，以娑毗迦罗先梵天咒②，摄入淫席。淫躬抚摩，将毁戒体③。如来知彼淫术所加，斋毕旋归。王及大臣，长者居士，俱来随佛，愿闻法要④。于时，世尊顶放百宝无畏光明，光中出生千叶宝莲。有佛化身⑤，结跏趺坐⑥，宣说神咒⑦。敕文殊师利将咒往护。恶咒消灭，提奖阿难及摩登伽，归来佛所⑧。

【注释】

①摩登伽女：摩登伽，贱种的通称。其女儿叫钵吉帝，为阿难相貌倾心想以为夫妻，以死相逼，让其母施咒迷倒阿难，其母拗不过女儿，用咒迷惑阿难，如鱼随钩，不能自持。

②娑毗迦罗先梵天咒：娑罗毗迦罗，意为黄发外道，是古代印度的另一宗教派别。先梵天咒，是使人神情恍惚，身不由已的法术。

③戒体：戒，佛教重要的内容。所谓住在佛家，以戒为本。就是防止身心言行过失的规定，与定、慧共称为三学，后发展成为佛教典籍"三藏"经、律、论中的律藏。分为五戒、八戒、十戒、具足戒四个等级。男性出家人受二百五十戒，女性为三百四十八戒，认为这是达到解脱的途径之一。戒体，一般指防

恶遵守戒律的心念和意志。戒律为佛教徒制定了十分完整的道德行为规范。

④法要：佛法的义理。法，佛教重要的理论范畴。佛教创立时，借用了"法"这一术语，赋予了新的含义，使之具有支配自然现象和人类精神活动的普遍规律的内涵，成为新的范畴。"法建世间"充分表现了"法"的新含义及其在佛教义理中的意义。随着佛教的不断发展，"法"的含义日趋丰富。（参见《金刚经新注与全译》第35页至42页；《白话楞伽经》第10页至13页。）

在佛典中，还大量出现了冠之以"法"的专有名词如："法入"、"法力"、"法王"；各种比喻如："法山"、"法舟"、"法雨"；杂说如"法兄"、"法尼"、"法匠"，凡此种种，达数百种之多。可谓开卷见法，但具体用法、指向、义趣有别，不能贸然等同。

在中国佛学里，把凡具有质的规定性，并为人们所认识的一切事物和现象称之为法。我们认为佛教中"法"的范畴，是指贯穿于物质与精神世界的规律，一切物质世界的现象和人的精神、意识，包括彼岸世界存在的一切现象，都是法的表现。

⑤化身：佛教术语。指佛"三身"之一，说法有别，可以归纳为：法身，即人之身，与生俱有，是成佛之因；报身，指以法身为因，经修行而得佛果之身、报身；化身，指佛为传法，度脱众生，根据需要变化之身，天、人、鬼、龙无其不可。更有四身、六身、十身等说法。

⑥结跏趺（jiā fū）坐：佛教术语，略称"跏趺"、"加趺"，趺指脚背，修禅者的坐法。即双足交叠而坐。据慧琳《一切经音义》卷八称有两种：

◎ "全跏坐"，俗称"双盘"，即两足交叉置于左右股上。若先右后左，称"降魔坐"；若先以左足押右股，后以右足押左股，先左后右，两足掌仰于二股之上，称为"吉祥坐"，禅宗谓之，密宗称为"莲花坐"。

◎"半跏坐",俗称"单盘",即单以右足押于左股之上,或仅以左足押右股之上,密宗称为"吉祥坐"。

佛教认为跏趺可除妄念,利于静心,安稳、不易疲劳。白居易在《在家出家》诗中有:"中宵入定跏趺坐,女唤妻呼多不应。"常人非练习而不得。

⑦神咒:神奇的咒语。咒,为陀罗尼的译名,义为总持,使善念不致消散,恶意不能产生。依禅定发秘密语,有不测之神力,称之为咒。

⑧归来佛所:从如是我闻至此句,为全经的序分。下面进入正宗分,在结构上可分为五个部分:初见道分,由下文始至第四卷中;修道分,由四卷中始至第七卷末;证果分,由七卷末始至第八卷中;结经分,八卷中证果分结束后之一节;助道分,八卷中结经分后至第十卷末。全经正宗分,即经文主体结束。十卷结尾部分为流通分,为弘法立言。本经注译以十卷本为结构,分卷依次进行,谨以明示。

【白话】

在这时,阿难因为挨户依次乞食,经过卖淫女住的地方。遭到了巨大的迷幻术的诱惑,淫妇的女儿,借用了黄发仙人的法术,将阿难诱到了屋里的床边。用手抚摸阿难,使他失去了自制力,将要堕入欲海情波,破坏佛门的戒律和道德规范。佛知道阿难被迷幻术控制,不能自拔,称用饭就此结束,立即返回寺院。舍卫王和大臣们,德高望重的在家佛教徒,都一同跟随他,想明白佛法的义理。回到寺院后,受世人尊敬的佛从头顶上放射出许多如珠宝般的、能摧毁一切邪恶力量的光芒,在光芒中生出来灿烂的千叶莲花。佛陀在光明中,化作金身,以莲花坐,宣说神奇的扬善止恶的咒语。令文殊证悟者,持咒前往保护阿难。使邪恶的法术消失,提示阿难幡然醒悟并进而鼓励少女,一同来到佛住的寺院。

【经文】

阿难见佛,顶礼悲泣①。恨无始来,一向多闻,未全道力。殷勤启请,十方如来得成菩提②,妙奢摩他、三摩、禅那③,最初方便。于时复有恒沙菩萨,及诸十方大阿罗汉、辟支佛等,俱愿乐闻。退坐默然,承受圣旨。

尔时世尊④,在大众中舒金色臂,摩阿难顶,告示阿难及诸大众。有三摩提,名大佛顶首楞王。具足万行,十方如来,一门超出妙庄严路,汝今谛听。阿难顶礼,伏受慈旨。

佛告阿难:"汝我同气,情均天伦。当初发心,于我法中见何胜相⑤,顿舍世间深重恩爱?"

阿难白佛:"我见如来三十二相⑥,胜妙殊绝。形体映彻,犹如琉璃⑦。常自思惟,此相非是欲爱所生。何以故?欲气粗浊,腥臊交遘⑧,脓血杂乱,不能发生胜净妙明,紫金光聚。是以渴仰,从佛剃落⑨。"

【注释】

①顶礼:古代印度最尊敬的礼节。头、双手、两足着地,俯伏在地叩首。后人常用"顶礼膜拜"来形容极度的崇敬。

②菩提:梵文音译,意为觉、智,通常指达到彼岸的智慧。

③奢摩他、三摩、禅那:即寂静、观照、静虑。

④本段经文常州天宁本置于后,依现行福建莆田广化寺全本、浙江苍南莲花寺等刊行流通本,对刊。择善从之。

⑤相：佛教术语。有以下几种含义：

1. 形态、样子，表露于外的形象。见《无量寿经》大 12，266 页；《维摩经》大 14，540 页；《二菩萨经》大 20，660 页。

2. 特质、特征。见《瑜伽论》卷十六，大 30，364 页；性质，见《起信论》大 32，575 页；思，与想同义，见《金刚经》；思与想留下的形迹，为事物的表象，佛教主张要舍去对这种表象的思念或称舍离三念，即施者、受者、施物。

3. 状态；境地；特征。

4. 有漏，意为有情感之心；逻辑学上的定义；推论的证据、证因，见《金七十论》大 54，1246 页。

5. 佛的三十二相，见下注。

⑥三十二相：指佛陀身体的三十二种特征、特相、相貌。如：足下二轮相；正立手摩膝相；四十齿相；大舌相；白毛相，眉间有白毛，放光，称毫光、眉间光等。

⑦琉璃：瓦器外的釉料，鲜艳发光，呈金黄色或绿色，宫殿庙宇常用此种瓦器，称琉璃瓦。

⑧交遘：交合构成。遘（gòu），遇；通构。

⑨剃落：又称剃度，剃除须发是佛教受戒的一条规定，以落发一示区别于其他教派，二示发愿修行，断除烦恼，去除憍慢自恃之心。

【白话】

阿难见到佛，五体投地俯伏叩首且悲痛地抽泣着。悔恨自己从因缘而生以来，一向注重多闻强记，没有修成完全的意志力。十分恳切地请佛开启解说，一切修证者得到解脱的智慧，修行玄妙的静、观、止定，那一种是先修的方法。这时还有如恒河沙那般数不清的有成就的证悟者和一切证悟涅槃，脱烦恼的修行者，达到声闻、缘觉二乘,归于自身证悟的人,都自愿地欣然听讲。退到自己的座位上,安静地倾听和领会佛祖的神圣教义。

这时受世人尊敬的佛,在大众中舒展开他金光闪耀的手臂,用手抚阿难的头顶,告诉阿难和大家。有正定即心念定止,叫大觉悟的最高境地定力的统领。包括满足一切修行方法,一切大觉悟者,都通过这个佛法之门达到了超脱的美妙庄严的坦途,你们现在认真听。阿难五体投地,伏在地上接受佛陀慈悲之心的义理。

佛告诉阿难说:"你我血脉相连,情同手足,是堂兄弟。在你当初发愿修行时,在佛法中见到何种特殊的表现形态,从而产生舍弃人世间深深注重的恩情爱恋呢?"

阿难回答佛说:"我见你有三十二种特殊的体貌,绝妙殊胜。形体光映四周,犹如闪烁金光的琉璃。心中常暗自思忖,这样的相貌不是情欲爱恋所生成。为何呢?性欲之气粗俗浑浊,由腥气臊味相互构成,脓血混杂,不能产生独有的明净美妙之体,紫气与金光聚集。因此渴望仰慕,随您剃度出家修行。"

【经文】

佛言:"善哉,阿难。汝等当知一切众生,从无始来生死相续,皆由不知常住真心性净明体①,用诸妄想。此想不真,故有轮转②。汝今欲研无上菩提,真发明性③。应当直心酬我所问。十方如来,同一道故,出离生死,皆以直心。心言直故,如是乃至终始地位,中间永无诸委曲相。

"阿难,我今问汝。当汝发心,缘于如来三十二相,将何所见,谁为爱乐④?"

阿难白佛言:"世尊,如是爱乐,用我心目。由目观见如来胜相，心生爱乐。故我发心，愿舍生死。"

佛告阿难："如汝所说，真所爱乐因于心中。若不识知心目所在，则不能得降伏尘劳⑤。譬如国王，为贼所侵，发兵讨除。是兵要当知贼所在。使汝流转，心目为咎。吾今问汝，唯心与目⑥，今何所在？"

【注释】

①常住真心：永葆本自清澄的心之本性。

②轮转：比喻，如轮旋转，周而复始。佛教认为，世俗之身心，将永远在生死相续、连绵不绝的苦难中轮回。

③明性：明了心性自然清净，因缘于六根（眼、耳、鼻、舌、身、意）生六境（色、声、香、味、触、法），生八识（眼识、耳识、鼻识、舌识、意识、末那识即染污、阿赖耶识即包含之意），从而妄念（不真实的幻念）生生不息，旋而生出"有"的心念，从而永远不能渡脱人生烦恼的无边苦海劫波。

④爱乐：爱的欲念。由眼耳鼻舌身五种感官而起的五种欲望，即色、声、香、味、触五欲；此外还把财欲、色欲、食欲、眠欲、名欲也称为五欲。这五种爱的欲念被认为是难以脱离苦海的主要原因。

⑤尘劳：受六尘的困扰而奔波劳碌。六尘，亦称"六境"，与"六根"合称"十二处"。指"内六处"，即六根中眼、耳、鼻、舌、身、意，所对应的即感觉认识的"外六处"就是六尘中色、声、香、味、触、法（由欲望产生的认识）的六种境界。此六境被认为是产生物欲的基础，如尘埃能污染人的思想和言行。故又称"六妄"、"六贼"。

⑥心与目：释迦所讲心、目与阿难所讲的心，即认识，目，眼睛所见有所不同。佛教把心作为人们存在的基本原理，亦即心

性。如"三界唯一心，心外无别法"、"一心一切法，一切法一心"等。

心，它是与色（物质）及身（肉体）相对的精神，这是佛教对心的一般说法。详细说来还可分为心、意、识三种，小乘佛教中的说一切有部把这三种视为同一的东西，没有什么区别。大乘瑜伽行派则认为，心为宇宙间各种现象形成的原因的总集，亦即产生各种现象的根本原理（特指阿赖耶识）；意为思量或思维作用（特指末那识）；识为了别或认识作用（指前六识）。如把心又从主体和从属作用两方面来分别时，则主体称为心王，从属作用称为心所。阿赖耶识为心王，其余随阿赖耶识而生起的各种作用则为心所。

目，佛教通常包括五眼，分别为：肉眼，人们的肉身之眼，佛教所说烦恼具足的凡夫之眼，也是阿难所说之眼；天眼，洞察一切的视力之眼，具有超自然的视力，为六神通（神足通、天眼通、天耳通、他心通、宿命通、漏尽通）；慧眼，正确观察万物，具有哲学的洞察真理的眼力；法眼，洞察真理的智慧之眼，菩萨依此认识各种现象的真相；佛眼，觉者之识见，对一切事物一见便知其真相的眼力。见《长阿含经》卷二⑧1，12 页；《无量寿经》⑧12，274 页；《有部律破僧事》卷六⑧24，126 页等。

【白话】

释迦牟尼说："说得对，阿难。你们应当知道一切众生灵，从因缘和合的有生以来生死不绝，都是由于不知本自澄明的心，本性永葆清净明洁，只是妄念的假想。这种由妄念产生的想法不真实，因此才会有在生与死的烦恼中的周而复始。你今天要探索无上的觉悟，认识真实明净的心性。应当用率直的真心回答我的提问。一切觉悟者，都是用这一方法，从而脱离了生死苦海，都必须用率直真诚的心。由于用真心说直言，才能由修证之初地证悟到成佛之终地，这中间不能有任何隐瞒曲意的态度和做法。

"阿难，我现在问你。当你发愿修证佛理之心，缘于佛陀的三十二种特殊的体貌，用什么来看，谁来渴求这种爱的欲念呢？"

阿难对佛说："世人之尊，产生那样的热爱和渴望，是由心所想、目所观来完成的。由眼睛看见您殊胜的相貌，从而在心中产生渴望热爱的想法。因此我发愿，舍去生死轮回，修证真谛。"

佛告诉阿难："如你所说，你真正的热爱渴求来源于心中。如果不认识心与眼睛所起的作用，就不能了解眼所见的事物对内心产生的影响，从而降伏如扬尘般受纷扰的心中妄念。好比一位国王，领土被敌人侵犯时，要发兵讨伐。他的部队首要的任务是应当知道敌人在哪里。使你在心中产生了爱的心念，从而被渴望支配，不能脱离烦恼连绵，轮回不断，烦恼之因，在于心有想，目所观。我现在问你，你的心之所想，眼之所见，此时又在何处呢？"

【经文】

阿难白佛言："世尊，一切世间，十种异生①，同将识心居在身内。纵观如来青莲华眼，亦在佛面。我今观此浮根四尘②，只在我面。如是识心，实居身内。"

佛告阿难："汝今现坐如来讲堂。观祇陀林，今何所在？"

"世尊，此大重阁清净讲堂，在给孤园。今祇陀林实在堂外。"

"阿难，汝今堂中，先何所见？"

"世尊，我在堂中，先见如来，次观大众。如是外望，方瞩林园。"

"阿难,汝瞩林园,因何有见?"

"世尊,此大讲堂,户牖开豁③。故我在堂,得远瞻见。"

佛告阿难:"如汝所言,身在讲堂,户牖开豁,远瞩林园。亦有众生,在此堂中,不见如来,见堂外者。"

阿难答言:"世尊,在堂不见如来,能见林泉,无有是处。"

【注释】

①十种异生:佛教认为,有十二类众生,除去无色(无形)、无想(无心识)外,有十种异生,缘于六境,由此轮回,故称十种。所谓十二种众生,周而复始之轮回的类别为:卵生、湿生、胎生、化生、有色、无色、有想、无想、若非有色、若非无色、若非有想、若非无想等,共十二类。

②浮根四尘:指由六根中的前四根,眼根、耳根、鼻根、舌根,所对应的六尘中的前四尘色尘、声尘、香尘、味尘。面部的四种感官所对应的外部物质世界。

③户牖(yǒu):门窗。

【白话】

阿难对佛说:"世人之尊,一切世界之间,有十种不同的众生灵,共同将认识之心安居在身体之内。向上看您如青莲之花的眼睛,就在您的面部。我现在观察事物、听音、闻香、触味的眼、耳、鼻、舌,都在我脸面上。认识事物的心,就在身体之中。"

佛启发阿难说:"你此时正坐在我的讲经堂,你观祇陀太子的园林,现在何处呢?"

阿难说:"世人之尊,这个宽大的双层楼阁的清净讲经堂,在给孤独长者买下的园林里。现在当年祇陀太子的园林就在讲经堂的外面。"

又问:"阿难,现在讲经堂中,先见到什么?"

"世人之尊,我现在讲经堂中,先见到您,其次看到大家。从这往外望去,就看到祇树园林。"

佛陀再问:"阿难,你望到祇树园林,是如何看到的呢?"

答道:"世人之尊,这宽大的讲经堂,门窗豁然大开。因此在堂中,我得以望见。"

佛问阿难:"就如你所说的,身在讲经堂,门窗豁然开朗,因此可以望见祇树园林。也有的人,身在讲经堂,看不见我,只看见堂外景物的。"

阿难回答说:"世之尊者,在讲经堂不见您,只能看见外边园林清泉,是没有这种道理的。"

【经文】

"阿难,汝亦如是。

"汝之心灵一切明了。若汝现前所明了心,实在身内。尔时先合了知内身。颇有众生,先见身中,后观外物。纵不能见心、肝、脾、胃,爪生发长,筋转脉摇,诚合明了。如何不知?必不内知,云何知外?是故应知,汝言觉了能知之心,住在身内,无有是处。"

阿难稽首而白佛言:"我闻如来如是法音[①],悟知我心,实居身外。所以者何?譬如灯光,然于室中。是灯必能先照室内,从其室门,后及庭际。一切众生,不见身中,独见身外。亦如灯光,居在室外,不能照室。是义必明,将无所惑。同佛了义，得无妄耶。"

佛告阿难："是诸比丘适来从我室罗筏城，循乞抟食②，归祇陀林，我已宿斋。汝观比丘，一人食时，诸人饱不？"

阿难答言："不也，世尊。何以故？是诸比丘，虽阿罗汉，躯命不同，云何一人，能令众饱？"

佛告阿难："若汝觉了知见之心，实在身外。身心相外，自不相干。则心所知，身不能觉。觉在身际，心不能知。我今示汝，兜罗绵手③。汝眼见时，心分别不？"

阿难答言："如是，世尊。"

佛告阿难："若相知者，云何在外？是故应知，汝言觉了能知之心住在身外，无有是处。"

阿难白佛言："世尊，如佛所言，不见内故，不居身内。身心相知不相离故，不在身外。我今思惟，心在一处。"

佛言："处今何在？"

阿难言："此了知心，既不知内，而能见外。如我思惟，潜伏根里。犹如有人，取琉璃碗，合其两眼，虽有物合，而不留碍。彼根随见，随即分别。然我觉了能知之心，不见内者，为在根故。分明瞩外，无障碍者，潜根内故。"

佛告阿难："如汝所言，潜根内者犹如琉璃。彼人当以琉璃笼眼④，当见山河，见琉璃不？"

"如是，世尊。是人当以琉璃笼眼，实见琉璃。"

佛告阿难："汝心若同琉璃合者，当见山河，何不见眼？若见眼者，眼即同境，不得成随。若不能见，云何说言此了知心，潜在根内，如琉璃合？是故应知，汝言觉了能知之心，潜伏根里，如琉璃合，无有是处。"

【注释】

①法音：佛门术语。说法之声音，比喻闻佛法之音，而心向往。

②抟食：把散碎的食物捏聚成团。

③兜罗绵手：比喻。兜罗绵，汉译为细白柔绵的优质棉花。即细致柔软的手。

④琉璃笼眼：琉璃制作成的眼镜，此处指青色宝石，晶莹透彻，隔之观物，皆成青色。前文之琉璃碗，指用此宝石制成的凹状如碗的器皿。

【白话】

"阿难，你就是如此。

"你的心灵，若一切都明白，那么你现在所明白的心，是在你的身体里，这时首先要认识自身。有许多人们，先观照内身，后观察外部事物。即使不能看见心、肝、脾、胃，长的指甲、头发，筋络的弯转和脉搏的跳动，是应当明白的，怎么能不知道呢？毕竟不能认识于身体之内，又如何能明白外部世界呢？因此应知道，你说觉悟并认识了心灵，就在身体之内，不是正确的道理。"

阿难叩首后对佛说："我听了您讲的佛法义理，认识到我的心，实在是在身体之外。为何这样说呢？好比灯火，在室内点亮。灯火一定先照亮室内，然后从大门再照到室外的庭院。一切众生灵，看不到身内，只看见身外。这就如灯火，放置在室外，就不能照亮室内。这个道理是明白的，不会再有所疑惑了。这同您所讲的义理一样，是不会错误了吧。"

释迦牟尼又问阿难："刚才许多出家修行者跟随我在舍卫城中挨户乞食并聚集在一起吃完，回到祇陀园林，我已用完了斋饭。你现在看各位修行者，一个人吃斋饭时，其他人能饱不？"

阿难回答说："不能，世人之尊。为何呢？这些修行者，虽然证悟了真谛，但作为躯体的生命各不相同，怎么能一个人吃斋，能使大家都饱了呢？"

佛告诉阿难："如果你的觉悟了的认识之心，是实在地在身体之外。那么身体与之外的心灵，就互不相干。那么心所知道的，身体就不能感觉到，感觉在身体上的，心中也不能知道了。我现在让你看，我如细白棉似的柔软的手，你眼看见时，心里能知道不呢？"

阿难回答说："能，世人之尊。"

佛告诉阿难说："如眼见心知，又怎么说心在体外呢？所以应当知道，你说觉悟了的认识之心，是在身体之外，这是错的。"

阿难对佛说："世之尊者，如您所说，看不见在体内的五脏，所以心不在身体之内。身与心可以互相认识知道，不互相脱离，因此心不在身体之外。我现在考虑，心应在体内一个地方。"

释迦牟尼问："心现在看在何处？"

阿难答道："这个能明白知道的心，既然不能知道体内，但却能见到体外的事物。如果问我的理解，是潜伏在眼睛里面。好比有人，用透明的琉璃碗，盖住双眼，虽然有东西盖在上面，但并不能阻挡住人的视力。人们的眼睛所见到的，就随时能够加以分别是什么东西。所以我觉悟了的能认识的心，不能见到体内的原因，是因为心在眼睛里面的缘故。十分明确地看到外面的事物，没有障碍，这是心灵潜伏在眼里的缘故。"

释迦牟尼又问阿难："如你所说，潜伏在眼内的心犹如透明的琉璃。那么人如用琉璃眼镜，应当看到山峰河流，能见到琉璃不呢？"

"是的，佛祖。这个人用琉璃眼镜时，事实上能见到琉璃。"

释迦牟尼问阿难："你的心如果和琉璃碗盖眼的道理相合，

在眼里，那么当见到山峰河流的时候，为何却见不到眼呢？如果能见到眼，眼睛就如同外面的事物，不能随时见即能知了。如果不能见到眼睛，又怎么能说那明白事物的心，是潜伏在眼中，如琉璃碗盖眼，不碍视力呢？因此应当知道，你说觉悟了的能认识的心灵，潜伏在眼里，就像琉璃碗盖眼的道理，是不成立的。"

【经文】

阿难白佛言："世尊，我今又作如是思维。是众生身，腑藏在中，窍穴居外①。有藏则暗，有窍则明。今我对佛，开眼见明，名为见外。闭眼见暗，名为见内。是义云何？"

佛告阿难："汝当闭眼见暗之时，此暗境界，为与眼对，为不对眼？若与眼对，暗在眼前，云何成内？若成内者，居暗室中，无日月灯，此室暗中皆汝焦腑②。若不对者，云何成见？若离外见，内对所成。合眼见暗，名为身中。开眼见明，何不见面？若不见面，内对不成。见面若成，此了知心及与眼根，乃在虚空③，何成在内？若在虚空，自非汝体。即应如来，今见汝面，亦是汝身。汝眼已知，身合非觉。必汝执言，身眼两觉。应有二知，即汝一身，应成两佛。是故应知，汝言见暗名见内者，无有是处。"

阿难言："我尝闻佛开示四众④。由心生故，种种法生；由法生故，种种心生。我今思维，即思维体，实我心性，随所合处，心则随有。亦非内、外、中间三处。"

【注释】

①窍穴：孔穴。《庄子·应帝王》有"人皆有七窍"，即双眼、

两耳、两鼻孔、口,共七个。

②焦腑:佛学五明中有"医方明",就是要懂得医药学的知识。焦,三焦,中医学名词为六府之一,作用为疏通水道、气化,主持诸气。胸膈部为上焦;上腹部为中焦;脐下为下焦。腑,六府略称,完成食物在体内消化、吸收和排泄的作用,为胆、胃、小肠、大肠、三焦、膀胱六个脏器的总称,均为人体的内脏器官。

③虚空:佛教重要术语。虚与空,均是无的别称。有以下几种含义:

1. 空间、太空、空中,由于它既无形质,而且其存在也不妨害其他事物,所以称为虚空。见《俱舍论》卷一。佛教文献中,在某些表示无限和普遍存在的场合,常用虚空作为譬喻。如本经卷六、卷九分别有"空生大觉中,如海一沤发"、"虚空生汝心内,犹如片云点太清"。此外卷十亦有提及,本处亦可对校《华严经》卷一⑨9,395页;《维摩经》⑨14,538、540页;《无量寿经》⑨12,274页等。

2. 具有空间和以太两种含义的自然界的原理。见《中论》。

3. 无为法之一。物质存在的空间。《瑜伽论》卷三⑨30,293页。

④四众:佛教用语。亦称"四部弟子"、"四辈弟子"等。即比丘(男性出家者)、比丘尼(女性出家人)、优婆塞(男居士)、优婆夷(女居士)等信众。

【白话】

阿难对释迦牟尼说:"世人之尊,我现在又有这样的想法。人们的身体,六腑、五藏在体内,眼耳鼻口等七窍在表面。在体内的就不能见到,在身体外部的就看得明白。现在我对您说,睁眼就能看明白的,就称为能见到的外表;闭上眼就什么都见不到，在黑暗中就称为见到的内部。这个看法对不对呢？"

释迦牟尼问阿难："当你闭上眼处于见不到的黑暗之时，这黑暗的境界，和你的眼相对应，还是不相对应？如果与你的眼相对应，那么看不见的黑暗就在眼前，这又怎么能成为身体之内呢？如果认为在身内，那么在黑暗的屋里，没有日、月、灯的光亮，这屋中的黑暗都成了你的胆、胃、小肠、大肠、三焦、膀胱了。倘若这是不对的，眼与黑暗不对应，又如何能成为见得到呢？倘若离开了对外部所见到，闭眼就能见到身体之内，是相对应的。闭眼所见的黑暗，就称为身体之内。那么睁开眼就能见到身体的表面，又为何不能看见自己的脸面呢？如果睁开眼并不能见到自己的脸面，那么闭眼也看不到体内，闭眼与能见内的看法不能成立。倘若闭眼时，又仿佛见到面目，那么这个能明了知道的心灵以及能观察事物的眼睛，就在虚无的空间，怎能说成是在身体之内呢？假如心与眼都在虚无的空间，自然就并非是你的身体。如心、眼所想所见，都由自身所产生，那么在你面前的我，也就成了你的身体了。当你的眼睛看到的，身体应当并未有觉察。如果你一定要固执地认为，身体与眼有两种感觉。那么心与眼应当具有两种知觉，这样你的这个身体，应当能成就两个佛身了。所以应当明白，你所讲的眼见到黑暗时，就称为见到了的体内的看法，是错误的。"

阿难说："我曾经听您对出家的僧尼和在家修行的信众宣讲。由于心念产生的原故，从而各种纷扰的事物产生；因为各种事物形态的产生，所以各种想法就从心里产生了。我现在考虑，能产生思想的，实际上就是自己的心灵，随着各种事物的产生，心念也就跟着产生。心既不在内，也不在外，同样也不在表面这三处。"

【经文】

佛告阿难:"汝今说言,由法生故种种心生,随所合处,心随有者。是心无体,则无所合。若无有体而能合者,则十九界因七尘合①,是义不然。若有体者,如汝以手自挃其体②,汝所知心为复内出,为从外入?若复内出,还见身中;若从外来,先合见面。"

阿难言:"见是其眼,心知非眼,为见非义。"

佛言:"若眼能见,汝在室中,门能见不?则诸已死,尚有眼存,应皆见物。若见物者,云何名死?阿难,又汝觉了能知之心,若必有体,为复一体,为有多体?今在汝身,为复遍体,为不遍体?若一体者,则汝以手挃一支时,四支应觉③,若咸觉者,挃应无在。若挃有所,则汝一体自不能成。若多体者,则成多人,何体为汝?若遍体者,同前所挃。若不遍者,当汝触头,亦触其足,头有所觉,足应无知。今汝不然。是故应知随所合处,心则随有无有是处。"

阿难白佛言:"世尊,我亦闻佛与文殊等诸法王子④,谈实相时世尊亦言⑤,心不在内,亦不在外。如我思惟,内无所见,外不相知。内无知故在内不成。身心相知,在外非义。今相知故,复内无见,当在中间。"

【注释】

①十九界因七尘合句:佛教认为,人观察外部世界,产生"我"、"有"的认识,是缘于"十八界",即六根、六尘、六识,共计十八。"十九界"、"七尘"是比喻,指并不存在的事物和认识,是妄有。

②自挃（zhì）其体：挃，捣，撞。自己撞击身体。
③四支：支通肢，四支，即四肢。
④法王子：佛陀被称为法王，子即弟子。指佛的弟子们。
⑤实相：指事物真实的本性；真实的观念。

【白话】

佛告诉阿难："你现在说的，由各种形态的事物产生各种认识，随时相互对应，心随万物产生。这心若没有形体，那么就不能与各种事物相对应。如果没有形体状态就可以和事物相对应，那么就会有眼耳鼻舌身意之六根与色声香味触法六尘和眼识、耳识、鼻识、舌识、身识、意识六识所组成的十八界之外的十九界，并因此产生七尘，这是不正确的。倘若心有形体，那么你用手撞击自己的身体，你就会知道这种被撞的心识是从身体内产生的，还是从体外进入的呢？如心识是从内部产生的，还应当能见到内脏；若是从外面进入的，也应当见到你的脸部。"

阿难说："看见事物的是眼睛，认识事物的是心不是眼，这种见解没有道理。"

佛陀说："如果眼能看见，那么你在屋里，能见到屋外的门不？另外那些已死的生灵，眼仍尚在，也应能看见事物了。倘若真的能见到，又怎么说是死了呢？阿难，还有你能够知觉、认识的心灵，如果一定有形体，那么是一个，还是有多个呢？心在你的身体上，是遍及全身，还是不遍及全身？心若是一个形体，那么你用手撞击一个肢体时，其他三肢应当有感觉，倘若其他全有感觉，撞击应当无处不在。若撞击是在所有地方有所觉，那么你的心是一个形体的感觉就不能成立。如果讲心是众多形体的感觉，那么就成了众多的人，哪一个形体是你的呢？如果心是遍及身体各处的，如同上面所讲的撞击的例子。如果心不能遍及全身,那么当你同时摸头和脚时,头有感觉,脚应无感觉。你现在却不这样。因此应当知道心与物相对应,心随物有是不正确的。"

阿难对释迦牟尼说:"世之尊者,我也曾听您与文殊等佛弟子,谈事物的真实和本质时您曾说,心不在内,也不在外面。那么我认为,心内不见脏器,在外不见面目。内不有知,所以心在内不成立。身与心相对应,又不知己面目,在外部也没有道理。现在知道了心的形态,在身内也不见器官,应当在中间。"

【经文】

佛言:"汝言中间,中必不迷,非无所在。今汝推中,中何为在?为复在处,为当在身。若在身者,在边非中,在中同内。若在处者,为有所表,为无所表。无表同无,表则无定。何以故?如人以表,表为中时,东看则西,南观成北,表体既混,心应杂乱。"

阿难言:"我所说中,非此二种。如世尊言,眼色为缘,生于眼识。眼有分别,色尘无知。识生其中,则为心在。"

佛言:"汝心若在根尘之中,此之心体,为复兼二,为不兼二?若兼二者,物体杂乱。物非体知,成敌两立,云何为中?兼二不成,非知不知,即无体性,中何为相?是故应知,当在中间,无有是处。"

阿难白佛言:"世尊,我昔见佛与大目连、须菩提、富楼那、舍利弗四大弟子,共转法轮①。常言觉知分别心性,既不在内,亦不在外,不在中间,俱无所在。一切无著②,名之为心。则我无著,名为心不?"

佛告阿难:"汝言觉知分别心性,俱无在者。世间虚空,水陆飞行，诸所物象，名为一切。汝不著者，为在为无。无则同于龟毛兔角，云何不著？有不著者，不可名无。无相则无，非无则相。相有则在，云何无著？是故应知，一切无著，名觉知心，无有是处。"

尔时阿难在大众中，即从座起，偏袒右肩③，右膝著地，合掌恭敬，而白佛言："我是如来最小之弟。蒙佛慈爱，虽今出家，犹恃憍怜。所以多闻，未得无漏④，不能折伏娑毗罗咒⑤。为彼所转，溺于淫舍。当由不知真际所诣⑥。惟愿世尊大慈哀愍⑦，开示我等奢摩他路。令诸阐提⑧，隳弥戾车⑨。"作是语已，五体投地，及诸大众，倾渴翘伫⑩，钦闻示诲。

【注释】

①法轮：对佛法的比喻。有二义：佛法破烦恼，如转轮王转动宝轮即战车，能摧破山石；佛陀说法，如车轮辗转不停，故称。本文指共同宣传佛教义理。

②一切无著：佛教认为一切都因缘而生，因缘而灭，性自本无，都"不断"、"不常"，因此一切都"无著"。无著，不能执着于一切事物的现有形态，其本质是幻有，从而对一切心念都随起随灭。

③偏袒右肩：露出右肩，以示恭敬。古代印度的一种礼节。

④无漏：佛教名词。与有漏相对，有漏即烦恼。离烦恼的法门，称无漏。

⑤娑毗罗咒：前述娑毗迦罗先梵天咒的合称，指迷幻术。

⑥真际所诣：真际，真言之边际，空平等之真性。指一切事物，其真实的本质如幻，无来无去、无生无灭。所诣，指心这一事物，在何处。全句指不知本质如幻的心在何处。

⑦哀愍（mǐn）：愍，同悯，悲悯哀怜之心。

⑧阐提：一阐提的略称，指断绝一切善根的人。佛教名。

⑨隳弥戾车：隳，本处同堕，原意隳（huī），毁坏。弥戾车，梵文音译，意为垢浊种，又有恶中恶、奴中奴等。全句为堕入邪恶之渊。

⑩倾渴翘伫：倾心渴求翘首以待。

【白话】

释迦牟尼说："你说在中间，这不能含糊，不能没有一个部位。现在你认为心在中间，中间在何处？因为心所在的地方，应当在身体上。如果在身上，那么在旁边就不是中间，在中间和在体内相同。如果在身体的前边或后边、左边或右边，应有标志、表现，或者无标志、表现。没有标志或表现与无相同，有标志或表现则心没有一个确定的地方。为什么呢？如人以标志作记号，当标志在中间时，从东边看时，它在西边，从南边看时它又成了北边，标志在身体的位置既然是混乱的，那么你的心就应该是杂乱的。"

阿难说："我所说的中间，不是这两种。如您所讲过的，眼与事物互为因缘，见物就产生有的感觉。因为眼见物有不同，但事物本身并不感知。心念就是产生于对所见之物的认识，这就是心的所在。"

释迦牟尼说："你的心如果在眼与物的中间，那么这心的形体，是兼有眼、物二者，还是只是其一？倘若心兼有两体，心体与物体纷杂混乱。物体本身没有知觉，心有知觉，两者是对立的，那么何处是中间呢？所以兼有二体不能成立，心不知眼的形体，也不同于无知觉的物体，那么在中间的心，以什么为表现形态呢？所以应当知道，心灵在中间的认识，是错误的。"

阿难对释迦牟尼说："世之尊者，我以前曾听见您与大目犍连、须菩提、富楼那、舍利弗四位大弟子，共同宣讲佛门义理。经常讲能觉悟、认识、分别事物的心性，既不在身内，也不在体外，同样不在心与物的中间，没有实际形态。不能执着地认为心有实体，产生意念就称之为心。那么我认为心并不在任何地方，是否可叫做心呢？"

释迦牟尼对阿难说："你说有觉察认识和区别事物的心性，并不在某一处。世界的天空、山川鸟兽，所有东西，可以说一切事物的形态，你都不在心中，是有心或是无心。那么无就好比龟长毛兔生角一样，本来就不存在。这又怎么能说是不执着呢？如有所谓的不执着于有，那么也不能说是无。没有表现形态的是无，不是无却有心的形态。有心的不执着这种念头，又怎么能说是没有执着呢？因此应当知道，一切都不执着的心念，称为觉悟认识的心灵，是错误的。"

这时阿难在听众之中，立即从座垫上起身，他袒露着右肩，用右膝着地跪下，两手相合于胸前，恭敬地对释迦牟尼说："我是您最小的堂弟。承蒙您的慈悲爱护，虽然现在出家修行，但仍特别关注怜悯。所以注重博学多闻，定力不及不能脱离烦恼，不能降伏迷幻邪咒。被邪术搞得晕头转向，沉溺在纵欲的屋里。这都是不知自己真实的心灵在何处。期望世之尊者发大慈悲的怜悯之心，为大家指明修行正念定止的道路。让一切恶人、恶念都堕入深渊。"说完以后，阿难又五体投地向佛陀再拜，与会的信众们都倾心渴求真谛，翘首以待虔诚地聆听佛的教诲。

【经文】

尔时世尊，从其面门放种种光。其光晃耀，如百千日。普佛世界①，六种震动②。如是十方微尘国土，一时开现。佛之威神令诸世界,合成一界。其世界中,所有一切诸大菩萨,皆住本国,合掌承听③。

佛告阿难:"一切众生,从无始来④,种种颠倒,业种自然⑤,如恶叉聚⑥。诸修行人,不得成无上菩提,乃至别成声闻缘觉,及成外道,诸天魔王及魔眷属,皆由不知,二种根本⑦,错乱修习。犹如煮沙,欲成嘉馔。纵经尘劫,终不能得。云何二种?阿难,一者无始生死根本,则汝今者与诸众生,用攀缘心⑧,为自性者;二者无始菩提涅槃⑨,元清净体,则如今者识精元明,能生诸缘,缘所遗者。由诸众生,遗此本明,虽终日行,而不自觉,枉入诸趣⑩。"

【注释】

①佛世界:佛所住之国土,有秽土、净土两种。

②六种震动:佛教术语,有多种说法:一为地动六种时候即佛入胎时、出胎时、成道时、转法轮时、由天魔劝请将舍性命时、入涅槃时;二为动的六种状态即动、涌、震、击、吼、爆,前三种取形,后三种取声。

③合掌:两手相合于胸前,以表示对佛陀和神灵以及朋友的虔诚与信赖,是印度和斯里兰卡、缅甸、泰国等国自古以来的礼节。印度人认为右手是神圣的,左手是不洁的,两手相合则表示把人神圣的一面和不洁的一面结合在一起,以体现人的真实形态。

④无始:佛教认为,人们产生"有"的妄念只在瞬间,对人生与社会的不理解(无明)不可求其因果,没有最初的形态,故称。

⑤业:佛教名词。意为造作,泛指一切身心活动。一般分为身、语、意三业。业种,指由前业得报应的原因,并以此区别人生和社会差别。所谓善恶有报,业还决定个人穷富、夭寿、命运

机遇。

⑥恶叉：凶恶的夜叉。夜叉，亦作"药叉"，为佛教天神"天龙八部"之一。

⑦二种根本：一是无始生死根本，指从本初以来，原本清澄之心，经尘染而生妄念，从而烦恼不断入生死轮回；二是无始菩提涅槃，本自净，觉悟后就可以入于常乐我净的境界。

⑧攀缘心：由因缘合成之身心，执有之妄心，去攀比追求世俗名利之心就永不休止。

⑨涅槃：原意在梵文和巴利文中为"消散"，也就是痛苦、烦恼、惑，完全消除的境界。在早期佛教文献中，又把涅槃称作"渴爱灭"、"无明灭"、"不死"、"绝对寂静"、"清凉"等。以后，随着佛教的发展，各派对涅槃的解释也各不相同（参见高杨、荆三隆《佛教起源论》183页至187页）。涅槃是早期佛教的最高理想和人生的最终目的，是摆脱了一切外界的束缚，达到永恒寂静的一种境地。它是完全摆脱了轮回之苦的彻底解脱的境地，因此与"解脱"同义。从无常、无我到寂静涅槃，是早期佛教理论发展过程中的几个重要的阶段，也是佛教的几个重要的特征。开始它充满了辩证法的思想，以缘起论为理论基础，提出了无常和无我的学说，否定了天国和神的教义，否定了主宰一切的"梵"和灵魂不死的学说。但是当它一接触到轮回和解脱的问题时，它的辩证法就走进了死胡同。它把缘起论运用到人生的问题上，形成了十二因缘的学说。最后，以涅槃论完成了它的学说体系。其所谓的"永恒寂静"的涅槃学说是与无常和无我论相矛盾的。因为根据佛教的无常学说，一切事物无不在生、住、异、灭的变化中，无一永住，而涅槃却是"永恒""绝对"的寂静。

⑩诸趣：趣指去处，诸趣指六趣，亦称六道，佛教认为众生因其生时所为，死后可往六种去处。一地狱趣，受八寒八热之苦；

二饿鬼趣，与乞食的饿鬼同处；三畜生趣，成为禽兽；四阿修罗趣，怀愤怒争斗之心与人隔绝；五人趣，往生人类居住之处；六天趣，身处光明而快乐的人们之间。

【白话】

这时释迦牟尼，从面部放射出各种光芒，灿烂夺目，如千百个太阳一样。一切佛所居住的地方，六种运动的形态，摇动、升腾、震荡、冲击、吼声、爆裂声，在一切国土上，都开始显现。佛的威力、神通使一切世界，都汇集到一个真实清澄的境界中。在这个境界里，所有有成就的证悟者，都安详地处在自己的国土中，将两手合掌于胸前，聆听教诲。

佛陀对阿难说："一切众生灵，从本初以来，由各种迷惑，形成妄有的认识，由各种前因，汇集的妄念如凶恶的夜叉。各种修行者，不能成就彻底觉悟，以至于修证到闻法而信和自证觉悟的人，以及其他教派的修行者，各天界的魔王和追随者，都是不能认识两种根本的道理，错误地修证。就好比用水煮沙子，想使之成为美味佳肴，纵使经过长久艰苦的努力，最终也不能如愿。是哪两种根本义理呢？阿难，一是从本初以来的生死轮回，就是你现在和人们所具有的妄有烦恼之心；二是从本初以来本自具有的清净心，就如众生认识中有本觉悟的心性，因各种机缘，生妄念使真实的心性被遗弃。因为人们失却了本心清澄的心性，虽然终日修行，但终归不能觉悟，从而进入生死相续六道轮回的苦难之中。"

【经文】

"阿难，汝今欲知奢摩他路，愿出生死。今复问汝：即时如来举金色臂，屈五轮指语阿难言，汝今见不？"

阿难言:"见"。佛言:"汝何所见?"

阿难言:"我见如来举臂屈指,为光明拳,耀我心目"。佛言:"汝将谁见?"

阿难言:"我与大众,同将眼见。"

佛告阿难:"汝今答我,如来屈指为光明拳,耀汝心目。汝目可见,以何为心,当我拳耀?"

阿难言:"如来现今徵心所在。而我以心推穷寻逐,即能推者,我将为心。"

佛言:"咄!阿难,此非汝心。"

阿难矍然①,避座合掌,起立白佛:"此非我心,当名何等?"

佛告阿难:"此是前尘虚妄相想,惑汝真性。由汝无始至于今生,认贼为子,失汝元常,故受轮转。"

阿难白佛言:"世尊,我佛宠弟,心爱佛故,令我出家。我心何独供养如来,乃至遍历恒沙国土,承事诸佛及善知识②,发大勇猛,行诸一切难行法事,皆用此心。纵令谤法,永退善根③,亦因此心。若此发明不是心者,我乃无心,同诸土木。离此觉知,更无所有。云何如来说此非心?我实惊怖。兼此大众,无不疑惑。惟垂大悲,开示未悟。"

尔时,世尊开示阿难及诸大众。欲令心入无生法忍④。于师子座⑤,摩阿难顶,而告之言:

"如来常说诸法所生,唯心所现。一切因果,世界微尘,因心成体。

"阿难,若诸世界一切所有,其中乃至草叶缕结,诘其根元,咸有体性。纵令虚空,亦有名貌。何况清净妙净明心,性一切心而自无体。"

【注释】

①瞿（jué）然：惊视的状态，样子。

②善知识：这里指修行有道的高僧。《法华经》中有："益我菩萨之道，名善知识。"

③善根：必得好报的善之业因，善行。是以善对树根的譬喻，所谓有根才能有苗，有苗方能得果。又指功德之源，善德之根本。

④无生法忍：无生法即不生不灭。无生法忍，是真实之智慧住于不动的意思。进入了菩萨十地（分别为：欢喜地、离垢地、发光地、焰慧地、难胜地、现前地、远行地、不动地、善慧地、法云地）得悟的阶位、法位名。

⑤师子座：比喻。狮子为百兽之王，喻如来勇猛智慧如狮子王，其座为狮子座。

【白话】

"阿难，你今天要知道禅定的方法，要脱离生死轮回。我现在再问你，这时佛陀举起如金光闪耀般的手臂，屈五指成拳对阿难说，你现在看见了没有？"

阿难回答："看见了"。释迦牟尼又问："你看见了什么？"

阿难说："我看见您举臂屈指，如光明之拳，照耀着我的双眼和心中。"释迦牟尼再问："你用什么来看？"

阿难回答："我和大家，共同用眼看见的。"

释迦牟尼对阿难说："你现在回答我，佛屈指为拳，如光明照耀你的眼和心中。你用眼可以见到，但你以何为心，来认识我指引光明的拳呢？"

阿难说："您现在是要我证验心在何处。而我用自己的心极尽推理探寻，这个能推理的，我认为就是我的心。"

释迦牟尼说:"胡说!阿难,这不是你的心。"

阿难惊讶地看着佛陀,立刻从座位上起来,合掌对佛陀说:"这若不是我的心,那么应当叫做什么呢?"

释迦牟尼对阿难说:"这是以前的各种事物在你心里形成的虚妄不实的现象所致,迷惑了你真实的心性。这是由你从本初以来至今,持妄为实,如认贼为子一样,失去了你原本常净的心,因此如轮旋转,不能脱离烦恼。"

阿难对佛陀说:"世人之尊,我是您宠爱的弟子,心中喜爱您,所以发愿出家修行。我的心不仅只供养佛,以至于一切如恒河沙数量的国土中,都会恭敬供奉一切佛和有成就的证悟者,发广大的勇猛之心,去做一切人们难以做到的事物,所用的就是这种心。纵使诽谤佛法,永绝善报之根,也是用的这颗心。如果这个使我发愿修行的不是心,那么我就是无心之人,如同尘土树木。脱离这个能觉悟、认识的心,就一无所有了。为什么您说这不是真实的心呢?我实在是很惊奇恐慌。此外在座的人们,也无一不疑惑。期望您发大慈悲。启发开导我们这些不能领悟的人。"

这时,佛陀启发阿难和各位修证者。希望使他们悟得真实智慧的境界。他在象征着勇猛智慧的座位上,以手抚着阿难的头顶,告诫大家说:"我经常讲一切事物形态的产生,都是由心中所显现的。一切事物的前因、后果,世界上的一切细小的事物,都是由人的心里形成的。

"阿难,如果说世界上的一切现象形态,以至于一草一叶,一丝一结,探求其根本,都有其形态、本质。即使是虚无的天空,也有名称和状态。何况本自清净美妙澄明的心,体悟一切的心,又怎能没有自己的形态。"

【经文】

"若汝执吝分别、觉、观所了知性必为心者。此心即应离诸一切,色、香、味、触,诸尘事业,别有全性。如汝今者,承听我法,此则因声而有分别。纵灭一切见闻觉知,内守幽闲,犹为法尘分别影事。我非敕汝执为非心。但汝于心,微细揣摩。若离前尘有分别性,即真汝心。若分别性,离尘无体,斯则前尘分别影事。尘非常住,若变灭时,此心则同龟毛兔角,则汝法身,同于断灭①。其谁修证无生法忍?"

即时阿难与诸大众,默然自失。佛告阿难:"世间一切诸修学人,现前虽成九次第定②,不得漏尽成阿罗汉,皆由执此生死妄想,误为真实。是故汝今虽得多闻,不成圣果。"

阿难闻已,重复悲泪,五体投地,长跪合掌而白佛言:"自我从佛发心出家,恃佛威神。常自思惟,无劳我修,将谓如来惠我三昧。不知身心本不相代。失我本心。虽身出家,心不入道。譬如穷子,舍父逃逝。今日乃知虽有多闻,若不修行,与不闻等。如人说食,终不能饱。世尊,我等今者二障所缠③。良由不知寂常心性。惟愿如来哀愍穷露,发妙明心开我道眼。"

即时如来,从胸卍字④,涌出宝光。其光晃昱,有百千色。十方微尘,普佛世界,一时周遍。遍灌十方所有宝刹,诸如来顶,旋至阿难及诸大众。告阿难言:"吾今为汝建大法幢⑤。亦令十方一切众生,获妙微密,性净明心,得清净眼。阿难,汝先答我,见光明拳。此拳光明,因何所有?云何成拳?汝将谁见?"

【注释】

①断灭:绝灭。

②九次第定：为佛教四禅、四无色、灭尽定共九种禅定的总称。四禅又称四禅定。分初禅，有觉想、喜乐；二禅，内心清净，仍有喜乐；三禅，正念，有乐；四禅，清净，内心不苦不乐。四无色，四禅被称为色界（物质世界）的禅定，四无色指无色界（意识、精神）的禅定，为空处定、识处定、无所有处定、非想非非想处定。灭尽定亦称灭受想定，为止息一切心识，谓禅定之至极。

③二障：佛教术语。指烦恼障：以我执（人我见）为首的诸烦恼；所知障：以法执（法我见）为首的诸烦恼。此二障"体虽无异，而用有别"。大乘认为，小乘断惑，唯断烦恼障（人无我），不能断所知障（法无我），大乘断此二障。

④卍：古代印度、波斯、希腊等国都有的一种宗教标志，认为是太阳、光明的象征。佛教沿用，为佛陀三十二种瑞相之一，是胸部的吉祥标志。唐则天长寿二年（公元693年），认定此符号读为"万"。

⑤法幢（chuáng）：幢，旗帜。譬喻佛法美妙高耸，又如将帅之旗以譬佛法能伏魔军。

【白话】

"如果你执意认为区分、觉察、观看能认识事物本性的就是心，那么此心就应当能脱离一切事物，如色、香、味、触等感觉，另有自身内在的本性。就像你现在，倾听我讲佛理，因为听到了声音，从而产生了各种想法。即使消灭了一切看见的、听到的、感觉的、认识的心念，在心里幽静清闲，这仍然是对一切事物具有分别，有意念存在。我不是强求你接受有意念的并不是真实的心。但是你对于自己的内心，从细微处揣摩。倘若能脱离对各种事物有所分别的认识，那么这才是你真实的心。如果区别的认识，脱离事物并无形态，那么就只是对事物有所分别的妄影、感觉。事物不是一成不变的，倘若事物变化、消失时，对事物有分别的心也变化、消失，那么心就和龟壳上的毛兔头上的角一样，徒具空名，你修行的身心，也同样归于消灭。这样还有谁的身心在修行和证悟真实的智慧呢？"

这时阿难和在座的听众，都哑口无言，若有所失。释迦牟尼告诫阿难："世间一切修行的信徒，现在虽然能修行成就九种禅定，仍不能证得脱离一切烦恼、妄念，成就佛果，都是由于认为人有生存、死亡，有各种虚妄的意念，错误地认为这是真实的。因此你现在虽然得到了听法而信，博学多闻的成就，但并不能证得圣洁的果实。"

阿难听了以后，又不断地悲伤流泪，俯伏于地后，跪着将双手合于胸前对佛陀说："自从我跟随您发愿出家修行，自恃与您同宗神威自在。常常暗想，无须我自己劳碌修行，您自会给我修持定力。不知佛陀与我修行的身心是不能相互代替的。失去了自己真实修行的心愿。虽然身体离家修行了，但心却并未修道。好比穷困的孩子，舍去富有的父亲，逃走去找钱财一样。今天才知道虽然于佛法能博闻强记，但如不修行，就与一无所知没有区别。正如有的人讲的美味佳肴再多，也填不饱肚子一样。世人之尊，我现在被所知、所见，有我、有物这两种烦恼缠绕。就是由于不能认识静寂的真实心性。期望您怜悯我们对佛理认识的浅薄、孤陋，以美妙光明的心开启我们，明确修行的方向。"

这时佛陀，从胸中如旋毛处，放出如珍宝的光芒。这光芒闪耀明亮，有百种、千种色彩。一切物质世界，光芒普照的佛世界，瞬时间都遍布其中。遍布透进了一切梵刹塔寺，从一切佛的头顶，照到阿难和在座的信徒。释迦牟尼告诫阿难说："我现在为你建立一面佛法的大旗，让一切众生灵，获得美妙精微细密的义理，使心性明净清澄，得到清净的智慧之眼。阿难，你先口答我，看见我启发人觉悟的光明之拳。这拳的光明，是因为什么才具有的？又如何能成拳？你是用什么看见的？"

【经文】

阿难言："由佛全体阎浮檀金①，赩如宝山②。清净所生，故有光明。我实眼观，五轮指端，屈握示人，故有拳相。"

佛告阿难："如来今日实言告汝，诸有智者，要以譬喻而得开悟。阿难，譬如我拳，若无我手，不成我拳。若无汝眼，不成汝见。以汝眼根，例我拳理，其义均不？"

阿难言："唯然，世尊。既无我眼，不成我见，以我眼根，例如来拳，事义相类。"

佛告阿难："汝言相类，是义不然。何以故？如无手人，拳毕竟灭。彼无眼者，非见全无。所以者何？汝试于途，询问盲人，汝何所见？彼诸盲人，必来答汝：我今眼前，唯见黑暗，更无他瞩。以是义观，前尘自暗，见何亏损。"

阿难言："诸盲眼前，唯睹黑暗，云何成见？"

佛告阿难："诸盲无眼，唯观黑暗，与有眼人处于暗室，二黑有别为无有别？"

"如是，世尊。此暗中人与彼群盲，二黑校量，曾无有异。"

"阿难，若无眼人全见前黑，忽得眼光还于前尘见种种色，名眼见者；彼暗中人，全见前黑，忽获灯光亦于前尘见种种色，应名灯见。若灯见者，灯能有见，自不名灯。又则灯观，何关汝事？是故当知灯能显色，如是见者，是眼非灯。眼能显色，如是见者，是心非眼。"

阿难虽复得闻是言，与诸大众口已默然，心未开悟，犹冀如来慈音宣示。合掌清心,伫佛悲诲。

【注释】

①阎浮檀金:金子名称。其色赤黄,有紫焰气。阎浮,树名;檀,译为河;金,金子。全句为阎浮树下有河,河中有金,故称阎浮檀金。

②赩(xì):赤色。

【白话】

阿难说:"由佛的全身看如金子,红光闪耀似宝山。从清澄明净中产生,因而有光明。我用眼实在地看见,用五个浑圆手指,握成拳让大家看,因此是拳的形态。"

释迦牟尼告诉阿难:"我今天切切实实地告诉你,那些得到智慧的人,要通过譬喻才能得到觉悟。阿难,比如我的拳,若无我的手,就不能握成拳一样。如果没有你的眼,不能成为你所见的。以你的眼睛,比喻我的拳头,其道理相同不?"

阿难说:"这个道理是相同的,世人之尊。既然没有我的眼睛,就不能成立所见到的事物,以我的眼所见,比如您的手能握拳,在事理上是可以相互类比的。"

释迦牟尼告诉阿难:"你说可以相互类比,在事理上是不对的。为什么呢?如果是无手的人,便无拳。但无眼的人,不能说看不见的就是没有的。为什么呢?你可以在路上,试着询问盲人,你看见什么?那些盲人,一定会回答你:我现在的眼前,只有黑暗,见不到其他事物。以这样的道理观察,眼前的黑暗也是一种形态,没有见到并不等于减少了什么。"

阿难说:"在盲人眼前,只有一片黑暗,何以见到事物的形态呢?"

释迦牟尼告诉阿难:"那些盲人没有能见的眼,只能观察到黑暗,他们与有眼亮眼睛的人一起处于暗室之中,那么这两种人所面对的黑暗有没有区别呢?"

阿难说:"如果是这样,世人之尊。在黑暗中,眼明的人与盲人,所面对的黑暗,没有不同。"

"阿难,如果盲人见到的全是黑暗,忽然得到了视力,可以见到眼前的各种景色,称为眼见;那在暗室的人,只见眼前的黑暗,忽然获得灯光,见到眼前的各种景色,就应称为灯见。如果是灯看见,那灯有见的能力,何必称为灯。另外灯能观察,那么与能看见的你有什么相关呢?因此应当知道灯光能显现事物,能看见的,是眼而不是灯。眼睛能显现事物,能看见的,是心而不是眼。"

阿难虽然听到这样一再的讲解,与大家一起默默思考,但心里并没有觉悟,仍然希望释迦牟尼发慈悲之音进一步宣讲和启开大家。合掌于胸清净于心,伫立聆听佛陀的教诲。

【经文】

尔时世尊,舒兜罗绵网相光手,开五轮指,诲敕阿难及诸大众。"我初成道,于鹿园中为阿若多①,五比丘等②,及汝四众言:一切众生,不成菩提及阿罗汉,皆由客尘烦恼所误。汝等当时,因何开悟,今成圣果?"

时憍陈那起立白佛:"我今长老,于大众中独得解名。因悟客尘二字成果。世尊,譬如行客投寄旅亭,或宿或食。宿食事毕,俶装前途③,不遑安住④。若实主人,自无攸往。如是思惟,不住名客,住名主人。以不住者,名为客义。又如新霁⑤,清旸升天⑥,光入隙中,发明空中诸有尘相。尘质摇动,虚空寂然。如是思惟，澄寂名空，摇动名尘。以摇动者，名为尘义。"

佛言："如是。"即时如来于大众中，屈五轮指，屈已复开，开已又屈。谓阿难言："汝今何见？"阿难言："我见如来百宝轮掌⑦，众中开合。"佛告阿难："汝见我手众中开合，为是我手有开有合，为复汝见有开有合？"

阿难言："世尊宝手，众中开合。我见如来手自开合，非我见性有开有合。"

佛言："谁动谁静？"阿难言："佛手不住，而我见性，尚无有静，谁为无住？"佛言："如是。"

如来于是从轮掌中，飞一宝光在阿难右，即时阿难回首右盼；又放一光，在阿难左，阿难又则回首左盼。佛告阿难："汝头今日因何摇动？"阿难言："我见如来出妙宝光，来我左右，故左右观，头自摇动。"

"阿难，汝盼佛光，左右动头，为汝头动，为复见动？""世尊，我头自动，而我见性尚无有止，谁为摇动？"佛言："如是。"

于是如来，普告大众："若复众生，以摇动者名之为尘，以不住者名之为客。汝观阿难，头自动摇，见无所动。又汝观我，手自开合，见无舒卷。云何汝今以动为身，以动为境？从始洎终⑧，念念生灭。遗失真性，颠倒行事。性心失真，认物为己。轮回是中⑨，自取流转。"

【注释】

①阿若多：比丘名，即憍陈如，又作憍陈那。

②五比丘：随佛陀出家修行的五个人，佛成道后，度化的最初五个信徒。他们都为佛之亲戚，一为憍陈如、二阿说示、三摩

诃男、四跛提、五婆沙波。均有异名，别说。

③俶（chù）：开始。俶装，开始整理行装。

④不遑（huáng）：遑，闲暇。不遑，没有闲暇。

⑤霁（jì）：雨止。本处指天气放晴。

⑥旸（yáng）：日出。

⑦百宝轮掌：百宝，指珍贵，轮掌，佛手足中心各具一千辐轮的形象，故称。

⑧洎（jì）：及、到。

⑨轮回：佛教重要教义。也作"生死轮回"、"轮回转生"、"流轮"、"轮转"等，意谓如车轮旋转不停，众生在欲、色、无色三界，天上、人间、阿修罗、地狱、饿鬼、畜生六道中生死循环。转生的形态取决于生前的行为，善恶有报，并贯通过去、现在、未来三世。轮回学说涉及一个轮回的主体问题，即谁在轮回？既然一切本自于无，一切无常，何有轮回。在大乘佛教中，提出了"种子"学说，认为由"藏识"的种子，自无始以来从众生的心灵产生，并成为生命形态即轮回果报的主体。

【白话】

这时世人之尊，舒展如白棉纹路似网放射光芒的手，张开有轮相的手指，教诲告诫阿难和听众。"我刚觉悟时，在野鹿苑为憍陈如、阿说示、摩诃男、跛提、婆沙波等五个信徒，以及在家和出家修行的男女信众说：一切众生灵，不能觉悟和证得佛果，都是由于外界事物的纷扰，误入烦恼。你们那时，因为什么原因开始觉悟，从而成就了今日的佛果？"

这时，憍陈那从座位上站起来对释迦牟尼说："我现在是资历最老的，在信徒中是最早得到解悟称号的人。因为觉悟了一切事物如幻，悟客尘二字的义理而成就佛果。世人之尊，比如行人投宿旅店，或住宿或者饮食。食宿之后，整理行装上路，无闲暇安然长住。如果是主人，自然不会离开。如果这想法是对的，那么各种妄念不能长久，就称之为客，明净的心性是永存的，就叫做主人。对不能长存不变的事物，就称为客的义理就是这样。又好比天气晴朗，阳光普照，从光线透过的门缝和空隙之中，可以看见空中有许多微尘。尘埃浮动，虚空的天际是静寂的。如果是这样想，澄明静寂的就称为空，浮动的就叫做尘。因此把摇动不止的事物，就称为尘的义理也就这样。"

释迦牟尼说："是的。"这是佛陀对着大家，拳屈五个有轮相的手指，然后又展开，伸展开后又拳屈。对阿难说："你现在看见什么？"阿难说："我看见您如百宝的有轮相的手掌，在大家面前展开后又合拢。"佛陀告诉阿难："你看见我的手在大家面前展开又合起来，是我的手有开有合，还是你看见的有开有合？"

阿难回答："世人之尊，您的宝手，在大家面前有开有合。我眼见您的手自开自合，不是我认识的自性有开有合。"

佛陀说："谁动，谁静？"阿难说："您的手在不停地动，而我认识的自性，连静止的形态都没有，又哪有动呢？"佛陀说："是这样。"

释迦牟尼于是从他如宝轮的手掌中，放射出一束宝光在阿难的右边，这时阿难转过头向右看；又放射一束宝光在阿难的左边，阿难则又转头向左看。佛陀问阿难："你的头现在为何摇摆转动？"阿难说："我看见您发出美妙的宝光在我左右，因此向左右观看，头自然摇摆转动。"

"阿难，你看我的宝光，头向左右转动，是你的头动，还是你认识的自性在动？""世之尊者，是我的头在动，而我认识的自性连静止都没有，又哪里有摇动呢？"佛陀说："是的。"

于是佛陀对大家说："假如还有人，不知摇动变幻的形态叫做尘。不长久住定的叫做客。你们看阿难,头自己在摇动,但认识的自性没有动。再看我,手自开自合,但认识的自性并没有舒展、卷屈。为何你们认为摇动的是身体,认为摇动是实有的境遇呢?从始至终,心念生灭不止,这遗失了真实的本性,从而把事物的真实形态颠倒了,认为是实有。使本自真实的自性丧失,认为事物都是自己见到实有的。这样,就在生死轮回之中,不除我的妄见而流转不息。"

卷 二

【经文】

尔时阿难及诸大众，闻佛示诲，身心泰然。无始来失却本心，妄认缘尘分别影事。今日开悟，如失乳儿，忽遇慈母。合掌礼佛，愿闻如来，显出身心真妄虚实①。现前生灭与不生灭，二发明性②。

时波斯匿王，起立白佛："我昔未承诸佛诲敕，见迦旃延、毗罗胝子③，咸言此身，死后断灭，名为涅槃。我虽值佛今犹狐疑，云何发挥，证知此心，不生灭地？今此大众诸有漏者，咸皆愿闻。"

佛告大王："汝身现在，今复问汝。汝此肉身，为同金刚常住不朽？为复变坏？""世尊，我今此身，终从变灭。"

佛言："大王，汝未曾灭，云何知灭？""世尊，我此无常变坏之身，虽未曾灭，我观现前，念念迁谢，新新不住。如火成灰，渐渐销殒。殒亡不息，决知此身当从灭尽。"

佛言："如是。大王，汝今生龄已从衰老，颜貌何如童子之时？""世尊，我昔孩孺，肤腠润泽。年至长成，血气充满。而今颓龄，迫于衰耄④。形色枯悴，精神昏昧，发白面皱，逮将不久，如何见比充盛之时？"

佛言："大王，汝之形容，应不顿朽？"王言："世尊，变化密移，我诚不觉，寒暑迁流，渐至于此。何以故？我年二十，虽号年少，颜貌已老初十岁时；三十之年，又衰二十；于今六十，又过于二，观五十时，宛然强壮。世尊，我见密移，虽此殂落⑤，其间流易，且限十年。若复令我微细思惟，其变宁唯一纪二纪，实为年变；岂唯年变，亦兼月化；何直月化，兼又日迁。沉思谛观，刹那刹那⑥，念念之间不得停住。故知我身终从变灭。"

【注释】

①身心真妄虚实：佛教认为，一切无常，一切物质形态无时不在变化之中，并非实有，人们误以为是实有，并产生妄想心念，从而生烦恼心不止。

②二发明性：二，指身与心。发明性，指出二者何为真、何为妄，什么是虚，什么是实？佛教认为：心本清澄，人们不识万法皆空，本自虚幻，从而妄自为有，生念不灭。应悟一切现象形态皆源于不实虚妄之心，"万法一心"，从而了知一切无常、幻有，心念不起，归于真实的既无所谓有，亦无所谓无的静寂境界。

③迦旃延、毗罗胝子：迦旃延，有异说：一般指人名，是佛陀弟子。本处当指"外道"即其他宗教中的"算数"，就是常念算数的修行者。毗罗胝（zhī）子：人名，为修苦行的出家人。"淘糟饮汁，拔发灰身。"

④衰耄：衰弱、年老。耄（mào），八十、九十岁称耄。此外还有昏乱的说法。

⑤殂（cú）落：死亡。

⑥刹那：梵文音译，指极为短暂的时间，所谓"九十刹那"为一心念。《俱舍论》卷十二云："何等为一刹那量？众缘和合，法得自体顷，或有动法，行度一极微，对法诸师说：如壮士一疾弹指顷，六十五刹那。"即在"弹指"一瞬间，就过了六十五个"一刹那"。

【白话】

这时阿难及与会的信众,听到释迦牟尼的教诲,都身心畅快。理解了从本初以来,失却了本来真实的心性,错误地认为一切现象形态是真实有区别的。今天明白了其是虚妄的道理,好比失去了乳汁的婴儿,在绝境中遇到慈祥母亲的哺育。大家合掌于胸前以谢佛祖,期望佛陀,讲解身与心、真与妄、虚和实的义理。认识现实中心念的产生与消失以及心念既无所谓生亦无所谓灭的佛理,觉悟身与心二者之中,什么是变幻无常的虚幻,什么是无生无灭的真实。

此时,舍卫国王胜军,站起来对佛陀说:"我以前未受佛陀教诲时,遇见数论、苦行的修行者,都说人的身体,死后都断绝和消灭,这就称为涅槃。我现在虽然信佛但心中仍有疑惑,如何去阐发解释,认识和觉悟了的真实心性,本自无所谓生,无所谓灭?今天到会的信众和所有未脱烦恼的修行者,都愿认识这个道理。"

佛陀对舍卫国王说:"从你身体现在的状况,来问你。你的肉体,是同金刚石那般永远不变不腐朽呢?还是会老朽呢?""世人之尊,我现在的身体,终究会变化毁灭的。"

佛陀说:"大王,你的身体未曾毁灭,为何能知道会毁灭呢?""世人之尊,我这不常且变坏的身体,虽然仍未毁灭,我观察眼前的现实,时时都在变化,新的念头一个接着一个。好比烧柴成灰,渐渐消灭。这种消亡从不停息,由此知道身体一定会归于消亡的。"

佛陀说:"是的。大王,你现在已开始衰老,面貌和童年的时候有何区别?""世人之尊,我童年之时,肌肤细腻光泽,成年时气血两旺,精力充沛。但现在年老,精神衰弱。形象枯老憔悴,神情恍惚,头发花白,皱纹满面,离死期不远,怎能和青壮年旺盛时期相比呢？"

佛陀说："你现在的容颜，应当不是迅速衰老的吧？"

舍卫国王说："世人之尊，容颜的变化是悄然而至的，我确实不能察觉，寒来暑往岁月如流，渐渐地成了今天的样子。为何呢？我二十岁时，虽还年轻，但容颜面貌比十岁时变老；到三十岁时，又比二十岁时衰老；现在我已经六十二岁，反观五十岁时，比现在要强壮。世人之尊，我见岁月的推移，就是这样使人衰亡，时间的流逝变易，以十年为限。倘若再让我从细微处思考，时光使人的变化又何止是十二年、二十四年有，实际上是年年变化；又岂止是年年变化，每个月都在变易；又何止是月月变化，每一天都在变迁。若认真地观察思索，在一刹那的瞬间，在每个心念之间都在不停地变易。因此知道我的身体最终会在变化中走向衰亡。"

【经文】

佛告大王："汝见变化，迁改不停，悟知汝灭。亦于灭时，汝知身中有不灭耶？"波斯匿王，合掌白佛："我实不知。"

佛言："我今示汝不生灭性。大王，汝年几时见恒河水？"王言："我生三岁，慈母携我谒耆婆天[①]，经过此流，尔时即知是恒河水。"

佛言："大王，如汝所说：二十之时，衰于十岁，乃至六十。日月岁时，念念迁变。则汝三岁见此河时，至年十三，其水云何？"王言："如三岁时，宛然无异。乃至于今，年六十二，亦无有异。"

佛言："汝今自伤发白面皱，其面必定皱于童年。则汝今时观此恒河，与昔童时观河之见，有童耄不？"王言："不也，世尊。"

佛言:"大王,汝面虽皱,而此见精,性未曾皱。皱者为变,不皱非变。变者受灭,彼不变者,元无生灭,云何于中受汝生死?而犹引彼末伽黎等②,都言此身死后全灭。"王闻是言,信知身后舍生趣生。与诸大众踊跃欢喜,得未曾有。

【注释】

①耆婆天:长命之天。古代印度北部风俗,信奉长命天神,故其拜谒其庙。

②末伽黎:人名。是信奉自然的学者,认为此身死后,一切全部消亡。

【白话】

佛陀对国王说:"你见到的变化,迁移变更不停,从而领悟到你的身体会消亡。在这个消亡的时候,你知道在身体之中有不灭的本性吗?"舍卫国的国王,合掌于胸前对佛陀说:"我确实不知道。"

佛陀说:"我今天就开示你不生不灭的本性。国王,你在几岁的时候见到恒河水?"国王说:"我三岁时,慈母领我拜谒长命天神庙时,经过恒河,从那时就知道恒河之水了。"

佛陀说:"国王,如你所说:二十岁时,衰老于十岁,一直到六十岁。随着岁月时光的流转,在不断地变迁。那么你在三岁时看见恒河时,与十三岁时所见,恒河水有何变化?"国王回答:"河水与三岁时所见,并没有不同。乃至到今天,我六十二岁了,恒河水并无不同。"

佛陀说:"你今天徒自伤悲头发花白,面貌老皱,颜面一定比童年多许多皱纹。那么你现在观看恒河水的本性与过去童年时观河水的本性,有童年和老年的区别吗?"国王回答:"没有,世人之尊。"

佛陀说:"国王,你的脸面虽然有皱纹,但有所见的情形,自身的本性并未有皱纹。有皱纹表示在变化,没有皱纹则表示没有变化。变化的就会消亡,不变化的,本身无所谓生与灭,又何以说在你变化的身体中也一起生成与消亡呢?这犹如自然论的学者认为身体死亡后,一切全部消亡的观点。"国王听了这话,相信并认识到死后只是舍此生而有别处往生。他与到会的人们欢喜异常,得到了未曾有过的快悦。

【经文】

阿难即从座起,礼佛合掌,长跪白佛:"世尊,若此见闻必不生灭,云何世尊名我等辈,遗失真性,颠倒行事?愿兴慈悲,洗我尘垢。"

即时如来垂金色臂,轮手下指示阿难言:"汝今见我母陀罗手[①],为正为倒?"阿难言:"世间众生,以此为倒,而我不知谁正谁倒。"

佛告阿难:"若世间人以此为倒,即世间人将何为正?"阿难言:"如来竖臂,兜罗绵手,上指于空,则名为正。"

佛即竖臂,告阿难言:"若此颠倒,首尾相换。诸世间人一倍瞻视[②],则知汝身,与诸如来清净法身,比类发明。如来之身,名正遍知;汝等之身,号性颠倒。随汝谛观,汝身佛身,称颠倒者,名字何处,号为颠倒?"于时阿难与诸大众,瞪瞢瞻佛[③],目睛不瞬,不知身心颠倒所在。

佛兴慈悲,哀愍阿难及诸大众,发海潮音,遍告同会。"诸善男子，我常说言：色心诸缘及心所使，诸所缘法，唯心所现。汝身汝心，皆是妙明真精妙心中所现物。云何汝等，遗失本妙圆妙明心，宝明妙性，认悟中迷。晦昧为空，空晦暗中，结暗为色。色杂妄想，想相为身。聚缘内摇，趣外奔逸，昏扰扰相，以为心性。一迷为心，决定惑为色身之内。不知色身，外洎山河虚空大地，咸是妙明真心中物。譬如澄清百千大海弃之，唯认一浮沤体，目为全潮，穷尽瀛渤④。汝等即是迷中倍人，如我垂手，等无差别，如来说为可怜愍者。"

【注释】

①母陀罗手：佛教术语。母陀罗指结印、手印，母陀罗手亦称吉祥手。

②一倍瞻视：一倍指加倍的认识。瞻视，瞻指远看，视指近观。全句指增加了的认识和看法。

③瞪瞢瞻佛：指目瞪口呆惭愧地望着佛陀。瞢（méng）指目不明、烦闷等，本处指惭愧。

④瀛（yíng）渤：大海、海湾。

【白话】

阿难这时从座位上起来，将手掌合于胸前向佛陀行礼，跪着向佛陀发问："世人之尊，倘若人认识观察的真实本性并无生亦无灭，为何您称我们遗失了本自真实的心性，颠倒地看待一切事物呢？期望能发慈悲之心，洗去我们心中被妄念所染的迷惑。"

此时，佛陀垂下他闪着金光的手臂，用有千幅转轮手相的手向下指着示意阿难说："你现在看见我的吉祥手，是正的还是倒的？"阿难回答："在世俗的人们看来，手向下是倒的，而我不知道何为正，何为倒。"

佛陀告诉阿难："如果世上的人们以手向下为倒，那么人们会认为什么为正？"阿难说："您举起手臂，细白的手向上指天空，那么就叫做正。"

释迦牟尼把手臂竖起，告诉阿难说："如果人们将此颠倒来看，只是把首尾交换而已。世人加倍地观察和认识后，就能通过对自己的世俗之身与一切悟道者的清净认识的身心进行对比后，产生觉悟的认识来。觉悟者的身心，称为正确地认识了事物的本性；你们世俗的身心，就叫做对本性颠倒了的妄念。随你去认真地观察和思考，你的身心与佛陀的身心，被称为颠倒的，来自何处，为何被叫做颠倒呢？"这时，阿难和与会的人们，都目瞪口呆，惭愧地望着佛陀，目不转睛，不知道如何回答身心颠倒，这一错误认识的原因所在。

佛陀发慈悲心，怜悯阿难以及到会的信徒，发出如海潮般的宏大法音，告诉每一位到会的人们。"有教养的男信徒，我常讲：由各种因缘合成的各种表现形态和认识，一切现象的产生，都是由心念的产生而显现的。你的身体与心念，都是由美妙澄明，真实精巧的心中所显现的形态。为何你们，遗失了原本圆满美妙的清澄之心，珍贵明净的本性，在自认为觉悟之中陷于迷惑。以为并不认识的黑暗为空，把空置于无知之黑暗之中，在迷惑里形成了虚幻不实的一切现象形态。各种现象又产生各种妄有心念，认为形象就构成身体。使各种因缘在心中集聚，在各种事物形态上产生各种奔放飞逸的心念，迷乱的现象使各种心念相互纷扰，以烦恼的心性为本心。首要的迷惑在于心，决定性的认识在于认为有一个心在身体之内。不知道各种现象形态构成的身体，外部的广大世界中的天空大地高山江河，都是美妙真实心中所显现的事物。就好比将广大清澄的海洋视而不见，仅仅只把一具浮起的沤烂的躯体，作为大海来看，以为穷尽了大海。这样认识的你们就是比迷惑之人更迷的人，如我垂下手掌，手并无差别，本无所谓有或无，更无所谓正反，故说你们作为修悟者是令人可怜和哀悯的人。"

【经文】

阿难承佛悲救深诲，垂泣叉手而白佛言："我虽承佛如是妙音，悟妙明心，元所圆满，常住心地。而我悟佛现说法音，现以缘心允所瞻仰。徒获此心，未敢认为本元心地。愿佛哀愍，宣示圆音，拔我疑根，归无上道。"

佛告阿难："汝等尚以缘心听法，此法亦缘，非得法性①。如人以手指月示人。彼人因指，当应看月。若复观指以为月体，此人岂唯亡失月轮，亦亡其指。何以故？以所标指，为明月故。岂唯亡指，亦复不识明之与暗。何以故？即以指体为月明性，明暗二性，无所了故，汝亦如是。若以分别我说法音为汝心者，此心自应离分别音，有分别性。譬如有客，寄宿旅亭，暂止便去，终不常住。而掌亭人都无所去，名为亭主。此亦如是，若真汝心，则无所去。云何离声无分别性？斯则岂唯声分别心，分别我容，离诸色相，无分别性。如是乃至分别都无，非色非空。拘舍离等②，昧为冥谛③。离诸法缘，无分别性。则汝心性，各有所还。云何为主？"

阿难言："若我心性，各有所还。则如来说妙明元心，云何无还？惟垂哀愍，为我宣说。"

【注释】

①法性：佛教名词。与实相、真如、涅槃同义。一般指现象

形态的本质。佛陀认识了事物的本质，体现了"法性"，构成"法身"。佛教各派对"法性"的理解也有所不同。

②拘舍离：古印度非佛教的教派。该派持一切事物非空非有的观点。为不可知论。译为"牛舍"，因该派代表人物其母生于牛舍之中，故称。

③冥谛：印度古代哲学之专有名词。为数论派所立二十五谛之一。又称冥性、本性、自性等，为万物之本源，一切事物皆由此而生。《楞严长水疏·二上》云："言冥谛者，或云冥性，或言自性……此云数论，立二十五谛，最初一谛名为冥谛。计以为常，第二十五谛名为神我，亦计为常。"

【白话】

阿难接受了佛陀发自救渡众生的大悲之心而进行的深刻教诲，流着泪合掌于胸前对佛陀说："我虽承蒙您这样美妙的教导，觉悟了明净之心，本自圆满，常在于心性。然而我领悟您的美妙义理，是以现实中我的攀缘之心来观想和敬仰您的思想。徒自获得的本真之心，还不敢认为其本自圆满。愿佛陀发怜悯心，讲解圆满之心的佛理，拔除我疑惑的根苗，归于修得正果之路。"

释迦牟尼对阿难说："你们仍以攀缘之心听我讲佛理，那么佛理也是攀缘，并未得到真实的认识。好比用手指指着月亮，让人看月。那么，人应因手指看月。倘若人看到手指，就以为手指就是月亮，此人不仅只是失去了月亮，连手指也认错了。为何呢？把手指当成了目标，以为是月亮的缘故。不仅认错了目标，也同样不能认识光明与黑暗。为什么呢？即以手指为月亮，对明与暗两种性质，不能认识的原故，你们现在也是这样。倘若用有分别的攀缘心来听我讲义理，此心应当脱离有分别的义理，有加以区别的本性。譬如旅客，寄宿旅店，很快就离开，不会常住。但开旅店的人就不会离开，就称为主人。佛理也是这样，如果是你真实的心，就不会离去。为何离开一切现象形态的心没有分别的本性呢？这不仅对于各种声音有分别的心性，还分别看我的面容的各个方面，要脱离一切关于事物形态的心念，无所谓分别。凡是一切现象都归于无，既不是永存的事物，也不是虚空。数论派信徒错误地认为一切事物在本性上是常有。要脱离一切由因缘和合的现象形态，并无所谓不同的本性。如各有自性，则你的心的本性，就各自有所依附。那么又以什么为主体呢？"

阿难问："如果我依缘而起的心性，各有所依附。那么您所讲的美妙明净的本初之心，为什么又无所依托呢？期望发怜悯心，为我们解说。"

【经文】

佛告阿难："且汝见我，见精明元①。此见虽非妙精明心，如第二月，非是月影。汝应谛听，今当示汝无所还地。阿难，此大讲堂洞开东方。日轮升天，则有明耀；中夜黑月，云雾晦暝，则复昏暗。户牖之隙②，则复见通；墙宇之间，则复观壅③。分别之处，则复见缘。顽虚之中，遍是空性。郁㪍之象④，则纡昏尘。澄霁敛氛，又观清净。

"阿难，汝咸看此诸变化相，吾今各还本所因处。云何本因？

"阿难，此诸变化，明还日轮。何以故？无日不明，明因属日，是故还日。暗还黑月，通还户牖，壅还墙宇，缘还分别，顽虚还空，郁㪍还尘，清明还霁。则诸世间一切所有，不出斯类。汝见八种见精明性，当欲谁还？何以故？若还于明，则不明时无复见暗。虽明暗等种种差别，见无差别。诸可还者，自然非汝；不汝还者，非汝而谁？则知汝心，本妙明净。汝自迷闷，丧本受轮。于生死中常被漂溺。是故如来，名可怜愍。"

阿难言："我虽识此见性无还，云何得知是我真性？"

【注释】

①见精明元：本文指人眼对外部事物反映的自然本能，能见之性。《楞严会解》卷三有"见精明元即同匿王观河之见。虽异缘尘，而犹是妄。妄依真起，故曰明元。此见虽非下简妄异真也。如第二月，非是月影者。真月喻妙精明心；第二月喻见精明元；水中影喻缘尘分别。"佛教认为：人的本初无染之心，如真月；由眼观月，认为有一个"真实"的明月，是妄见，因为一切无常、无所谓眼、月，皆由因缘而成；水中月、空中花，则是以妄见妄，由眼识到心识，皆由心念而起，本自不实，为幻有。

②户牖（yǒu）：门和窗。

③壅（yōng）：阻塞，本处指挡住了视线。

④郁埻（bó）：尘起貌，尘土飞扬。

【白话】

释迦牟尼对阿难说："正如你正看着我，是眼识作用的原因。这能见的特性虽然不是玄妙澄明的心识，就如由眼病而观月，有重影一样，并不是水中的月影。你应当仔细听，今天应当为你解说圆满觉悟的心地。阿难，这个讲经殿门窗洞开。当东方的一轮红日升起时，就一片光明；半夜乌云掩月，阴沉无光时，则变得昏暗。门窗有空隙的地方，就会有光线透过来；有墙壁挡住视线，则看不到前方。处于不同的环境，就会产生各种因缘。虚无之中，皆是空的形态。飞尘扬起的情况下，只见昏暗和尘埃，雨后清澄的天空里,看到的是清静。

"阿难,你看到的上述各种现象形态,都是变化无常的,我现在将这些现象的起因讲清楚。何为产生这些现象的根本原因呢?

"阿难,明与暗、达与阻、有与无、浊与清这些变化,要明确它们都归于阳光。为什么呢?没有阳光则不会有光明,光明属于阳光,因此归于太阳光。暗归于乌云遮月之时,光线通达归于门窗,挡住的视线归于墙,不同的因缘归于不同的环境,虚无归于空,飞扬的土归于沙尘,清净明亮归于晴空。那么世间一切现象,都不出这些变化的形态之外。你看见上述八种明确的自性,应当归于何处呢?为什么呢?倘若归于光明,那么没有光明时也不能见识黑暗。虽然在现实中有明与暗等各种差别,但见识之心并无差别。一切可以归还的事物,自然不属于你;那回归不属于你的,又属于谁?由此可以知道你的心性,本自精妙明净。由于你自己迷惑,丧失了本有的真实心,起妄念而受轮回。从而在生死轮回的苦海中常常漂泊沉溺。正是这个原故,我说这就称为可怜和悲悯的人生。"

阿难说:"我现在虽然认识到能见的本性并无回归,如何才能知道我的真实心性呢?"

【经文】

佛告阿难:"吾今问汝:今汝未得无漏清净,承佛神力,见于初禅①,得无障碍。而阿那律见阎浮提②,如观掌中庵摩罗果③。诸菩萨等见百千界,十方如来穷尽微尘清净国土,无所不瞩。众生洞视,不过分寸。阿难,且吾与汝,观四天王所住宫殿④。中间遍览水陆空行。虽有昏明种种形象,无非前尘分别留碍。汝应于此分别自他。今吾将汝择于见中，谁是我体，谁为物象。

"阿难，极汝见源，从日月宫，是物非汝。至七金山⑤，周遍谛观⑥，虽种种光，亦物非汝。渐渐更观，云腾鸟飞，风动尘起，树木山川，草芥人畜，咸物非汝。

"阿难，是诸近远诸有物性，虽复差殊，同汝见精清净所瞩，则诸物类自有差别，见性无殊。此精妙明，诚汝见性。若见是物，则汝亦可见吾之见。若同见者，名为见吾。吾不见时，何不见吾不见之处。若见不见，自然非彼不见之相。若不见吾不见之地，自然非物。云何非汝？又则汝今见物之时，汝既见物，物亦见汝，体性纷杂，则汝与我，并诸世间，不成安立。

"阿难，若汝见时，是汝非我，见性周遍，非汝而谁？云何自疑汝之真性？性汝不真，取我求实。"

【注释】

①初禅：佛教术语。为"四禅"之一，"四禅"亦译为"四禅定"、"四静虑"。是修行中四种不同层次的心理活动，形成四种精神境界，产生对物质世界的四种不同的感受。具体表现为：初禅，离欲望、丑恶，仍有心念；二禅，心念止，产生修禅之内心喜乐，生"信根"（产生信仰，内心清净）；三禅，舍去内心之喜乐，产生智慧；四禅，进入内心清静，不苦不乐的超然境界。佛教认为修四禅死后生于色界四天（四禅天），脱离苦海。

②阎浮提：译名，为赡部洲，在须弥山之南，洲名。是世人所居处，阎浮是树名，提译为洲，因赡部洲中心有阎浮树林，故称。

③庵摩罗果：果名，形似槟榔，食后可除风冷。义译为无垢、

天果等。本文比喻一目了然，阿那律，在佛弟子中为天眼第一。

④四天王：佛教认为世界以须弥山为中心，上为帝释天，四面山腰有四峰，各有一王居之，守护一方天下，故又名"护世四天王"。在周围有七香海、七金山，第七金山外有咸海，咸海四周有四大部洲，还有铁围山围绕咸海。是佛教沿用古印度的传说，加以描绘的天上景观。至今在一些佛教造像和绘画中都有反映。

⑤七金山：为围绕须弥山的七重金山，其山形各异，依据不同的形状，分别称为：持双（山峰成双）、持轴（峰上耸如车轴）、担木（山上宝树如担木树）、善见（见者称善）、马耳（山形如马耳）、象鼻（山形如象鼻）、鱼嘴（山尖如鱼嘴）。

⑥谛观：谛，真理。谛观，以真理为指导观察一切事物。具体讲就是以四谛学说为出发点，来考察人生的一切现象。

谛，即四谛、八正道，是佛教最基本的教义，二者紧密联系。四谛为苦谛（一切皆苦）、集谛（对苦因的分析）、灭谛（彻底消灭欲望、烦恼）、道谛（修习实践与方法）。八正道指到达佛教最高境界寂静涅槃的方法和途径。分别是：正见，即端正信仰，始终不脱离四谛；正志，又称正思维，即根据四谛对一切现象的分析思考；正语，就是远离妄语、绮语、恶口、两舌等罪过；正业，远离杀生、盗窃、邪淫等恶行；正命，正当的生活，不追求过分的生活享受；正方便，又称正精进，即勤勉努力，止恶行善；正念，端正意念，远离邪念；正定，排除杂念，专心禅定。八正道中最重要的是正见，其余的七道皆须从正见出发，进行精进不懈的修行。

【白话】

佛陀对阿难说："我现在问你：你仍未能得到不染的清澄境界，承受着佛陀义理的驱动，认识达到了脱离邪恶的境地，得到了脱离苦海不堕恶道的智慧。然而弟子中的阿那律，以天眼看世人居住的纷扰世界，好比看手掌中的果子一目了然。有成就的证悟者可以认识千百个不同的境界，一切得到佛果的证悟者可以洞察整个世界，没有观察不到的地方。世人们所能认识的，只不过在自身的得失与方寸之间。阿难，我和你一起观察四位天王所住的宫殿。在其间遍观海水、陆地、天空。这里虽然有明亮与昏暗的各种现象，但无非都是由各种因缘而成的形态，在心中所妄起的不同认识，使人不得清净。你应在心识上区别自己的本性和各种心念。今天我将让你在认识之中，分清什么是自己的真实心性，什么是事物的形态。

"阿难，穷尽你所能认识的极限，从日月到宫殿，都是自然与社会的现象形态而并非你心识的本性。从闪耀金光的七种形状的金山，整体上认识观察，虽然有各种宝光，也同样是事物的形态并不是你真实的心性。渐渐地更进一步观察，云雾升、鸟儿飞、风雷动、尘沙起，树木山河，花草种子，人类牲畜，这一切事物，都不是你真实的心性。

"阿难，一切远近不同形态各异的事物，其性质虽然有很大的差别，都是通过眼识反映的。能见的精妙明净的本性，其实就是你的心性。如果能见的本性是有形态的事物，那么你就可以见到我的能见的心性的形态。如果我们有同样的能见的心性，就叫做认识了我的能见的心性。那么当我不观察事物时，又为何不能见到我不观察时的心性。如果能见到我见不到的事物，自然就不是你见不到的形态。倘若你看不见我不能见到的相状，自然就并非是物体。为何这并非是你的能见的本性呢？另外你现在看见事物的时候，你既然能见到事物，那么事物也应能见到你，但事物的本质十分繁杂，你与我，以及世间的一切形态，本自有别，因此同样能认识和观察的理解不能成立。

"阿难,如果你观察事物时,是你而不是我,能观察见到事物本性是遍及一切人的,那么这不是你在看又是谁在看呢?为何要自己怀疑你具有的观察事物的真实心性呢?认为自身的心性不真实,向我索取真实的能观察认识的心性。"

【经文】

阿难白佛言:"世尊,若此见性必我非余。我与如来观四天王胜藏宝殿,居日月宫,此见周圆遍娑婆国①。退归精舍,祇见伽蓝。清心户堂,但瞻檐庑。世尊,此见如是,其体本来周遍一界。今在室中,唯满一室。为复此见缩大为小?为当墙宇夹令断绝?我今不知斯义所在。愿垂弘慈,为我敷演。"

佛告阿难:"一切世间大小内外诸所事业,各属前尘,不应说言见有舒缩。譬如方器,中见方空。吾复问汝:此方器中所见方空,为复定方,为不定方?若定方者,别安圆器,空应不圆;若不定者,在方器中,应无方空。汝言不知斯义所在。义性如是,云何为在?

"阿难,若复欲令入无方圆,但除器方,空体无方。不应说言:更除虚空方相所在。若如汝问,入室之时缩见令小。仰观日时,汝岂挽见齐于日面?若筑墙宇,能夹见断,穿为小窦②,宁无续迹?是义不然。一切众生从无始来,迷己为物。失于本心,为物所转,故于是中观大观小。若能转物,则同如来。身心圆明,不动道场。于一毛端遍能含受十方国土。"

阿难白佛言:"世尊,若此见精必我妙性,今此妙性现在我前。见必我真,我今身心复是何物?而今身心分别有实。彼见无别分辨我身。若实我心,令我今见,见性实我,而身非我。何殊如来先所难言:物能见我。惟垂大悲,开发未悟。"

【注释】

①娑婆国：又作娑婆世界。娑婆，梵文音译，意译"堪忍"，故又作"堪忍国"，专指佛陀所教化的世俗国土，认为：此现实世界充满不堪忍受的苦难；还有佛、菩萨为救渡众生于苦海"堪耐劳倦，而忍受故"的含义。

②小窦：小孔穴。

【白话】

阿难对佛陀说："世人之尊，倘若这个能见的本性，是我的并非其他的人能取代。我与您观察四天王殊胜宝藏的宫殿，从日宫、月宫所在地，观看四周的世俗世界都圆满周遍。回到这里，只看见寺院。清净心念的殿堂，以及眼前的屋檐和走廊。世人之尊，这能见的本性，所体察的本来可以遍及世界。但现在室内，只能观看室内的范围。为何这能见的本性能变大和缩小呢？是否能见的本性被墙壁隔绝阻碍断开？我现在不明白其中的道理所在。期望您发弘广的慈悲心，为我解说。"

佛陀告诉阿难："一切世间不论大与小、在内部或外部的一切现象形态，都属于在眼前呈现的事物形象，不应当讲能见的本性有扩大或缩小。比如一个方形的器皿，中间看见的是方形的空间。我再问你：这方形器皿之中所见的方形空间，为固定的方形，还是不固定的方形？倘若是固定的方形，那么安放在圆形的器皿里，空间应不是圆形的；如若是不定形的，那么在方形器皿中，应当并无方形的空间。你说不知道真实的本性变大和缩小及断开的道理所在，能见的真实的本性，正如这个道理，能见是随物而变，本性无碍，为何认为有确定的存在呢？

"阿难，倘若要使空间进入无方、无圆的形态，只要除去器皿，空间并无方或圆的形态。不应这样讲：要进一步除去虚无空间的形态，不仅仅是方或圆的形态。正如你所问的，入室的时候缩小了能见的本性，使之变小。那么仰目看太阳时，你难道能把见的本性伸展到太阳上？倘若修筑的墙壁，能隔断能见的本性，那么穿过一个小洞，又没有连续上的痕迹？不是这样的道理。一切众生灵，从无始的本初以来，迷失了自己本净的心性，认为自己是实有的。这就失却了本自清澄的心性，被事物的形态所迷转，从而在现象的形态中看大小与多少。倘若能够了解物质形态，由心所发，则与我一样。身心圆满明净，于一切缘起缘灭，心念不起，随处修行。在一毛发之末中就可以领悟广大世界。"

阿难对佛陀说："世人之尊，倘若能见的精妙本性是我自身的，今天这精妙的本性就显现在我面前。能见必定是我真实的本性，那么我现在的身体心念又是什么东西呢？而且现在身体、心念对现实的形态有分别也是实在的。但能见的心性并没有能分辨和认识我自己的身体。倘若能见的心性是实际中我的心，能使我认识到能见的本质，是真实的我，但身体并非是实有的我。为何您在前面对我说：你所讲的见在物而不在身是错误的。请您发大慈悲之心，启发我们觉悟。"

【经文】

佛告阿难："今汝所言，见在汝前，是非非实。若实汝前，汝实见者，则此见精既有方所，非无指示。且今与汝坐祇陀林，遍观林渠及与殿堂，上至日月，前对恒河。汝今于我师子座前，举手指陈，是种种相。阴者是林，明者是日，碍者是壁，通者是空。如是乃至草树纤毫，大小虽殊，但可有形，无不指著。若必其见，现在汝前，汝应以手确实指陈，何者是见[①]。

"阿难当知：若空是见②，既已成见，何者是空？若物是见，既已是见，何者为物？汝可微细披剥万象，析出精明净妙见元，指陈示我。同彼诸物，分明无惑。"

阿难言："我今于此重阁讲堂，远洎恒河，上观日月。举手所指，纵目所观，指皆是物，无是见者。世尊，如佛所说，况我有漏③，初学声闻④，乃至菩萨亦不能于万物象前，剖出精见，离一切物，别有自性⑤。"佛言："如是，如是。"

佛复告阿难："如汝所言，无有见精，离一切物，别有自性。则汝所指是物之中，无是见者。今复告汝：汝与如来坐祇陀林，更观林苑，乃至日月种种象殊，必无见精受汝所指。汝又发明此诸物中，何者非见？"

阿难言："我实遍见此祇陀林。不知是中何者非见？何以故？若树非见，云何见树？若树即见，复云何树？如是乃至若空非见，云何见空？若空即见，复云何空？

"我又思惟：是万象中微细发明，无非见者。"

佛言："如是，如是。"

【注释】

①见：佛教名词。意为经过思考后对事理的抉择。通于正邪，认为"一切凡夫未阶圣道，介尔起计，悉皆是见。"分正见、邪见、恶见，通常是错误的认识、见解。佛教将其他哲学派别、教派的认识分为"四见"乃至"七十二见"，即四种以及七十二种错误的认识。

②空：佛教名词。指事物的虚幻不实，一切现象形态皆由因缘而生，刹那生灭，一切无常，并无实有、常存，故为"空"。空并非虚无，而是因缘和合的幻化假有形态，否认假有是"恶取

空"。大乘佛教主张人法二空，小乘主张"人我空"，人空法有。大乘中观学派主张因缘所生法（事物），皆为空；瑜伽行派认为万法唯识，皆从心起。

③有漏：即未脱离烦恼。脱离烦恼的方法，称无漏，如涅槃。

④声闻：原指释迦牟尼在世时的弟子，即聆听佛陀教诲的觉悟者。后指以自己解脱为目的，修证四谛而得道的修行者。与缘觉、菩萨并称为三乘。

⑤自性：性，指不变迁。自性，诸法各自不变的本性，即由因缘合和而成，本自无常、幻有。

【白话】

佛陀对阿难说："现在你所讲的：万物实有的认识就在自己的面前，是错的不真实的。倘若实有，在你面前，你的理解认识是真实的，那么这认识的自体就会有形状和所在的位置，不是指不出、看不见的。况且现在我与你坐在祇陀园林之中，从整体上观察园林的树木、水渠、大殿、堂室，乃至天上的日月，前方遥远的恒河。你现在处于我显现勇猛无畏的座位前，举手就可以指出并陈述出这各种各样事物的相状形态。阴暗的是森林，明亮的是日光，阻碍视线的是墙壁，通达的是空间。诸如此类乃至于草木和细微的毛发，大小虽有不同，但都有各自的形状，都可以指出来。如若认为见解，现在就在你的眼前，你应当能用手确切实在地指出，什么是你的见解。

"阿难应当知道，如果虚空是见解，那么既然以空为见，什么是虚空呢？如果事物形态就是见解，那么既然以物为见，什么是事物呢？你可以从微小细致处考察事物包罗万象的形态，分析出精妙明净的认识本源，来指给我，如同各种事物一样，区分明确没有疑惑。"

阿难说:"我现在正处于这庄重殿阁的讲经堂里,远望恒河,上观日月。一切我举手所指,放眼所看到,都是事物的形态,并无所谓的认识或见解。世之尊者,如您所说的,像我这样未脱世俗烦恼,刚学习并接受教诲证悟者,以及有成就的悟者,也不能在世俗万象的面前,剖析出精妙的见解,脱离一切物质的现象形态,分别出本自具有的本性来。"佛陀说:"是的,正是如此。"

佛陀对阿难说:"如你所说:没有见解与精妙所在,要脱离一切现象形态,区别事物本自具有的本性。那么你所指的所有事物之中,并无正确的见解。现在再告诉你:你与我坐在祇陀园林,再看园林,以及日月各种不同的现象形态,必定没有见解与所谓的精妙之处能被你指证出来。你再反观这些事物的现象形态,又有哪一个不是由认识或见解而产生的?"

阿难说:"我确实看遍了这座祇陀园林。但不知在现象之中什么是错误的见解?为何呢?如果树是错误的见解,又如何理解树?倘若树就是一种理解、见解,又为何说什么是树?这样乃至于如果虚空是错误的见解,又何以说认识理解虚空呢?倘若虚空是一种见解,又为何讲什么是虚空呢?

"我转而又想:在事物的万象之中,从细微处思考,并无不通过观察来认识的。"

佛陀说:"是的,就是如此。"

【经文】

于是大众非无学者①,闻佛此言茫然不知是义终始②,一时惶悚③,失其所守。如来知其魂虑变慴④,心生怜愍。安慰阿难及诸大众:"诸善男子,无上法王,是真实语。如所如说,不诳不妄。非末伽黎四种不死矫乱论议⑤。汝谛思惟,无忝哀慕⑥。"

是时文殊师利法王子，愍诸四众。在大众中即从座起，顶礼佛足，合掌恭敬，而白佛言："世尊，此诸大众不悟如来发明二种精见色空⑦，是非是义。世尊，若此前缘，色空等象。若是见者，应有所指；若非见者，应无所瞩。而今不知是义所归，故有惊怖。非是畴昔善根轻鲜⑧。惟愿如来大慈发明，此诸物象与此见精，元是何物？于其中间，无是非是。"

　　佛告文殊及诸大众："十方如来及大菩萨，于其自住三摩地中⑨。见与见缘，并所想相，如虚空华，本无所有。此见及缘，元是菩提妙净明体。云何于中有是非是。文殊，吾今问汝：如汝文殊，更有文殊？是文殊者，为无文殊？"

　　"如是，世尊。我真文殊，无是文殊。何以故？若有是者，则二文殊。然我今日非无文殊，于中实无是非二相。"

【注释】

①无学：亦称"无学位"、"无学地"，佛教名词。为佛教修行的阶位之一，与见道、修道合称三道。指断三界烦恼，证悟佛果，无修学之必要。小乘以阿罗汉果位为"无学"；大乘以菩萨修行阶位的第十地，即最高境地为"无学地"。

②是义终始：本句指佛陀所述，对事物形态是见即实有的认识，又不是见即从本质上并非实有，只是一种妄有，非实的物像、现象，依缘而生，依心识而有的见解。

③惶悚（sǒng）：惊慌恐惧。

④慑（shè，旧读音作zhé）：害怕。

⑤末伽黎句：与佛陀同时反对婆罗门神学的六派哲学之一。因与佛教观点不同，被佛教称为外道，称"邪命外道"，主张"无今无后，无父无母，无天无化，无众生"。对事物持两可态度无决

定性，如认为四种不死为：亦恒亦变、亦生亦灭、亦净亦垢、亦增亦减。

⑥忝（tiǎn）：辱，有愧于。

⑦二种精见：二种精妙的见解是见还是非见，即是实有的事物形态，还是并非实有的空幻形态。

⑧畴昔：畴，原指田地，本处为语气助词，无义。畴昔，日前、往昔。

⑨三摩地：佛教术语。译为定、持。心念定止，心不散乱。

【白话】

于是在与会的没有证悟的人们，听到佛陀的话后，都茫然不知对见解、认识如何理解，一时间内心惊慌恐惧，不知应持守什么道理。佛陀知道大家心中的焦虑和担心，怜悯之心油然而生。安慰阿难及各位信徒说："各位有教养的男信徒，至高无上的佛祖所讲的是真实的话语，是真实如意圆满的，不欺诈不妄语。这不是邪命外道所讲的关于有四种不死的混乱不清的议论。你们认真听仔细想，无愧我对你们的哀怜和大家对佛陀的仰慕。"

这时文殊这位佛弟子，惜悯各位比丘、比丘尼、优婆塞、优婆尼。在听众中从座位上起来，五体投地俯伏在佛陀脚下后，将手掌合于胸前，恭敬地对佛陀说："世人之尊，这些信徒不能领悟您阐发的关于现象形态与本空幻有的精辟论述，对界定正确与错误上有困难。世之尊者，倘若由从前各种因缘而成的各种事物及其表现形态。如果是能观察到的，应当能够指出来；如果不能观察到，应不能指出。而现在大家不知对事物的各种现象形态应当怎样理解，因此有惊慌和担忧。这不是由于他们以前所种善业之根的轻微、浅显。期望您发大慈悲之心，讲述现象形态与人精妙的见解，其本源是什么？在事物与认识之间，并没有所谓对与错的义理。"

佛陀告诉文殊和大家:"广大世界的佛和有成就的证悟者,在修行的心念定止中。见解和产生见解的因缘,以及所看到各种现象形态,如虚幻的空中之花,本自一无所有。产生见解以及由因缘而成的心识,原本是美妙明净之体。为何要为其产生对或错的认识。文殊,我现在问你:比如你是文殊,还再有一个文殊吗?是有文殊,还是无文殊?"

"是的,世人之尊。我是真实的文殊,并无对的文殊。为何呢?如果有一个对的文殊,就会有一个错的文殊,则有两个文殊。然而我今日并非没有文殊,是在文殊之中实际上并无是与非这两种形态。"

【经文】

佛言:"此见妙明,与诸空尘亦复如是。本是妙明无上菩提净圆真心,妄为色空及与闻见。如第二月,谁为是月,又谁非月。文殊,但一月真,中间自无是月非月。是以汝今观见与尘,种种发明,名为妄想。不能于中出是非是。由是真精妙觉明性,故能令汝出指非指。"

阿难白佛言:"世尊,诚如法王所说,觉缘遍十方界,湛然常住,性非生灭。与先梵志娑毗迦罗①,所谈冥谛及投灰等诸外道种②,说有真我,遍满十方,有何差别?世尊亦曾于楞伽山③,为大慧等敷演斯义。彼外道等,常说自然。我说因缘④,非彼境界。我今观此觉性,自然非生非灭,远离一切虚妄颠倒。似非因缘,与彼自然。云何开示,不入群邪。获真实心,妙觉明性。"

佛告阿难:"我今如是开示方便,真实告汝,汝犹未悟,惑为自然。若必自然，自须甄明有自然体。汝且观此妙明见中，以何为自。此见为复以明为自，以暗为自，以空为自，以塞为自？

"阿难，若明为自，应不见暗。若复以空为自体者，应不见塞。如是乃至诸暗等相，以为自者，则于明时，见性断灭。云何见明？"

阿难言："必此妙见，性非自然。我今发明是因缘生。心犹未明，咨询如来，是义云何合因缘性。"

【注释】

①梵志：指婆罗门。本处指修数论的出家人。佛教将一切其他教派的出家修行者，也通称梵志。娑毗迦罗，参见前注。

②投灰等诸外道：身涂灰土修苦行的教派信徒。古印度六种修苦行的教派分别为：

1. 自饿外道。节制饮食，忍饥挨饿以求道行的出家人。

2. 投渊外道。以身殉道，投渊而死的修行者。

3. 赴火外道。以身体着炙热的苦行者。

4. 自座外道。裸身坐于露地，或涂以灰土，不分春夏秋冬的苦行方法。

5. 寂默外道。在坟墓、尸冢间居住，沉默不语的修行者。

6. 牛狗外道。持守牛、狗戒。

佛陀在成道前，亦修过六年苦行。

③楞伽山：古师子国山名。师子国，即锡兰岛，今斯里兰卡。楞伽，又有难以进入和宝物的含义。楞伽山，位于斯里兰卡东南角，海拔三千尺，险阻难入，佛陀在此山顶传授大乘经，简称为《楞伽经》。

④因缘：佛教重要术语之一。通常讲，因即原因，缘即条件。因缘合称，指形成宇宙间一切事物、现象和引起认识以及造成"业报"的原因和条件。"一切法因缘生。"见《大乘入楞伽经》卷二。"佛教因缘为宗，以佛圣教自浅至深，说一切法，不出因缘二字。"见《楞严经疏》卷一。因缘合称，此复合词系佛教所独创。因缘的作用称缘起论，是佛教世界观和教义的理论基础。佛教在漫长的历史岁月中由于对教义、修持的不同理解，形成了许多宗派，但缘起论却依然是佛教各派的共同的主张，并不断地予以发展和充实。

从缘起论出发，观察有情的肉体组织及人的精神、意识的活动，就形成了早期佛教的十二因缘论。它是理解佛教教义的基础。

十二因缘从其发生的作用方面来讲，又称为十二缘起。十二缘起的序列有两种：

还观（顺观），它是由因求果；往观（逆观），它是由果求因。

还观十二因缘的次序为：无明、行、识、名色、六入、触、受、爱、取、有、生、老死。十二因缘是佛教最重要的学说之一，也是最难理解的部分，从而引起了佛教徒和佛学家的重视。

谨按往观次序，对十二因缘扼要加以说明：

老死，佛教认为人生即苦，老死是痛苦之最。

生，认为无生则无死的痛苦。

有，即存在，共有三种：欲有（欲望的存在），色有（物质世界一切现象的存在），无色有（欲有、色有以外的一切存在）。这三种有亦称"三界"。

取，即占有的欲望。所谓解脱，就是认识到欲望是一切痛苦的原因，并彻底消灭欲望。这是佛教教义中十分重要的一条。

爱，取的原因是爱，即迷恋和追求。

受，即感情，爱的原因是感受或感情。

触，即感觉，认为感情来源于感觉。

六入，即眼、耳、鼻、舌、身、意六根。前五根是感觉器官，最后的意根是领会、摄取前五根所提供的材料的思维器官，故又称为心根。

名色，是主、客观的统一，人的身心两方面的结合。

识，为名色之因，就是说识决定了名色。

行，是包括意志在内的心理活动。

无明，是本能的冲动，也就是处于蒙昧状态下的意志。

此外，因缘在佛教中还有依存、依据、机会、机缘、理由、因果关系、方法、目的等多种含义。（参见《金刚经新注与全译》167页至176页）

【白话】

佛陀说："这个见解精妙明确，一切现象形态和事物都是这个道理。本自美妙明净无上智慧圆满的真实心，由妄有产生各种事物状态的理解和认识。如因眼病生重影看到两个月亮，不知哪个月是真，哪个月是假。文殊，只有一个真实的月亮，其间本来就没有真假两个月亮。所以你现在观察认识的现象形态，各种事物，就称为妄想。不能在这里面指出真假、对错的认识。由此应知真实精妙明净觉的心性，能使你了解所谓的事物并非是真实的事物。"

阿难对佛陀说："世人之尊，正如您所说的，觉悟的机缘遍布世界，真心如泉清湛常净，其本性无所谓生与灭。这与以前婆罗门教的数论学者所谈的神我论以及修苦行的教派，认为有一真实的自我，遍及世界的理论，有什么差别呢？您也曾在楞伽山顶为大慧等有成就的证悟者讲述事由缘生的道理。那些其他教派，认为一切皆生于自然。佛教认为一切事物皆由因缘和合而生，与其他教派不同。我现在观察证悟的心性，自然而成，不生也不灭，远离一切虚妄的现象和颠倒的认识。似乎并非由因缘而成，与其他教派的自然而成的见解无异。如何区分开，请启示，从而不致误入歧途。获得真实心性，美妙觉悟而澄明。"

佛陀告诉阿难："我今天用上述的方法开启、明示，把真实的心性告诉你，你依然没有觉悟，错误地认为，心识是自然而生。如果认定是自然的，必须明确有自然的形体。你且观察这美妙明净的认识见解之中，以什么为自然的形体。这心的认识见解是以明亮为形体，还是以暗为自然的形体，或是以空间为形体，以闭塞为自然的形体呢？

"阿难，如果是以明亮为心性的自然形体，就不应能认识暗。倘若以空间为自然的形体，就不应使见解阻塞。照此推理，以至用黑暗、阴沉等形态，作为心性的自然形体时，那么在明亮的形态下，认识与见解的心性就会割断、消灭。这样又何以能认识反映明亮的情形呢？"

阿难说："依此理，精妙的认识见解，其本性不是自然而生。我现在认为心性是由因缘而生的。但心里并不明白其义理，询问您这其中的道理如何由和合的因缘而产生心的认识自性。"

【经文】

佛言："汝言因缘，吾复问汝，汝今因见，见性现前。此见为复因明有见，因暗有见？因空有见，因塞有见？

"阿难，若因明有，应不见暗；如因暗有，应不见明。如是乃至因空因塞，同于明暗。复次阿难，此见又复缘明有见，缘暗有见，缘空有见，缘塞有见？

"阿难，若缘空有，应不见塞；若缘塞有，应不见空。如是乃至缘明缘暗，同于空塞。当知如是精觉妙明，非因非缘，亦非自然。非不自然，无非不非，无是非是，离一切相，离一切法。汝今云何于中措心①，以诸世间戏论名相，而得分别。如以手掌撮摩虚空②，祇益自劳。虚空云何随汝执捉。"

阿难白佛言："世尊，必妙觉性，非因非缘。世尊云何常与比丘，宣说见性具四种缘③？所谓因空、因明、因心、因眼，是义云何？"

佛言："阿难，我说世间诸因缘相，非第一义④。阿难，吾复问汝，诸世间人，说我能见，云何名见？云何不见？"

阿难言："世人因于日月灯光，见种种相，名之为见。若复无此三种光明，则不能见。"

"阿难，若无明时，名不见者，应不见暗。若必见暗，此但光明，云何无见？

"阿难，若在暗时，不见明故，名为不见。今在明时，不见暗相，还名不见。如是二相，俱名不见。若复二相自相陵夺⑤，非汝见性于中暂无。如是则知二俱名见。云何不见？是故阿难，汝今当知，见明之时，见非是明；见暗之时，见非是暗；见空之时，见非是空；见塞之时，见非是塞。四义成就，汝复应知：见见之时，见非是见。见犹离见，见不能及。云何复说因缘自然，及和合相？汝等声闻，狭劣无识，不能通达清净实相。吾今诲汝，当善思惟，无得疲怠，妙菩提路。"

阿难白佛言："世尊，如佛世尊，为我等辈，宣说因缘及与自然，诸和合相与不和合。心犹未开，而今更闻见见非见，更增迷闷。伏愿弘慈，施大慧目，开示我等觉心明净。"作是语已，慈泪顶礼，承受圣旨。

【注释】

①措心：措，安放、夹杂。措心，把世俗的妄有之心置于理解和认识之中。

②撮摩：取拿、聚合。

③四种缘：通常指因缘、等无间缘、所缘缘、增上缘四缘。本处指四种下面讲述的条件、根据。

④第一义：最正确、智慧的义理。

⑤陵夺：超越、争夺。本处指相互取代。

【白话】

佛陀说："你认为见的本性由因缘而生，我再问你，你现在因为所见到的事物，见的本性就在眼前。这个所见是因为有光明而具有的，还是因黑暗才具有的？是因为空间而具有的，还是因闭塞才具有的？

"阿难，如果是因为光明而具有的见性，应当不能见到并认识黑暗；如果因为黑暗而具有的见性，应当不能见到并认识光明。如果是这样，那么因为空间或闭塞而具有的见性，同因为光明或黑暗而具有见性的道理一样。另外阿难，这能见的本性若是依据光明而有所见，还是依据黑暗有所见，或是依据空间有所见，依据闭塞有所见呢？

"阿难，如果是依据空间有所见，那么有闭塞则应无所见；若依据闭塞有所见，则在空间应无所见。如果是这样依据光明或黑暗而具有的见性，同依据空间或闭塞而具有见性的道理一样。应当知道如果是精妙觉悟明净的见性，不起于因，不依于缘，也不源于自然。无所谓不自然，无所谓非或不非，无所谓是或不是，它远离一切形态，远离一切事物。你现在为何要把妄有之心夹杂在心识、见解之中，以世俗之人虚幻的戏论作为现象形态，从而得出区别实有。好比用手掌抓取虚空，只能徒劳无益。虚空何以能被你随意捉拿。"

阿难对佛陀说："世人之尊，心之见性必定美妙觉悟，不由因而发，不是缘而生。您为何常与男信众们宣讲所见的本性具有四种条件呢？这所谓的四种条件即因为有空间、光明、心性、眼识，这个义理如何领会呢？"

佛陀说："阿难，我所说人世间的各种因缘而成的现象形态，不是最正确的义理。阿难，我再问你，现实世界的人都认为我自己能观察认识。那么什么叫做见？什么称为不能见呢？"

阿难说："世上的人，由在阳光、月光、灯光下，见到各种事物形态，这就称之为看见和认识。如果没有这三种的作用，就不能看见。"

"阿难，如果在没有光亮时，叫做不能看见，应当也看不见黑暗。倘若一定能见到黑暗，那么在没有光亮照明时，怎么能说一无所见呢？

"阿难，如果在黑暗时，不能看见光明，因此称为看不见。现在有光亮时，看不见黑暗的状态，还称为看不见。这样两种状态，都叫做看不见。倘若如此这两种状态自相矛盾相互取代，而并非是你的能见的心性不存在。如此则知见到黑暗、见到光亮都称为看见。那么什么称看不见？因此阿难，你现在应当知道，见到光亮之时，所见并非是光亮；见到黑暗之时，所见并非是黑暗；见到空间之时，所见并非是虚空；见到闭塞之时，所见并非是阻塞。由这四个义理得出的道理，你也应当知道：由看见的而产生的见解之时，见解不是真实的所见之物。正确的见解应远离所见之物，是所见的形态不能反映的。为何又说是因缘自然而成，以及因缘与自然和合而成形态与见解呢？你们由听到教义而觉悟的修行者，狭隘低下无知，不能通达能见心性的清净的真实本相。我今天教诲你，应当善于思维，不得懈怠，才能进入美妙智慧的证悟之路。"

阿难对佛陀说："世人之尊，正如您世之尊者，为我们弟子所宣讲的因缘以及自然的道理，还有和合及其不和合的各种现象形态。心里并未开悟，现在又听到所见而得的见解不是正确的认识，更增加了迷惑不解。期望广发慈悲心，施于我们智慧的心灵，开启我们觉悟明净的心性。"说了这些话后，伤悲流泪膜拜顶礼佛陀，承受圣明的义旨。

【经文】

尔时世尊，怜愍阿难及诸大众。将欲敷演大陀罗尼①，诸三摩提妙修行路②。告阿难言："汝虽强记，但益多闻，于奢摩他微密观照，心犹未了。汝今谛听，吾当为汝分别开示。亦令将来诸有漏者获菩提果。阿难，一切众生轮回世间，由二颠倒分别见妄③，当处发生，当业轮转。云何二见？一者众生别业妄见；二者众生同分妄见。云何名为别业妄见？

"阿难，如世间人，目有赤眚④，夜见灯光别有圆影，五色重叠。于意云何？此夜灯明所现圆光为是灯色，为当见色？

"阿难，此若灯色，则非眚人何不同见？而此圆影唯眚之观。若是见色，见已成色，则彼眚人见圆影者，名为何等？

"复次阿难，若此圆影，离灯别有，则合傍观屏帐几筵有圆影出。离见别有，应非眼瞩。云何眚人目见圆影？是故当知色实在灯，见病为影，影见俱眚，见眚非病，终不应言是灯是见。于是中有非灯非见。如第二月非体非影。何以故？第二之观，捏所成故。诸有智者，不应说言此捏根元，是形非形，离见非见。此亦如是，目眚所生。今欲名谁是灯是见？何况分别非灯非见。云何名为同分妄见？

"阿难，此阎浮提除大海水，中间平陆，有三千洲。正中大洲，东西括量，大国凡有二千三百。其余小洲在诸海中，其间或有三两百国。或一，或二，至于三十、四十、五十。

"阿难，若复此中，有一小洲，只有两国。唯一国人，同感恶缘。则彼小洲当土众生，睹诸一切不祥境界。或见二日，或见两月。其中乃至晕、适、珮、玦、彗、孛、飞、流⑤，负、耳、虹、蜺⑥，种种恶相。但此国见，彼国众生本所不见，亦复不闻。阿难，吾今为汝以此二事，进退合明。

【注释】

①陀罗尼：佛教名词。译作持、总持，意为持善不使散，持恶不使起。共分为四种：1.法陀罗尼，听佛法不忘。2.义陀罗尼，对诸法之义总持而不忘。3.咒陀罗尼，依禅定发秘密语，有不测之神验。4.忍陀罗尼，于法之实相安住谓之忍，持忍即证真如（事物的真实本质）。

②三摩提：即前注三摩地，亦称三昧、三昧地，译为定、正定、等持、一境性。

③二颠倒分别见妄：二种错误的认识与妄有之见解。佛教认为：人由不同业力，而成现在的身心，本自虚幻、不实，而人于其中对自身的妄有心识生成的悲欢、喜乐执着，此为一种妄见；此外人还有共同的业力，而成世人共有的妄有之心，如祸福、机缘、名利，人皆趋利避祸。故分别称为"别业妄见"、"同分妄见"。

④赤眚（shěng）：眼病，眼生红翳。翳（yì），角膜病变后的

⑤晕适珮玦彗孛飞流：八种不同的自然现象。晕，月晕。光环绕月，有月晕而风之说；适，月食，地球运行至日月之间，地影蔽月，月全食时月周围呈黑色光环；珮，月旁有白气，玦（jué），月有环形气体环绕，有缺口；彗，彗星；孛，时间短、数量少的流星群；飞，横向飞驰的流星；流，纵向飞驰的流星。这八种天象皆被古人认为"凶"象。

　　⑥负耳虹蜺：所谓四种不祥的日象。日之上的发光气团谓之负；边缘的发光气团谓之耳，耳即日珥，与太阳活动的强弱有关，有约11年的周期；虹，早霞；蜺，晚霞，民间有"早霞不出门，晚霞晒死人"之说。

【白话】

　　这时世人之尊，怜悯阿难以及与会的信众。准备要讲解扬善止恶，各种心念定止的美妙修行。告诉阿难说："你虽然有很强的记忆能力，但这仅有益于博闻强记，对于心念定止的细微和隐秘之处的反观内照，在心里仍未认识。你现认真听，我应当为你依次分别开启心智。也使未来修行者脱烦恼获得觉悟智慧的佛果。阿难，一切众生灵在生死流转的苦海中，皆由两种错误的认识，产生妄有，并由此产生一切烦恼，从而依其业力与善恶的多少在人、鬼、畜生、地狱、饿鬼、天上等处如轮回转。是哪两种认识见解呢？一是不同的生灵，有各自不同的业力和机缘的虚幻见解；二是众生灵所共同具有的虚妄的见解。何为各自不同业缘的虚妄见解呢？

　　"阿难，如世上有的人，眼有红肿重影之疾，夜里见灯光，产生圆形的重影，红黄绿蓝紫五色重叠交织。对此你如何认识呢？这夜间灯光所呈现的圆形重影是灯的色彩，还是病眼所见到的色彩？

"阿难，如果是灯的色彩，那么没有眼疾的人为何看不见相同的重影？而这圆形的重影惟独有眼疾的人才能见到。倘若是眼疾者所见的重影，所见已经在他眼中心里成为现象形态，那么这位眼疾者所见到的圆形重影，又称为什么呢？

"还有阿难，如果这圆形重影，脱离了灯光仍然还有，那么理应在屏风、帐幔、几案、筵席等上有似圆形的重影。如离开了所见仍然还有，应当不是眼能看到的。为何眼疾之人能看见圆形重影呢？因此应当知道，色彩实由灯出，所见重影由眼疾生，重影与妄见都由病生，如能见的眼睛没有病，也不会说是因灯火而有重影或由眼见而有重影。在这个例子中，有眼疾无灯，没有重影，没眼疾也见不到重影。正如有眼疾者看到有两个月亮，这第二个月亮并非实有，也不是月影。为何呢？看到了第二个月亮是人所造成的假相。有智慧的人们，不应该在人为的错觉之上来判断有月亮还是无月亮，离开了错觉而看见，还是没看见。也同于这个道理，由眼疾而产生的重影和第二个月亮。现在又要称什么是灯，什么是所见的影和月呢？更何况还想要区分不是由灯而生的重影或不是由病眼所生的重影。什么叫做共同具有的虚妄见解呢？

"阿难，这世俗的南赡部洲除了广大的海水，在中部有平坦的陆地，有三千个洲。在中心的大洲，从东至西包括的国家数量，大国有二千三百个。其余还有小洲在各个海域中，小洲里多的国家有两百或三百。少的有一个或两个国家，还有三十、四十或五十个国家的。

"阿难，如果在这个世界之中，有一个小洲，只有两个国家。只有一国之人，都感受到恶缘。在这个国土的人们，目睹了一切不吉祥的境地。以至见到两个太阳，或者见到两个月亮。这其中以至于月晕、月食、月旁有白气、环形气绕、彗星、流星雨、横飞和纵驰的流星,日之气团、日珥、虹、霞,各种不祥的日月景象。但这一国人所见的景象,另一国的人们根本没有看见,也没听到过。阿难,我现在为你以眼疾见重影和一国人所见,另一国人无所见闻这两件事例,来讲解妄有妄见的来龙去脉,使你明了。

【经文】

"阿难,如彼众生,别业妄见,瞩灯光中所现圆影,虽似前境,终彼见者目眚所成。眚即见劳,非色所造,然见眚者终无见咎。例汝今日以目观山河国土及诸众生,皆是无始见病所成①。见与见缘似现前境。元我觉明见所缘眚,觉见即眚。本觉明心,觉缘非眚。觉所觉眚,觉非眚中,此实见见。云何复名觉闻知见?是故汝今见我及汝,并诸世间十类众生②,皆即见眚。非见眚者,彼见真精,性非眚者,故不名见。

"阿难,如彼众生同分妄见,例彼妄见别业一人。一病目人,同彼一国。彼见圆影,眚妄所生。此众同分所见不祥,同见业中瘴恶所起③。俱是无始见妄所生。例阎浮提三千洲中兼四大海,娑婆世界,并洎十方诸有漏国,及诸众生,同是觉明无漏妙心。见闻觉知,虚妄病缘,和合妄生,和合妄死。若能远离诸和合缘及不和合④,则复灭除诸生死因。圆满菩提不生灭性,清净本心,本觉常住。

"阿难,汝虽先悟本觉妙明,性非因缘,非自然性。而犹未明如是觉元,非和合生及不和合。

"阿难,吾今复以前尘问汝。汝今犹以一切世间妄想和合,诸因缘性,而自疑惑,证菩提心和合起者。则汝今者妙净见精,为与明和，为与暗和，为与通和，为与塞和？若明和者，且汝观明，当明现前，何处杂见？见相可辨，杂何形像？若非见者，云何见明？若即见者，云何见见？必见圆满，何处和明？若明圆满，不合见和。见必异明，杂则失彼性明名字。杂失明性，和明非义。彼暗与通及诸群塞亦复如是。

【注释】

①无始见病：佛教认为，人的妄见由本初以来由六根（眼耳鼻舌身意）经六缘（色声香味触法）又称六尘所染，产生各种欲望，从而烦恼不断。由人生前所造善恶，成为果报业力，从而生灭不止于轮回之路。人们认为一切事物是实有的，从而求之不得的渴望永不休止，这种"有"皆为虚妄不实的"见"病。

②十类众生：指十法界众生，即地狱、饿鬼、畜生、阿修罗（好争斗者）、人、天之六道中的六凡，以及声闻、缘觉、菩萨、佛四圣，合为十类。

③同见业中瘴恶：指由共同的业力，即前世所造的共同罪恶导致此时果报，所谓一国之人由邪恶的瘴气升腾，以至于在日月星辰中形成遮蔽的云气，以及不祥之种种天象。

④和合缘及不和合：佛教认为一切无常，此生彼灭，人之现世由前缘合成，缘灭身灭，善缘和合善果，恶缘合成恶果。执善、恶均有，而万法皆心，本自于无，以至于一切见与不见，善与恶都归于无，是彻底的空，"万法皆空"。

【白话】

"阿难，比如那些人们，由不同的业力所产生的虚妄见解，看灯光如有眼疾产生圆形重影，虽然似乎是真实的形态，但终究是看灯光的人因眼病而产生的。这种眼病就是妄见，并非由灯光造就的，如果能认识妄见的眼病，那么就不会产生见解的错误了。正如你现在用眼所见的山河大地和各种有灵性生物，都是从本初以来的妄有见解所形有的，能见与所见显现了本幻的眼前境地。从根本上本自觉悟明净，由妄有的认识产生如眼疾后所观的虚假形态，感觉后形成的见解就如妄有的眼疾。本自觉悟明净的心识，能觉悟到缘于妄有就不是错误了。觉悟到感觉后形成的妄有，觉悟后就不再处于妄有的眼病之中，这才是真实地看待事物的见解。为何还要再说由感觉和多闻而得的见解是对的呢？因此你现在看我的和你的身体形态，以及世界上十种不同的生灵，都是如眼疾产生的妄有。并非见解本身是错的，你心识真正的精妙在于本性并非如眼疾后而具有的妄有，所以不叫做妄见。

"阿难，比如那些有同样业缘形成的妄见，例如那位有眼病的人形成妄见。一个有眼病的人，与那一国的人相比。一个人由眼病看见的重影，是眼病产生的妄有。一国之人都看见的不祥的日月征兆，是由业缘之中所形成的遮蔽恶气所引起的。两者都是由从本初以来所形成的妄有认识所产生的。又例如在广大世界的三千洲以及四大海洋，现实世界及其一切有烦恼的国度，以及众生灵，同样具有觉悟明净的无烦恼之心。由所见所闻产生的感觉认识，是虚妄不实的烦恼之病的缘由，由各种感知产生妄有以及妄死的见解。倘若能远离各种由因缘聚合与无聚合的现象形态，就能够灭除产生烦恼和生死轮回的原因。证得圆满智慧无生无灭的本性，使清澄的本自之心，觉悟而常住。

"阿难，你虽然已经先觉悟了本自圆觉美妙的明净之心，本性不是由因缘聚合，不是由自然而生。但并未明白本自觉悟之心，并非由机缘和合而生，亦非由不和合而形成的。

"阿难，我现在再以前述的事物形态问你。你现在仍然以世间的妄想形态和聚散离合,以及各种因果和机缘,来认识事物,从而自身陷入疑惑,认为正悟智慧之心是机缘的聚合。那么你美妙明净的能见本性,是与光明相和,是与黑暗结合,是与通达结合,还是与阻塞结合呢?如果与光明相合,当光明出现在眼前时,在何处体现心识的见解?所见事物的形态可以辨别,能见与所见的形态如何区分?倘若不是能见的本性,如何能见到光明?若光明出现就能见到,如何区别能见与所见?若能见之性必定圆满,又如何与光明结合?如果光明是圆满的事物,就不需要与能见之性结合。如能见之性一定与光明不同,那么糅杂在一起,就会失去能见之性与光明的名称。能见之性与光明糅杂会失却光明的自然特性,和合能见之性与光明的自然性是不对的。至于黑暗与通达及其阻塞的道理也是如此。

【经文】

"复次阿难,又汝今者妙净见精,为与明合,为与暗合,为与通合,为与塞合?若明合者,至于暗时,明相已灭,此见即不与诸暗合,云何见暗?若见暗时,不与暗合,与明合者,应非见明。即不见明,云何明合,了明非暗?彼暗与通及诸群塞亦复如是。"

阿难白佛言:"世尊,如我思惟,此妙觉元与诸缘业,及心念非和合耶。"

佛言:"汝今又言,觉非和合。吾复问汝:此妙见精,非和合者,为非明合,为非暗合,为非通合,为非塞和?若非明和,则见与明必有边畔。汝且谛观,何处是明?何处是见?在见在明,自何为畔?

"阿难,若明际中必无见者。则不相及,自不知其明相所在，畔云何成？彼暗与通及诸群塞，亦复如是。又妙见精非和合者，为非明合，为非暗合，为非通合，为非塞合？若非明合，则见与明性相乖角①。如耳与明了不相触。见且不知明相所在，云何甄明合非合理？彼暗与通及诸群塞，亦复如是。

"阿难，汝犹未明一切浮尘，诸幻化相②，当处出生，随处灭尽。幻妄称相，其性真为妙觉明体。如是乃至五阴③、六入④，从十二处⑤，至十八界⑥。因缘和合，虚妄有生；因缘别离，虚妄名灭。殊不能知生灭去来，本如来藏⑦，常住妙明，不动周圆妙真如性。性真常中，求于去来迷悟生死，了无所得。

【注释】

①乖角：不合道理；分离。

②幻化相：佛教认为一切事物，由因缘聚合而成，一切无常，在不断坏灭之中，一切形态皆非实有，是心中所成的变幻不实的形态，是妄有，一切如烟，了无痕迹。

③五阴：又称"五众"、"五蕴"，佛教专有名词。大致包括色、受、想、行、识五方面的内涵，通常色指物质、客体，其余组成主体、精神世界，因此"五阴"在广义上指物质世界与精神世界的总和。

④六入：又译为六处。分为内六入，又称六根即眼耳鼻舌身意；外六入，又称六境即色声香味触法。入为涉入之意。

⑤十二处：即"六根"、"六境"，共十二处，亦译"十二入"，六根六境互相涉入而生六识，此处指六识所依，故称。

⑥十八界：佛教名词。指人产生认识的六根，认识对象的六境，由此而产生的六识（眼识、耳识、鼻识、舌识、身识、意识），总为十八界，界指种类。

⑦如来藏：本处指一切众生藏有本自清净的如来法身，即佛性，这是人皆可成就佛果的依据。但众生被烦恼遮蔽，使本性不显，故称藏。此外还指佛陀所讲的一切经典。

【白话】

"还有阿难，你现在又认为精妙明净的见性为和合，那么是与光明结合，还是与黑暗结合，是和通达结合，还是与阻塞结合呢？倘若与光明结合，那么在黑暗时，光明消失，能见之性不能与黑暗相合，如何能看见黑暗呢？如果看到黑暗时，能见之性不与黑暗相合，与光明相合，则应也见不到光明。既然看不见光明，如何能知与光明相合时，知道是光明而不是黑暗？由此可知黑暗与通达以及阻塞的道理也是如此。"

阿难对佛陀说："世之尊者，现在我这样思索，这本自美妙觉悟之能见之性与各种表现形态，以及产生的心念是不和合的吧。"

佛陀说："你现在又讲，本自觉悟之心性与各种现象形态不是相互结合的。我再问你：这精妙的能见之性，与外部事物是不相合的，那么是不与光明相合还是不与黑暗相合，是不与通达相合还是不与阻塞相和？如果不与光明结合，则能见之性与光明之间一定有界限。你且认真观察，何处是光明中的形态？什么是能见？在光明与能见心性之间，以什么为界限呢？

"阿难，如果光明之中没有能见之性。那么光明与能见则如风马牛不相及，也不知光明的现象形态所在之处，如何界定呢？那么黑暗与通达以及阻塞的道理，也同样如此。另外精妙的能见之性不是相合的，是不与光明结合，还是不与黑暗结合，是不与通达结合，还是不与阻塞结合呢？倘若不与光明结合，则能见之性与光明在本质上相互分离。正如耳朵与光明本身没有相互之间的接触关系。能见之性尚且不知道光明的现象形态所在之处,如何能甄别光明与其结合或不结合的道理呢?则黑暗与通达以及阻塞的道理,也同样如此。

"阿难,你仍未认识清楚一切事物,所表现的各种幻化的形态,从幻有中产生,也在幻化中消灭。由虚幻和妄有产生了各种现象形态,其本性是真实美妙的觉悟明净之体。这样乃至于色、受、想、行、识,内六入眼、耳、鼻、舌、身、意,外六入色、声、香、味、触、法,这十二处,产生的眼识、耳识、鼻识、舌识、身识、意识,共为十八界。这些见解都是由因缘的和合,虚幻和妄有中产生的;因缘散尽分离,虚妄也随之归于灭。根本不能知道产生、灭尽、离去、到来,本自清净,常住美妙澄明,持不变圆满美妙而真实的本性。本性真实常在,执意所求于去与来,迷惑于生死之间,将一无所得。

【经文】

"阿难,云何五阴,本如来藏妙真如性①?

"阿难,譬如有人,以清净目观晴明空,唯一晴虚,迥无所有②。其人无故,不动目睛,瞪以发劳。则于虚空别见狂华③,复有一切狂乱非相。色阴当知亦复如是。

"阿难,是诸狂华,非从空来,非从目出。如是阿难,若空来者,既从空来,还从空入。若有出入,即非虚空。空若非空,自不容其华相起灭。如阿难体,不容阿难。若目出者,既从目出,还从目入。即此华性从目出故,当合有见。若有见者,去既华空,旋合见眼。若无见者,出既翳空,旋当翳眼。又见华时,自应无翳。云何睛空号清明眼?是故当知色阴虚妄,本非因缘,非自然性。

"阿难,譬如有人,手足宴安,百骸调适。忽如忘生,性无违顺,其人无故,以二手掌于空相摩,于二手中妄生涩、滑、冷、热诸相。受阴当知,亦复如是。阿难,是诸幻触,不从空来,不从掌出。

"如是阿难,若空来者,既能触掌,何不触身?不应虚空选择来触。若从掌出,应非待合。又掌出故,合则掌知,离则触入,臂、腕、骨髓,应亦觉知入时踪迹。必有觉心,知出知入。自有一物,身中往来。何待合知,要名为触?是故当知受阴虚妄,本非因缘,非自然性。

"阿难,譬如有人谈说酢梅④,口中水出;思蹋悬崖,足心酸涩。想阴当知亦复如是。

"阿难,如是酢说,不从梅生,非从口入。如是阿难,若梅生者,何待人说?若从口入,自合口闻,何须待耳?若独耳闻,此水何不耳中而出?思蹋悬崖,与说相类。是故当知想阴虚妄,本非因缘,非自然性。

"阿难,譬如暴流,波浪相续,前际后际,不相逾越。行阴当知亦复如是。

"阿难,如是流性不因空生,不因水有。亦非水性,非离空水。

"如是阿难,若因空生,则诸十方无尽虚空,成无尽流。世界自然俱受沦溺。若因水有,则此暴流,性应非水,有所有相,今应现在。若即水性,则澄清时应非水体。若离空水,空非有外,水外无流。是故当知行阴虚妄。本非因缘,非自然性。

"阿难,譬如有人,取频伽瓶⑤,塞其两孔,满中擎空。千里远行,用饷他国。识阴当知亦复如是。

"阿难,如是虚空,非彼方来,非此方入。如是阿难,若彼方来，则本瓶中既贮空去，于本瓶地，应少虚空。若此方入，开孔倒瓶，应见空出，是故当知识阴虚妄。本非因缘，非自然性。"

【注释】

①真如：一般指真实的本性，一切现象的本质，亦译为"如如"。佛教各宗派解释有所侧重，故称谓很多，如"性空"、"实相"、"法界"、"佛性"等，般若各家以"性空"为如，称为诸法实相。

②迥（jiǒng）：远，遥远貌。

③狂华：飞舞的花朵。指眼冒金花，妄生幻影。

④酢梅：即醋梅，酸涩的梅果。酢（cù），本处即醋，《隋书·酷吏传》有"宁饮三升酢，不见崔弘度"之说。

⑤频伽瓶：其瓶形似频伽鸟，故称。此处比喻既无空之去来，亦无识之生灭。

【白话】

"阿难，何为色、受、想、行、识，本自众生灵所具有的美妙的真实的本性呢？

"阿难，比如有人，以清澄明净的眼睛观看晴朗明澈的天空，只能看到晴空，极目所望一无所有。人对此景，目不转睛，使眼疲劳。这时在本无的空中看见狂舞的飞花，从而使眼前呈现狂乱的形态。各种现象形态的聚积应当知道也是这个道理。

"阿难，这些狂乱的空花，并不是从空中而来，也不是从眼里产生的。就是如此阿难，如果幻有的空花是从空中产生的，那么既从空中来，也应从空中去。如有来去，就不是虚无的空间。如果空间不是空虚的，也不能容纳空花的形态随之来去生起与消失。就如你的身体，不能容许自身随之生起与消失。倘若说空花由眼而生出，那么既从眼出，也应从眼入。若空华由眼生，应当有能见本性。如有能见之性，当空花离去眼时，飞旋交合可以看见；如果看不见，飞出时既然是有重影的空间，回旋的应当是有重影的病眼。还有看见飞舞的空花时，花已出，自身的眼应没有眼疾。为何当看到万里晴空时，才叫做清澄明净的双眼呢？由此应当知道现象形态实为虚假的妄有之见，并非由因缘而有，也不是从自然而生。

"阿难，比如有的人，手脚都安然无恙，身体协调舒适。在瞬间忘其生死，心情顺畅，这个人在无意识，以两手在空中相互摩擦，在两手之中就会产生虚假妄生的粗涩、滑润、冰冷、暖热等各种感受到的现象。应当知道，聚集的各种感受，也同样如此。阿难，由身心所感的幻有触觉，既不是从空中而来，也不是从手掌里产生的。

"就是如此阿难，倘若是从空中而来，既然能够接触到手掌，为何不能接触到身体呢？天空无知觉也不能去选择是触及手掌还是身体的其他部位。如果各种触觉是从手掌中产生出来的，应当不等到双手摩擦才产生。还有如由手掌产生各种触觉，合掌时则应知道触觉怎样产生，分开时则应知道各种触觉怎样进入手中的，手臂、关节、骨骼，也应当能触觉到进入身体时的情形。一定有一个能感受的器官，能知道何时生出和进入，本身有一个事物形态，在体内往来自如。何必要等两手摩擦时才知道，并要称之为各种触觉呢？因此应当知道集聚的各种感受是虚假妄有的，既不是由因缘而有，也不是从自然而生。

"阿难，比如有人在谈论酸梅时，口中生出口水；想到脚踩在悬崖边缘时，脚心会酸软。各种想法也同样如此是妄有的形态。

"阿难，如上所说的由酸梅而生的口水，不从酸梅而生，也不从口中而入。正是如此阿难，倘若口水从酸梅而生，何必要等人说时才有？如果是从口入的，知梅的应是口，何必当耳听到时才有口水？若只由耳听后才生口水，那么口水为何不从耳中产生呢？想到脚踩在悬崖边上的感受与闻梅生津的道理一样。由此应当知道，心理的感受是虚假妄有的，既不由因缘而生，也不从自然中形成。

"阿难，好比暴雨后的江流，波浪相接，前波后浪一泻而下，总有前波后浪。人的一生也同于此理，由少到老，不可更替。

"阿难，上述流水总有前波后浪的特征不是由空间而生，也不因有水才具有。也不是水的特性，不是脱离于空间和流水之外的。

"正是如此阿难，倘若流水是由于空间而生成的，那么宇宙无边的天际虚无的空间，就成为无穷无尽的流水。世界都会淹没于水中。倘若前波后浪的特性是因为流水才具有的，那么暴雨后的急流，其特性并不是水，急流奔腾混浊，清水流波浪逐，各有表现形态，应当明显地表现在眼前。如果混浊奔腾是水的特性，那么清澄明净的清波就不应是水的形态。倘若激流脱离空间与流水，但空间并没之外的部分，流水之外也不存在激流。因此应当知道运行的表现形态也是虚妄不实的。从根本上讲不是由因缘而有，也不是从自然而生。

"阿难，好比有人，用一个鸟形的瓶子，塞住两边的孔，装满了当地的空气。他远行到千里之外，用瓶中的空间送给另一国的人。空间本无区别，认为有区别的认识和送另一地空间的做法一样，是妄有不实的。

"阿难，上述的虚空，不是从这个地方来，也不从那个地方入。就是如此阿难，倘若虚无的空间是从这里来的，那么把这里的空间用瓶子装上,带到另一个地方,那么这里就应减少了一瓶空间。如果认为空间是从那里而入的,那么,打开瓶子的孔盖倒出空间,也应当看见虚幻的空间从里面出来,因此应当知道所谓区别的认识是虚幻妄有的见解。不由因缘而有,不从自然而生。"

卷　三

【经文】

"复次阿难，云何六入，本如来藏妙真如性？阿难，即彼目睛瞪发劳者，兼目与劳，同是菩提瞪发劳相。因于明暗二种妄尘，发见居中，吸此尘象，名为见性。此见离彼明暗二尘，毕竟无体。如是阿难，当知是见，非明暗来，非于根出，不于空生。何以故？若从明来，暗即随灭，应非见暗；若从暗来，明即随灭，应无见明；若从根生，必无明暗，如是见精，本无自性。若于空出，前瞩尘象，归当见根。又空自观，何关汝入？是故当知眼入虚妄，本非因缘，非自然性。

"阿难，譬如有人，以两手指急塞其耳，耳根劳故，头中作声。兼耳与劳，同是菩提瞪发劳相。因于动静二种妄尘，发闻居中，吸此尘象，名听闻性。此闻离彼动静二尘，毕竟无体。如是阿难，当知是闻，非动静来，非于根出，不于空生。何以故？若从静来，动即随灭，应非闻动；若从动来，静即随灭，应无觉静；若从根生，必无动静。如是闻体，本无自性。若于空出，有闻成性，即非虚空。又空自闻，何关汝入？是故当知耳入虚妄，本非因缘，非自然性。

"阿难，譬如有人，急畜其鼻①，畜久成劳，则于鼻中，闻有冷触。因触分别通塞虚实②。如是乃至诸香臭气，兼鼻与劳，同是菩提瞪发劳相。因于通塞二尘，发闻居中，吸此尘象，名齅闻性③。此闻离彼通塞二尘，毕竟无体。当知是闻非通塞来，非于根出，不于空生。何以故？若从通来，塞则闻灭，云何知塞？如因塞有，通则无闻，云何发明香臭等触？若从根生，必无通塞。如是闻机，本无自性。若从空出，是闻自当回齅汝鼻。空自有闻，何关汝入？是故当知鼻入虚妄，本非因缘，非自然性。

【注释】

①急畜：迅速地用鼻吸气、出气。畜，积储。
②虚实：指鼻子畅通和阻塞这两种情况。
③齅：同嗅。名并闻性，称为人们所说的嗅觉的特性。

【白话】

"还有阿难，为何六种感觉，本自清净包藏美妙真实的本性呢？阿难，如人用眼睛盯着空中，会引发疲劳，这眼和疲劳后所见的狂花，都是美妙觉悟之心由专注一个事物，从而引发的疲劳现象。由于光明和黑暗这两种虚妄的事物形态，引发出其中的见解，吸收反映出各种形态，就称为见解的特性。这种见解离开了光明和黑暗两个相对的现象形态，毕竟没有实体。正是如此阿难，应当知道这种见解，并不是从光明或黑暗而来，也不是从眼睛中出来，也不从虚空中产生。为何呢？如果见解从光明而来，黑暗就应随之消灭，应当见不到黑暗；如果是从黑暗而来，光明就应随之消灭，应当见不到光明；如果是从眼睛产生，定没有光明或黑暗，这样精妙的见解，本身没有不变的本性。倘若见与见解是从虚空中产生，从而能见到前方的现象形态，那也应当能见到自己的眼睛。还有若从虚空产生，由空观空，与你眼睛有何关系？因此应当知道由眼睛所见到后产生的实际存在的见解是虚幻的，原本并非由因缘而生，也不是自然的本性。

"阿难，好比有人，用两指分别迅速塞住耳孔，使耳朵疲劳，头脑中产生隐隐的轰鸣。这由耳的疲劳形成的状况，都是美妙觉悟之心由专注而引发的疲惫现象。由于声动和安静两种妄有形态，引发了听到的见解，吸收反映这种事物形态，称为听见的特性。这种听见离开了声动和安静两个现象形态，毕竟并无实体。因此阿难，应当知道这种听到，不是从声音的运动或是安静而来，也不是从耳朵中出来，亦不从虚空中产生。为什么呢？如果听到是从安静而来，从运动中产生的声音就应随之消灭，应听不到由运动而产生的声音；如果听到是从运动产生的声音而来，安静之声就应随之消灭，应当没有感觉安静；倘若是从耳产生的，必定没有声动和安静这两种现象。如此看来，听这个事体，本身并无不变的本性。倘若听是从虚空中产生，虚空有能听的特性，那就不是虚空了。何况虚空自身可以听闻，那与你耳朵听到有何关系？因此应当知道从耳听到的都是虚妄不实的，原本并非由因缘而生，也不是自然的本性。

"阿难，好比有人，迅速地用鼻孔吸气、出气，时间长了就形成疲劳，在鼻中会有接触到冷风的感觉。因此而产生了鼻子畅通和阻塞的不同区别。如此乃至于接触到香或臭各种气味，这种接触后的气味和鼻子的通与塞，都是美妙觉悟之心由专注而引发的疲惫现象。由于通畅和阻塞这两种现象形态，引发了出味的不同认识，吸收了不同的现象形态，就称为嗅觉的特性。这种嗅觉的特性离开了畅通和阻塞两种现象形态，毕竟没有实体。应当知道这种嗅觉不是由畅通或阻塞而来，不是从鼻子生出，也不从虚空中产生。为什么呢？如果嗅觉是从畅通而来，阻塞时则嗅觉消灭，如何知道阻塞？如果因为阻塞而有，那么畅通就应没有嗅觉，如何能发生香与臭等接触时的嗅觉？如果嗅觉是从鼻子产生的，必定没有所谓的畅通或阻塞。如此看来，嗅觉这个机能，本身并无不变的本性。倘若嗅觉是从虚空中产生，那么嗅觉自身应当反过来嗅到你自己的鼻子。何况虚空自己有嗅觉，与你有何关系？因此应当知道鼻子的嗅觉是虚妄不实的，本非因缘而生，也不是自然而有的本性。

【经文】

"阿难，譬如有人，以舌舐吻①，熟舐令劳。其人若病，则有苦味；无病之人，微有甜触。由甜与苦，显此舌根。不动之时，淡性常在。兼舌与劳，同是菩提瞪发劳相。因甜苦淡二种妄尘，发知居中，吸此尘象，名知味性。此知味性，离彼甜苦及淡二尘，毕竟无体。如是阿难，当知如是尝苦淡知，非甜苦来，非因淡有，又非根出，不于空生。何以故？若甜苦来，淡则知灭，云何知淡？若从淡出，甜即知亡，复云何知甜苦二相？若从舌生，必无甜淡及与苦尘。斯知味根，本无自性。若于空出，虚空自味，非汝口知。又空自知，何关汝入？是故当知舌入虚妄，本非因缘，非自然性。

"阿难，譬如有人，以一冷手，触于热手。若冷势多，热者从冷；若热功胜，冷者成热。如是以此合觉之触，显于离知。涉势若成，因于劳触。兼身与劳，同是菩提瞪发劳相。因于离合二种妄尘，发觉居中，吸此尘象，名知觉性。此知觉体，离彼离合违顺二尘，毕竟无体。如是阿难，当知是觉，非离合来，非违顺有，不于根出，又非空生。何以故？若合时来，离当已灭，云何觉离？违顺二相，亦复如是。若从根出，必无离合违顺四相。则汝身知，元无自性。必于空出，空自知觉，何关汝入？是故当知身入虚妄，本非因缘，非自然性。

"阿难，譬如有人，劳倦则眠，睡熟便寤②。览尘斯忆，失忆为忘。是其颠倒，生住异灭③。吸习中归，不相逾越，称意知根。兼意与劳，同是菩提瞪发劳相。因于生灭二种妄尘，集知居中，吸撮内尘，见闻逆流，流不及地，名觉知性。此觉知性，离彼寤寐生灭二尘，毕竟无体。如是阿难，当知如是觉知之根，非寤寐来，非生灭有，不于根出，亦非空有。何以故？若从寤来，寐即随灭，将何为寐？必生时有，灭即同无，令谁受灭？若从灭有，生即灭无，谁知生者？若从根出，寤寐二相，随身开合，离斯二体，此觉知者，同于空华，毕竟无性。若从空生，自是空知，何关汝入？是故当知意入虚妄，本非因缘，非自然性。

【注释】

①舐（shì）吻：以舌舔物。
②寤（wù）：睡醒。常寤寐连用，寤，醒时；寐，睡时。
③生住异灭：佛教有为法之四相，亦称"有为四相"，各派说法不一。大体上可理解为：

生，指事物的产生和形成。"诸法能起名生。"（《俱舍论》卷五，下同）

住，事物"能安名住"，指事物形成后的相对稳定状态。

异，指事物的变异和衰败。事物"能衰名异"。

灭，指事物的消亡。"能坏名灭"。

大乘佛教认为，"四有"皆为虚妄，充其量只是一种"假立"，是教化众生时的方法。

【白话】

"阿难,好比有人,用舌舔自己的嘴唇,时间久了使舌头产生疲劳。这个人如果有病,就会尝到苦味;没有病的人,会感到有些甜味。由尝的甜味和苦味,显示了舌的味觉。当舌不动之时,淡而无味的常性就表现出来。这舌的味觉与疲劳之后自感的甜或苦的味道,都是美妙觉悟之心由专注于一而引发的疲劳现象。由于甜或苦有味与淡而无味这两种妄有形态,引发了味觉,吸取了这种事物形态,称为知道了味觉的特性。这种味觉,脱离了甜或苦的味觉以及平淡无味这两种现象,毕竟并无实体。因此阿难,应当知道这尝到苦和淡的味觉,不是从甜或苦而来,不是因为有了淡才具有,也不是从舌头产生的,不是从虚空中生出的。为什么呢?如果味觉是从甜或苦中产生出来的,淡就应灭除,又怎么知道淡?如果味觉是从平淡无味中生出的,甜就应消失,又怎么能知道甜或苦这两种现象?倘若味觉是从舌产生的,何必要甜和淡以及苦这些现象形态的存在。由此而知尝味之舌,并没有不变的本性。倘若味觉是从虚空中生出的,虚空能知味,就不是你口尝后知道味觉。又何况虚空如能自己知道味,又何须你尝?因此应当知道由舌尝后产生的味觉是虚妄的,本非因缘而生,也不是自然而有的本性。

"阿难,好比有人,用一只冷手,接触另一只热手。如果冷的程度深,另一只热手会变冷;若热度胜于冷,那么冷手会变热。如此看来两手相合后的触觉,显然是由于冷热两手脱离后知道的。冷热相互涉入,是由于反复接触后形成的。这由两手接触后的或冷或热的触觉,都是由美妙觉悟之心由执着专注而引发的疲劳现象。由于脱离和相合两种妄有形态,引发了触觉,吸收了这种现象形态,称为感知触觉的特性。这感知触觉的功能事体,脱离了离开与相合这冷与热相违和顺势而变的现象形态,毕竟并无实体。因此阿难，应当知觉这种触觉，不是从离开或相合而来，不是由冷热相违及顺势而变才具有，不从身体生出，也不是从虚空中产生的。为什么呢？如果触觉是从相合时产生出来的，分离就应已经消灭，又怎么能触觉到分离？冷热相违及由能量不同而变的两种转变的现象，也是如此。如果说是从身体生出，也一定没有分离、相合、相违、顺势而变这四种现象了。那么你的身体感知，从根本上并无不变的本性。若触觉是虚空生出的，虚空自身知道触觉，又何须你去感知呢？因此应当知道由身体所感受到的触觉是虚妄的，从根本上不是由因缘而生，也不是自然而有的本性。

"阿难，好比有人，疲倦时就睡眠，睡足后醒来。观览事物追忆往事，失掉记忆的就忘掉了。这都是虚妄的错误，事物的产生、保持现有的状态、变化、消灭这些现象。吸收事物的各种变化的不同现象，形成一定的规律，称为意识感知。这意识的反映过程，都是由美妙觉悟之心由执着而引发的反映形态。这由产生与消灭两种妄有形态，聚集于感知，吸收了人心所有的虚妄见解，由所见所闻反映为意识，但并未及人的真实本性，称为感觉认知的特性。这种感觉认知的特性，离开了醒与睡、产生与消灭两种相对的现象形态，毕竟并无实体。因此阿难，应当知道感觉认知的意识，不是从醒和睡而来，不是因产生或消灭而有，不出于大脑的意识，也不是从虚空中产生的。为什么呢？如果意识从睡醒后而来，睡时会随之消灭，又何以称为有睡的意识？一定在生命存在时才具有意识，消亡时也同时消失，是谁感受了消灭后的境地呢？如果意识是从消亡时具有的，生命产生时消亡就不存在了，有谁知道生命产生的是什么人？倘若意识是从大脑中生出的，那么睡与醒这两种现象，是随着身体变换的，离开睡时与醒时这两种状态，这大脑的感觉与认识，等于空中之花，从根本上毕竟没有不变的本性。如果意识是从虚空中生出的，自然是空的知觉，与你的意识有何关系？因此应当知道意识本自虚妄，原本不是由因缘而生，也不是自然而有的本性。

【经文】

"复次阿难，云何十二处，本如来藏妙真如性？

"阿难，汝且观此祇陀树林及诸泉池。于意云何，此等为是色生眼见，眼生色相？

"阿难，若复眼根生色相者，见空非色，色性应销。销则显发一切都无，色相既无，谁明空质？空亦如是。若复色尘生眼见者，观空非色，见即销亡。亡则都无，谁明空色？是故当知，见与色空，俱无处所。即色与见，二处虚妄。本非因缘，非自然性。

"阿难，汝更听此祇陀园中，食办击鼓①。众集撞钟②，钟鼓音声，前后相续，于意云何？此等为是声来耳边，耳往声处？

"阿难，若复此声来于耳边，如我乞食室罗筏城。在祇陀林，则无有我。此声必来阿难耳处，目连、迦叶，应不俱闻。何况其中一千二百五十沙门，一闻钟声，同来食处。若复汝耳，往彼声边，如我归住祇陀林中，在室罗城则无有我。汝闻鼓声，其耳已往击鼓之处。钟声齐出，应不俱闻。何况其中象、马、牛、羊，种种音响。若无来往，亦复无闻。是故当知听与音声，俱无处所。即听与声，二处虚妄。本非因缘，非自然性。

"阿难，汝又齅此炉中栴檀③。此香若复然于一铢④，室罗筏城四十里内，同时闻气。于意云何，此香为复生栴檀木？生于汝鼻？为生于空？

"阿难,若复此香生于汝鼻,称鼻所生,当从鼻出。鼻非栴檀,云何鼻中有栴檀气?称汝闻香,当于鼻入。鼻中出香,说闻非义。若生于空,空性常恒,香应常在,何藉炉中,爇此枯木⑤?若生于木,则此香质,因爇成烟。若鼻得闻,合蒙烟气。其烟腾空,未及遥远,四十里内,云何已闻?是故当知香鼻与闻,俱无处所。即齅与香,二处虚妄。本非因缘,非自然性。

【注释】

①食办击鼓:寺僧众们,在饭时击鼓以召集用饭。中国佛寺有规模者,在讲堂左右各建钟鼓楼,以计时。一般为暮鼓晨钟,亦有昼夜间定时而敲击者,"夜半钟声到客船"即为此。

②撞钟:佛寺作法事时为集众而用。此外,早晚敲一百零八下,称"百八钟",谓新年钟声。(年有十二月,二十四气,七十二候,计一百零八)或警示信众,使一百零八处烦恼尽去。另有"鸣钟功德"、"临终鸣钟"等,表示解脱、向善的心愿。

③栴(zhān)檀:香木名,有除疾安身之功。有赤、白、紫诸种。

④铢:古代重量单位。《汉书·律历志上》有二十四铢为一两,十六两为一斤。

⑤爇(ruò):点燃;放火焚烧。

【白话】

"还有阿难,为何眼、耳、鼻、舌、身、意六根与相应的色、声、香、味、触、法六尘,这十二处本自包藏美妙清净的本性呢?

"阿难,你看这祇陀园林的树木、清泉、水池。你认为这些各种事物形态是本身具有，由眼看见，还是因为有眼的作用，才产生的？

"阿难，如果是由眼睛生出各种事物形态，看虚空没有事物形态，能见的特性也应随之消失。消失就会显示出一切都没有，各种现象形态既然是无，谁明白虚空的本质呢？由眼睛看一切现象形态都没有时，也是这个道理。如果说各种事物形态产生了眼中所见，看虚空并无事物形态，那么眼中所见也应消失。消失就一无所有，有谁来明确何为空，何为色呢？因此应当知道，眼见与虚空，都没有长存的处所。就是现象形态与眼所见，这两者都是虚妄不实的。原来不是由因缘而生，也不是自然而有的本性。

"阿难，你再听这祇陀园林里，在开饭时召集众僧的鼓声。在僧人们听法撞钟时，钟鼓之声先后接续而来，对此你如何理解呢？这种钟鼓之声是声音传到你耳边，还是你的耳朵到达发声的地方？

"阿难，如果是声音传到你耳边，这就如我到国都去化缘。在这园林，就不会有我。这声音既来到你耳朵中，那么目犍连、迦叶这两人，应当都听不到。但不仅听到，何况还有这里一千二百五名信徒，听到钟声后，都来共进斋饭。如果说是你的耳朵，到了发出声音的地方，这就如我化缘后回到祇陀园林，在舍卫国都则不会有我了一样。你听鼓声时，耳朵既已去了发出击鼓声的地方。那么在同时撞钟，就应听不到钟声。更何况这时还夹杂着大象、马、牛、羊，各种不同的叫声。倘若各种声音不传到耳边且耳亦不往发声之处，也就一无所闻了。因此应当知道耳朵所听与发声之地，都没有一定的处所。即听到与声音，这两种现象形态都是虚妄不实的。不由因缘而生，也不是自然而有的本性。

"阿难,你嗅这炉中燃起的栴檀香。这种香如果燃一铢的重量,那么在室罗筏城方圆四十里之内,都可以闻到味道。你是如何考虑的,这味道是从栴檀木而出?还是从你的鼻子产生?或是从虚空中产生的呢?

"阿难,如果这香的味道是从你鼻子产生的,称为鼻所生,那么就应当从你的鼻子里出来。但鼻子不是栴檀木,为何在鼻子里有栴檀的香气?说你闻到香气,应当从鼻子吸入。那么说香气从鼻子出来的,又说闻到了香气,这从道理上说是不对的。倘若说香气是从虚空中产生的,空的特征是常恒不变的,香气就应当常存,又何须放置在炉中,来燃烧干枯的栴檀木呢?如果说香气产生于栴檀木,那么这香木的特点是因燃烧而成烟。当鼻子闻到后,应当充满烟气。烟冉冉升腾于空中,不能传到远处,而方圆四十里之内,又为何都能闻到香气呢?因此应当知道香气入鼻与嗅觉都没有一定的处所。即嗅觉与香气这两种现象形态都是虚妄不实的。不由因缘而生,也不是自然具有的本性。

【经文】

"阿难,汝常二时①,众中持钵。其间或遇酥、酪、醍醐②,名为上味。于意云何,此味为复生于空中?生于舌中?为生食中?

"阿难,若复此味,生于汝舌。在汝口中,祇有一舌,其舌尔时已成酥味,遇黑石蜜③,应不推移。若不变移,不名知味。若变移者,舌非多体,云何多味,一舌之知?若生于食,食非有识,云何自知?又食自知,即同他食,何预于汝,名味之知?若生于空,汝啖虚空④,当作何味?必其虚空,若作咸味,既咸汝舌,亦咸汝面,则此界人同于海鱼。既常受咸,了不知淡；若不识淡，亦不觉咸。必无所知，云何名味？是故当知，味舌与尝，俱无处所。即尝与味，二俱虚妄。本非因缘，非自然性。

"阿难，汝常晨朝，以手摩头。于意云何，此摩所知，谁为能触？

"能为在手，为复在头？若在于手，头则无知，云何成触？若在于头，手则无用，云何名触？若各各有，则汝阿难，应有二身。若头与手一触所生，则手与头，当为一体。若一体者，触则无成；若二体者，触谁为在？在能非所，在所非能。不应虚空与汝成触。是故当知，觉触与身，俱无处所。即身与触，二俱虚妄。本非因缘，非自然性。

"阿难，汝常意中，所缘善、恶、无记三性，生成法则。此法为复即心所生，为当离心别有方所？

"阿难，若即心者，法则非尘。非心所缘，云何成处？若离于心，别有方所，则法自性为知非知？知则名心。异汝非尘，同他心量⑤。即汝即心，云何汝心更二于汝？若非知音，此尘既非色、声、香、味，离合冷暖及虚空相，当于何在？今于色、空，都无表示，不应人间，更有空外。心非所缘，处从谁立？是故当知，法则与心，俱无处所。则意与法，二俱虚妄。本非因缘，非自然性。

【注释】

①二时：早晚，本处当指早晨与正午之前，佛门有过午不食的规定。

②酥、酪、醍醐（tí hú）：酥、酪，缘乳制品。作酪时，上层凝结的为酥，酥上如油者，称为醍醐。熬之即出，不可多得且味

极甘美。在佛教中常用来比喻一乘教义,如天台宗喻《法华经》、《涅槃经》为醍醐,传播到日本的密宗即真言宗喻陀罗尼(咒语)藏为醍醐。此外常用"醍醐灌顶"来比喻以智慧灌输于人,使之彻悟。

③黑石蜜:一种蜂蜜。《百喻经》有"煮黑石蜜浆喻"。

④啖(dàn):吃。

⑤心量:佛教名词。谓之心起妄想之念,对外境即客观事物产生各种认识,称为心量。这是世俗之心的度量,佛家心量指脱离一切所缘、能缘而能住于无心,即心念不起、随生随灭而止于无。

【白话】

"阿难,你平常在清晨和中午之前,和僧人们拿着食钵去乞食,其间或者遇到乳酥、奶酪、酥油,这些称为美味的食物。你认为这些美味是产生于空中呢?还是生于舌中?或是产生于食物之中?

"阿难,倘若这些味道,产生于你的舌中。那么在你的口中,只有一个舌头,吃奶酪时就已经成了酥油的味道了,若再吃蜜糖时,舌味应当不会变化。如果不变化,就不能尝到甜的味道。如果舌头尝味时能变化,那么你并没有许多舌头,又怎么尝各种味道时,一个舌头就会知道呢?如果说味道产生于食物之中,但食物并无区别认识味道的能力,如何能自知其味呢?即使食物能自知其味,这和其他人吃东西自知其味一样,与你何关,说你的舌头能知其味呢?倘若说味道产生于空间,那么你吸食于空间,是何味道?如认为味道生于空间,若是咸的味道,空间遍各处,既然能咸到舌头,也会咸到脸面,那么世界上的人与海里的鱼相同了。既然总是感受到咸味,就会不知道淡的味道了;若不知道淡的味道，也不会感觉到与其相对的咸味了。会一无所知，如何能说知其味道呢？因此应当知道，味觉和舌头的品尝，都没有确定的处所。能尝之舌与所尝之味，两者都是虚妄不实的。不由因缘而生，也不是自然而有的本性。

"阿难，你每天早晨用手摩头顶以提示自身。你认为这触摸在何处，何为能产生触觉？

"能产生触觉的是手，还是头呢？若能产生触觉的是手，那么头就应没有感知，又何以称为触觉？如果说手与头都各有感知，那么你阿难，就应当有两个身体。倘若手与头一接触，手和头同时产生触觉，那么手与头，就应当是一个实体。如果是一个整体，就无所谓有触觉和被触觉，触觉不能成立；倘若手与头二者各有触觉，那么是谁触摸呢？能触之手非所触之头，所触之头非能触之手。不能说虚空和你形成了触的知觉。因此应当知道，感受到的触觉和身体，都没有真实的处所。身体与触觉，两者皆为虚妄不实的。原本非因缘而产生，也不是自然具有的本性。

"阿难，在你日常的意识之中，表现为善、恶、不善不恶无记忆这三种状态，由此产生为一切言行的准则。这种言行的现象形态由意识产生，还是离开意识另有产生的地方呢？

"阿难，倘若是由意识而生，那么现象就不是客观的形态。不是由意识感受的各种形态，何以能成为确认的形态或地方？如果现象形态是脱离于意识，分别有确定的表现、场所，那么现象形态的本质是有认识的还是没有认识的？有认识的就称之为心即意识。不同于你感知的现象而有认知的就不是现象形态，与其他人的认识相同。就是说你是自己之心的认识，如何能认为你的意识和身体形态是两个部分？倘若心的形态是无认识的，它既不是色、声、香、味，也非触觉、冷暖以及虚无空间的现象形态，应当在何处呢？现在心这一形态在各种事物和空间都不能表示，不应讲在人间之外，还有空间之外的空间。心不是所缘之境，在何处建立呢？因此应当知道，现象形态与意识，都没有长存的处所。所以意识与现象形态，两者都是虚妄不实的。根本不是由因缘而生，也不是自然具有的本性。

【经文】

"复次阿难，云何十八界，本如来藏妙真如性？

"阿难，如汝所明，眼色为缘，生于眼识①。此识为复因眼所生，以眼为界？因色所生，以色为界？

"阿难，若因眼生，既无色空，无可分别。纵有汝识，欲将何用。汝见又非青、黄、赤、白，无所表示，从何立界？若因色生，空无色时，汝识应灭。云何识知是虚空性？若色变时，汝亦识其色相迁变，汝识不迁，界从何立？从变则变，界相自无。不变则恒。既从色生，应不识知虚空所在。若兼二种，眼色共生。合则中离，离则两合。体性杂乱，云何成界？是故当知，眼色为缘，生眼识界，三处都无。则眼与色及色界三，本非因缘，非自然性。

【注释】

①眼识：佛教名词。对"识"进行的分类。为十八界中的六识界之一。指依据"六根"眼耳鼻舌身意，对于"六境"色声香味触法，产生的见、闻、嗅、味、触、思等作用的眼识、耳识、鼻识、舌识、身识、意识等六识。在对"六根"和"六境"的分别讨论之后，又依次对"六识"进行逐一讲述。

眼识是指依据眼而产生的区别事物状态的心理认识活动。即

"眼根由对色尘,即生其识。此识生时,但能见色,是名眼识。"(《三藏法数·二十一》)《唯识论·卷五》有"眼识乃至意识,随根立名。"

【白话】

"还有阿难,为何眼、耳、鼻、舌、身、意六根与相应的色、声、香、味、触、法六境(又称六尘),以及依此而生的眼识、耳识、鼻识、舌识、身识、意识,这十八个分界原本包藏着美妙清净的本性呢?

"阿难,如你所明了的,眼与各种形态的色互为因缘,相合就产生了眼识。这种由眼与外物产生的心理活动,是因眼而生,以眼为分界?还是因外物的色境所生,以外物为分界?

"阿难,倘若眼识因眼睛而产生,既然如此就与空间的事物无关,外物没有什么分别。纵然有你的眼识,但所观外物没区别也就没有任何用处了。你看见的又不是如青、黄、红、白不同的颜色,又无形体的表现,从而如何确定区分的界限?如果眼识因外物而产生,但眼看空间无外物形态之时,你的眼识就应当消失。但为何见空间之时,眼识又是虚空的认知呢?倘若外物形态变化的时候,你也能识别其形态的迁移和变化,你的识别如不变迁,各种外物的界定又从何确立呢?外物变化时眼识则随之变化,原来确认的分界也随之消失。不变化的则是永恒的。若认为眼识是从外物产生的,既然如此就应当不能识别没有外物形态的虚空。如果说眼识是由眼睛与外物兼而有之的,是眼与境合成产生的。那么合成的事物之间就应有分离的界限,分离的眼有知、物无知,这两者合成,物体的性质杂乱,眼识又如何去界定和区别呢?因此应当知道,眼睛、事物是缘,由此缘产生眼识的不同界限分别,眼、外物、区分的眼识都本自于无。就是眼与外物的色境以及对外物形态的分别界定这三者，原本不由因缘而生，也不是自然具有的本性。

【经文】

"阿难，又汝所明，耳声为缘，生于耳识①。此识为复因耳所生，以耳为界；因声所生，以声为界？

"阿难，若因耳生，动静二相既不现前，根不成知。必无所知，知尚无成，识何形貌？若取耳闻，无动静故，闻无所成。云何耳形杂色触尘，名为识界？则耳识界，复从谁立？若生于声，识因声有，则不关闻。无闻则亡声相所在。识从声生，许声因闻而有声相。闻应闻识。不闻非界。闻则同声。识已被闻，谁知闻识？若无知者，终如草木。不应声闻杂成中界。界无中位，则内外相复从何成？是故当知，耳声为缘，生耳识界，三处都无。则耳与声及声界三，本非因缘，非自然性。

【注释】

①耳识：声音涉入耳后，产生的各种区分。如悠扬、短促、嘈杂、宁静等。六识之一。

【白话】

"阿难，还有如你所明白的，耳朵以声音为因缘，听到不同的声音就产生了耳识。这种区别声音的耳识是因耳朵产生的，以耳为分界；还是因声音而生，以声音为分界？

"阿难，如果因耳而生，声音的运动和静止这两种形态不显现在面前，耳朵就不能知觉。必定一无所知，知觉都不能成立，如何能认识耳识的形态？如果说耳识是从耳朵听到后产生的，那么没有声音时,耳闻也不能成立。这样何以能说耳朵这一身体的一部分,就叫做识别的分界呢?那么耳闻这个识别的分界,又从何处确立?如果说耳识是从声音中产生的,耳识因为声音产生后才具有的,是与耳闻不相关的。但没有听到也就没有声音的形态了。认为耳识从声音中产生的,但声音也是因听到才有其表现形态。听到了应当闻及耳识的形态。不能听到就不能成立耳识的确立。听到就与声音相同。耳识能被听闻,谁能认知听闻和耳识呢?如果不能知道听闻和耳识,则最终如同草木既无闻亦无识。不应有声音有听闻而从中形成分界。分界中没有耳识居中,则内之能闻和外之有声又何以形成耳识呢?因此应当知道,耳朵与声音互为因缘,产生耳识。耳朵、声音、耳识这三处都无处所。那么对于耳朵、声音以及声音识别这三者来说,原本不由因缘而生,也不是自然具有的本性。

【经文】

"阿难,又汝所明,鼻香为缘,生于鼻识①。此识为复因鼻所生,以鼻为界;因香所生,以香为界?

"阿难,若因鼻生,则汝心中,以何为鼻?为取肉形双爪之相?为取齅知动摇之性②?若取肉形,肉质乃身,身知即触。名身非鼻,名触即尘。鼻尚无名,云何立界?若取齅知,又汝心中以何为知?以肉为知,则肉之知,元触非鼻。以空为知,空则自知,肉应非觉。如是则应虚空是汝,汝身非知。今日阿难,应无所在。

"以香为知,知自属香,何预于汝?若香臭气必生汝鼻,则彼香臭二种流气,不生伊兰及栴檀木。二物不来,汝自齅鼻,为香为臭?臭则非香,香应非臭。若香臭二俱能闻者,则汝一人应有两鼻。对我问道,有二阿难,谁为汝体?若鼻是一,香臭无二。臭既为香,香复成臭。二性不有,界从谁立?若因香生,识因香有。如眼有见,不能观眼。因香有故,应不知香。知即非生,不知非识。香非知有,香界不成。识不知香,因界则非从香建立。既无中间,不成内外。彼诸闻性,毕竟虚妄。

"是故当知,鼻香为缘,生鼻识界,三处都无。则鼻与香及香界三,本非因缘,非自然性。

【注释】

①鼻识:六识之一,区分鼻所闻气味的识别力、心识。
②齅(xiù):同嗅。

【白话】

"阿难,还有如你所明白的,鼻子以香味互为因缘,继尔产生了鼻识。鼻识是因为鼻子而生,以鼻子为分界;还是因为香味而生,以香为分界呢?

"阿难,如果因为鼻子所生,那么在你的认识里,以什么为鼻子?是以外表肉体如一双拳爪的形状为鼻呢?还是以其能嗅知气味和呼吸的性能为鼻子?如果取鼻子的肉体为鼻,肉体是身体的一部分,身体有感知即触觉。只能叫做身识不是鼻识,称为触觉的对象是接触的物体不是气味。这样连鼻子的所指都没有,又如何确立分界呢?倘若取嗅觉为鼻识,那么在你的心中又以何为认知呢?以鼻子的肉体为认知,则肉体的认识知觉,从根本上是触觉并非鼻识。以鼻内空气为知觉,那么空气能自有知觉,鼻子的肉体应当没有知觉。如果是这样虚空就应当是你了,你的身体也应无知觉了。今日的阿难,也应当不存在了。

"如鼻识是以香味而生,那么这知觉自然属于香味,与你有何关系?如果香味或臭味是从你的鼻子中产生的,那么香与臭这两种气味,就不会从发臭味的伊兰以及散香气的栴檀木里产生。二种气味不产生出来时,你自己闻一闻鼻子,是香是臭?臭的就不是香的,是香的应该不是臭的。如果香臭两种气味都能同时闻到,那么你一人应有两个鼻子。对我提问的,应有两个阿难,哪一个是你真实的身体呢?倘若只有一个鼻子,同时能闻到香和臭。臭既可为香,香也可成臭。二者的特征不存在了,又如何区分呢?倘若鼻识因为香味而生,那么鼻识是因香味才具有。正如眼识由事物而产生,但不能反观自己的眼。因为香味而有的鼻识,也应当不知道香。知道香就应不由香而生,不知道香就不是鼻识。香味不靠鼻子闻就不知道有,香的概念就不能成立。鼻识不知道香味,因香而产生的香味的区分和概念也就不是由香而建立的。只有内之鼻与外之香而无中介的鼻识,鼻与香都不能成立。你的嗅觉这一特性,也是虚妄不实的。

"因此应当知道,鼻子与香味是缘,产生了鼻识的区分,这三者都本于无。鼻子、香味,及其对香味的识别这三者,原本并非由因缘而生,也不是自然具有的本性。

【经文】

"阿难,又汝所明,舌味为缘,生于舌识①。此识为复因舌所生,以舌为界;因味所生,以味为界?

"阿难,若因舌生,则诸世间甘蔗、乌梅、黄连、石盐、细辛②、姜、桂,都无有味。汝自尝舌,为甜为苦?若舌性苦,谁来尝舌?舌不自尝,孰为知觉?舌性非苦,味不自生,云何立界?若因味生,识自为味,同于舌根,应不自尝,云何识知是味非味?又一切味,非一物生。味既多生,识应多体。识体若一，体必味生，咸、淡、甘、辛，和合俱生，诸变异相，同为一味，应无分别。分别既无，则不名识。云何复名舌味识界？不应虚空生汝心识。舌味和合，即于是中元无自性，云何界生？是故当知，舌味为缘，生舌识界，三处都无。则舌与味及舌界三，本非因缘，非自然性。

【注释】

①舌识：六识之一，由舌而生发的区分各种味道的认识。

②细辛：草本植物，根细，有辣味。可入药，对牙痛、头痛等有疗效。

【白话】

"阿难，还有如你所明白的，舌与味互为因缘，从而产生了舌识。这对味道的认识是因为舌头而生，以舌头为分界；还是因为味道而生，以味道为分界呢？

"阿难，如果因为舌头所生，那么在世间的甘蔗、酸梅、黄连、食盐、细辛、生姜、桂皮，都没有味道了。你自己尝一尝你的舌头，是甜还是苦？倘若舌头是苦的，是什么尝到的苦？舌头不能自尝其味，如何能知道味觉？舌头如不是苦的，味道不由舌自己产生，怎样确立舌识的分界呢？如果说舌识因味道产生，则舌识自身成为味道了，与舌头相同，也应不能自尝其味，如何能识别知道有味和无味呢？还有一切味道，都不由一种事物产生。味道既然由多种事物所生，舌识也应有许多形态。如舌识是一体，其体必由味而生，识只其一体，对咸味、淡味、甜味、辣味，各种混合而成之味，这种发生变化的味道，也应视同为一种味道，没有区别了。区别既然不存在了，也就无所谓舌的认识和味觉了，如何说舌头以味道为缘而产生区别各种味道的界定呢？不应说从虚无的空间中产生了你心里的各种认识。如果认为是舌头与味道合成产生了舌识，就是其中并没有各自的特性，那么又何以对舌与味产生了区分呢？因此应当知道，舌头与味道互为因缘，产生了舌头对味道进行区分的认识，这舌、味、识三者都本自于无，原本不由因缘而生，也不是自然具有的本性。

【经文】

"阿难，又汝所明，身触为缘，生于身识①。此识为复因身所生，以身为界；因触所生，以触为界？

"阿难，若因身生，必无合离二觉观缘②，身何所识？若因触生，必无汝身，谁有非身知合离者？

"阿难，物不触知，身知有触。知身即触，知触即身；即触非身，即身非触。身触二相，元无处所。合身即为身自体性；离身即是虚空等相。内外不成，中云何立？中不复立，内外性空。即汝识生，从谁立界？是故当知，身触为缘，生身识界，三处都无。则身与触及身界三，本非因缘，非自然性。

【注释】

① 身识：六识之一，身体对于外物的触觉，由此生成的各种区别。

② 二觉观缘：指身识以接触、分离两种情况作为观察、感觉事物之缘，无此则无识。

【白话】

"阿难，如你所明白的，身体与触觉互为因缘，从而产生出身识。对接触到的认识是因为身体而生，以身体为分界；还是因为接触而生，以接触为分界呢？

"阿难，如果身识因身体而生，就没有接触和分离这两种感觉的因缘，无此则身体又何以有识呢？如果身识因接触而产生，则与你的身体无关，有谁不在自己身上就能知道接触和分离的感觉呢？

"阿难，事物不能自己产生接触的感觉，要与身体接触才会知道。知道有身体的感觉即接触，知道了接触外物的感觉即身体；就是接触并不是身体，身体也不是接触。身体与接触这两种现象形态，原本并无实有之处。身体与触觉是身体自己的特性；身与触分开就是虚空的形态。内之身与外之物若不合成，从中产生的身识如何能确立？从中产生的身识不能成立，身与物的本质则是空。你的触觉和身识的产生，又从哪里确定分界呢？因此应当知道，身体与接触互为因缘，从而产生身识的分别界定，这三者都本自于无。就是身体与触觉以及对接触的区别和认识这三者，原本不由因缘而生，也不是自然具有的本性。

【经文】

"阿难，又汝所明，意法为缘，生于意识①。此识为复因意所生，以意为界；因法所生，以法为界？

"阿难，若因意生，于汝意中必有所思，发明汝意。若无前法，意无所生。离缘无形，识将何用？

"又汝识心与诸思量，兼了别性，为同为异？同意即意，云何所生？异意不同，应无所识。若无所识，云何意生？若有所识，云何识意？唯同与异，二性无成，界云何立？

"若因法生，世间诸法不离五尘。汝观色法及诸声法、香法、味法及与触法，相状分明，以对五根，非意所摄。汝识决定依于法生，今汝谛观，法法何状？若离色空、动静、通塞、合离、生灭，越此诸相，终无所得。生则色空诸法等生，灭则色空诸法等灭。所因既无，因生有识，作何形相？相状不有，界云何生？是故当知，意法为缘，生意识界，三处都无。则意与法及意界三，本非因缘，非自然性。"

【注释】

①意识：六识之一，从心即脑而生，区别各种现象、事物的认识。有四种：一、独头意识，不与其他五识并起，独立产生的比较、是非之心；二、五同缘意识，与五识并起，同缘而生的分别之心，是现实状况的直接反应；三、五具意识，与五识同起，通现、比、非三量；四、五后意识，生于五识之后，缘自五境，故又称第六意识。

这里所讲的十八界，包括六根、六尘、六识，在大乘看来都是一种方便、法门，从根本上皆为幻。故对阿难先立后破，本自于无，是幻有，破幻为空。

【白话】

"阿难，还有你所明白的，意念与事物互为因缘，从而产生意识。这对事物的认识是因为意念所生，以意念为分界；还是因为事物所生，以事物为分界？

"阿难，倘若因为意念而生，那么在你的意念之中一定有所思之物，引发并明确你的意念。如果没有前述所思之物，意念也无所产生。脱离了起缘的所思之物，意念就不能形成，意识将有何用呢？

"再如你的意识之心与各种不同的心念,及其各种区别的意念,是相同的还是不同的?相同意之心即意识,又何以认为意识由意根所生?如果意念之心与意识不相同,就应对事物无所谓认识。如果并无认识,又何以产生意识?如果有所认识,又何以分出意识与意念之心?这心与意识的分别是相同还是不同,意根、意识二者的本性都无从确立,如何界定意念之心和意识呢?

"倘若讲意念之心是因事物而生,那么世上一切事物都不脱离色、声、香、味、触这种染心之尘。你看色之物、声之物、香之物、味之物以及触之物,都形态分明,对应着人的眼、耳、鼻、舌、身五根,并非是意念之心所反映的形态。如你的意识确定为依据于事物而产生,那么你现在仔细观察,产生各种现象形态的物质是什么形状?倘若事物离开形状与空间、运动与宁静、通畅与阻塞、结合与分离、产生与消灭,若超越这些各种形态,最终一无所有。产生就是事物在空间的各种形态的发生,消失就是事物在空间的各种形态的消灭。所相因的事物本质既然无一不是不变的,由事物产生有的意识,应当作何形态呢?表现形态都不具有,意念之心与意识又何以分别界定呢?因此应当知道,意念之心以事物为缘,产生意识的认识界定,心、物、意识三者都本自于无。意与事物以及意识的分别界定三种看法,原本不是由因缘而生,也并非自然具有的本性。"

【经文】

阿难白佛言:"世尊,如来常说和合因缘,一切世间种种变化,皆因四大和合发明①。云何如来因缘、自然,二俱排摈?我不知斯义所属,惟垂哀愍,开示众生,中道了义②,无戏论法③。"

尔时世尊，告阿难言："汝先厌离声闻缘觉诸小乘法④，发心勤求无上菩提⑤。故我今时为汝开示第一义谛。如何复将世间戏论，妄想因缘而自缠绕。汝虽多闻，如说药人，真药现前，不能分别。如来说为真可怜愍。汝今谛听，当为汝分别开示，亦令当来修大乘者，通达实相⑥。"阿难默然，承佛圣旨。

【注释】

①四大和合：指由地、水、火、风四种原素构成的一切事物。佛教认为世界万物，都是由四大和合而构成。能造化一切"色法"，一切现象形态皆由"四大所造"。如人的身体，只是各种因缘作用下四大的和合而成，本自虚幻不实，缘灭则灭，一切无常。无论是由地即肌肉骨骼、水即体液、火即体热温度、风即呼气与吸气构成的身体，还是表现为坚、湿、煖、动等事物的属性，无一不在变化，本无真实的不变的形态。

②中道：指脱离二边即两个极端的观点、方法，如有无。认为是佛教的最高真理，往往与真如、法性、实相、佛性同义。小乘以舍苦行与贪爱二边，以及舍视人、我常存不变的"常见"和视死后全无果报的"断见"为中道。大乘各宗对中道理解各有不同。如"大乘空宗"的中观学派主张"假有"但"毕竟空"；大乘瑜伽行派主张"非空非有"是中道。

③戏论：指没有实际意义的非理言论，通常指一为"爱"论，二为"见"论，佛教认为二者皆无实义。

④小乘：指小乘佛教。原系大乘佛教对原始佛教和部派佛教的贬称。小乘又称"上座部佛教"，属南传佛教，今主要流传于南亚、东南亚各国，在我国主要分布在云南等少数民族居住区；大乘佛教主要流传于我国，在传播路线上属北传佛教。"乘"意谓运

载众生到达涅槃境地的舟车。所以凡能够使人们获得解脱方便的佛教皆称为"乘"。其在实质上包含着四个方面的内容，即能诠之"教"，所诠之"理"，所修之"行"，所得之"果"。"小乘"佛教在产生于公元一世纪的大乘佛教看来是一种低层次、低水平的渡脱苦海的运载工具，因为它关于"涅槃"的终极行为充其量只不过是一种个人的修证；而大乘佛教则是一种广大的、更高层次的运载众生渡脱人生苦难的工具，它追求的不是个人的解脱，而是使一切众生得脱苦海的大悲之心。大乘和小乘在思想上的区别，主要的可以概括为三点：

◎大乘主张法空，诸法的存在如幻如化；小乘否认诸法皆空，最多只承认人空法有。

◎大乘以成佛为目的，人人皆有佛性，认为有无数佛；小乘则以达到阿罗汉为目的，只把释迦牟尼尊为佛。

◎大乘不主张一开始就出家修行，而很重视在家的施财；小乘却很强调出家修行的必要，认为只有过禁欲生活才可以实现自己的理想。

⑤菩提：指佛陀经过六年的苦行后，在迦耶山附近的一棵菩提树下，经过四十九天的"反观内照"、静默思索，终于证悟了"无明"的烦恼而彻悟成佛。以后借用菩提代指了悟缘起、断除无明，进入了清澄宁静的无上智慧的境界。

⑥实相：与无相、法性、性空、真如、涅槃等意义相通。佛教认为一切现象皆为幻有的"假相"，只有去妄存真，才能显现诸法的真实形态，故称。

【白话】

阿难对佛陀说："世人之尊，您常说由各种因缘的结合，形成了世上各种不同的事物并在不断地变化着，这一切都是由地、水、火、风的结合而产生的。为何您又把因缘和自然的结合，这两者都排除摈弃了呢？我不知道这其中的道理，请您发悲悯之心，开启指示我们，了解不断有与无二边的佛教真理，去除没有真实义理的认识。"

这时佛陀这位世之尊者，告诫阿难说："你应先厌恶远离那些闻法而信和由机缘修行佛理的低层次的个人修行方法，发心愿勤奋追求无上的智慧。因此我现在就为你开启讲解大乘佛教的最高真理。为何你又将世俗的不真实的认识，用妄想的因缘形成的理解自我纠缠环绕。你虽然博闻强记佛理，但好比只懂医药理论的人一样，真正的草药拿到面前时，却不能区别真假，产生疑虑。我讲真谛时，反以俗讲之说生疑，真令人生怜悯之心。你现在认真聆听，应为你分别开启显示义理，也使本应修行大乘佛理的人，能通达领会事物的真实本质。"阿难沉静地思索着，倾听佛陀圣明的道理。

【经文】

"阿难，如汝所言，四大和合，发明世间种种变化。

"阿难，若彼大性体非和合，则不能与诸大杂和。犹如虚空，不和诸色。若和合者，同于变化，始终相成。生灭相续，生死死生，生生死死，如旋火轮，未有休息。

"阿难，如水成冰，冰还成水。汝观地性，粗为大地，细为微尘，至邻虚尘[①]。析彼极微色边际相，七分所成。更析邻虚，即实空性。

"阿难，若此邻虚析成虚空，当知虚空出生色相。汝今问言，由和合故，出生世间诸变化相。汝且观此一邻虚尘，用几虚空，和合而有？不应邻虚，合成邻虚。又邻虚尘，析入空者，用几色相，合成虚空？若色合时，合色非空；若空合时，合空非色。色犹可析，空云何合？汝元不知如来藏中，性色真空，性空真色，清净本然，周遍法界。随众生心，应所知量，循业发现。世间无知，惑为因缘及自然性。皆是识心，分别计度。但有言说，都无实义。

【注释】

①邻虚尘：佛教名词。又称极微，是物质的最小单位，邻近虚空。小乘有宗认为，"极微"虽有，但由因缘所作，业力尽时，"极微"亦坏灭，所以仍生灭无常。是微尘的七分之一。

【白话】

"阿难，如你所说：地、水、火、风相互融合，形成了世上各种变化的事物。

"阿难，如果地、水、火、风中有的特性不融合，就不能与其他事物相互结合。好比虚无的空间，不与各种事物结合。如果地、水、火、风是融合的，那么相互之间就会共同变化，自始至终相互产生。产生与消亡相续不断，生而后死，死而又生，生死相继，如不停旋转的火轮一样，从不停息。

"阿难，如水遇冷成冰，冰遇热又还原成水。你观察大地的特性，粗略看是大地，仔细看由微小的尘土构成，以至于到极微小的看不见的浮尘。辨析微尘到七分之一的形态，就称为邻虚尘。再进一步辨析邻近于虚无空间的浮尘，至最微时实际上其本性是虚空。

"阿难，倘若把邻虚尘解析到极处，就成为虚无的空间，那么应当认为虚空也可以产生出各种事物了。你现在问我时说，由于相互结合的原故,从而产生了世上各种变化的事物形态。你且观看那一粒邻近虚空的微尘,是用多少虚空,相互结合而产生的?不应把已邻近虚空的微尘,说成是相互结合后变成的邻虚尘。再说把邻近虚空的微尘,解析到极处就成为虚空了,那么要用多少物质形态,才能使之结合后成为虚空呢?如果把物质形态相互结合,那么合成的应是物质形态而不是虚空;倘若把虚空合成时,结合而成的仍是虚空而不是物质形态。事物形态还可以解析,虚空本自于无如何合成呢?你原本不能认识在人们之中本来包藏的清净的本性,这种本性的事物形态解析到极至就是真实的虚空,本性是空就是真实的事物形态,其特性本自清净不尘染,遍及整个事物形态的世界。随顺着众生灵的认识之心,应随其所能认识的能力,遵循着每个人的前世之缘,表现出现实的形态。世俗之人没有正确的认识,迷惑地认为事物是由条件和因缘相互结合以及在自然状态下形成的。这都是虚幻的认识之心,分别加以思考的结果。只不过是各种不同的理论,没有真实本质的意义。

【经文】

"阿难,火性无我,寄于诸缘。汝观城中未食之家,欲炊爨时[①],手执阳燧[②],日前求火。

"阿难,名和合者,如我与汝一千二百五十比丘,今为一众。众虽为一,诘其根本,各各有身,皆有所生氏族名字。如舍利弗,婆罗门种[③];优楼频螺,迦叶波种[④];乃至阿难,瞿昙种姓[⑤]。

"阿难,若此火性,因和合有。彼手执镜于日求火,此火为从镜中而出,为从艾出,为于日来?

"阿难,若日来者,自能烧汝手中之艾,来处林木,皆应受焚。若镜中出,自能于镜出然于艾,镜何不熔⑥?纡汝手执,尚无热相,云何融泮⑦?若生于艾,何藉日镜光明相接,然后火生?汝又谛观,镜因手执,日从天来,艾本地生,火从何方游历于此?日镜相远,非和非合,不应火光,无从自有。汝犹不知如来藏中,性火真空,性空真火,清净本然,周遍法界。随众生心,应所知量。

"阿难,当知世人,一处执镜,一处火生;遍法界执,满世间起。起遍世间,宁有方所。循业发现。世间无知,惑为因缘及自然性。皆是识心,分别计度。但有言说,都无实义。

【注释】

①爨(cuàn):烧火煮饭;灶。

②阳燧(suì):又名"夫遂",古代日光下取火的工具。用金属制成的尖底杯,置日光下,使光线聚在杯底尖处,放艾绒类,即燃。此外,有用铜制的凹镜,如前述向日取火之说。《淮南子·天文训》有"故阳燧见日,则燃而为火。"

③婆罗门:古印度的贵族集团。是四种姓中的第一种姓,掌握神权,成为知识的垄断者。四种姓依次为:婆罗门、刹帝利(官吏)、吠舍(自由职业、商人)、贱民(奴隶)。

④迦叶波:又译为饮光,古印度姓氏。优楼频螺,又称楼频螺迦叶,其两个弟弟亦为佛弟子,时称"三迦叶"。《十二游经》有佛"为迦叶兄弟三人说法。"

⑤瞿昙:又译"乔答摩",古印度种姓。阿难与佛陀同为释迦族王子,属刹帝利种姓。

⑥镜何不熔:本句指火能克金,火若从铜镜产生,为什么不

能把铜镜熔化为液体。

⑦云何融泮：本句指如何能将铜镜融化、分开。与前句互文见义。

【白话】

"阿难，火的本性是并不存在的，寄托于各种因缘和条件之中。你看城中未吃饭的人家，要烧火煮饭的时候，用手拿着取火的铜镜，引火的艾绒，在阳光下取火。

"阿难，所谓组成和结合，好比我和你以及一千二百五十位僧人，成为一个僧人的集体。僧众们虽然是一个整体，但究其根本，每个人都各有其身体，都有每个人出生时家族、种族的名称。如舍利弗，出生于婆罗门种姓；优楼频螺，属迦叶家族的姓氏；至于阿难，是释迦族的姓氏，也是婆罗门种姓。

"阿难，如果火的性质，是因为组合具有的。那么你拿铜镜、艾绒，在日光下引火时，这火种是从铜镜中生出，从艾绒中生出，还是从日光中产生出来的呢？

"阿难，如果火从太阳中产生，从而自己能燃烧你手中的艾绒，那么当阳光从树林穿过时，也应使树木梵烧。倘若讲火是从铜镜中产生出来的，那么其能产生于镜并燃烧艾绒，为何火能熔化金属却不能熔化铜镜呢？你手拿着铜镜，并无热的样子，又如何能熔化分解铜镜呢？如果说火产生于艾绒，又何必凭借用铜镜聚光，然后点燃艾绒而产生火苗呢？你再仔细观察，铜镜是手拿来的，日光从天上下来，艾绒由地产生，火又是从哪里来到这里的呢？日光和铜镜距离遥远，不能组合、结合，不应说火光是没有因缘而自然具有的。你还不能认识人原本包藏的清净本性，把火的特性分析到极处就是真实的虚空，本性是空就是真实的火的形态，其特性本自清净，遍及整个现象形态的世界中。

随着众生灵的认识之心，及其所能知道的能力而表现。

"阿难，应当知道人们，在一个地方用铜镜取火，就有一处产生了火；在整个人类世界取火，满世界都生起火种。火燃起遍布整个世界，从而说火没有一定的地方和处所。人与事遵循着每人的业力而显现。世上没有正确认识的人，迷惑地认为火是由条件和因缘的结合以及在自然中形成的。这都是虚幻的认识之心，分别加以思考的结果。只不过是理论罢了，没有真实的意义。

【经文】

"阿难，水性不定，流息无恒。如室罗城，迦毗罗仙、斫迦罗仙，及钵头摩、诃萨多等，诸大幻师①。求太阴精②，用和幻药。是诸师等，于白月昼，手执方诸，承月中水。此水为复从珠中出，空中自有，为从月来？

"阿难，若从月来，尚能远方令珠出水，所经林木皆应吐流。流则何待方诸所出？不流明水，非从月降。若从珠出，则此珠中常应流水，何待中宵承白月昼？若从空生，空性无边，水当无际，从人洎天皆同滔溺。云何复有水陆空行？汝更谛观，月从天陟③，珠因手持，承珠水盘本人敷设，水从何方流注于此？月珠相远，非和非合，不应水精，无从自有。汝尚不知如来藏中，性水真空，性空真水，清净本然，周遍法界。随众生心，应所知量。一处执珠，一处水出；遍法界执，满法界生。生满世间，宁有方所。循从发现。世间无知，惑为因缘及自然性。皆是识心，分别计度。但有言说，都无实义。

【注释】

①诸太幻师句：迦毗罗仙，数论派始祖，创立二十五谛说，

人称黄头仙人；斫迦罗仙，金刚杵仙人；钵头摩，红莲花仙人；诃萨多，海水仙人。这四人都是精于幻术的大师。

②太阴精：太阴，旧称，指月亮。精，精华。本句指求取月亮的精华水汽。

③天陟（zhì）：陟，登高。天陟，指从天空升起。

【白话】

"阿难，水的特性是不稳定，流动是没有一定状态的。比如室罗筏城里的黄头仙人、金刚杵仙人，以及红莲花仙人、海水仙人等，这四位幻觉大师。为得到月亮的水汽，用来配合制作迷幻药。这些大师们，在月色如昼的十五，手拿矿石所炼的玉珠，来承受月光之中的水珠。这月光之水，是从玉珠中生出，是空中自然具有，还是从月光中产生出来的呢？

"阿难，如果水是从月亮产生出来的，既然能使远方的玉珠产生出水来，那么月光所经过的树木森林都应当流出水来。都能流出水又何必要等到十五时用珠来引水呢？若林木不流淌明月之水，则水不是从月中降落的。倘若水是从玉珠流出的，那么这种珠中应当经常流出水来，又何须十五月圆之夜来承接月光之水呢？

"如果说水是从空中产生的，可空间的特性是没有边际的，那么水也应当无边无际，从人间到天上都同样被滔天之水所淹没。又何以有水中、陆地、天空的区分呢？你再仔细观察，月亮是从天空升起的，珠是由人手拿着，接珠之水的盘子是由人制作的，那么水从何处流注到盘中的呢？月与珠相隔遥远，既不会组合，也不能汇合，也不应说这精华之水，无所依存自然具有。你还不能认识人原本包藏的清净本性，水的真实特性是空，其性质是空也就是真实之水的形态，其特性本自清净，遍及整个现象形态的世界中。随着众生灵的认识之心,以及所能认识的能力而显现。在一个地方用珠求水,在一处就有水产生出来;在整个世界求水,满世界就有水生出。产生于整个世界的水,都是没有一定的地方和处所。事物遵循着每个人的前业而显现。世上没有正确认识的人,迷惑地认为水是由各种因缘以及在自然中形成的。这都是虚幻的认识之心,分别加以思考的结果。只不过是理论罢了,没有真实的意义。

【经文】

"阿难,风性无体,动静不常。汝常整衣入于大众,僧伽黎角动及傍人①,则有微风拂彼人面。此风为复出袈裟角,发于虚空,生彼人面?

"阿难,此风若复出袈裟角,汝乃披风。其衣飞摇,应离汝体。我今说法,会中垂衣,汝看我衣风何所在?不应衣中有藏风地。若生虚空,汝衣不动,何因无拂?空性常住,风应常生。若无风时,虚空当灭。灭风可见,灭空何状?若有生灭,不名虚空。名为虚空,云何风出?若风自生,被拂之面,从彼面上,当应拂汝。自汝整衣,云何倒拂?汝审谛观,整衣在汝,面属彼人。虚空寂然,不参流动,风自谁言鼓动来此?风空性隔②,非和非合,不应风性,无从自有。汝宛不知如来藏中,性风真空,性空真风,清净本然,周遍法界。随众生心,应所知量。

"阿难,如汝一人微动服衣,有微风出;遍法界拂,满国土生。周遍世间,宁有方所。循业发现。世间无知,惑为因缘及自然性。皆是识心,分别计度。但有言说,都无实义。

【注释】

①僧伽黎：僧人所穿三种衣服之一。1.僧伽黎，又作僧伽梨，意译为"大衣"，为入庭室庙堂所穿。用九条乃至二十五条布缝制。2.郁多罗僧、又作优多罗僧，意译为"上衣"，在听讲经论、礼诵时穿用。用七条布缝制。3.安陀会，又作安嘴婆娑，意译为"内衣"，日常作业、休息时穿用，由五条布缝制。中国佛教三衣的形式、制作方法有很大改变。

②风空性隔：风与空的性质相隔甚远，意为一为动态，一为静态。

【白话】

"阿难，风的特性是没有固定的形体，运动与平静无常。你平常整理衣装到大家中来，穿着的大衣角拂及到旁人时，就有微风拂到别人的面部。这风是出自你的袈裟衣角，是出自虚无空间，还是产生于别人的脸庞？

"阿难，这风如果是出自你的袈裟衣角，衣内带风，你就应是披风。大衣带风飞舞摇动，就应脱离你的身体。我现在这里宣讲佛法，在法会中垂衣而坐，你看我的衣着里风在何处呢？不应当认为衣着之中掩藏着起风的地方。倘若风产生于虚空，当你的大衣不动时，为何没有风吹拂呢？虚空的特性是不变化，那么风也应不变常有。如果没有风时，虚空也应当消失了。消失的风可以感到，消失的虚无空间又是什么形态呢？如果虚空有产生与消失，就不称为虚空了。既称为虚无的空间，何以有风产生出来呢？倘若说风是从被吹拂之人的脸上自然而生的，那么从别人的脸上，应当吹拂到你的脸庞。然而你自己整理衣着时，为何却倒拂到别人的脸上呢？你再认真地观察，整理衣装的是你，拂面的却是别人。虚空的静寂的，不参与到气流的运动中，那么这衣之风是由谁鼓动到这里的呢？动之风与静之空性质相隔甚远，不是组成并结合的，也不应当认为风的特性，是没有原因自然而有的。你仍然不知道人原本包藏的清净本性，风的本性是空，性质是空才是真实风的形态，本自清净，遍及整个现象形态的世界。随着众生灵的认识之心，以其所能认识的能力显现。

"阿难，好比你一个人轻轻地拂动衣服，就有微风生出；在整个世界里都拂动衣裳，满人间就会产生轻风。这遍及世间之风，并无一定的地方和场所。现实是遵循着每个人的业力而表现的。世上没有正确认识的人，迷惑地认为风是由因缘以及在自然中形成的。这些都是虚幻的认识之心，分别加以思考的结果。也只不过是理论罢了，没有真实的意义。

【经文】

"阿难，空性无形，因色显发。如室罗城，去河遥处，诸刹利种及婆罗门，毗舍，首陀兼颇罗堕，旃陀罗等，新立安居，凿井求人。出土一尺，于中则有一尺虚空。如是乃至出土一丈，中间还得一丈虚空。虚空浅深，随出多少。此空为当因土所出，因凿所有，无因自生？

"阿难，若复此空无因自生，未凿土前，何不无碍，唯见大地，迥无通达？若因土出，则土出时，应见空入。若土先出，无空入者，云何虚空因土而出？若无出入，则应空土元无异因。无异则同，则土出时，空何不出？若因凿出，则凿出空，应非出土。不因凿出，凿自出土，云何见空？汝更审谛，谛审谛观。凿从人手，随方运转，土因地移，如是虚空，因何所出？凿空虚实，不相为用，非和非合，不应虚空，无从自出。

若此虚空性圆周遍，本不动摇。当知现前地、水、火、风，均名五大[1]。性真圆融，皆如来藏，本无生灭。

"阿难，汝心昏迷，不悟四大元如来藏。当观虚空，为出为入，为非出入？汝全不知如来藏中，性觉真空，性空真觉，清净本然，周遍法界。随众生心，应所知量。

"阿难，如一井空，空生一井；十方虚空，亦复如是。圆满十方，宁有方所。循业发现。世间无知，惑为因缘及自然性。皆是识心，分别计度。但有言说，都无实义。

【注释】

[1]五大：此指空、地、水、火、风。

【白话】

"阿难，空的特性是没有形体，因为事物的出现而显示出来。如室筏罗城，离河边很远，人们包括官吏、僧侣、商人、农民、工匠、屠夫等，新房子盖好进住时，就要掘井取水。挖出一尺见方的土，就在坑中有一尺见方的虚空。这样乃至于挖出一丈见方的土，地上就有一丈见方的虚空。虚空的深浅，随着挖出土的多少而定。那么虚空是因为挖出泥土产生的，是因挖掘而有的，还是没有原因而自然产生的呢？

"阿难，倘若这虚空是没有原因自然产生的，在未挖掘之前，为何不见没有阻碍的空的形态，只看见无碍通达的大地呢？如果说虚空是因挖出泥土时产生的，那么在挖出土之时，应当看见空进入。如果泥土先挖出，而后无虚空进入，何以说虚空是因为挖出土而产生的？倘若说虚空并无出入，那么空与土本无差别。无差异则相同，那么挖土出来时，虚空为何不出来？如果说虚空是因为挖掘而产生出来的,那么挖掘而出的应是空,不是出来的土。若空不因挖掘而出,是挖掘出泥土,为何又看见虚空呢?你再审慎地思考,考虑后仔细观察。挖掘是由人手,随时向各方运送泥土,土是从地上挖移而出的,但这虚空,是因为何而产生出来呢?挖掘与虚空一是虚无,一是实物,二者不能互相代用,不能组成或结合,也不应认为虚空是没有出处自然产生的。如果虚空的特性是圆满四周遍及的,不产生动与摇的形态。应当认识到现在所讲的空、地、水、火、风,都应叫做五大现象形态。其真实的本性是圆融无碍,都是人本来包藏的,原本无生无灭的清净。

"阿难,你的认识是昏聩迷惑的,不能觉悟地、水、火、风原本是清净于无的。现在看来虚空,是由挖出土而产生还是才进入,或是不因挖土而产生出来和进入坑中?你全然不能认识在人本自包藏的清净心中,觉悟的本性是真实的空,本性是空的才是真实的觉悟的认识,本自清净,遍及整个现象形态的世界。随着众生灵的认识之心,以其所能认识的能力显现。

"阿难,好比有一口井的泥土挖出,就有一井的虚空;各地方挖井,也同样是有虚空。在圆满的东、南、西、北、东南、西南、东北、西北、上、下的各个地方,并没有一定的地方和场所。眼前的现象形态是遵循着每个人的业力而表现的。世上没有正确认识的人,迷惑地认为虚无的空间是由因缘以及在自然中形成的。这都是虚幻的认识之心,分别加以思考的结果。只不过是理论罢了,没有真实的意义。

【经文】

"阿难,见觉无知①,因色空有。如汝今者在祇陀林,朝明夕昏。设居中宵②,白月则光,黑月便暗。则明暗等,因见分析。此见为复与明暗相并太虚空③，为同一体，为非一体，或同非同，或异非异？

"阿难，此见若复与明与暗，及与虚空元一体者。则明与暗二体相亡。暗时无明，明时无暗。若与暗一，明则见亡。必一于明，暗时当灭。灭则云何见明见暗？若明暗殊，见无生灭，一云何成？若此见精与暗与明，非一体者。汝离明暗及与虚空，分析见元，作何形相？离明离暗及离虚空，是见元同龟毛兔角。明、暗、虚空，三事俱异，从何立见？明暗相背，云何或同？离三元无，云何或异？分空分见，本无边畔，云何非同？见暗见明，性非迁改，云何非异？汝更细审，微细审详，审谛审观。明从太阳，暗随黑月，通属虚空，壅归大地。如是见精，因何所出？见觉空顽，非和非合，不应见精。无从自出。若见闻知，性圆周遍，本不动摇。当知无边不动虚空，并其动、摇、地、水、火、风，均名六大。性真圆融，皆如来藏，本无生灭。

"阿难，汝性沉沦，不悟汝之见、闻、觉、知，本如来藏。汝当观此见、闻、觉、知，为生为灭，为同为异，为非生灭，为非同异？汝曾不知如来藏中，性见觉明，觉精明见，清净本然，周遍法界。随众生心，应所知量。如一见根，见周法界。听、嗅、尝触、觉触、觉知，妙德莹然，遍周法界。圆满十虚，宁有方所。循业发现。世间无知，惑为因缘及自然性。皆是识心，分别计度。但有言说，都无实义。

【注释】

①见觉：见，见解。见觉，觉悟的见解、认识，这里指见性、佛性。觉之名为见性，禅门有"直指人心，见性成佛"。所谓一切

众生皆有佛性，因尘染而生烦恼之心。

②中宵：中，半。宵，夜。中宵，半夜。

③太虚空：佛教名词，指浩瀚宇宙的空间，毕竟无为无物，亦称为顽空、偏空。以此喻小乘佛教的涅槃，大乘不仅是人、法二空，而且是彻底的"空论"，无所谓"空"，亦无所谓破，本自于无，只是一种"言说"的"法门"，一种方法罢了。

【白话】

"阿难，悟道的见解无所谓认知，本自于无，认识是因为各种物质形态产生在空间才具有的。好比你现在于祇园精舍中，迎日出之光明，伴夕阳至黄昏。在夜半之时，月出则一片清辉，无月时便是黑暗。这光明与黑暗等现象形态，是因为见到后通过分析和认识后具有的。这见是与光明、黑暗及其相互并存的空间同处一体，还是不同于一体，或者说是相同的还是不相同的，是有差异的还是无差异的呢？

"阿难，见到的认识如果说是与光明和黑暗，以及与空间是一体。那么光明与黑暗二者是相互对立的。黑暗时就没有光明，光明时不存在黑暗。若讲见到的认识与黑暗为一体，那么光明则见不到；若说见解与光明为一体，那么黑暗时则应无所见。既然无所见又何以说能见到光明和黑暗呢？光明与黑暗不同且变换，但觉悟的见解并无所谓在生与灭，同为一体如何能成立呢？倘若说见到的认识与黑暗和光明，不是一体。那么你离开了光明、黑暗以及空间，来分析见解的本质，是什么形态和表现呢？脱离了光明、黑暗以及离开了空间，所谓见解如同龟甲长毛、兔子生角一样，是根本不存在的。光明、黑暗、空间，这三者各异，从何处确立见解呢？光明、黑暗相互对立，如何同一的呢？脱离了光明、黑暗、空间，就没有看到的见解，又如何说不是同一体呢？分析空间，分析所见，本自无边无际，怎么能说不是同一的呢？见到黑暗，见到光明，明与暗变化，见的本质不变，如何能说没有差异呢？你再仔细考虑，从细微处审慎地理解，慎重地思考，小心地观察。光明从太阳来，黑暗随夜里无月出，畅通的归属于虚无的空间，堵塞的归于大地万物。这见解从何而出？悟道的觉悟了的见解是彻底的空，不是相和，不是结合，不应当认为看到的见解是无端地从自身中生出来的。倘若所见、所闻、所知是正确的，其本性是圆满遍及四周的，本自不动、不摇，归于宁静。应当知道无边无际不动荡的虚无空间，及动、摇、地、水、火、风，都称为六大现象形态。其真实的本性是圆融无碍，都是人本来包藏的，本自无生无灭的清澄。

"阿难，你的心性沉沦于迷惑之中，不能领悟你的见之识、闻之识、感觉的认识、意识，本自清净。你应当观察这见、闻、觉、知各种意识形态，是生成的，还是幻灭的；是相同的，还是有差异的；是不生不灭，还是不同或是同一的呢？你还不曾知道本自包藏着的本性，觉悟的见解是明净的，觉悟的真实见解是明确的，本自清净，遍及整个现象形态的世界。随着众生灵的认识之心，以其所能认识的能力显现。好比一个人的眼睛，可以见到四周的物质世界。耳之听、鼻之嗅、舌之尝、身之触、心之觉悟的认识，是美妙的德行，如晶莹的美玉，遍及现象形态的世间。在圆满的东、南、西、北、东南、东北、西南、西北、上、下的各个空间，没有一定的地方和场所。遵循着每个人的业力而显示出来。世上没有正确认识的人，迷惑地认为看到后的见解是由因缘以及在自然中形成的。这都是虚幻的认识之心，分别加以思考的结果。只不过是语言的表达，没有真实的意义。

【经文】

"阿难,识性无源①,因于六种根尘妄出。汝今遍观此会圣众,用目循历。其目周视,但如镜中,无别分析。汝识于中,次弟标指:此是文殊,此富楼那,此目犍连,此须菩提,此舍利弗。此识了知,为生于见,为生于相,为生虚空,为无所因,突然而出?

"阿难,若汝识性,生于见中,如无明暗及与色空,四种必无,元无汝见,见性尚无,从何发识?若汝识性生于相中,不从见生,既不见明,亦不见暗,明暗不瞩,即无色空,彼相尚无,识从何发?若生于空,非相非见,非见无辨,自不能知明暗色空,非相灭缘,见闻觉知无处安立。处此二非,空则同无,有非同物。纵发汝识,欲何分别?若无所因,突然而出,何不日中,别识明月?汝更细详,微细详审,见托汝睛,相推前镜,可状成有,不相成无,如是识缘,因何所出?识动见澄,非和非合;闻、听、觉、知,亦复如是。不应识缘,无从自出。若此识心本无所从,当知了别见、闻、觉、知,圆满湛然。性非从所,兼彼虚空、地、水、火、风,均名七大。性真圆融,皆如来藏,本无生灭。

"阿难,汝心粗浮,不悟见、闻发明了知,本如来藏。汝应观此六处识心,为同为异,为空为有,为非同异,为非空有?汝元不知如来藏中,性识明知,觉明真识,妙觉湛然,遍周法界。含吐十虚,宁有方所。循业发现。世间无知,惑为因缘及自然性。皆是识心,分别计度。但有言说,都无实义。"

【注释】

①识:佛教名词,心之异名。小乘佛教认为心、意、识,概

念相同；大乘佛教认为有小乘一识，即众生只有一识，依于六根，缘于六境，是真实不变的，大乘无量识，即境既无量，识亦如此，包含一切心数。此外，还有精神、心的功能、灵魂等不同用法。

【白话】

"阿难，认识之心的特性是没有根源的，其依于眼、耳、鼻、舌、身、意，缘于色、声、香、味、触、法这尘垢虚妄地产生出来。你现在观察全体到会的僧人们，用眼按顺序看。在眼所见到的，就如在镜子里看到的一样，没有分别。你的认识在心里，会依次分别指出：这是在佛左边掌管智慧的文殊，这是说法第一的富楼那，这位是神通第一的目犍连，这是解空第一的须菩提，这位是决疑第一的舍利弗。这能分别的认识之心，是产生于见到之中，还是产生于各种现象形态之中，是产生于虚无的空间，还是没有原因，在突然之中产生出来的呢？

"阿难，如果说认识的心性，产生于眼所见之中，那么在无光明、黑暗、事物、空间，这四种形态都不存在的前提下，根本就没有你见到的事物，见的特性都无从谈起，从何处引发认识之心呢？倘若讲认识的心性，产生于现象形态中，不是眼所见中产生，既然不能见到光明，也不能见到黑暗，明与暗都无所见，即没有物和空间，你现象形态都无从谈起，从何处引发认识之心呢？如果说认识产生于空间，既非物也无所见，无所见就没有辨别，自然不能知道光明、黑暗、事物、空间，无现象形态就灭除了认识之所缘，所见、所闻、所触、所知就无从确立。处于无物态无所见这二者之中，生认识于空间则与无相同，有空不同于有物态。纵然引发了你的认识之心，又将如何加以分别呢？倘若讲认识是并无原因，突然之中生出来的，何以不在中午之时，有见到明月的认识呢？你再详细观察，从细微处详尽审视，见到是依靠你的眼，把形象形态推出到眼前的境况来，有形状的就成为有的境况，无形状的就成为无的境况，这样认识之心的因缘，从何而出呢？认识有分别之心为动态而见到无区别是静态，不是组合，也不是结合；闻到的鼻识、听到的耳识、感觉到的身识、知道了的意识，都是依根缘尘到识的。不应当认为认识之缘，可以无因而自己产生出来。倘若这认识之心，本自一无所从，应当知道觉悟认识了的所见、所闻、所觉、所知，都是圆满清澄的。其真实本性不是所缘的尘境，识、见、还有空、地、水、火、风，都称为七大。其真实的本性圆融无碍，都是包藏着清澄宁静，本自为无生无灭的寂静。

"阿难，你的认识之心粗浅浮躁，不能觉悟见、闻等六根，生发明白六识，原本包藏着清净的本性。你应当观察这眼识、耳识、鼻识、舌识、身识、意识六处认识之心，是相同还是不同，是空还是有，是并非同体，还是作用有差异，是不源于空，还是没有分别？你原本不知道本自包藏着的清静本性中，认识之心的特性是澄明觉悟，真实之心明净，美妙澄静，遍及现象形态的世界。蕴含接纳十方虚空，没有一定的地方和场所限制。遵循着每个人的业力表现出来。世上没有正确认识的人们，迷惑地认为认识之心是由因缘以及在自然中生成的。都是虚幻的认识之心，分别加以思索的结果。只不过是语言的表述，没有真实的本质意义。"

【经文】

尔时阿难及诸大众，蒙佛如来微妙开示，身心荡然，得无挂碍。是诸大众，各各自知，心遍十方。见十方空，如观手中所持叶物①。一切世间诸所有物，皆即菩提妙明元心。心精遍圆，含裹十方。反观父母所生之身，犹彼十方虚空之中，吹一

微尘,若存若亡,如湛巨海,流一浮沤,起灭无从。了然自知获本妙心,常住不灭。礼佛合掌,得未曾有。于如来前,说偈赞佛②:

妙湛总持不动尊③,
首楞严王世希有④。
销我亿劫颠倒想⑤,
不历僧祇获法身⑥。
愿今得果成宝王⑦,
还度如是恒沙众⑧。
将此深心奉尘刹,
是则名为报佛恩。
伏请世尊为证明,
五浊恶世誓先入⑨。
如一众生未成佛⑩,
终不于此取泥洹⑪。
大雄大力大慈悲⑫,
希更审除微细惑。
令我早登无上觉,
于十方界坐道场。
舜若多性可销亡⑬,
烁迦罗心无动转⑭。

【注释】

① "见空如观手中叶"句:此为比喻句,指一切事物皆由心而发,识空则一切皆空,本自不实、无常、虚幻,从而遍观东、南、西、北、东南、西南、东北、西北、上、下十个方位的空间,如

同看手中的一片树叶，万事万物，皆由心发。

②偈（jì）：即"颂"，是佛典中的唱词，往往是前述义理的复述性归纳。本卷偈言是对前三卷内容的涵盖，且由佛陀针对以"多闻等一"的阿难提问，逐一进行分析，所涉大乘佛理颇多，有些问题成为教界、学界中尚无定论的疑案。如"七大"的提法，大乘经多以"四大"作为物质世界的基本元素，对"空大"、"识大"、"见大"的提法有异说。

③"妙湛总持不动尊"句：赞佛三身之美妙。法身，清澄；报身，表现在一切事物上，谓总持；化身或称应身，随机应变，本自不动其清净之性。尊，指佛陀为世人之尊者。

④首楞严王：称本经是定法之王，即专注一境修行之首要经典。

⑤亿劫：无数的劫。劫，又译为劫波、劫簸。意译为分别时节或大时。在印度计时单位中最长的时间为劫。即永远的时间或无限的时间。通常是把世界从形成发展直至灭亡的整个过程称作一劫，以形容其久远。佛教通常将劫分为大、中、小三劫。称人命由十岁开始，每百年增一岁，至八万四千岁，又每百年减一岁至十岁。一增、一减各为一小劫，合为一中劫。一大劫有八十中劫，分为"成、住、坏、空"四部分，各包括二十中劫，通称"四劫"。

⑥僧祇：即阿僧祇，意为无数，极多。

⑦宝王：指佛、法、僧三宝中的佛宝，全句意为：从此发愿证佛果。

⑧恒沙众：比喻，如恒河沙数一样，无法计数的众生灵。

⑨五浊：又名五滓、五浑。分别为：1.劫浊，指在人二万岁之后，贪欲之心渐起，烦恼日增，从而浑浊不净。2.见浊，各种错误的见解产生，如我见、身见、边见。3.烦恼浊，由于产了我、身、

有始无始等认识，从而烦恼之心日增。4.众生浊，人们苦多福少，人生不如意十之八九。5.命浊，哀生命之短暂。不知本自虚幻，使本清净之心染浊。

⑩ "如一众生未成佛"句：指大乘菩萨行，具备彻底的自利利他之行，有一人不渡脱苦海，亦不舍而觉他。

⑪ 泥洹：即涅槃，可参见前注。

⑫ 大雄大力：大雄，意为如大勇士一样英勇无畏。佛陀尊称之一。大力，指拔众生烦恼根之宏大之力。

⑬ 舜若多：即空。修到佛地，连空亦归于无，不执于"空"，无所谓"空"，也只是"言说"。

⑭ 烁迦罗：指坚固，修菩萨愿之心坚定且永不消退。比喻句，指心澄静、不动之境界。

【白话】

这时，阿难以及到会的信徒们，蒙受了佛陀细微精妙的讲解和启示，身心坦荡，得到了一无牵挂和阻碍的宁静。各位听经的弟子们，都认识了真实无妄之心遍及十方。观十方世界的虚空，如同手中拿的一片树叶。一切世上的现象形态，都是本自觉悟美妙宁静的显现。真实之心本自无染遍及一切，圆融无碍，蕴含包容十方世界。反观内悟父母所生的身躯，好比在那十方虚空之中，吹起的一粒微尘，似有似无，又如在清澄广大的心海中，泛起的一点泡沫，随起随灭。理解认识了本具美妙的清净心，常住寂静，无生无灭。信众们都合掌向佛陀行礼，得到了未曾听到的教义。在佛陀面前，用诗句赞颂佛祖：

三身精妙世人尊，

楞严定法世稀有。

消除无限心妄念，

不需长修证清澄。
发愿证悟得佛果,
度脱无数世中人。
将此深情献世界,
就是回报我佛恩。
恭请如来做见证,
污浊世界身先入。
有一生灵不成佛,
始终不先入涅槃。
大智大勇大悲心,
望佛再解精微义。
使我早得觉悟心,
十方世界度众生。
修空心性可消亡,
菩萨之愿不动摇。

卷 四

【经文】

尔时富楼那弥多罗尼子,在大众中即从座起,偏袒右肩,右膝著地,合掌恭敬,而白佛言:"大威德世尊,善为众生,敷演如来第一义谛。世尊常推说法人中,我为第一。今闻如来微妙法音,犹如聋人逾百步外,聆于蚊蚋①。本所不见,何况得闻?佛虽宣明,令我除惑,今犹未详斯义,究竟无疑惑地。世尊,如阿难辈,虽则开悟,习漏未除。我等会中登无漏者,虽尽诸漏,今闻如来所说法音,尚纡疑悔。世尊,若复世间一切根、尘、阴、处、界等,皆如来藏清净本然,云何忽生山河大地,诸有为相?次第迁流,终而复始。又如来说地、水、火、风,本性圆融,周遍法界,湛然常住。世尊,若地性遍,云何容水?水性周遍,火则不生,复云何明水火二性,俱遍虚空,不相陵灭?世尊,地性障碍,空性虚通,云何二俱周遍法界?而我不知是义攸往②。惟愿如来,宣流大慈,开我迷云及诸大众。"作是语已,五体投地,钦渴如来,无上慈诲。

【注释】

①蚋(ruì):昆虫,吸食人畜血,生活在水中。
②攸往:攸,所。攸往,所在。

【白话】

　　这时,十大弟子之一的富楼那,其母名叫弥多罗尼子,在大家之中从座位上起来,袒露着右肩,右膝跪着地,将手掌合于胸前恭敬地向佛陀问道:"有广大威望和德行的世之尊者,善于为众生灵们,陈述演讲至高的佛教真谛。您常推举在讲解佛理时,我是说法第一。但今天听您精微关妙的传播佛理的声音,犹如耳聋的人,在百步之外聆听蚊蚋的嗡嗡之音。根本连蚊虫的外形都看不见,如何能听到声音呢?您虽然宣讲得明确,使我排除了迷惑的妄心,但仍然未能详尽地领会万法唯心的义理,并理解真谛的究竟,从而达到没有疑惑的境地。世人之尊,如阿难这些弟子,虽然已经悟到人本自空,但烦恼习气并未彻底断除。我们在法会中证得无烦恼境界的信徒,虽然尽除了各种烦恼之心,但今天听您所说的佛门真谛,还有曲折迂回似的疑问和追悔之心。世之尊者,如果那世上的一切形态,如六根、六尘、五阴(蕴)、十二处、十八界等,都本自包藏着清澄明净,又何以忽然生出山河大地,各种现象形态呢?且依次变迁流动,如冬去春来终而复始。还有您说地、水、火、风,本性圆满融合,遍及世界,清澄而永驻。世人之尊,倘若地的本性遍及世界,又如何能容纳水?水性遍及世界,则与水不相容的火就不会产生,又为何明确说水与火二者的本性,都遍及虚空,相互不毁灭呢?世人之尊,地的特性有形状,有屏障阻碍,虚空的特性无形畅通无阻,为何二者都遍及物质世界?我不知道这其中的义理所在。期望佛祖,宣扬流传大慈悲之心,解开我心中如蔽日的浮云,为大家解除迷惑。"富楼那问完后,五体投地,敬仰地渴望佛陀,发无上慈悲教诲信徒。

【经文】

尔时世尊告富楼那,及诸会中漏尽无学诸阿罗汉。"如来今日普为此会,宣胜义中真胜义性。令汝会中定性声闻,及诸一切未得二空①,回向上乘阿罗汉等,皆获一乘寂灭场地②,真阿练若③,正修行处。汝今谛听,当为汝说。"富楼那等,钦佛法音,默然承听。

佛言:"富楼那,如汝所言,清净本然,云何忽生山河大地?汝常不闻如来宣说,性觉妙明,本觉明妙?"

富楼那言:"唯然世尊,我常闻佛宣说斯义。"

佛言:"汝称觉明,为复性明,称名为觉,为觉不明,称为明觉。"

富楼那言:"若此不明,名为觉者,则无所明。"

佛言:"若无所明,则无明觉。有所非觉,无所非明。无明又非觉湛明性。性觉必明,妄为明觉。觉非所明,因明立所。所既妄立,生汝妄能。无同异中,炽然成异,异彼所异,因异立同。同异发明,因此复立无同无异。如是扰乱,相待生劳,劳久发尘,自相浑浊,由是引起尘劳烦恼。起为世界,静成虚空。虚空为同,世界为异。彼无同异,真有为法。

"觉明空昧,相待成摇,故有风轮执持世界;因空生摇,坚明立碍,彼金宝者明觉立坚,故有金轮保持国土;坚觉宝成,摇明风出,风金相摩,故有火光为变化性;宝明生润,火光上蒸,故有水轮含十方界。

"火腾水降,交发立坚,湿为巨海,乾为洲潬④。以是义故,彼大海中火光常起;彼洲潬中江河常住。水势劣火,结为高山,是故山石击则成焰,融则成水;土势劣水,抽为草木,是故林薮遇烧成土,因绞成水。交妄发生⑤,递相为种⑥。以是因缘,世界相续。

【注释】

①二空：一为人空，又称"我空"、"生空"，认为人由五蕴即色、受、想、行、识积聚而成，产生"有"的各种妄念，从而烦恼心起，不知一切无常、变幻，并无实有之我，谓之"人空"；二为法空，一切事物，本自于空，"色即是空"，四大和合，因缘而就，本自变幻、不实，因此大乘佛学是彻底的空。但谈空不碍论"有"，"有"是假有形态，是一种方便、法门。

②一乘：亦称"佛乘"、"一乘法"，指引导教化众生成佛的惟一方法、教说。大乘《法华经·方便品》中首倡此说，认为声闻、缘觉、菩萨（或佛）"三乘"都是方便之说。《金刚经》有"最上乘"，指最高之教，亦即佛乘，又与大乘同。就"三乘"而言，菩萨乘为最上乘。中国佛教各宗派有不同说法。

③阿练若：又称"阿兰若"、"兰若"，梵文音译。原意为"树林"，意译为"寂静处"、"远离处"。原指信众静修的地方，后常指佛寺。

④溎（dàn）：水中露出的沙丘。

⑤交妄发生：指地、水、火、风都是由心中产生的妄念相互结合而产生事物形态，本自不实。

⑥递相为种：指各种事物形态由交递转换的地、水、火、风这一种因而形成。如水为海之种因，土为草木的种因。种，种子，比喻形成、产生的原因。

【白话】

这时佛陀告诉富楼那，及其到会的修行到烦恼不生和戒定慧三学圆满，修证到无学果位的阿罗汉说："我今天为到会的信徒们，普遍地宣讲殊胜义理中真实形态的本质性问题。使你们在法会中，在定学中定性于听法和闻法而信修证的人，以及所有没有领悟人、法两者皆空，发心向上乘修证的阿罗汉，都获得佛乘静寂，心不生不灭的境地，是真正澄静的修行之处。你们现在仔细聆听，应当为你们解说。"富楼那等信徒，崇敬佛陀的法理，安静地听讲。

佛陀说："富楼那，如你所讲的，人本自包藏着清静的本性，为何忽然产生出山河大地的事物形态呢？你平常不是总是听我讲解，本性是觉悟美妙明净的，心本自静寂澄明的吗？"

富楼那说："是的世人之尊，我常听您宣讲这个义理。"

佛陀说："你说觉悟明净时，是心性本自明净，就称之为觉悟，还是本性不明净，后来觉悟就叫做明净觉悟呢？"

富楼那回答："若心性不需要除垢尘而明净，就称为觉悟，那么就无所谓明净自性了。"

佛陀说："如果说不觉悟，就无所谓明净了，那么人之心性就本自不明净、觉悟。如果本自不觉悟，也无所谓不明净了。而不明净就不是心性本自觉悟澄明的了。自性的觉悟必明除垢而明净，是妄想心念要化尘垢为明净觉悟。本自的觉悟不是刻意而为后的明净，因为要明净而在心中确立了净化认识。这净化认识的确立就是妄念，产生了你的能化垢为净的妄想心念。在本无不同的心中产生了异样的心念，如光焰升起各种见解，不同的认识形成了区别，从而确立了相同的见解如空间。相同的虚无空间和不同的现象形态就生发明确起来，因此又确立了人们的形态如高矮胖瘦的不同和对此认识的相同。如此则心绪纷扰不宁，相互作用产生思考心劳，心劳形成就有了欲念，自我的形成则自心之性浑浊不静，产生取之不得、爱之不舍的种种烦恼，变化形成世界的万有形态，不变的就是安静的虚空。虚无的空间是相同的，万物不同的世界是有差异的。人们心性本自净无相同和不同的区别，却由心造作了物质和精神、意识的一切现象。

"觉悟明净的心性有了同之空与不同的浑浊昏暗的妄念，相互作用而动荡就产生了风吹不息的形态，并执有和维持着一切现象的形态世界；因为空间的同与妄念产生的摇荡之风，而坚持明确建立与其不同障碍，认为金属是明确可以建立起的坚固形态，从而就有金属的环绕保护维持着一切国土；由坚决持有的妄想认识形成了金属宝藏，与动摇的妄念风尘生出相合。金属与风力相互摩擦，产生了变化无常的火焰和光芒；明亮的金属能产生滋润湿气，在火焰和光的蒸腾下，从而就有水的环绕，蕴含着世界。

"火升腾而水下降，相互发生，形成了坚硬的事物形态。低湿的汇成大海，干燥的形成陆地、沙丘。由于水火生发的道理，在大海中常有热焰升起；在陆地上有江河奔流不息。在水的力量不及火力的地方，凝结成高山，所以山石撞击就形成火焰，山石融化就成为岩浆；土地之力弱于水力之地，就生长出草丛树木，所以草木遇火就烧成灰土，扭曲绞压则有水出。交替的妄念产生了各种现象形态，形成了产生一切现象的原因，以地、水、火、风为因缘，使世界日升月落，相互接续不断。

【经文】

"复次富楼那，明妄非他，觉明为咎。所妄既立，明理不逾。以是因缘，听不出声，见不超色。色、香、味、触，六妄成就。由是分开见觉闻知。同业相缠，合离成化[①]。见明色发，明见想成。异见成憎，同想成爱。流爱为种，纳想成胎。交遘发生，吸引同业。故有因缘，生羯罗蓝、遏蒲昙等[②]。胎、卵、湿、化，随其所应。卵唯想生，胎因情有，湿以合感，化以离应。情想合离，更相变易。所有受业，逐其飞沉③。以是因缘，众生相续。

"富楼那，想爱同结，爱不能离，则诸世间父、母、子、孙，相生不断，是等则以欲贪为本。贪爱同滋，贪不能止，则诸世间卵、化、湿、胎，随力强弱，递相吞食，是等则以杀贪为本。以人食羊，羊死为人，人死为羊，如是乃至十生之类，死死生生，互来相啖。恶业俱生，穷未来际，是等则以盗贪为本。汝负我命，我还汝债，以是因缘，经百千劫，常在生死。汝爱我心，我怜汝色，以是因缘，经百千劫，常在缠缚。唯杀、盗、淫，三为根本，以是因缘，业果相续。

"富楼那，如是三种，颠倒相续，皆是觉明，明了知性。因了发相，从妄见生。山河大地诸有为相，次弟迁流。因此虚妄，终而复始。"

【注释】

①合离成化：指由于有相同的业缘，经过结合、分离、生成、变化，而产生的胎生、卵生的人或兽，主要针对人而言。不同业缘的，则为湿生、化生，如虫、神灵等。

②羯罗蓝、遏蒲昙：卵受精后七日，称为羯罗蓝，译为凝滑，精血凝结成柔软、滑腻状，故称；遏蒲昙，十四日称谓，译为泡，形成泡状，故称；二十一日称闭户，即软肉；二十八日称为羯南，即硬肉等。

③飞沉句：本句指众生灵皆因业力的不同而受到相应的果报。善则飞升，恶则沉沦于三界即欲界、色界、无色界之中。

【白话】

"还有富楼那,迷惑的无明妄想不是其他原因,在于执意地要觉悟和明确事物。这种妄想心一经确立,就不能逾越所谓的明确事理。正是以现象形态为因缘,所听不出于声外,所见不超出各种现象。从而有色、声、香、味、触、法,这六种妄想形态产生。于是本自清澄之心分为所见、所听、所闻、所尝、所触觉、所知道。由相同的业缘相互纠缠,经过结合、分离、生成、演化。由所见所明白的形态引发,明确了见解认识并形成了欲想。所见不合就排斥,所见相同形成爱恋。由身心交流的爱欲成为种子,经接纳后成为人的胎体。性爱的引发生成,吸引有共同业的人结合。从而在各种条件的促成后,由七日结胎、十四日形成胞体、二十一日以后形成肉体。这一由爱欲的亲缘,结合后的增上缘,生长时的所缘缘在由胎而生、由卵而生、由湿而生、由化而生的四种生长方式中,各随其所感应的业力即各种条件产生出来。卵生是由专注的想法如鸟孵化,终日不离而生成,胎生如人主要以情欲为基础才具有的,湿生的如虫则以相结合后的湿度和温度应运而生,化生的,则由业缘而生成。情感与思念的结合和产生,相互变化更迭。都随其所具有的前业之因,逐一显现或飞跃而为人、升入天界,或沉沦而堕入畜类。正是以其各自的业缘、条件,各种生物之相生生不息,相续不绝。

"富楼那,想念和爱欲共同结合,使爱之妄念不能脱离,使世间的父、母、子、孙,代代衍生不断,这是以欲望和贪爱之心为根本的。贪恋和爱欲的共同滋生,贪婪就不能休止,所以各种世间由卵生、化生、湿生、胎生的生物之间,物竞天择,相互间弱肉强食,这些都是以杀戮和贪婪为根本的。从而如人食羊,羊化为人体之血肉,人死后滋草木为羊吃,或随业缘羊托生为人,人为羊,如此乃至于十类众生即胎、卵、湿、化,若有想、若无想,若有色、若无色,若非有想、若非无想之间。在生死转换之中,互相残杀、吞食。这都由与生俱有的恶业而产生,无穷无际在未来的时空之中,是以掠夺的盗心和贪念为根本的。你欠了我一命,则还命,我欠了你的债,则还债,所以在这种因果相报的缘故中,历经千百次的劫难,在生与命的轮回中变化无常。你渴爱我的心,我怜惜你的色,在这种因缘作用下,虽经千百次的劫难,总处于难舍难分的纠缠之中。都是以杀戮、掠夺、淫欲这三种贪婪的妄念作为根本,因此而由前因致后果,相互延续不绝。

"富楼那,这上述三种错误的迷惑认识,相互延续,都是本净而染之心,自以为觉悟明白,明确并分别认识现象形态的妄念。因而引发了各种妄见的产生。使山河、大地各种事物形态,依次变迁更易。因此产生的本自虚妄不常的事物形态,周而复始,始终相续,永无止息。"

【经文】

富楼那言:"若此妙觉,本妙觉明,与如来心不增不减。无状忽生山河大地,诸有为相。如来今得妙空明觉,山河大地有为习漏,何当复生?"

佛告富楼那:"譬如迷人,于一聚落,惑南为北,此迷为复因迷而有,因悟所出?"

富楼那言:"如是迷人,亦不因迷,又不因悟。何以故?迷本无根,云何因迷?悟非生迷,云何因悟?"

佛言:"彼之迷人,正在迷时,倏有悟人①,指示令悟。富楼那,于意云何?此人纵迷,于此聚落,更生迷不?""不也,世尊。"

"富楼那,十方如来,亦复如是。此迷无本,性毕竟空。昔本无迷,似有迷觉,觉迷迷灭,觉不生迷。亦如翳人②,见空中华,翳病若除,华于空灭。忽有愚人,于彼空华所灭空地,待华更生。汝观是人,为愚为慧?"

富楼那言:"空元无华,妄见生灭。见华灭空,已是颠倒。敕令更出③,斯实狂痴,云何更名如是狂人,为愚为慧?"

【注释】

①倏(shū):原义为犬疾行,引申为疾速、忽然。

②翳(yì):眼角膜病变后遗留下的疤痕组织。本文指因眼病受遮蔽的视力。翳人,害眼病的人,以此来比喻受妄念迷惑的人们。空华,指空中的花朵,本自不存,以此比喻一切现象形态,也本自无常、不存,是因妄而有。

③敕(chì):皇帝的命令。敕令,即命令。

【白话】

富楼那问道:"倘若这美妙的觉悟之心,本自美妙觉悟澄明,它和静寂的佛心一样不加一分也不减一厘。没有理由忽然之间产生了山河大地,各种不同的事物形态。您现在得到了美妙空灵明净觉悟,但山河大地等事物形态的遗留习气与烦恼迷惑,在何时会再产生呢?"

佛陀告诉富楼那说:"比如一个迷路的人,在一个地方,迷惑地把南方当作北方,这种迷惑是因为迷惑了才具有的,还是因为醒悟了才生出的?"

富楼那回答:"这个迷途之人的困惑,既不是因为迷惑了才有,也不是因为醒悟而产生。何以这样讲呢?因为迷本无根源,何以生迷？醒悟不是迷惑，何以因为醒悟产生迷？"

佛陀问："这个迷路的人，在迷惑之时，忽然有位觉悟的人，指示出使他醒悟的方向。富楼那，你如何认为？这个纵然已经迷惑的人，在这个人们聚集的村落，还会再迷路不？"富楼那回答："不会了，世人之尊。"

佛陀说："富楼那，一切世界觉悟成佛的人，也是如此。迷本无根，本性毕竟是空。未染之前本无所迷，似有迷惑的感觉，觉悟了的迷惑，迷就消灭了，觉悟不产生迷惑。这又如有眼病的人，看见空中有花朵，当眼病好了，花也就会随之在空中消灭。若忽然有一个愚昧的人，在他有眼病时见空中花，病好时空之花消灭的空中，等待空花再产生。你观察这人，是愚昧、还是智慧？"

富楼那回答："空中本来无花，由于病而虚妄地产生了花的产生、消失。看见花朵在空中消灭，已经是颠倒了的错误。执着地等待空花的再生，这实际上是狂乱痴迷的人，又为何还要再问这个狂人，是愚蠢的还是智慧的呢？"

【经文】

佛言："如汝所解，云何问言诸佛如来妙觉明空，何当更出山河大地？又如金矿，杂于精金，其金一纯，更不成杂。如木成灰，不重为木。诸佛如来，菩提涅槃，亦复如是。

"富楼那，又汝问言，地、水、火、风，本性圆融，周遍法界。疑水火性不相陵灭。又征虚空及诸大地，俱遍法界，不合相容。

"富楼那，譬如虚空，体非群相，而不拒彼诸相发挥。所以者何？

"富楼那，彼太虚空，日照则明，云屯则暗，风摇则动，霁澄则清，气凝则浊，土积成霾①，水澄成映。于意云何？如是殊方诸有为相，为因彼生，为复空有？若彼所生。富楼那，且日照时，既是日明，十方世界，同为日色，云何空中更见圆日？若是空明，空应自照，云何中宵，云雾之时，不生光耀？当知是明，非日非空，不异空日。观相元妄，无可指陈，犹邀空华，结为空果，云何诘其相陵灭之？观性元真，唯妙觉明。妙觉明心，先非水火，云何复问不相容者？真妙觉明，亦复如是。汝是空明，则有空现。地、水、火、风，各各发明，则各各现；若俱发明，则有俱现。云何俱现？

"富楼那，如一水中，现于日影。两人同观水中之日，东西各行，则各有日随二人去。一东一西，先无准的。不应难言：此日是一，云何各行？各日既双，云何现一？宛转虚妄，无可凭据。

【注释】

①霾（mái）：大气混浊时，以天空或物体为背景时，所呈现的微黄色或浅蓝色的天气现象。是由大气中有悬浮的细微的烟、尘所致。

【白话】

佛陀说："正如你所理解的，又为何问我一切成就了佛的美妙觉悟的空寂明净之心，怎么还会生出山河大地的形态呢？再比如金矿，含有纯金，把纯金提炼之后，就不会混有砂石。这好比将木烧成灰，灰不再是原木了。一切证悟了佛果，已觉悟进入静寂境界的修行者，也同样如此，不再迷惑。

"富楼那，还有你所问的，地、水、火、风，本质特性是圆融无碍，遍及一切物质世界。但水、火的特性是相互排斥的。还疑问那虚空以及大地，都遍及世界，并不相互容纳。

"富楼那，比如虚空，本体是一无所有，但不会拒绝容纳一切现象形态的变化。为什么呢？

"富楼那，在这个现象界的空间，有日照就有光明，阴云密布就昏暗，风吹就有移动，雨后天晴则一片清新，云气凝结的阴天就浑浊，尘土飞扬就成为大气污染的沙尘天气，水清澄如镜就能倒映出万物。你是如何理解的呢？这些不同方式显示的现象，是因为日、云、雨、风产生的，还是虚空具有的？倘若这些现象是日、云、雨、风产生的。富楼那，日照之时，既然是太阳的光明，那么一切世界的空间，都应与阳光的色彩相同，同则无别又何以在空中还能见到一个圆圆的太阳？如果说是从虚空中产生了光明，空性不变应照自身而光明永照，何以在半夜，有云雾之时，不产生光明的照耀呢？应当知道，这光明不从日也不从虚空而出，但也不离开虚空和太阳。所见的现象本自虚妄不实，不能指出或陈述，就好比让空中之花再现，并结出空中之果，又何以反问其互相毁灭的意义呢？观察心性原本真实，是惟一美妙觉悟明净的。美妙觉悟明净之心，本自没有水、火等一切形态，但圆融一切，何以又问物质形态不相容纳呢？真实美妙觉悟明净之心，与空不拒一切的道理一样。你从虚空和光明去看，就有虚空和光明。从地、水、火、风，各种现象去看，就各有不同的现象出现；如果从一切现象去看，就有一切所观察的现象产生出来。怎么能一起显现呢？

"富楼那，好比一池碧水，中间显现出日影。两个人同在一起看水中，只有一个日影，两人分别向东西各去，则日影也随着两个人，一个向东，一个向西而去。一东一西各有一个太阳，可太阳本自一个，也没有准确地目的随人而去。不应当强辩说：这太阳只有一个，为何东西各行会变成两个？既然各有一日则有两个太阳，为何在水中时又只有一个呢？这样辗转分辨一或二的认识，是虚妄之心的计量，没有真实的凭据。

【经文】

"富楼那，汝以色、空相倾相夺于如来藏。而如来藏随为色、空，周遍法界。是故于中，风动、空澄、日明、云暗。众生迷闷，背觉合尘，故发尘劳，有世间相。我以妙明不灭不生，合如来藏，而如来藏唯妙觉明，圆照法界。是故于中，一为无量，无量为一；小中现大，大中现小。不动道场，遍十方界。身含十方无尽虚空。于一毛端现宝王刹；坐微尘里转大法轮。

"灭尘合觉，故发真如妙觉明性。而如来藏本妙圆心。非心、非空。非地、非水、非风、非火、非眼、非耳、鼻、舌、身、意，非色、非声、香、味、触、法，非眼识界，如是乃至非意识界。

"非明无明，明无明尽，如是乃至非老、非死，非老死尽①。

"非苦、非集、非灭、非道②，非智、非得③，非檀那、非尸罗、非毗梨耶、非羼提、非禅那、非般剌若、非波罗蜜多④，如是乃至非怛闼阿竭⑤，非阿罗诃⑥，三耶三菩，非大涅槃⑦。非常、非乐、非我、非净⑧，以是俱非世出世故。

"即如来藏元明心妙。即心、即空。即地、即水、即风、即火、即眼、即耳、鼻、舌、身、意，即色、即声、香、味、触、法，即眼识界，如是乃至即意识界。

"即明无明，明无明尽，如是乃至即老、即死，即老死尽。

"即苦、即集、即灭、即道、即智、即得，即檀那、即尸罗、即毗梨耶、即羼提、即禅那、即般剌若、即波罗蜜多，如是乃至即怛闼阿竭，即阿罗诃，三耶三菩，即大涅槃。即常、即乐、即我、即净，以是俱即世出世故。

"即如来藏妙明心元。离即离非，是即非即。如何世间三有众生，及出世间声闻、缘觉，以所知心测度如来无上菩提，用世语言，入佛知见。譬如琴、瑟、箜篌、琵琶⑨，虽有妙音，若无妙指，终不能发。汝与众生，亦复如是。宝觉真心，各各圆满。如我按指，海印发光⑩。汝暂举心，尘劳先起。由不勤求无上觉道，爱念小乘，得少为足。"

【注释】

①非老死尽句：本句指将由无明引起的迷惑，以及至死，这十二因缘除尽。十二因缘请参见卷一注释。

②非道句：本句指将四谛灭除干净。"四谛"即苦谛，认为一切皆苦，如生、老、病、死等；集谛，指人世痛苦之因在于"业"与"惑"而集结；灭谛，指灭除一切苦因；道谛，达到解脱的方法，即"八正道"（正见、正思维、正语、正业、正命、正精进、正念、正定）等。谛，指真理。

四谛是佛教的基本教义之一，被认为是神圣的真理，故又称为"四圣谛"。

③非智、非得句：指不仅没有"我空"的智慧，也没有证得了"我空"的认识，是彻底的"无我"，彻底的空。

④非波罗蜜多句：波罗蜜多，意为"度彼岸"，大乘佛教以六项修持内容到达涅槃彼岸的方法，称"六波罗蜜"或"六度"，即檀那、尸罗、毗梨耶、羼提、禅那、般剌若，分别意译为布施、持戒、忍、精进、定、智慧。全句指六度亦空。

⑤怛闼阿竭：译作"如来"，即佛。

⑥阿罗诃：译作"应供"，佛陀十号之一。意为断一切恶，应受人天之供养的证悟者。

⑦大涅槃：广大的清澄寂灭的境界。

⑧常乐我净句：指"四颠倒"即无常、苦、无我、不净，但"凡夫"不明此人生之理，误认为是常乐我净，故称"四颠倒"。本处指"涅槃四德"，大乘认为，佛具有真正之"常乐我净"四个特性。常指永恒；乐指欢乐；我指得真实之我，即法身；净指无染，断一切烦恼。

⑨琴、瑟、箜篌、琵琶：四种弦乐。这四种乐器通常分别依次为七弦、二十五弦、十四弦、四弦。

⑩海印：比喻佛之智慧如大海，妄尽心澄，万象齐现，一切皆在印象。亦称佛所得之三昧。

【白话】

"富楼那，你以为各种事物、虚空的形态相互倾轧、争夺在人本自清静被包藏的心性中。但人本自包藏的清净心随缘于各种事物、虚空的变化，遍及世界。因此在心中随起风吹动、空澄明、日明亮、云昏暗的形态表现。众生灵产生了迷惑不解，违背了觉悟之心与各种现象融合，因此引发出各种事物的认识，具有了世间各种形态的认识。我是以美妙澄明既不灭也不生的心性来认识世界的，而本自包含的明净心，总是美妙觉悟明净的，圆满地普照着世界。所以在清净心中，一心能容万物，万物化为一心；一滴水虽小可见太阳之大，太阳虽大也可以显现在滴水之小中。清心在明净的境地，可以遍及十方世界。身心可以蕴含十方之无穷尽的空间。在一根毛发的末梢，可以显现出清澄的广大佛国；将身心于微尘之中，为信众现身心讲佛理。

"灭除了事物的妄有形态而融汇于觉悟之中,因此就引发出真实如意而来的美妙觉悟的明净心性。而且人本自包藏的心性是美妙圆满的。不是意念,不是空。不是地、水、火、风,不是眼、耳、鼻、舌、身、意六根,不是色、声、香、味、触、法六境,不是眼能见与所见的区别,以至于不是人们所想、所理解认识的妄心。

"不是觉悟后的明净,也不是因妄尘生惑的无明,明净心与迷惑心都尽除,从而到由迷惑到老、到死的十二因缘都不是,也不是除尽老与死的迷惑。

"不是苦、集、灭、道四圣谛,不是智慧,不是得到了证悟,不是布施、持戒、忍、精进、定、智慧的六度,不是度彼岸的清静,同样也不是成佛,不是应当被供奉,不是正确地知道一切的正遍知,也不是广大清澄寂灭的境界。不是常、乐、我、净的涅槃四德,以至于不是在俗世和在法界的清净中。

"就是人本自包藏的原本明净美妙的心性。就是意识心、就是本自于空。就是地、水、风、火,就是眼、耳、鼻、舌、身、意六根,就是色、声、香、味、触、法六境,也是眼能见与所见的区别,以至于就是人们的所想,所理解的认识之心。

"就是悟之明和困惑,即觉悟之明和迷惑都尽除,就是乃至于老、死的执有,也是老与死意念的尽除,即十二因缘。

"是苦、集、灭、道四谛,是智慧、是得悟,是布施、持戒、忍、精进、定、智慧这六度,是度脱到彼岸的清静,同样也就是如来,是应供,是正遍知,是广大清澄寂灭的境界。是常、乐、我、净这涅槃四德,也就是都在俗世和在法界的清净中。

"是人本自包藏的美妙明净之心。脱离有和无,既是有又不是有。世间三界的欲有、色有、无色有的众生灵,以及超出俗世的声闻与缘觉的证悟者们,如何能以自己所知道的妄心来测度真实本质的无上智慧,用世俗的语言,来表述佛陀正确见解呢?"好比琴、瑟、箜篌、琵琶四种乐器,虽然能弹出美妙的乐曲,但如果没有巧妙的指法,是无法发出美妙之音的。你与众生灵们,也同样如此。如珍宝的觉悟真实之心,一切众生都是圆满无缺的。如果我加以指点,清澄的心海会倒映万物,引发光明。你哪怕只要稍微一起妄见之心,各种形态就会先后产生。这是由于不能勤奋追求无上的觉悟道理,渴爱于自我解脱的道路,得到一些收获就自满自足了。"

【经文】

富楼那言:"我与如来,宝觉圆明,真妙净心,无二圆满。而我昔遭无始妄想,久在轮回。今得圣乘,犹未究竟。世尊,诸妄一切圆灭,独妙真常。敢问如来,一切众生何因有妄,自蔽妙明,受此沦溺?"

佛告富楼那:"汝虽除疑,余惑未尽。吾以世间现前诸事,今复问汝:汝岂不闻室罗城中,演若达多①,忽于晨朝,以镜照面,爱镜中头,眉目可见。嗔责己头,不见面目。以为魑魅②,无状狂走。于意云何,此人何因,无故狂走?"

富楼那言:"是人心狂,更无他故。"

佛言:"妙觉明圆,本圆明妙。既称为妄,云何有因?若有所因,云何名妄?自诸妄想,展转相因。从迷积迷,以历尘劫。虽佛发明,犹不能返。如是迷因,因迷自有。识迷无因,妄无所依。尚无有生,欲何为灭?得菩提者,如寤时人,说梦中事,心纵精明,欲何因缘,取梦中物。况复无因,本无所有。如彼城中演若达多,岂有因缘,自怖头走。忽然狂歇,头非外得。纵未歇狂,亦何遗失。

"富楼那,妄性如是,因何为在?汝但不随分别世间,业果,众生三种相续。三缘断故,三因不生。则汝心中演若达多,狂性自歇。歇即菩提,胜净明心,本周法界,不从人得。何藉劬劳③,肯綮修证④。譬如有人,于自衣中,系如意珠。不自觉知,穷露他方,乞食驰走,虽实贫穷,珠不曾失。忽有智者,指示其珠,所愿从心,致大饶富。方悟神珠,非从外得。"

【注释】

①演若达多:人名。译为祠授,其父母因祭祠天,而乞得之子。在故事之中,以狂人自己的头譬真性,镜中之头譬妄相,乐见头之眉清目秀,来比认妄为真,坚执不舍不见自己面目指真性无一切诸相。

②魑魅(chī mèi):古代传说中在山泽的鬼怪。魅,鬼魅;精怪。旧时迷信,人们认为物老则成魅。

③劬(qú)劳:劳苦,诗经有"哀哀父母,生我劬劳。"后人遂以劬劳专指父母养育子女的劳苦。本句意为心性本身自净,不需别人给予。

④肯綮(qìng):肯,指骨肉结合部,骨肉之间;綮,关节连接处。后人多比喻要害处,语出《庄子·养生主》。本处指在关键的净与染的问题上刻意修证,未了妄心。

【白话】

富楼那说:"我与您如珍宝般的觉悟圆满明净,真实美妙澄清之心,本无两样皆为圆满。但我从过去所尘染的从无始以来的妄想心出发,长久地在生死轮回之中。今天得以证悟圣明的大乘义理,但仍未深究其义。世之尊者,各种妄念皆尽灭,从而独步于美妙真实不变的境界。想再问您,一切众生灵,是因何而有妄想心念,将自身美妙明净之性遮蔽,饱受沦陷于人生苦海的沉溺呢?"

佛陀对富楼那说:"你虽解除了对佛理的质疑,但心之迷惑并未尽除。我用世间现实存在的事,现在问你:你难道没听说在这个城里,有一位叫演若达多的人,在一天早晨,用镜子照脸,爱不释手地看头部,眉清目秀。怨恨自己之头,却不能看见自己的面容。执意而生妄认为自己变成了鬼怪,没有目的地狂奔。你如何看,这个人是什么原因,使他无缘无故且发狂似的奔跑?"

富楼那回答:"是这个人心里发狂,再没有别的缘故。"

佛陀说:"心美妙觉悟明净圆满,本自之性,既然称之为虚妄不实,又何以有原因?如果真有原因,又何以称之为妄呢?自己的各种妄想心念,辗转生发,层层相因。从迷惑中积以成习,更加迷惑,所以历度人生劫难。虽然我阐发明示生迷之源,仍不能迷途知返。这迷惑的原因,是由迷惑于妄有而产生的。认识了迷惑之因而除灭虚妄的有,则妄念就无所依托了。如果并无妄有之念而生,又何须去灭除呢?得以证悟之人,如梦醒之时的人,讲述梦中的事物,心里即使是清楚明白的,又如何能用什么方法,把梦中的景物取给别人。何况本无因,从根本上并无所谓的实有。正如在城里的人演若达多,并无实有的原因,自己却恐怖地认为头会失去。忽然的狂想奔跑后,妄心息歇知头犹在,这并非是由外面得到了头。纵使是他的狂妄之心未歇,他的头何曾遗失过。

"富楼那,妄想不实的心性就是如此,何以有真实的因缘呢?你只要不随着妄念来区分各种本非实有的一切事物,不由前业之因造作今日之果,不随众生灵心中所有的妄有之念这三种相续不断的因缘。三种妄有的缘起了断,则生妄之心不再产生。

这样你心念中的狂奔妄有之心，就自然歇息。这就是觉悟，是殊胜明净之真心，本自遍及世界，不从外面得到。何须凭借他人操苦，刻意去修行证得。比如有一个人，在自己的衣服之中，带着如意宝珠。自己并不知道和觉察出来，穷困潦倒地风餐露宿，到处乞讨奔走，虽然确实贫穷，但宝珠并未遗失。忽然有一智慧的人，指点显示出宝珠的妙处，心想事成，成为大富翁。这时才明白神奇的宝珠，不是从外面得到的。"

【经文】

即时阿难，在大众中，顶礼佛足，起立白佛："世尊现说杀、盗、淫业，三缘断故，三因不生。心中达多，狂性自歇。歇即菩提，不从人得。斯则因缘皎然明白，云何如来顿弃因缘？我从因缘，心得开悟。世尊，此义何独我等年少有学声闻，今此会中大目犍连及舍利弗、须菩提等，从老梵志①，闻佛因缘，发心开悟，得成无漏。今说菩提不从因缘。则王舍城拘舍梨等②，所说自然成第一义。惟垂大悲，开发迷闷。"

佛告阿难："即如城中演若达多，狂性因缘，若得灭除，则不狂性，自然而出。因缘自然，理穷于是。

"阿难，演若达多，头本自然。本自其然，无然非自。何因缘故，怖头狂走？若自然头，因缘故狂。何不自然，因缘故失？本头不失，狂怖妄出，曾无变易，何藉因缘？本狂自然，本有狂怖，未狂之际，狂何所潜？不狂自然，头本无妄，何为狂走？若悟本头，识知狂走，因缘自然，俱为戏论。是故我言三缘断故即菩提心。菩提心生，生灭心灭，此但生灭。灭生俱尽，无功用道。若有自然，如是则明自然心生，生灭心灭，此亦生灭。无生灭者，名为自然。犹如世间诸相杂和，成一体者，名和合性。非和合者，称本然性。本然非然，和合非合。合然俱离，离合俱非。此句方名无戏论法。

"菩提涅槃，尚在遥远。非汝历劫辛勤修证。虽复忆持十方如来十二部经③，清净妙理，如恒河沙，只益戏论④。汝虽谈说因缘自然，决定明了，人间称汝，多闻第一。以此积劫多闻熏习，不能免离摩登伽难，何须待我佛顶神咒。摩登伽心淫火顿歇，得阿那含⑤。于我法中，成精进林。爱河干枯，令汝解脱。是故阿难，汝虽历劫忆持如来秘密妙严，不如一日修无漏业，远离世间憎爱二苦。如摩登伽宿为淫女，由神咒力销其爱欲，法中今名性比丘尼。与罗睺母耶输陀罗⑥，同悟宿因，知历世因，贪爱为苦。一念熏修无漏善故，或得出缠，或蒙授记，如何自欺，尚留观听？"

【注释】

①梵志：佛教术语，指婆罗门及一切其他教派的出家修行者。

②拘舍梨：十外道之第三，为佛教认为的十种不同教派中的第三种。参见本经卷二注。

③十二部经：亦称"十二分教"即佛经体例上的十二种类别，分别为：

◎修多罗，即佛经中的长行直说，译为"契经"。

◎祇夜，与前者对应，用颂体重宣教义，译为重颂、应颂。

◎和伽罗那，是佛陀给菩萨预言成佛的经文，译为授记。

◎伽陀，用偈即诗句组成的经文，译为讽颂、孤起颂。

◎优陀那，由佛陀自行宣讲的经文，译为自说。

◎阿婆陀那，经文中的譬喻，译为譬喻。

◎伊提目多伽，即本事，为佛说弟子过去世因缘的经文，译为如是语经。

◎尼陀那,记叙佛陀说法的因缘,即诸经中的序品,译为因缘。
◎阇陀伽,为佛陀讲自己过去世因缘的经文,译为本生。
◎毗佛略,为佛陀说方正广大的经文,译为方广。
◎阿浮陀达磨,记叙佛陀显现种种神通的经文,译为未曾有。
◎优波提舍,由问答和议论佛理构成的经文,译为议论。

其中以契经、应颂、讽颂,形成佛经的基本体裁,其余则以内容立名。见《大智度论》卷三十三。

④只益戏论:本句中"只"字,依元代惟则会解本。广化等本作"祇"(zhī),指尊敬。戏论,指不负责任的游戏之说。

⑤阿那含:意为不还,指断欲惑烦恼的修悟者,是小乘佛教修行的四果中的第三个果位。

⑥罗睺母耶输陀罗:罗睺罗,佛陀之子;耶输陀罗,佛陀之妻。

【白话】

这时阿难,在信徒之中,向佛陀脚下叩拜后,起立对佛陀说:"世人之尊说杀生、盗窃、淫乱,这三种业缘断除,则生业之因也不产生。心中的狂想心念,若自然歇止。就是觉悟,不从别人那里取得。这就是由于因缘所致的道理是十分明白的,为何您又顿时舍弃了因缘呢?我从十二因缘的义理中,心中得以开悟佛理。世之尊者,这义理不仅和我年纪相当修悟到声闻果位的人,就是今天与会的十大弟子中的神通第一的目犍连以及智慧第一的舍利弗、解空第一的须菩提等,都是随从德高望重的婆罗门出家修行,听佛陀讲十二因缘后,发愿修行证悟佛果,得到成就断一切烦恼的佛果。今天您说觉悟不从因缘而生。那么,王舍城中的学者拘舍梨等修行者,认为一切事物是从自然而生的义理就成为最无上的真理了。期望您发大慈悲之心,开示和启发我们去掉心中的迷惑和困扰。"

佛陀告诉阿难:"这正如城里的狂人演若达多,他的狂性因缘,如果能得以灭除,那么不狂的心性,会自然而出。这是对因缘与自然关系,穷究其理而得到的结论。

"阿难,演若达多这个人,他的头本来是自然长在身上的。本自处于自然,没有常住的自然之性就不是自然了。是什么因缘,使他恐怖地认为头会遗失而狂奔?倘若头是自然的,由于照镜子的因缘而发狂。为何不自然而然地发狂,要有照镜子的因缘而产生遗失头的狂想呢?他的头并没失去,由照镜而生出的妄念而恐怖,头未曾有改变,何必凭借照镜子的因缘呢?说发狂是自然本有的,本来就有狂妄恐怖之心,那未发狂的时候,发狂的心性又潜伏在何处?如果说不发狂是自然的,那他的头本来无事,又何以会狂奔而走呢?如果知道头是本身存在的,就认识了狂奔是可笑的,那么因缘和自然的说法,都只是如游戏的论说。因此我说,区别、妄有、执着这三种缘断除就是觉悟心。觉悟心产生了,生灭不息的妄心就消灭,但这只是妄心的不生不灭。把生与灭之妄心彻底灭尽,才是无功即不刻意修悟的道理。倘若说有自然心,这就是讲自然心生而妄念生,心灭则妄念灭,这仍然是有生有灭的妄心。既无生也无灭的,才叫做自然。好比世间各种现象形态混杂组合,形成一个整体的事物,称为和合的特性。不是和合特性的,叫做本自如比的本然性。本然并非自然、组合、相和也不是因缘。将因缘与自然都剥离干净,把剥离和不能脱离都去除。这才是真实而非游戏的论法。

"觉悟的静寂境界,仍很遥远。你必须要经过长期辛勤的修行才能证悟。你虽然已能记忆背诵十方佛的十二部经,其中的清净美妙义理,如恒河之沙不可胜数,但这只是有益于你的戏论罢了。你虽然在谈论、解脱因缘、自然时，讲得明白清楚，人们都称赞你是多闻第一。以你这样历经劫难，长期经过博学多闻熏陶学习的人，也未能免除摩登伽女的诱惑，为何必须有待于我楞严神咒之力解脱。使摩登伽女心中的淫欲之火立即熄灭，证得修悟烦恼之果。在佛理之中，成就精进业果。使贪爱之河干枯断绝，也使你得以解脱欲念的迷惑。因此说阿难，你虽经历劫来记忆背诵我秘密精妙庄严的经典，却不如用一日之功修习断烦恼、去妄念的法门，远离世间憎与爱所带来的两种苦难。如摩登伽女，过去为卖淫女，由于神咒之力消灭了她的渴爱欲望之心，在修持佛法中，名字叫性比丘尼。她与我弟子中以密行第一闻名的罗睺罗的母亲耶输陀罗，共同领悟了过去的因缘，知道了历度生死的原因，是由贪想爱恋而生的苦难。在一念之间醒悟熏染修行断烦恼的善业，从而或者得悟以脱出人生烦恼的纠缠，或者蒙受佛的授记以成佛果，为何你现在还在自我欺骗之中，仍停留在所观察、所听闻的妄有上呢？"

【经文】

阿难及诸大众，闻佛示诲，疑惑销除，心悟实相。身意轻安，得未曾有。重复悲泪顶礼佛足，长跪合掌而白佛言："无上大悲清净宝王，善开我心。能以如是种种因缘，方便提奖，引诸沉冥，出于苦海。世尊，我今虽承如是法音，知如来藏妙觉明心，遍十方界，含育如来十方国土，清净宝严妙觉王刹。如来复责多闻无功，不逮修习。我今犹如旅泊之人，忽蒙天王赐与华屋，虽获大宅，要因门入。惟愿如来不舍大悲，示我在会诸蒙暗者，捐舍小乘，毕获如来无余涅槃，本发心路。令有学者，从何摄伏畴昔攀，得陀罗尼，入佛知见。"作是语已，五体投地，在会一心，伫佛慈旨。

尔时世尊，哀愍会中缘觉声闻，于菩提心未自在者，及为当来佛灭度后①，末法众生发菩提心，开无上乘妙修行路。宣示阿难及诸大众："汝等决定发菩提心，于佛如来妙三摩提，不生疲倦。应当先明发觉初心二决定义。云何初心二义决定？

"阿难，第一义者，汝等若欲捐舍声闻，修菩萨乘，入佛知见，应当审观因地发心，与果地觉为同为异？

"阿难，若于因地，以生灭心为本修因，而求佛乘不生不灭，无有是处。以是义故，汝当照明诸器世间，可作之法皆从变灭。

"阿难，汝观世间可作之法，谁为不坏？然终不闻烂坏虚空。何以故？空非可作，由是始终无坏灭故。则汝身中坚相为地，润湿为水，暖触为火，动摇为风，由此四缠，分汝湛圆妙觉明心。为视为听，为觉为察。从始入终，五叠浑浊②。云何为浊？

【注释】

①佛灭度：即佛灭，俗称死。佛入涅槃，灭尽烦恼，度脱苦海；灭度，如薪尽火灭。

②五叠浑浊句：这里指以四大组成五根，随五阴，即色受想行识中的色为始，由心识生成五种浑浊，故本句以五阴妄想心念为五叠浑浊。不同于前述劫浊、见浊、烦恼浊、众生浊、命浊五浊。

【白话】

阿难及与会的信徒，听了佛陀的指示和教诲，疑惑得以消除，从心里领悟了事物的真实形态本自于空。身心都轻松安详，得到了从未有过的欢乐。阿难又一次流下悲痛的眼泪，在佛陀脚下五体投地后，跪着两手相合于胸前对佛陀说："无上的有大悲悯之心清净的佛祖，善于开导我困惑的心。用各种因缘，各种方法以便于提示奖励信众，引导沉沦和冥顽不灵的人们，度脱于苦海。世之尊者，我今天虽然承蒙您讲述佛理，知道真实包藏的本自美妙觉悟的明净心，遍及世界，包含并孕育着一切地方，是清净如珍宝似的庄严美妙觉悟的佛国。您还责备我只是博学多闻是无功之劳，不及修悟佛法。我现在好比在旅途中的漂泊之人，忽然蒙受您赐给的华丽屋室，虽获得了宽大宅院，却因不得其门而未入。期望佛陀不舍弃大悲之心，指示我们与会者中蒙昧之人，抛弃小乘的独修，最终获得佛果，入于无余涅槃生灭皆无的境界，归于本自澄清的心境之路。怎样使未断烦恼的修行者，用什么方法才能降伏烦恼与以往的攀缘妄念，得以掌握修行的根本万法，进入佛陀正确的知识和见解的境界。"话说完后，又五体投地叩拜佛陀，在会上的信徒们都专心致志，等候佛陀悲悯的教诲。

这时世人之尊，哀悯在会中修行到缘觉和声闻果位的证悟者，对于仍未觉悟到自在境地，及其为将来佛陀寂灭之后，在佛法衰落时期的众生灵，启发觉悟之心，开导他们到无上的美妙修行之路。宣讲和指示阿难以及到会的信众："你们决定发愿修证，佛法中的精妙禅定，不生疲倦之想。应当明确发愿证悟的初心和两个决定性的义理。什么是发心要明确的两个有决定性的义理呢？

"阿难，第一个有决定性的义理是，你们如果要舍弃声闻、缘觉的境地，修大乘的觉悟境地，进入佛的认识，应当审视观察当发心证悟时，与得到证悟之果位的觉悟之心是相同或不相同？

"阿难，如果发心证悟之时，是以生灭之心作为修行的根本，想求证佛境界的无生不灭的境界，是不可能达到的。根据这个道理，你当清楚地观察一切现象形态的世界，可以造作形态的事物都是不断变化和消亡的。

"阿难，你观察世上的一切物质形态，哪有不坏灭的？但始终没听说虚无的空间会坏灭。为什么呢？空不是可以造作的，所以由始至终都不会坏灭。在你身体之中坚固的骨骼是地的属性，滋润潮湿的血液是水的属性，温暖的体温是火的属性，运动摇荡的呼吸、吐故纳新是风的属性，由这四大属性地水火风，纠缠身心，分解了你本自清湛圆满美妙觉悟的明净之心。表现为能看、能听、能感受、能观察。从始至终由妄心生成色、受、想、行、识五种相互交叠的浑浊心念。何以为浊呢？

【经文】

"阿难，譬如清水，清洁本然。即彼尘土灰沙之伦，本质留碍。二体法尔，性不相循。有世间人，取彼土尘，投于净水。土失留碍，水亡清洁，容貌汩然①，名之为浊。汝浊五重，亦复如是。

"阿难，汝见虚空遍十方界。空见不分。有空无体，有见无觉。相织妄成。是第一重，名为劫浊。汝身现抟四大为体。见闻觉知，壅令留碍。水、火、风、土，旋令觉知。相织妄成。是第二重，名为见浊。又汝心中忆识诵习。性发知见，容现六尘。离尘无相，离觉无性。相织妄成。是第三重，名烦恼浊。又汝朝夕，生灭不停。知见每欲留于世间。业运每常迁于国土。相织妄成。是第四重，名众生浊。汝等见闻，元无异性。众尘隔越，无状异生。性中相知，用中相背。同异失准。相织妄成。是第五重，名为命浊。

"阿难，汝今欲令见闻觉知，远契如来常、乐、我、净。应当先择死生根本，依不生灭圆湛性成。以湛旋其虚妄灭生，复还元觉。得元明觉，无生灭性，为因地心。然后圆成果地修证。如澄浊水，贮于静器，静深不动，沙土自沉，清水现前，名为初伏客尘烦恼。去泥纯水，名为永断根本无明。明相纯现，一切变现，不为烦恼，皆合涅槃清净妙德。

【注释】

①汩（gǔ）：原指治理；疏通；泉涌等，本处指原来清净的水被搅浑。

【白话】

"阿难，比如清水，原本是清洁的。由于混入尘土泥沙，这些本质滞留妨碍之物，清净受到阻碍。清净与滞留污浊，从性质上是不同的。有人，把尘土投到清水之中。尘土失却了滞留固体的阻碍特性，水也失去清洁的本性，显得浑浊不清，这就叫做浊。你的浊有五种，其变浊之理，也和投土于清水的道理相同。

"阿难，你看虚空遍及世界。空与看见不能分别。空现象但没有自体，见有作用但无感觉。空与所见相互交织，就形成妄有的各种现象。这是第一重浊，叫做劫浊。你的身体糅合了地、水、火、风这四种形态构成。具有了看见、听见、感觉、认识，各种生理现象在身体上滞留显示出来。由水、火、风、土即血、温度、呼吸、骨骼的组成，使身心产生了感觉和认识。身与心相互交织各种妄念就生成了。这是第二重浊，叫做见浊。还有你的心中形成的记忆、认识、所背诵学习的技能。在心性中引发出各种知识和见解，容纳并显现出色、声、香、味、触、法种种现象形态。离开了色、声、香、味、触、法这六尘则没有什么物质形态了，离开了感觉认识也就没有什么心性的生发了。心性中生发的各种形态并织，妄想的一切现象就产生了。这是第三重浊，叫做烦恼浊。还有你从早到晚，妄念彼灭此生永不停息。把所知、所见总想永远保留，长驻人间。但业缘总是常常在变迁之中，长留与短暂这相互矛盾的心念交织在一起，人们妄想之心就产生出来。这是第四重浊，叫做众生浊。你们所见所闻，本来没有什么不同的特性。由于各种现象的隔离，从而产生各种不同的形态。本性中相互认知，在运用上相互背离。同体而用途的变异，失去了准则。各种形态与生理所觉相互交织而妄想生命的组成。这是第五重浊，叫做命浊。

"阿难，你现在要想在看见、听见、感觉、认识上，返回来契合心性如实而来的，本自常、乐、我、净的境界。应当先选择对于死与生根本原因的领悟，依据本自不生不灭，圆满清湛的心性来成就修证。以本自包含的清湛心回旋虚妄不实的生与灭的见解，再回归本自觉悟的心性。得以领悟本自明净觉悟，不生不灭的自性，作为初发修证的境界。然后才能圆满成就佛果境地的修证。比如要澄清浊水，要先把水贮存在静止的器皿里，使水静静地深沉不动，沙土自然会沉淀，清水就出现在眼前一样，叫做初步降伏了六尘而生的烦恼心。去掉泥土得到纯净之水，叫做永远断除从根本上的心本净而尘染生迷惑的无明。去无明之六尘浑浊使纯净的心性显现，一切妄念变化显现出澄清无染，不会再为烦恼所迷惑，合于永寂静清净美妙的品德。

【经文】

"第二义者，汝等必欲发菩提心，于菩萨乘生大勇猛。决定弃捐诸有为相。应当审详烦恼根本，此无始来发业润生，谁作难受。

"阿难，汝修菩提，若不审观烦恼根本，则不能知虚妄根、尘，何处颠倒。处尚不知，云何降伏取如来位。

"阿难，汝观世间解结之人，不见所结，云何知解？不闻虚空，被汝隳裂①，何以故？空无形相，无结解故。则汝现前眼、耳、鼻、舌及与身心，六为贼媒，自劫家宝。由此无始众生世界生缠缚故，于器世间不能超越。

"阿难，云何名为众生世界？世为迁流，界为方位。汝今当知，东、西、南、北、东南、西南、东北、西北、上、下为界，过去、未来、现在为世。方位有十，流数有三。一切众生织妄相成。身中贸迁，世界相涉。而此界性，设虽十方，定位可明，世间只目东、西、南、北。上下无位，中无定方，四数必明，与世相涉，三四四三，宛转十二。流变三叠，一十百千。总括始终，六根之中，各各功德有千二百。

【注释】

① 隳（huī）：毁坏；破坏。

【白话】

"第二个有决定性的义理是，你们必须发证悟之心，在自觉觉他的大乘觉悟之路上萌生广大的勇猛奋进心愿。下决心抛弃只自觉于己的执有形态。应当审慎详尽地考察产生烦恼的根本原因，是从无始以来的妄想习气引发滋润而产生的，谁造作的业果就会由谁来承受。

"阿难，你修证觉悟之法，如果不能审视观察产生烦恼的根本所在，就不能认识虚妄不实的眼、耳、鼻、舌、身、意与所生的色、声、香、味、触、法,是从何而生错误的颠倒认识。从何处产生的错误都不知道,又如何能降伏妄心而取得佛果呢?

"阿难,你观察世间要解开绳结的人,如果看不见所结之处,如何知道解开之处?没有听到过虚空能被你毁坏撕裂,为什么呢?虚空并无形状,并无可解之结的原故。你现在所见的眼、耳、鼻、舌、身、意,这六根就如盗贼的媒介,自己洗劫家中的珍宝。由此从无始以来众生灵所处的世界之中产生妄想心念相互纠缠束缚,在现象形态的世界里不能超越苦海。

"阿难,为何叫做众生的世界呢?世就是时间的变迁,界就是空间的方位。你现在应当知道,东、西、南、北、东南、西南、东北、西北、上、下为空间的分界,过去、现在、未来为时间的分界。空间的方位有十个,时间的变迁有三种。一切众生由时空中交织成各种虚妄不实的形态构成。身体之中相互交换变迁,与现象世界相互涉及。而这空间的分界,虽然设定为十个方位,定位可以明确,世人一般只看东、西、南、北四个方位。这由于上与下并无准确的定位,四个方位的中间也没有可确定的地方,所以东、西、南、北这四个方位必须明白,并与人们相互涉及,时间的三种与空间的四个以至于空间的四个与时间的三种,宛转交涉,一种时间对应四个空间,三种时间对应为十二种时空关系。这种时空的变迁有三种重叠方式,三时对四个方位为十二;十个方位对十二为一百二十;再以时涉方,一百二十对一时有十方,则重叠共计一千二百。从总体概括自始至终,在六根的各种特性之中,眼、耳、鼻、舌、身、意都各自具有一千二百功能,亦可造就同样的德行。

【经文】

"阿难,汝复于中克定优劣。如眼所见,后暗前明;前方全明,后方全暗。左右旁观,三分之二。统论所作,功德不全。三分言功,一分无德,当知眼唯八百功德。如耳周听,十方无遗;动若迩遥,静无边际。当知耳根,圆满一千二百功德。如鼻嗅闻,通出入息;有出有入,而阙中交。验于鼻根,三分阙一,当知鼻唯八百功德。如舌宣扬,尽诸世间,出世间智。言有方分,理无穷尽,当知舌根,圆满一千二百功德。如身觉触,识于违顺。合时能觉,离中不知。离一合双,验于身根,三分阙一,当知身唯八百功德。如意默容,十方三世。一切世间,出世间法,唯圣与凡,无不包容,尽其涯际,当知意根,圆满一千二百功德。

"阿难,汝今欲逆生死欲流,返穷流根,至不生灭。当验此等六受用根,谁合、谁离,谁深、谁浅,谁为圆通,谁为不圆满。若能于此悟圆通根,逆彼无始织妄业流,得循圆通,与不圆根,日劫相倍。我今备显六湛圆明,本所功德,数量如是。随汝详择其可入者,吾当发明,令汝增进。十方如来于十八界,一一修行,皆得圆满无上菩提。于其中间,亦无优劣。但汝下劣,未能于中圆自在慧。故我宣扬,令汝但于一门深入。入一无妄,彼六知根,一时清净。"

【白话】

"阿难,你还应在这些功能之中,判定其优劣。比如眼所能见到的,见到前面看不到后面;前方一目了然,后方全然不知。眼向左右旁边观看,只能见到三分之二。由此统而论之,眼的功能和造就之德并不完全。可谓三分功用,一分缺憾,从而应当知道眼只有八百功用和造就之德。比如耳可以听到周围的声音,十方所发一无所遗;声波一动远近都有分辨,宁静时听力并无边际。从而应当知道耳朵，圆满遍及，具有一千二百功德。比如鼻子嗅闻，流通出入之息；有出有进，但缺少在出入气息之中时交互过程时的嗅觉。检验鼻子，其功用三分缺了一分，因此应当知道鼻子只有八百功德。比如舌能用语言表达，一切世上的道理，超脱世间的智慧。语言各地区有分别，但可以表述没有穷尽的道理，应当知道舌的功能，圆满了一千二百功德。比如身体感觉接触的功能，知道顺心与违意的两种感觉。接触时能觉得，脱离了接触也知道，在无触、无离的时候就不知道了。离是一分功能与接触合起来是两分功能，检验身体的功能，三分缺一，应当知道身体只有八百功德。比如意念的特征默默无声，却能容纳一切方位和过去、现在、未来。一切世间之理，出世间的法义，不论是圣者还是凡人，无不包容，可以穷尽天涯无际，应当知道意念，圆满了一千二百功德。

"阿难，你现在想背逆生死爱欲的流转，要返回无穷流转的根本，达到不生不灭的境界。应当检验这六种功能，哪些是接触后知道，哪些是脱离后知道，哪些深不可测，哪些浅显，哪些圆满通达，哪些不圆满通达。如果能从这些之中觉悟圆满并通达于根本，可逆转你从无始以来交织而成的虚妄业力的流转，得到圆满通达，以及不能圆满通达的根识，是有一日与无限时间相互之间的差别。我今天特别显示六根本自清澄圆满明净的本性，从本能上所具有的功德，其数量的多少和差异。随你仔细考察并选择对于你可以入门的，我应当来阐发讲明，使你修证有所增进。一切方位中的成佛果者在六根、六境、六识这十八界中，任选一处依次开始修行，都能得到圆满无上的觉悟之果。在各修行的法门之中，并无优劣的区别。但是你的心智之修仍低下拙劣，不能在十八界之中得到圆满自在的智慧。因此我进行宣讲，使你先选一门深入修证。只要深入一处修悟到无妄的心境，身体的眼耳鼻舌身意，同时证得清净。"

【经文】

阿难白佛言："世尊，云何逆流深入一门，能令六根一时清净？"

佛告阿难："汝今已得须陀洹果①。已灭三界众生世间见所断惑。然犹未知根中积生无始虚习。彼习要因修所断得。保况此中，生、住、异、灭，分剂头数。今汝且观现前六根，为一为六？

"阿难，若言一者，耳何不见？目何不闻？头奚不履？足奚无语？若此六根决定成六。如我今会，与汝宣扬微妙法门。汝之六根，谁来领受？"

阿难言："我用耳闻。"

佛言："汝耳自闻，何关身口？口来问义，身起钦承。是故应知，非一终六，非六终一。终不汝根元一元六。

"阿难，当知是根非一非六。由无始来颠倒沦替。故于圆湛，一六义生。汝须陀洹虽得六销，犹未亡一。如太虚空，参合群器。由器形异，名之异空。除器观空，说空为一。彼太虚空，云何为汝成同不同？何况更名是一非一。则汝了知六受用根，亦复如是。由明暗等二种相形，于妙圆中粘湛发见。见精映色，结色成根。根元自为清净四大，因名眼体，如蒲萄朵。浮根四尘，流逸奔色。由动静等二种相击，于妙圆中，粘湛发听。听精映声，卷声成根。根元目为清净四大，因名耳体，如新卷叶。浮根四尘，流逸奔声。由通塞等二种相发，于妙圆中，粘湛发嗅。嗅精映香，纳香成根。根元目为清净四大，因名鼻体，如双垂爪。浮根四尘，流逸奔香。由离合等二种相参，于妙圆中，粘湛发尝。尝精映味，绞味成根。根元目为清净四大，因名舌体，如初偃月。浮根四尘，流逸奔味。由离合等二种相摩，于妙圆中，粘湛发觉。觉精映触，抟触成根。根元目为清净四大，因名身体，如腰鼓颡②。浮根四尘，流逸奔触。由生灭等二种相续，于妙圆中，粘湛发知。知精映法，揽法成根。根元目为清净四大，因名意思，如幽室见。浮根四尘，流逸奔法。

【注释】

①须陀洹：为梵文音译，意译为"预流"，是小乘佛教修行的果位之一。须陀洹果，指通过修悟四谛（苦、集、灭、道）而断除三界（欲界、色界、无色界）的迷惑，从而达到的最初修行的果位。并认为至此进入无漏（烦恼）的修悟之列。

②腰鼓颡（sǎng）：指人体形如腰鼓状，颡指额，代指人的面部。面如鼓皮，外有而内空。

【白话】

阿难向佛陀问道："世人之尊，如何背逆生死流转，从一门深入修证就能使眼、耳、鼻、舌、身、意同时得到清澄明净？"

佛陀对阿难说："你现在已得到了最初修行的果位须陀洹果。已经灭除了三界众生在有情世界中所具有的见解上的迷惑。然而仍未认识眼、耳、鼻、舌、身、意六根之中，积累滋生的由无始以来产生的虚妄的习气。这种妄想习气你要经过修悟才能断除。何况在这之中，还有产生、存在、变化、灭亡，这分别不同的数量和本质的差别。现在你暂且观察显现在眼前的眼、耳、鼻、舌、身、意，是一个还是六个？

"阿难，倘若说是一个，耳为何不能看见？眼为何不能听到？头为什么不能走路？脚为什么不能说话？倘若这眼、耳、鼻、舌、身、意的作用决定了他们的作用分成六种。那么我现在为你们，在法会上宣讲微妙的修证方法。你的眼、耳、鼻、舌、身、意之中，由哪一个来领悟和接受呢？"

阿难回答："我用耳来听。"

佛陀说："你的耳朵在听，与你的身、口有何关系？不仅要用口来问义理，还起身表示恭敬地承听。因此应当知道，不是一个就是六个，不是六个终究是一个。最终不能说你的眼、耳、鼻、舌、身、意本是一个，也是六个。

"阿难，应当知道眼、耳、鼻、舌、身、意，既不是一个，也不是六个。由于从无始以来形成的妄想习气，使错误颠倒的妄念交替变幻而沉沦于苦海。从而在本自圆满清澄的心境，产生了一个或六个的区别。你虽已证得初果，灭除了眼、耳、鼻、舌、身、意的虚妄，但仍未除去分别妄心。比如宇宙空间，掺杂融合许多物体。由于物形不同，在空间称谓上也不同。除去物体观察空间，又说空间是一个整体。这宇宙空间，如何能跟着你的说法成为共同的或不同的呢？更何况又称太空是一个或不是一个。所以你得了解知道眼、耳、鼻、舌、身、意的作用，也是如此。由于在光明和黑暗这两种形态的状况下，在美妙圆融的心境中，引发了各种妄见。由能见的精巧与各种形态相交映，结合成形态即眼睛。它本自由清净的地、水、火、风等物质形态构成，从而就称为眼这一形体，眼球就如葡萄的形状。从飘浮不定的地、水、火、风的各种现象，流动飘逸表现出奔放各异的形态。由声音的震动和安静这两种现象相互作用，在美妙圆满心中，引发了听觉。由听觉的精巧与各种声音相交映，结合成听觉的作用。它是由清净的地、水、火、风等物质构成，并因此叫做耳朵，外形如同新长出仍曲卷的叶子。从浮动不定的地、水、火、风，流动飘逸构成了奔放各异的声音。由畅通和阻塞这两种现象相互作用，在美妙圆满的心中，引发了嗅觉。由精巧的嗅觉与各种气味相交映，结合成为嗅觉的功能。它是由清净的地、水、火、风等物质构成，因此被称为鼻子，外形如同一对垂下的爪子。由浮动不定的地、水、火、风，流动飘逸构成了奔放各异的香或各种气味。由于离开和结合这两种现象相互作用，在美妙圆满的心中，引发了味觉。由精巧的能尝的味觉与各种味道相互交映，组成能尝的味觉。它是由本自清净的地、水、火、风等物质构成，并因此被叫做舌头，外形如同刚升起的半月形。浮动不定的地、水、火、风，流动飘逸构成了奔放各异的味道。由于分离与结合这两种现象相互的接触摩擦，在美妙圆满的心中，引发了触觉。由精巧的触觉与各种事物相互交接、反映，组成了身体各部位的触觉。它由本自清净的地、水、火、风等物质构成，并称之为人的身体，外形如同中间空的腰鼓。浮动不定的地、水、火、风，流动飘逸构成了奔放各异的触觉。由产生和消失这两种心念相互接续，在美妙圆满的心中，引发了认识的功能，知道与认识和各种形态相互反映，收揽各种形态产生了认知的功能。它由本自清净的地、水、火、风等物质组成，称之为思想、意识，比如在幽暗的房屋里，产生的各种幻觉的心理机制。浮动不定的地、水、火、风，流动飘逸构成了奔放各异的各种现象形态和一切事物。

【经文】

"阿难，如是六根，由彼觉明，有明明觉，失彼精了，粘妄发光。是以汝今离暗离明，无有见体；离动离静，元无听质；无通无塞，嗅性不生；非变非恬，尝无所出；不离不合，觉触本无；无灭无生，了知安寄。汝但不循动静、合离、恬变、通塞、生灭、明暗，如是十二诸有为相。随拔一根，脱粘内伏；

伏归元真，发本明耀；耀性发明，诸余五粘，应拔圆脱。不由前尘所起知见，明不循根，寄根明发。由是六根互相为用。

"阿难，汝岂不知今此会中，阿那律陀①，无目而见；跋难陀龙②，无耳而听；殑伽神女③，非鼻闻香；憍梵钵提④，异舌知味；舜若多神⑤，无身觉触。如来光中，映令暂现。既为风质，其体元无。诸灭尽定，得寂声闻。如此会中摩诃迦叶⑥，久灭意根，圆明了知不因心念。

"阿难，今汝诸根，若圆拔已，内莹发光。如是浮尘及器世间，诸变化相，如汤销冰。应念化成无上知觉。

"阿难，如彼世人，聚见于眼，若令急合，暗相现前。六根黯然，头足相类。彼人以手循体外绕，彼虽不见，头足一辨。知觉是同。缘见因明，暗成无见。不明自发，则诸暗相，永不能昏。根尘既销，云何觉明不成圆妙？"

【注释】

①阿那律陀：译作无贫，为佛陀堂弟，得半头天眼，谓观大千世界如掌上物。

②跋难陀龙：佛典中称为龙神，译作善欢喜龙，虽无耳却能用龙角听音。

③殑伽神女：指河之神女，能不用鼻而闻气味。殑（qíng）伽，梵文音译，古印度河名，即恒河。《大唐西域记·卷四》有"殑伽河河源""水色沧浪，波涛浩汗。"殑（qíng），原指病贫欲死之状。

④憍梵钵提：译为牛饲，指呼吸时发出如牛吃草的声音，此人不用舌头可知味道。其修行后住于天界。

⑤舜若多神：佛典指虚空之神，虽无形体，无感觉，如果佛

陀放射灵光助缘,能有触觉。

⑥摩诃迦叶:又名大迦叶,佛十大弟子之一。为头陀第一。禅宗视为佛陀禅门第一传人,有"迦叶破颜微笑"或拈花微笑的传说。

【白话】

"阿难,如上所述眼、耳、鼻、舌、身、意的特性,都是由你本自觉悟明净之心,具有了在明净之心上,引发妄有的明确与觉悟,失去了你精巧明净的心性,和妄有的形态激发了一切事理的思绪之光。所以你现在脱离了黑暗、光明所见之体就无可见;离开了声波的震动、宁静,根本没有闻听的本质;没有畅通、阻塞,嗅觉就不产生;没有各种不同的味道、淡味,能尝的特性就无处发出;不分离也不接触,触觉也本无出处;不消灭也没有产生,思想和认知也没有寄托和所安之处。你只要不遵循着动与静、合与离、淡与变、通与塞、生与灭、明与暗,这十二种妄有的现象形态。随你拔除一种妄有的特征,脱离由内心潜伏附着的妄有心;伏隐归回于本自具有的真实之中,生发本自澄明的光洁心性;光耀明洁的心性发出明净之时,其他的五种根性的执有妄见,也应拔除而圆满通脱。不由妄有的现象形态而生起所知的妄见,明了事物就可以不依靠眼、耳、鼻、舌、身、意,而寄托于六根之中,明了生发一切。这样六根可以互相发生作用,显示神通。

"阿难,你岂能不知道在今天的法会之中,阿那律陀,是盲人却能观看大千世界;跋难陀龙,没有耳朵却能听到声音;恒河神女殑伽,不用鼻就能闻到香味;天人侨梵钵提,不用舌即知味道;虚空之神舜若多没有形体,借佛缘能产生触觉。在佛的如实而来的心性灵光之中,可以使形体暂时显现。由于其性质如风,在根本上没有固有的形态。那些灭除了妄心，得证了静寂境地的修悟者。比如在法会上的大迦叶，已灭尽了妄见之心，圆满认识事物，不因心念的起灭而生妄见。

"阿难，现在你的眼、耳、鼻、舌、身、意，倘若圆满已拔除了妄有之见，从心内就会发出晶莹之光。这样一切现象以及各种事物形态，各种变化的现象形态，就如同热水销化冰块一样，荡然无存。此时应将妄念化成无上圣明的智慧和觉悟。

"阿难，比如一个平常的人，将注意力集聚到眼中所见之物上，如果迅速闭上眼，眼前就会出现一片黑暗的形态。眼、耳、鼻、舌、身、意都不清楚，在黑暗中头与足也不能分别了。这人如用手来摸索身体的形状，那么虽然看不见，但是头或足是能分辨的。这认识和感觉的特征是相同的。缘于光明而看见，黑暗中则无所见。使智慧之心性生发，那么一切在黑暗中的现象形态，都永远不能使人迷惑。由各种感官所形成的妄有见解一旦消除，何以觉悟澄明之心不能成就圆融美妙呢？"

【经文】

阿难白佛言："世尊，如佛说言，因地觉心欲求常住，要与果位名目相应。世尊，如果位中，菩提、涅槃、真如[①]、佛性[②]、庵摩罗识、空如来藏、大圆镜智[③]，是七种名。称谓虽别，清净圆满，体性坚凝，如金刚王常住不坏。若此见听，离于明暗、动静、通塞，毕竟无体。犹如念心，离于前尘，本无所有。云何将此毕竟断灭，以为修因，欲获如来七常住果？

"世尊，若离明暗，见毕竟空。如无前尘，念自性灭。进退循环，微细推求，本无我心及我心所。将谁立因，求无上觉？如来先说湛精圆常，违越诚言，终成戏论。云何如来真实语者？惟垂大慈，开我蒙吝。"

【注释】

①真如：真相，与如如同，指无生灭变化之物。

②佛性：佛教名词。亦称"如来性"、"觉性"，指成佛的可能性或种子，也是"如来藏"的异名。小乘佛教不认为人们可以修悟成佛，大乘则认为人人皆有佛性，并以成佛为目的，从而对佛性的解释中国佛教各宗有所不同。但以南朝由真谛大师所译四卷，由古印度世亲所著《佛性论》中所持观点，较为普遍。认为"一切众生，悉有佛性"，且分为：凡夫生来本有的佛性；通过修行显现的佛性；达到佛果所具有的佛性，共三种。书中对佛教各宗派中反对众生皆有佛性的观点进行了驳斥。

③大圆镜智：佛教名词。大圆镜，是比喻，指智体清净、无垢，将众生善恶之业报，显现万德之境界，如大圆镜，故称大圆镜智。是佛教四智之一，亦称"转识得智"。大乘瑜伽、唯识宗认为通过修行，有烦恼的八识可转为无漏即脱离烦恼的八识（前六识加末那识、阿赖耶识），并具有四种智慧，即：

◎作事智，由前五识（眼耳鼻舌身）转无漏时所得。能于十方以身、口、意三业为众生行善。

◎妙观察智，由第六识即意识转无漏时所得。能根据人们的不同根机、对象，自在说法，教化众生。

◎平等智，由第七识末那识转无漏时所得。能平等普度一切众生。

◎大圆镜智，由阿赖耶识转无漏时所得。不妄不愚，如镜之明，映照万象，纤毫不遗。

具备了以上"四智"，即可达到佛果。(《大庄严经论》卷三)

【白话】

阿难对佛陀说："世人之尊，如您所说，在修行佛果之时觉悟之心想常住不变,要和修证果位的名称与目的相对应。世人之尊,正如佛果境地之中,有菩提即觉悟、涅槃即不生灭、真如即无妄、佛性即本有之心性、庵摩罗识即净识、空如来藏即本真妙心、大圆镜智即清净显万德,这七种境地的名称。其名称虽然有别,但都清净圆满,本性坚固,如金刚之王能常住不坏。倘若这能见和能听之性,离开了光明和黑暗、动和静、畅通和阻塞,毕竟没有自体。犹如妄念之心,脱离了现前的现象形态,本自一无所有。为何将这最终要了断灭除的特征,作为修证之因,而从此获得如实而来的七种常住不灭的修行之果呢?

"世人之尊,倘若离开光明和黑暗,所看见的只能是虚空。如果没有现前的一切形态,心念自身之性也会灭除。如此反复前后思考,从细微处推理求证,本来就没有一个我的心以及一个心所在的处所。这样将以谁来确立为修行的因,去求无上觉悟的果呢?您以前说清湛精妙圆满常住的本心,违背并越出了诚实的语言范围,最终会成为戏论之说。什么是您真实的佛理呢?期望您发大慈悲之心,开启我的蒙昧之心。"

【经文】

佛告阿难:"汝学多闻,未尽诸漏,心中徒知颠倒所困。真倒现前,实未能识。恐汝诚心,犹未信伏。吾今试将尘俗诸事,当除汝疑。"

即时,如来敕罗睺罗①,击钟一声,问阿难言:"汝今闻不?"

阿难大众,俱言:"我闻。"

钟歇无声,佛又问言:"汝今闻不?"

阿难大众,俱言:"不闻。"

时罗睺罗又击一声,佛又问言:"汝今闻不?"

阿难大众,又言:"俱闻。"

佛问阿难："汝云何闻，云何不闻？"

阿难大众，俱白佛言："钟声若击，则我得闻；击久声销，音响双绝，则名无闻。"

如来又敕罗睺罗击钟，问阿难言："尔今声不？"

阿难大众，俱言："有声。"

少选声销，佛又问言："尔今声不？"

阿难大众，答言："无声。"

有顷，罗睺罗更来撞钟，佛又问言："尔今声不？"

阿难大众，俱言："有声。"

佛问阿难："汝云何声，云何无声？"

阿难大众，俱白佛言："钟声若击，则名有声；击久声销，音响双绝，则名无声。"

佛语阿难及诸大众："汝今云何自语矫乱？"

大众阿难，俱时问佛："我今云何名为矫乱？"

佛言："我问汝闻，汝则言闻；又问汝声，汝则言声。唯闻与声，报答无定。如是云何不名矫乱？

"阿难，声销无响，汝说无闻。若实无闻，闻性已灭，同于枯木。钟声更击，汝云何知？知有知无，自是声尘；或无或有，岂被闻性为汝有无？闻实云无，谁知无者？是故阿难，声于闻中，自有生灭。非为汝闻声生声灭，令汝闻性为有为无。汝尚颠倒，惑为声闻，何怪昏迷，以常为断。终不应言：离诸动静，闭塞开通，说闻无性。如重睡人，眠熟床枕。其家有人，于彼睡时，捣练舂米。其人梦中，闻舂捣声，别作他物。或为击鼓，或为撞钟，即于梦时，自怪其钟为木石响。于时忽寤，遄知杵音。自告家人，我正梦时，惑此舂声，将为鼓响。

"阿难，是人梦中，岂忆静摇、开闭、通塞，其形虽寐，闻性不昏。纵汝形销，命光迁谢。此性云何为汝销灭？以诸众生从无始来，循诸色声，逐念流转。曾不开悟性净妙常。不循所常，逐诸生灭。由是生生杂染流转。若弃生灭，守于真常，常光现前，根尘识心应时销落。想相为尘，识情为垢，二俱远离。则汝法眼应时清明[2]，云何不成无上知觉？"

【注释】

①罗睺罗：意译为"覆障"、"障月"等，是佛陀俗时之子。佛陀成道后随之出家，为佛教有沙弥之始。沙弥，梵文意译为"息恶"、"行慈"，指七岁以上，二十岁以下受过十戒的出家男子。罗睺罗成年后为"十大弟子"之一，被称为"密行第一"。

②法眼：指佛教观察、认识事物的智慧。所谓"智能照法，故名法眼。"又指佛教各宗派的观点，为某派所宗，形成该派特征的观点，被谓之"正法眼"。

【白话】

佛陀对阿难说："你修学以多闻称著，但并未除尽各种烦恼，心中只知道有颠倒妄见并为之困扰。真正的颠倒妄见出现在面前时，实在不能认识。恐怕汝诚心虽有，仍未从心里信服佛理。我现在试用世俗的事理，除去你的疑惑。"

这时，佛陀叫罗睺罗，撞钟后发出一声响后，问阿难说："你现在听到了没有？"

阿难和与会的信徒们，都回答："我们听到了。"

片刻间钟声消失后，佛陀又问："你现在听到了没有？"

阿难和到会的信徒，都回答："没听到。"

此时，罗睺罗又撞钟，发出声响后佛陀又问道："你现在听到没有？"

阿难与到会的信众，又回答："都听到了。"

佛陀问阿难："你说什么是听到，什么是没听到？"

阿难和到会的信众，都对佛陀说："如果撞钟发声，那么我们就能听到；撞击停止以后声音消失，声音与震响都消散，就叫做听不到了。"

佛陀又一次叫罗睺罗撞钟发出声响，问阿难说："你现在听到有声音了吗？"

阿难和信众，都回答："有声音。"

过了一会声音消失后，佛陀又问："你现在听到声音了没有？"

阿难和大家，回答说："没有声音了。"

又过了一会，罗睺罗再一次撞钟发声，佛陀再一次问："你们现在听到有声音了没有？"

阿难和信徒们，都回答："有声音。"

佛陀问阿难："你认为什么是有声音，什么是没有声音呢？"

阿难和大家，都对佛陀说："如果撞钟发出声音，就叫做有声音；撞击停止以后声音消失，声音和震响都消散了，就叫做没有声音。"

佛陀语重心长地对阿难以及各位信徒们说道："你现在为何自己说的话如此混乱？"

到会的信徒和阿难，都一起问佛陀："我们现在所说为什么叫做自相矛盾的混乱呢？"

佛陀说："我问你听到没，你回答听到了；又问你有声音没，你回答有声音。既说听到又答有声音，回答不确定。这样怎么不叫做混乱呢？

"阿难，声音消失没有震响了，你就说听不到了。如果确实是听不到了，那么能听的特性就消灭了，如同枯死的树木一样。

当再次撞钟发出声时，你又为何知道呢？听到有声或无声，自然是声响起作用；或是有声或是无声，能听到的特性岂能为你而决定是有还是无呢？如能听到的特性实在是没有的，那么是谁知道没有呢？因此阿难，声音对于能听到的特性之中，是声音自身或产生或消失。并不是你听到了声音的产生或消失，使你能听到的特性而随之或有或无。你尚且颠倒迷惑，以为声音就是能听的特性，难怪昏乱迷惑，以为常存的心之特性会断灭。总之不应说：离开动与静，闭塞与开通，没有能听到的特性。比如鼾睡的人，在他熟睡在床上的时候。他的家中有一个人，在他睡时，捣衣舂米。这人在睡梦之中，听到舂米捣衣的声音，以为是其他东西发出的声音。或以为击鼓声，或以为是撞钟声，自己还奇怪地想这钟声为何似敲木石之声不够响亮。这时梦醒以后，才知道是捣衣和舂米的木杵声音。他告诉家中的人，在我梦中之时，迷惑地把这舂米之声，当做击鼓声了。

"阿难，这个人在梦中，岂能记得宁静与摇动，开启与关闭，畅通与阻塞，他的形体虽然入睡，但他能听到的特性并不昏迷。纵使你的形体消失了，生命随着时光的流逝而谢世了。这能听到的心之特性如何会因为你的形体的消失而灭除了呢？由于一切众生灵从久远的无始以来，随着各种现象形态，追逐着生灭不息的流动转化。不能开启觉悟心性是明净美妙常存的。不能遵循常住真心，追逐着各种妄生妄灭的形态。于是在生生不息混杂污染的世界里流转不止。倘若抛弃了生与灭的妄心，守于真实常在的心性，自己心中常存的灵光就会出现在眼前，由身体各器官产生的妄有之心就会在这时消失、落定。思想形态如妄有之尘土，认识情感为如妄见之油垢，这二者都远离之后。那么你智慧的心之眼就会立即清澄明净，为何不能成就无上的智慧和觉悟呢？"

卷 五

【经文】

阿难白佛言:"世尊,如来虽说第二义门,今观世间解结之人,若不知其所结之元,我信是人终不得解。世尊,我及会中有学声闻,亦复如是。从无始际与诸无明,俱灭俱生。虽得如是多闻善根,名为出家,犹隔日疟。惟愿大慈,哀愍沦溺。今日身心,云何是结,从何名解?亦令未来苦难众生,得免轮回,不落三有。"

作是语已,普及大众,五体投地,雨泪翘诚,伫佛如来无上开示。

尔时世尊,怜愍阿难及诸会中诸有学者。亦为未来一切众生,为出世因,作将来眼。以阎浮檀紫金光手[①],摩阿难顶。即时十方普佛世界,六种震动。微尘如来住世界者,各有宝光,从其顶出。其光同时,于彼世界,来祇陀林,灌如来顶,是诸大众得未曾有。于是阿难及诸大众,俱闻十方微尘如来,异口同音告阿难言:"善哉阿难,汝欲识知俱生无明,使汝轮转生死结根,唯汝六根,更无他物。汝复欲知无上菩提,令汝速证安乐解脱,寂静妙常,亦汝六根,更非他物。"阿难虽闻如是法音,心犹未明。稽首白佛:"云何令我生死轮回,安乐妙常,同是六根,更非他物?"

佛告阿难:"根尘同源,缚脱无二。识性虚妄,犹如空华。阿难,由尘发知,因根有相。相见无性,同于交芦。是故汝今知见立知，即无明本。知见无见，斯即涅槃无漏真净。云何是中更容他物。"

　　尔时世尊，欲重宣此义，而说偈言：
　　真性有为空，缘生故如幻。
　　无为无起灭，不实如空华。
　　言妄显诸真，妄真同二妄。
　　犹非真非真，云何见所见？
　　中间无实性，是故若交芦。
　　结解同所因，圣凡无二路。
　　汝观交中性，空有二俱非。
　　迷晦即无明，发明便解脱。
　　解结因次弟，六解一亦亡。
　　根选择圆通，入流成正觉。
　　陀那微细识，习气成暴流。
　　真非真恐迷，我常不开演。
　　自心取自心，非幻成幻法。
　　不取无非幻，非幻尚不生。
　　幻法云何立？是名妙莲华。
　　金刚王宝觉，如幻三摩提。
　　弹指超无学，此阿毗达磨[②]。
　　十方薄伽梵[③]，一路涅槃门。

【注释】

①阎浮檀句：比喻。阎浮，树名；檀，河名。阎浮树下有河，称为阎浮檀。河中出金，赤黄色，带紫焰气。以此比喻佛陀之手如阎浮树下河中的金，金光闪烁，带有紫焰。

②阿毗达磨：梵文音译，略作"毗昙"；意译"无比法"、"大法"、"论"等。指解说、论证佛理的文字，是成就智慧的手段。此外佛教经、律、论"三藏"中的论藏，亦称为"阿毗达磨藏"。

③薄伽梵：意译为"世尊"，佛陀的别称。

【白话】

阿难对佛陀说："世人之尊，您虽然讲了上述去妄返真，脱离妄有这两种领悟义理的法门，但现在世俗之人若解开这个结，如果不知道心结的根本在何处，我相信这样的人始终不能解开此结。世之尊者，我和与会之中的求学佛法的闻理而信的人们，也是如此。从无始之际产生的对一切现象妄有的无明，都能随时灭除，但灭而又生。我虽得到了博学多闻的善念之根，出家修行，但犹如得了隔日疟疾的人，一天好了，一天又坏了。期望您发大慈之心，怜悯我们沉沦溺水于苦海中的人。开启我们今日的身心，明白结在何处，如何得解？也使未来苦难的人们，得以免除轮回的苦海，不致落入到欲有、色有、无色有，这三有的境地。"

阿难说了上述的话之后，与到会的广大信徒，五体投地，泪如雨下，翘首诚恳地恭候佛陀无上智慧的开悟和启示。

这时世人之尊，怜悯阿难以及在法会中的学有所悟的人。也为未来的一切众生灵，开启脱离世俗之妄的前因，作为将来修悟的法眼。以犹如阎浮檀树下河中发出紫色光芒的金色之手，摸着阿难的头顶。此时十方一切佛国世界，发出了动、涌、震、击、吼、爆六种震动。如微尘一样不可计数的如来住于各自的佛国世界中，都各自发出如珍宝般的光芒，从头顶上放出来。这光芒此时，从各自的佛国世界，同时也照到祇陀园林，映照于佛陀的头顶，大家都得到了未曾有过的快悦。与此同时阿难以及各位信徒，都听到如十方微尘般数量的佛，异口同声地告诉阿难："很好阿难，你要认识知道与生命同时产生的无明，使你如轮旋转在生死轮回的根结，就是你的眼、耳、鼻、舌、身、意这六根，再没有其他事物了。你还想知道无上的觉悟，使你能迅速证得安乐和解脱烦恼，达到静寂美妙永远常在的宁静，也在于你的六根，并不是其他东西。"阿难虽然听到了这样的义理，但心中仍然不能明白。就叩首至地多时后对佛陀说："为何使我在生死轮回之中，要得到永远美妙的安宁快乐，都在于六根，并不是其他的事物呢？"

佛陀告诉阿难："眼、耳、鼻、舌、身、意与色、声、香、味、触、法同出于一源，要达到解除束缚和脱离苦海也没有不同。心识的特性是虚妄不实的，犹如空中的花朵一样。阿难，由于色、声、香、味、触、法引发了知识和见解，因为和六根相应产生了现象形态。各种形态与心的见解本无自性，如同相互扶持的芦苇。因此你现在于所知所见的基础之上再确立的知识见解，就是由虚妄再生妄有这无明的根本所在。知道了所见实妄而无见解的妄心，这就是静寂的无烦恼而真实的澄净。何以能认为其中还有其他的事物呢？"

这时佛陀，又复述义理，用诗句归纳说：
真实心性本自空，
妄有缘生如幻境。
本无所谓生与灭，
现象不实如空花。
妄见所显之真实，
妄有真实皆是妄。
真与不真不存在，
如何能见和所见？

根尘之间本不实，
正如相交两束芦。
结妄解惑皆根尘，
入圣超凡在一途。
你看两芦相互中，
说空谈有皆是妄。
迷惑不解即无明，
明白领悟是解脱。
解结修悟依次行，
六根尽解本自无。
选择一根通圆融，
流入觉悟心性中。
心藏细微妄有识，
积习遂成欲奔流。
本真妄有恐迷惑，
我常轻易不演说。
由自心求取心念，
本自无幻虚幻生。
不取心有皆无幻，
有幻无幻亦不生。
本自无幻立何法？
脱尘本净是莲花。
似金刚石的觉悟，
破幻有而入定止。
弹指间超越烦恼，
这就是论藏之义。
一切世界成佛者，

皆由此路入清澄。

【经文】

于是阿难及诸大众,闻佛如来无上慈诲。祇夜伽陀①,杂糅精莹,妙理清彻。心目开明,叹未曾有。

阿难合掌,顶礼白佛:"我今闻佛无遮大悲,性净妙常真实法句。心犹未达六解一亡,舒结伦次。惟垂大慈,再愍斯会及与将来,施以法音,洗涤沉垢。"

即时如来于师子座,整涅槃僧,敛僧伽梨,揽七宝几,引手于几,取劫波罗天所奉华巾②。于大众前,绾成一结。示阿难言:"此名何等?"

阿难大众俱白佛言:"此名为结。"

于是如来绾叠华巾,又成一结,重问阿难:"此名何等?"

阿难大众,又白佛言:"此亦名结。"

如是伦次绾叠华巾,总成六结,一一结成。皆取手中所成之结,持问阿难:"此名何等?"

阿难大众,亦复如是,次第酬佛:"此名为结。"

佛告阿难:"我初绾巾,汝名为结。此叠华巾,先实一条。第二、第三,云何汝曹复为结?"

阿难白佛言:"世尊,此宝叠华,缉绩成巾,虽本一体。如我思惟,如来一绾,得一结名;若百绾成,终名百结。何况此巾只有六结。终不至七,亦不停五。云何如来只许初时,第二、第三,不名为结?"

【注释】

①祇夜伽陀:梵文音译。祇夜,指重颂,即与前段经文义理

相应的偈颂；祇夜伽陀，唐代译为讽诵，即对经文进行归纳的诗句，有四、五、七、九言，句式不定。

②劫波罗天：译为"时分天"即"夜摩天"，为佛教名词。佛教认为三界中的欲界，有六重天，又称六欲天，夜摩天为其中之一，在此天中时时处于快乐之中。六欲天依次为：四王天，有持国、广目、增长、多闻四王，故称；忉利天，以帝释天为中心，四方各有八天，共计三十三天，故亦称三十三天；夜摩天；兜率天；乐变化天；他化自在天。欲界的六欲天中，仍不脱食、色二性，不离欲想，故称。

【白话】

于是阿难以及到会的信徒们，听到佛陀无比慈悲之心的教诲。归纳的诗句，在精炼之句中糅合了晶莹的思想光华，微妙的义理清楚透彻。信众的心眼开朗明白，赞叹得到了未曾有过的畅快。

阿难合掌于胸前，向佛陀叩拜后说："我今天听到您没有遮掩的大悲心法，是本性澄净美妙而常在的真实语言。但心里仍未通达六根之结若解则无一而存的义理，以及关于解开所结的顺序。期望发大慈悲心，再怜悯与会的信徒和将来后世的人们，宣讲佛理，洗涤人们心中沉积的妄有尘垢。"

这时佛陀在座位上，整理着装，收拢大衣，从镶嵌着金、银、琉璃、水晶、砗磲、珊瑚、玛瑙的案几上，用手从案几上，取来快乐天王奉献的华美丝巾。在大家面前，挽成一个结。问阿难道："这叫什么？"

阿难和大家都回答佛陀说："这叫做结。"

于是佛陀又挽丝巾，又打了一结，又问阿难："这叫什么？"

阿难和信徒们，又回答："这也叫做结。"

这样依次挽丝巾,总共挽成了六个结。每次挽结时都用手中所挽的结,问阿难:"这叫什么?"

阿难和大家,也是如此,每次都回答佛陀说:"这叫做结。"

佛陀对阿难说:"我挽第一个结时,你称为结。这条编织的华美丝巾,只有一条。当我挽第二个、第三个结时,为何你们仍说是结呢?"

阿难回答:"世人之尊,这条宝贵的华丽丝巾,经反复编织而成后,就本自一体了。在我看来,您挽一个结,就得出一个结的名称;如果挽成一百个结,就叫做一百个结。况且这条丝巾也只挽了六个结。既不到七个,也不停止于五个结之时。为何您只认可第一个结,对第二个、第三个,就不称之为结呢?"

【经文】

佛告阿难:"此宝华巾,汝知此巾元止一条。我六绾时,名有六结。汝审观察,巾体是同,因结有异,于意云何?初绾结成,名为第一,如是乃至第六结生。吾今欲将第六结名,成第一不?"

"不也,世尊。六结若存,斯第六名,终非第一。纵我历生尽其明辩,如何令是六结乱名。"

佛言:"如是。六结不同,循顾本因,一巾所造。令其杂乱,终不得成。则汝六根,亦复如是。毕竟同中,生毕竟异。"

佛告阿难:"汝必嫌此六结不成,愿乐一成,复云何得?"

阿难言:"此结若存,是非锋起。于中自生此结非彼,彼结非此。如来今日若总解除,结若不生,则无彼此。尚不名一,六云何成?"

佛言:"六解一亡,亦复如是。由汝无始心性狂乱,知见妄发。发妄不息,劳见发尘。如劳目睛,则有狂华,于湛精明,无因乱起。一切世间山河大地,生死涅槃,皆即狂劳颠倒华相。"

阿难言:"此劳同结,云何解除?"

如来以手,将所结巾偏掣其左。问阿难言:"如是解不?""不也,世尊。"旋复以手偏牵右边,又问阿难:"如是解不?""不也,世尊。"

佛告阿难:"吾今以手左右各牵,竟不能解。汝设方便,云何解成?"

阿难白佛言:"世尊,当于结心,解即分散。"

佛告阿难:"如是,如是。若欲除结,当于结心。阿难,我说佛法,从因缘生。非取世间和合粗相。如来发明世出世法,知其本因,随所缘出。如是乃至恒沙界外一滴之雨,亦知头数。现前种种,松直棘曲,鹄白乌玄,皆了元由。是故阿难,随汝心中选择六根。根结若除,尘相自灭。诸妄销亡,不真何待?

"阿难,我今问汝:此劫波罗巾,六结现前,同时解萦,得同除不?"

"不也,世尊。是结本以次第绾生,今日当须次第而解。六结同体,结不同时。则结解时,云何同除?"

佛言:"六根解除,亦复如是。此根初解,先得人空。空性圆明,成法解脱。解脱法已,俱空不生。是名菩萨从三摩地,得无生忍①。"

【注释】

①无生忍:亦称无生法忍,即不生不灭。意谓真实的智慧住于不动。是进入菩萨十地得悟的阶位、法位名。(菩萨十地,可参见前注)

【白话】

佛陀对阿难说:"这宝贵华美的丝巾,你知道原本只有一条。我挽六个结时,就称为有六个结。你审慎地观察,丝巾是一条,因为挽结就有了差别,你如何看呢?挽成第一个结,称为第一结,如此以至于挽到第六个结。我现在要把第六个结称为第一个结,这行不行呢?"

阿难回答:"不行,世之尊者。挽成六个结后,第六个结成后,终归不是第一个结。纵使把我一生的智慧来辩白,无论如何不能把六个结的顺序胡乱定名。"

佛陀说:"是的。六个结是不同的,但追寻形成六结的根本,都是由一条丝巾所结成的。要把结成的顺序搞乱,是不行的。你的六根,也是如此。产生的原因是相同的,产生后就毕竟有了差异。"

佛陀对阿难说:"你一定嫌这六个结使丝巾不成样了,愿意使它成为一条丝巾,这又如何做到呢?"

阿难说:"这六个结倘若存在,是非并起。从中产生这个结与那个结,彼此的不同。如果您今天把结,全部解开,没有了结,也没有了彼与此的不同。连一都不存在了,又何以有六呢?"

佛陀说:"六根解除,无一而存的道理,也是如此。由于你从无始以来的心性中产生的狂乱,产生了妄有的认识和生发了各种虚妄不实的见解,引发出妄有不息的心念,心力劳做于所见的妄有形态中。犹如疲劳的眼睛,看到空中狂舞的花朵一样,在本自湛明的心中,从无到有生起纷乱的妄见。一切世上现象形态,生死以至于寂灭的境界,都是心念中劳做的狂乱妄有形态产生的。"

阿难说:"这心中劳做的妄有如同六个结,如何才能解除呢?"

佛陀用手把所结的丝巾拿到左边，问阿难说："这样可以解不？"阿难答："不可以，世之尊者。"佛陀又用手把丝巾拿到右边，再问阿难："这样能解不？"阿难又答："不行，世人之尊。"

佛陀对阿难说："我现在用手向左右两边分别牵引丝巾，都不能解开所结。你认为什么方法，可以解开呢？"

阿难对佛陀说："世人之尊，应当从结的中心来解，结就可以散开。"

佛陀对阿难说："是的，是这样。如果要解开结，应当从结中心来解。阿难，我所讲的佛法，一切皆从因缘产生。这不是取于世间组合在一起的事物粗略的形态。如实而来地认识世间和超脱世间，知道其产生的根本原因，都是随着其所缘而生出的。这样以至于连如恒河沙数一样无法计量的世界之外所下的一滴滴雨，也知其数量。出现在眼前的各种事物，如松树的直挺与荆棘的弯曲，鸿鹄的洁白与乌鸦的黑色羽毛，都能了解其原因所在。因此阿难，随意由你心中选择六根的一种修悟。如果妄有之根的结去除了，事物的现象形态也自然会灭除。各种妄有心念灭除消亡之时，不是澄明的真心又会是什么呢？

"阿难，我现在问你：这条丝巾，有六个结，能否同时解开，除去结不？"

阿难说："不行，世人之尊。这六个结本来就是一个接一个结成的，现在也应当一个接一个解开。六个结虽然同是在一条丝巾上，但结成并不同时。所以在解除结时，如何能一同除去呢？"

佛陀说："解除六根的妄有，也同样如此。六根最初的解脱，首先得悟出人本自于空之理。从而使空的心性圆满澄明，达到一切事物的解脱。得到人、法二空之后，本无所谓空。这就称为定慧圆融的境地，得到万物无生无灭、念起念灭的智慧。"

【经文】

阿难及诸大众，蒙佛开示，慧觉圆通，得无疑惑。一时，合掌顶礼双足，而白佛言："我等今日身心皎然，快得无碍。虽复悟知一六亡义，然犹未达圆通本根。世尊，我辈飘零，积劫孤露。何心何虑，预佛天伦。如失乳儿，忽遇慈母。若复因此，际会道成，所得密言，还同本悟，则与未闻无有差别。惟垂大悲，惠我秘严，成就如来最后开示。"作是语已，五体投地。退藏密机，冀佛冥授。

尔时世尊，普告众中诸大菩萨，及诸漏尽大阿罗汉："汝等菩萨及阿罗汉，生我法中得成无学。吾今问汝：最初发心悟十八界，谁为圆通？从何方便，入三摩地？[1]"

憍陈那五比丘，即从座起，顶礼佛足，而白佛言："我在鹿苑及于鸡园[2]，观见如来最初成道。于佛音声，悟得四谛。佛问比丘，我初称解。如来印我名阿若多。妙音密圆，我于音声得阿罗汉。佛问圆通，如我所证，音声为上。"

【注释】

[1]以下依次讲述了二十四种修行方法，在六卷开篇，又讲述了观音从闻、思、修三个阶段的修法，共计二十五种修正定念止的方法。

[2]鹿苑、鸡园：鹿苑即鹿野苑，是佛陀成道后最初传法的地方。在此度化了随他出家的五个侍者，即五比丘：憍陈那、阿说示、跋提、十力迦叶、摩诃男。鹿野苑古代属中印，今瓦腊纳西城西北约十公里处，为佛教圣地。

鸡园，又称鸡园寺、鸡雀寺，相传为阿育王所建。本文鸡园当指此寺的前缘，传说此地失火，鸡雀等以羽浸水灭之，故为灵异之地，佛陀成道后，亦至此处传法。

【白话】

　　阿难以及到会的信徒，蒙受佛陀的启示，智慧觉悟圆满通达，得到了对由六根的觉悟从而解脱的不疑和不迷惑。这时，都合掌于胸前并顶礼于佛陀的双足，对佛陀说："我们今天都身心舒畅透亮，愉快地得到了圆融无碍。虽然觉悟知道了从一处除妄尘得六根解脱妄有的义理，但并未达到圆满通畅的根本境地。世人之尊，我们飘零于世，长期如孤儿露宿园野。何以想到能与佛陀有天伦般的亲缘。正如无乳的饥儿，忽然遇到了慈母一样。倘若因此之际与佛陀相会而成就道业，所得以听到的修悟密言，还认为自己同样可以自悟，那么就与没听到的佛言一样并没有差别了。期望佛陀发大悲之心，惠传我们秘密庄严的佛理，成就您给我们最后的启示。"说了这些话后，五体投地俯拜于佛陀脚下。退回原处，心中希冀佛陀能心传密法。

　　这时世人之尊，对法会之中有成就的证悟者，以及那些修证了脱离烦恼的成就者说："你们证悟者和解脱者们，在佛法之中得到了无学的境地。我现在问你们：在最初发心愿而悟到六根、六境、六识这十八界，哪一个方法最为圆满通达？从哪一种方法入手，进入了正念定止的境地？"

　　憍陈那等五位最早得法的男信徒，随即从座位上起来，顶礼佛陀双足，对佛陀说："我们在鹿野苑和鸡园随从您时，看见您在菩提树下初悟佛理。在您讲述之下，省悟了苦、集、灭、道的义理。佛陀问我们五位男信徒时，我们之中是我首先说理解了。您当时就印证了我，并称我是最初理解的信徒。是美妙圆融的佛音，使我听到后证悟了无烦恼的境地。佛陀问哪种方法圆融通达，如我所证悟的经历说，以听佛理的声音是最好的修行方法。"

【经文】

优波尼沙陀①,即从座起,顶礼佛足而白佛言:"我亦观佛最初成道,观不净相②,生大厌离,悟诸色性,以从不净白骨微尘,归于虚空。空色二无,成无学道。如来印我名尼沙陀。尘色既尽,妙色密圆,我从色相,得阿罗汉。佛问圆通,如我所证,色因为上。"

香严童子③,即从座起,顶礼佛足而白佛言:"我闻如来教我谛观诸有为相④,我时辞佛,宴晦清斋。见诸比丘烧沉水香,香气寂然,来入鼻中。我观此气,非木非空,非烟非火。去无所著,来无所从。由是意销,发明无漏。如来印我得香严号。尘气倏灭,妙香密圆,我从香严,得阿罗汉。佛问圆通,如我所证,香严为上。"

药王、药上⑤,二法王子⑥,并在会中五百梵天⑦,即从座起,顶礼佛足而白佛言:"我无始劫为世良医。口中尝此娑婆世界草、木、金、石,名数凡有十万八千。如是悉知苦、酸、咸、淡、甘、辛等味,并诸和合俱生变异,是冷是热,有毒无毒,悉能遍知。承事如来,了知味性,非空非有,非即身心,非离身心。分别味因,从是开悟。蒙佛如来,印我昆季药王药上二菩萨名⑧。今于会中,为法王子。因味觉明,位登菩萨。佛问圆通,如我所证,味因为上。"

【注释】

①优波尼沙陀:梵语音译,指微细,分析事物至极微之处。

②不净相:即佛教修证时的不净观。指是从自身、他身的细微处着眼,对现象进行的分析解构。一是局部观,即凝神于身体的某一部分,观想其"不洁"之处,如"头部",有头屑、油垢、

眼屎、鼻涕、耳屎、痰、唾液、口臭；二是内外观，将人身由内至外或由外至内观想，内为白骨一副，外为皱皮一张，内包肉、筋、大小便、垢物；三为放大观，如置显微镜下，无处不是由各种细菌附着、包裹，无一是是，无一可留恋，从而产生厌离之心。

③香严童子：香严，香光庄严。童子，童子身。可理解为散着香气的庄严童子证悟者。

④诸有为相：有为指"造作"，本处指一切人为的活动。小乘以此说说"性空"，大乘以此分析"万法唯心"，一切现象皆为妄心所造。

⑤药王、药上：为佛教两位菩萨名。为施药治疗众生身与心两种病痛的证悟者。《观药王药上二菩萨经》中有：星宿光、电光明兄弟俩持药医治佛教信徒，众人赞兄为"药王"，弟为"药上"；佛陀对弥勒说：药王在未来世成佛，号净眼如来，其弟药上亦成佛，称净藏如来。

⑥法王子：法王，为佛陀尊称之一。菩萨是佛位的继承者，故通称菩萨为法王子。二法王子，指药王、药上这两位菩萨。

⑦梵天：梵，指解脱境界，本处梵天是指不在世俗已解脱的五百位证悟者。此外，"梵天"亦称"大梵天"，婆罗门教、印度教的创造之神，是万物（包括苦难）的始祖。佛教产生后，被吸收为护法神，其称号很多，著名的是"原人"。

⑧昆季：昆，兄；季，少子、排行最小的，如伯、仲、叔、季。昆季，兄弟。

【白话】

优波尼沙陀，随即从座位上起来，顶礼佛陀的双足后说："我也是看到佛陀最初证悟的人，通过修悟人生的不净观法，产生了彻底的厌恶脱离之心，觉悟了一切人的身体本性，都是不净之物的组合终由白骨化为细微的浮尘，回归到虚无的空间。虚空与物质形态二者本自于无，成就了无学的境界。佛陀认可我为色性空。身体的性质既已尽空，从而美妙的现象形态化到致密于无，圆融无碍，我是从观想一切现象，觉悟到无烦恼的境地。佛陀问哪种方法圆融通达，以我所证悟的经历，以观想身体的一切形态是最好的修行方法。"

香严童子，随即从座位上起来，顶礼佛陀的双足后说："我听了佛陀教我认真观察一切由人心造作的事物形态后，辞别了您，收敛养晦、清心斋戒。看见修行者们燃烧沉水香，香气本来静寂，却进入我的鼻息。我观察香气，不是由木而有，不燃则无香，也不由空而生，空本无香，既不是由烟而生，烟本无香气，也不从火来，火亦无味。来去并无归属，并无所依。由此心中意念皆消失，了自于空，生发明白了无烦恼的境界。佛陀认可我得到香光庄严的名称。心中妄有的形态与香气都转瞬间消失，美妙的心香致密圆融，我从观悟香气，证悟到无烦恼的境地。佛陀问哪种修行方法圆满通达，如果从我所证悟的经历来说，是以鼻所嗅觉的香气中观想一切皆空是最上乘的修行之法。"

药王、药上，这两位证悟者，以及到会的五百位脱离世俗的天人们，随即从座位上起来，顶礼佛足后说："我们兄弟从无法计数的岁月中就作为世上的良医。亲口尝遍这百态千姿世界的草本、木本、金属、石料的药性，其名称数量有十万八千多。正是如此才尽知药的苦、酸、咸、淡、甜、辣等各种味道，并从而了解药物的各种组合和变化，其是热性或凉性，有无毒副作用，都能够知道。信奉佛陀之后，明白了味觉的本性，不是空也不是有，既不由身心所知，也不脱离身心才有。区别了味觉的本因，从而开启了觉悟。承蒙佛陀，认可我们兄弟为证悟者。在今天的法会上，作为有成就的证悟者。这是因为由味觉而觉悟，从而登上了菩萨的果位。您问哪种修法圆融通达,如果从我们所证悟的经历来说,是从味尝上去开悟佛理为最好的修行方法。"

【经文】

跋陀婆罗并其同伴十六开士①,即从座起,顶礼佛足,而白佛言:"我等先于威音王佛,闻法出家。于浴僧时,随例入室。忽悟水因,既不洗尘,亦不洗体。中间安然,得无所有。宿习无忘。乃至今时,从佛出家,令得无学,彼佛名我跋陀婆罗。妙触宣明,成佛子住②。佛问圆通,如我所证,触因为上。"

摩诃迦叶及紫金光比丘尼等③,即从座起,顶礼佛足,而白佛言:"我于往劫,于此界中,有佛出世,名日月灯。我得亲近,闻法修学。佛灭度后,供养舍利④,然灯续明。以紫光金涂佛形像。自尔以来,世世生生,身常圆满紫金光聚。此紫金光比丘尼等,即我眷属,同时发心。我观世间六尘变坏,惟以空寂,修于灭尽,身心乃能度百千劫,犹如弹指。我以空法,成阿罗汉。世尊说我头陀为最⑤。妙法开明,销灭诸漏。佛问圆通,如我所证,法因为上。"

【注释】

①跋陀婆罗句:跋陀婆罗,译为贤首。开士,即菩萨之异名。
②佛子住:佛子指菩萨,住指守持,即成就了菩萨的果位。
③摩诃迦叶句:摩诃,译作大,迦叶是姓,全名译为"大饮光"。紫金光比丘尼是迦叶在家时的夫人,因她为过去之佛装金而得紫金之光,比丘尼是出家女信徒的称呼。
④舍利:梵文原意为尸体、遗骨。佛教相传佛陀遗体火化后结成的珠状物。

⑤头陀：译为抖擞，意为抖去妄尘、妄有之法。此外人们称行脚僧为头陀，也谓之行者，有苦行僧之意。

【白话】

贤首及其一同结伴而来的十六位有成就的证悟者，随即从座位上起来，俯拜于佛陀脚下行礼后，对佛陀说："我们早先是从最初成佛的威严法音之王那里，听到佛理后发愿出家修行的。在众僧沐浴时，随半月一次的惯例进入浴室。忽然之间领悟了水的因缘，它既不是因触觉而洗去尘垢，也不是因为洗身体而有触觉。尘与体本妄，并无实有，在中间分别的妄心归于安静本然，悟得一切形态本一无所有。这种在昔日的岁月所修行的记忆不会忘却。以至于今日，跟随佛陀出家，您认可我得到了无烦恼的果位，您称我为贤首。美妙的触觉启明了我本自无染如水的心性，成就了继承佛法的道果。您问哪种修法圆满通达，如果以我所证悟的经历看，是从触觉上开悟佛理为最上乘的修行方法。"

摩诃迦叶和紫金光女信徒等人，随即从座位上起来，俯拜佛陀足下行礼后，对佛陀说："我在遥远的过去岁月里，在纷扰的世界中有一位佛出现，叫做日月灯。我得以亲近他，听他传法。日月灯佛去世后，我就供奉他的遗骨舍利子，保持着供奉的灯光常明不熄。并且和一位女修行者共同用紫色金涂在佛的形象上。从此之后，永生永世，女施主身体总是具有紫金般的光环。这位发着紫金光的女修行者，就是我的亲眷，后来我们共同发愿，出家修行。我观察色、声、香、味、触、法等妄有形态都归于坏灭，只有虚空和静寂，所以修行于灭、尽、定，从而使身心定于止处度过成百上千历劫的岁月，犹如在弹指一挥之间。我以修行定念观止，人法二空的方法，成就了证悟者的境地。您认可并说我是抖除法尘的第一。美妙的法性开启了澄明的心性，消除了各种烦恼。佛陀问哪种修法圆满通达,如果以我所证悟的经历看,是从开悟一切现象形态本自于空为最好的修行方法。"

【经文】

阿那律陀即从座起①,顶礼佛足,而白佛言:"我初出家,常乐睡眠。如来诃我为畜生类。我闻佛诃,啼泣自责。七日不眠,失其双目。世尊示我乐见照明金刚三昧②。我不因眼,观见十方。精真洞然,如观掌果。如来印我成阿罗汉。佛问圆通,如我所证,旋见循元,斯为第一。"

周利槃特迦即从座起③,顶礼佛足,而白佛言:"我阙诵持,无多闻性。最初值佛,闻法出家。忆持如来一句伽陀④。于一百日,得前遗后,得后忆前。佛愍我愚,教我安居⑤,调出入息。我时观息微细穷尽,生、住、异、灭,诸行刹那。其心豁然,得大无碍,乃至漏尽成阿罗汉。住佛座下,印成无学。佛问圆通,如我所证,反息循空,斯为第一。"

憍梵钵提即从座起⑥,顶礼佛足,而白佛言:"我有口业,于过去劫轻弄沙门,世世生生有口呞病⑦。如来示我,一味清净心地法门。我得灭心,入三摩地。观味之知,非体非物。应念得超世间诸漏。内脱身心,外遗世界;远离三有,如鸟出笼。离垢销尘,法眼清净,成阿罗汉。如来亲印登无学道。佛问圆通,如我所证,还味旋知,斯为第一。"

【注释】

①阿那律陀:译名如意无贪。甘露饭王之子,佛陀堂弟,为天眼第一,为十大弟子之一。(参见前注)因贪睡,佛陀曾斥"螺蛳蚌蛤类",痛哭失明,后得佛心传,得开天眼,见一切物。

②金刚三昧：金刚，喻坚固，三昧既定。金刚三昧，能破一切烦恼，正念定止。

③周利槃特迦：周利，译为道生，槃特迦为继道。其母生其兄时，产于道旁；生他时亦在道边。故称继道生、道生。

④一句伽陀：一首偈言，即诗句"身语意不作恶，莫恼世间诸有情。正念观知欲境空，无益之苦当远离。"

⑤安居：佛教名词，《业疏》卷四有："形心摄静曰安，要期在住曰居。"指佛教信徒在或前、或后两期，每期3个月的期间禁止外出，而集中精力于坐禅修学。在印度雨期从5月16日至8月15日，称前安居；或从6月16日开始到9月16日结束，称后安居。可根据情况而选择。这段时间，又由于草木虫子等生长，所以避免外出使之不受伤害。这就称为"安居期"。在我国，安居期在阴历四月十六日至七月十五日，称为"夏安居"，或简称为"坐夏"、"夏坐"。开始时就称为"结夏"，结束时就叫做"解夏"或"安居竟"。日本与我国同。在南亚、东南亚各国则行"雨安居"。

⑥憍梵钵提：又译憍梵波提等，译名牛相、牛王、牛呞等。传此人五百世前为牛王，后虽为人身，尚作牛蹄、牛呞之相。

⑦口呞（shī）：呞，牛反刍。口呞病，指口中常无物而嚼。

【白话】

阿那律陀随即从座位上起来，俯伏于佛陀脚下行礼后，对佛陀说："我最初出家修行的时候，常喜欢睡眠。您斥责我如同畜生一样。我听了您的斥责后，流泪痛哭，自责以至七天不睡，致使双目失明。您传授我以乐见照看一切的定心方法。我不用眼，可以观察一切世界的事物。自心之精如洞中观火一样了然，看世界如观手掌中的果品一样。您认可我成就了无惑烦的果位。佛陀问哪种修法圆满通达，如果以我的经历验证，反观内照归于本元之虚无,这就是最好的修行方法。"

道生证悟者随即从座位上起来,顶礼于佛陀双脚后,对佛陀说:"我缺乏背诵记忆的能力,没有博闻强记的本性。最初遇到佛陀的时候,听到佛理就出家修行了。您叫我记忆下一首偈语。在一百天里,记住前几句,忘掉后几句,记住后句又忘了前句。您怜悯我生性愚笨,教我安居静心修定,调整呼气、吸气。我那时观察气息到由细微直到穷尽处,从气生、气续、气微、气断,在一刹那的瞬间并无常存。心里豁然开朗,分别之心顿消,得到广大的圆融无碍的心境,从而断烦恼成就了修道之果位。在您的法座下,认可我达到了无学的果位。佛陀问哪一种修行方法圆满通达,如果以我的经历验证,从反观出入气息以达到定念生灭本自于空,这就是最好的修行方法。"

憍梵钵提随即从座位上起来,顶礼佛陀双脚后,对佛陀说:"我有口舌的恶业,在过去久远的岁月中,曾轻蔑一位因年老而牙齿脱落的出家人,笑他吃东西如牛吃草,从而每生每世都得如牛嚼草的口嚼病。您教导我,一心修行观味觉本自清净,灭除分别味道的妄有心念。用这种方法我得以去除了妄有分别之心,进入了正念定止的境界。观察味觉的认知性能,不在舌也不在外物。在一念之间得以超脱世间的妄有分别之心。内观而脱离身心,对外界如遗忘干净;远远地脱离了欲界、色界、无色界,犹如小鸟飞出了笼子一样。脱离了尘垢,消除了妄有,法眼清澄明净,成就了证悟者的果位。佛陀亲自印证认可我达到了无烦恼的境地。佛陀问哪种修法圆满通达,如果以我的经历验证,反观内照味觉的自性,是最好的修行方法。"

【经文】

毕陵伽婆蹉即从座起①,顶礼佛足,而白佛言:"我初发心,从佛入道。数闻如来说诸世间不可乐事。乞食城中,心思法门。不觉路中毒刺伤足,举身疼痛。我念有知,知此深痛。虽觉觉痛,觉清净心,无痛痛觉。我又思惟,如是一身宁有双觉?摄念未久,身心忽空。三七日中,诸漏虚尽,成阿罗汉。得亲印记,发明无学。佛问圆通,如我所证,纯觉遗身,斯为第一。"

须菩提即从座起②,顶礼佛足,而白佛言:"我旷劫来,心得无碍。自忆受生,如恒河沙。初在母胎,即知空寂,如是乃至十方成空,亦令众生证得空性。蒙如来发性觉真空。空性圆明,得阿罗汉。顿入如来宝明空海,同佛知见,印成无学。解脱性空,我为无上。佛问圆通,如我所证,诸相入非,非所非尽,旋法归无,斯为第一。"

舍利弗即从座起③,顶礼佛足,而白佛言:"我旷劫来,心见清净。如是受生,如恒河沙。世出世间种种变化,一见则通,获无障碍。我于路上,逢迦叶波兄弟相逐④,宣说因缘,悟心无际。从佛出家,见觉明圆,得大无畏,成阿罗汉。为佛长子,从佛口生,从法化生。佛问圆通,如我所证,心见发光,光极知见,斯为第一。"

【注释】

①毕陵伽婆蹉:汉译意为余习,为婆罗门种姓,积习傲慢,如骂河神为婢,但只因在过去,河神为他的婢女,成道后非有心轻慢,为遗留之习惯。

②须菩提:汉译意为善吉,玄奘译为善现。为佛陀十大弟子之一,号称解空第一。

③舍利弗:汉译意为秋露子等。从母得名,为佛陀十大弟子之一,以敏捷智慧,善解佛法而称著,号称智慧第一。

④迦叶波兄弟：皆为佛弟子。汉译兄为木瓜林，大弟为城，小弟为河。佛弟子中有五人姓迦叶，除三兄弟外，还有十力迦叶、摩诃迦叶。单称迦叶时，指头陀第一的摩诃迦叶。

【白话】

毕陵伽婆蹉随即从座位上起来，俯伏在佛陀脚下叩拜后，对佛陀说："我最初发愿，跟随您修法。多次听您说世界的事情，并没有本质上快乐的。一次在城中乞食时，心里思考着这一佛理。不觉之中被路旁长的毒刺扎伤了脚，全身都感到疼痛。我想有知觉，就知道这刺痛。虽然知觉感觉到了痛，但知觉的自性却本自清净，并无痛也无痛的感觉。我接着又想，如此看来在这个身体之中难道有两个感觉？于是收敛意念后不久，身心在忽然之间一片空寂。经过三七即二十一天，一切烦恼都尽除，成就了证悟者的果位。得到了佛陀亲口认可，达到无学的境地。佛陀问哪一种修法圆满通达，如果以我所修证的经历看，纯净知觉之心忘却了身心的妄念，是最好的修行方法。"

须菩提随即从座位上起来，顶礼于佛陀双脚后，对佛陀说："我从很久的岁月以来，心性已得到了无阻碍。自己追忆承受生命的事情经历，犹如恒河之沙一样不可胜数。当我在母腹时，就知道本自于空和静寂之境界，如此理乃至于十方世界，皆自于空，成年后亦能为人们解说万物皆空的本质。经过您的启发觉悟了真实的自性空而无妄。空明的本质是圆满明净，证得了阿罗汉即无烦恼的果位。顿时入于佛陀如珍宝般明净的空寂境地，如同您的认识和见解，从而您认可我达到了无学的果位。在解脱于本性空寂的义理上，我为弟子中的第一人。佛陀问哪一种修行方法圆满通达，如果以我所修证的经历来看，各种形态皆入于空，心念所想全部尽除，从而一切形态、心念皆归于无，就是最好的修法。"

舍利弗随即从座位上起来，俯拜于佛陀脚下行礼后，对佛陀说："我从很久以来，就认识了心性本自清澄明净。这样面对的生命经历，如同恒河沙的数量。对于入世和出世的各种现象，眼见则通达，获得了没有阻碍的见识。我曾在路途中遇到了迦叶波兄弟三人相互论说佛理，宣讲说到一切随缘生缘灭，称之为空，觉悟了真实的本心，周遍无际。随从佛陀出家修行，眼见一切都觉悟于心且明净圆满，得到了大无畏的心智，成就了无烦恼的境界。作为佛陀首座弟子，是从您口中所讲的义理中，从佛法的化度中成长的。佛陀问哪种修法圆满通达，如果以我所经历的修证看，由反观内照自心的智慧之光，使心性的光芒普照一切所见的形态，这就是最好的修行方法。"

【经文】

普贤菩萨即从座起[①]，顶礼佛足，而白佛言："我已曾与恒沙如来为法王子。十方如来，教其弟子菩萨根者修普贤行，从我立名。世尊，我用心闻，分别众生所有知见。若于他方恒沙界外，有一众生心中发明普贤行者，我于尔时，乘六牙象，分身百千，皆至其处。纵彼障深，未得见我。我与其人暗中摩顶，拥护安慰，令其成就。佛问圆通，我说本因，心闻发明，分别自在，斯为第一。"

孙陀罗难陀即从座起[②]，顶礼佛足，而白佛言："我初出家，从佛入道，虽具戒律，于三摩地心常散动，未获无漏。世尊教我及俱絺罗[③]，观鼻端白。我初谛观，经三七日，见鼻中气出入如烟。身心内明，圆洞世界。遍成虚净，犹如琉璃。烟相渐销，鼻息成白。心开漏尽，诸出入息化为光明，照十方界，得阿罗汉。世尊记我当得菩提。佛问圆通,我以销意,息久发明,明圆灭漏,斯为第一。"

富楼那弥多罗尼子即从座起④,顶礼佛足,而白佛言:"我旷劫来,辩才无碍。宣说苦空,深达实相。如是乃至恒沙如来秘密法门,我于众中,微妙开示,得无所畏。世尊知我有大辩才,以音声轮,教我发扬。我于佛前,助佛转轮。因师子吼,成阿罗汉。世尊印我说法无上。佛问圆通,我以法音,降伏魔怨,销灭诸漏,斯为第一。"

【注释】

①普贤:梵文意译,亦译徧吉。中国佛教四大菩萨之一。其显灵传法的道场在四川峨眉山。为佛陀的右胁侍,专司理德,与专司智慧左胁侍文殊并称。塑像多骑白象。"六牙"代表"六度"。

②孙陀罗难陀:意译为艳喜,是佛陀小弟。艳,为其俗时妻孙陀利,因美貌无比故名;喜为自名。从妻名。

③俱缔罗:意译为膝,即膝骨大,是舍利弗的舅舅。亦译为拘希罗。

④富楼那弥多罗尼子:意译为满慈子,从母得名,为佛陀十大弟子之一,以辩才著称,为"说法第一"。简称富楼那。

【白话】

普贤证悟者随即从座位上起来,俯拜于佛陀脚前行礼后,对佛陀说:"我已经为无数佛的弟子。一切世界的佛,教诲信徒行大乘菩萨道路时,都要在一切处身体力行。世之尊者,我用心闻的方法,区别人们的所有认识和见解。倘若在如恒河沙般不可计数的世界之外,有一个人从心里发愿修普贤行,我就会在此时,乘六牙白象，分成百千个变化之身，到一个乃至百千个人面前。纵使他们烦恼障碍深重，不能看见我。我也会对他们在暗中为发愿者摩顶，鼓励和爱护之，使这些人得到成就。佛陀问哪种修法圆满通达，我说出学佛的根本因缘，是以心声闻法的方式，自在地分别一切现象，这是最好的修行方法。"

孙陀罗难陀随即从座位起来，俯拜于佛陀脚下行礼后，对佛陀说："我最初出家修行，跟随您悟道，虽然能守戒律，但对于禅定却心念常分散，不能悟得无烦恼的境地。您教导我和拘希罗二人，两眼观看鼻端的白毫处。我开始仔细观察，经过二十一天，见到鼻子呼吸的气息，犹如烟雾。此时身心之内顿觉明朗，圆融洞察一切现象形态。一切都化成空虚澄净，犹如透明的玻璃。接着烟雾的现象也渐渐消失，鼻子的呼吸成为一片白的形态。心中开朗烦恼尽除，呼吸化为一片光明，遍照十方世界，得到了脱离了烦恼的境界。佛陀授记于我，应当得证于觉悟。佛陀问哪一个修法圆满通达，以我的消除心念，观息产生觉悟，由明朗圆满心除一切烦恼的修行方法看，观鼻息正心是最好的修法。"

富楼那随即从座位上起来，俯拜于佛陀脚下行礼后，对佛陀说："我从很久的岁月以来，具有辩才。宣讲人生皆苦归于空的义理，使现象的真实形态本自于空的深刻义理通达无碍。以至于如恒河沙数的十方如来的秘密修行之法，我在人们之中，都能做出微妙的讲解，得到了大无畏的精神力量。世人之尊知道我有大的辩才，可以用声音转法轮，教我用语言弘法。我就在佛陀的身旁，帮助佛陀宣传法理。因弘法无畏，如狮子吼，成就了无烦恼的境界。佛陀认可印证我为说法最好的人。佛陀问哪种修法圆满通达，我以传播佛教的声音，降伏了烦恼的心魔怨怒，消除了一切产生烦恼的习气，用口舌传法是最好的方法。"

【经文】

优波离即从座起①，顶礼佛足，而白佛言："我亲随佛逾城出家。亲观如来六年勤苦。亲见如来降伏诸魔，制诸外道。解脱世间贪欲诸漏。承佛教戒，如是乃至三千威仪，八万微细，性业遮业，悉皆清净。身心寂灭，成阿罗汉。我是如来众中纲纪。亲印我心，持戒修身，众推为上。佛问圆通，我以执身，身得自在，次第执心，心得通达，然后身心一切通利，斯为第一。"

大目犍连即从座起②，顶礼佛足，而白佛言："我初于路乞食，逢遇优楼频螺③、伽耶④、那提⑤，三迦叶波，宣说如来因缘深义。我顿发心，得大通达。如来惠我袈裟著身，须发自落。我游十方，得无挂碍。神通发明，推为无上，成阿罗汉。宁唯世尊，十方如来叹我神力，圆明清净，自在无畏。佛问圆通，我以旋湛，心光发宣，如澄浊流，久成清莹，斯为第一。"

乌刍瑟摩于如来前⑥，合掌顶礼佛之双足，而白佛言："我常失忆久远劫前，性多贪欲。有佛出世，名曰空王。说多淫人，成猛火聚。教我遍观百骸四肢，诸冷暖气。神光内凝，化多淫心成智慧火。从是诸佛皆呼召我，名为火头。我以火光三昧力故，成阿罗汉。心发大愿，诸佛成道，我为力士，亲伏魔怨。佛问圆通，我以谛观身心暖触，无碍流通。诸漏既销，生大宝焰，登无上觉，斯为第一。"

【注释】

①优波离：意译"近取"，原为王宫理发师，属首陀罗种姓，为"十大弟子"之一，以持戒著称，为"持律第一"。传说佛教第一次结集，即诵出佛说，众僧核对无误后，确定下来时，由他诵

出律藏部分。

②大目犍连：意译"采菽氏"，为"十大弟子"之一，侍佛左边。据传神通广大，称为"神通第一"，被反佛教的婆罗门杖击而死。

③优楼频螺：三兄弟中的老大，胸前有癃如木瓜，意译木瓜林。

④伽耶：译为"象"，亦为"城"，为三兄弟中的老二。

⑤那提：译为"河"，为老三。以上三人通称三迦叶波。

⑥乌刍瑟摩：译为"火头金刚"，为佛教的护法神，保持戒备，故佛陀传法时，站立不坐于席。

【白话】

优波离随即从座位起来，俯拜于佛陀脚下行礼后，对佛陀说："我亲身追随着您越过城墙的阻碍出家修行。亲眼看到您六年苦行僧的勤勉。亲自看见您降伏色魔、恶魔的诱惑和加害，制服了婆罗门教的怨恨。解脱了世间的贪爱和欲望的烦恼。承蒙佛陀教诲我修持戒律，由男修行者的二百五十戒乃至于三千威仪，八万四千细则，先天性的贪欲和因时而有的戒行，全都清净。身心进入寂灭境界，成就了无烦恼的果位。并使我成为信徒中纲纪的典范。佛陀亲自印证我心，持戒律修行，是弟子们的上首。佛陀问哪种修法圆满通达，我是以执守戒律，身识妄念不起，使身体自在清净，再由身到心使之无妄，心得以通达无碍，然后身与心通畅得澄明之利，这种以身识为始的修行方法是最好的。"

目犍连随即从座位起来，俯拜于佛陀脚下行礼后，对佛陀说："我当初在路上托钵化缘的时候，遇见了迦叶兄弟三人，在宣传解说佛陀十二因缘的深刻含义。我听后觉悟了心自本净，得到了大的圆通顺达。佛陀惠于我袈裟从此自然着身，胡须头发自然脱落。我可以云游各地,身心一无牵挂和阻碍。心神畅通引发明净,被推举为神通第一,成就了无烦恼的果位。不仅是佛陀,十方世界的如实而来的佛都叹许我的神通之力,圆满明净,进入自在无畏的境地。佛陀问哪种修法圆满通达,以我旋转妄念归于湛然心性,使心地引发永寂的光芒,犹如化浊流而成清泉,终成清莹透彻的心地,这种修悟意识的修行方法是最好的。"

护法乌刍瑟摩到佛陀面前,将两手合于胸前俯拜在佛陀脚下行礼后,对佛陀说:"我总是常回忆很久以前,我的习性中多贪爱欲望之想。当时有佛显现于世间,叫做空王佛。点化我说喜爱贪欲的人,由身心生成猛烈的欲火聚积而难以自拔。教化我观察全身的骨骼和四肢,在欲火未聚时身心冷静而欲火中烧时热血奔流。将心神之光凝聚于心中归于宁静,化淫欲的烈火为智慧觉悟的红莲。从此一切佛都召唤我,称我为火头金刚。我以化烈火为寂光的定力消除了一切烦恼,成就了无学的果位。从心中发大愿,对所有修道成佛的人,我就是一名大力士,亲自降伏魔怨来护法。佛陀问哪种修行方法圆满通达,以我仔细观察身心生暖的触觉和感受,从而使心地如清泉一无阻碍畅通流达的经历。消除一切心地的烦恼,产生觉悟的宝光,从而到达无上的修证境地,这是最好的修法。"

【经文】

持地菩萨即从座起①,顶礼佛足,而白佛言:"我念往昔普光如来出现于世。我为比丘,常于一切要路津口,田地险隘,有不如法,妨损车马。我皆平填,或作桥梁,或负沙土。如是勤苦,经无量佛出现于世。或有众生于阛阓处②,要人擎物,我先为擎,至其所指。放物即行,不取其直。毗舍浮佛现在世时③,世多饥荒。我为负人,无问远近,唯取一钱。或有牛车,被于泥溺。我有神力,为其推轮,拔其苦恼。时国大王,延佛设斋。我于尔时,平地待佛。毗舍如来,摩顶谓我,当平心地,则世界一切皆平。我即心开,见身微尘与造世界所有微尘,等无差别。微尘自性,不相触摩。乃至刀兵,亦无所触。我于法性悟无生忍,成阿罗汉。回心今入菩萨位中。闻诸如来宣妙莲华,佛知见地。我先证明而为上首。佛问圆通,我以谛观身界二尘,等无差别,本如来藏,虚妄发尘,尘销智圆,成无上道,斯为第一。"

月光童子即从座起④,顶礼佛足,而白佛言:"我忆往昔恒河沙劫,有佛出世,名为水天。教诸菩萨,修习水观入三摩地。观于身中,水性无夺。初从涕唾,如是穷尽津液精血,大小便利。身中旋复,水性一同。见水身中,与世界外浮幢王刹诸香水海等无差别⑤。我于是时,初成此观。但见其水,未得无身。当为比丘,室中安禅。我有弟子窥窗观室,唯见清水遍在室中,了无所见。童稚无知,取一瓦砾投于水内。激水作声,顾盼而去。我出定后,顿觉心痛。如舍利弗遭违害鬼⑥。我自思惟,今我已得阿罗汉道,久离病缘,云何今日忽生心痛?将无退失?尔时童子捷来我前,说如上事。我则告言:汝更见水,可即开门入此水中,除去瓦砾。童子奉教,后入定时,还复见水,瓦砾宛然,开门除出。我后出定,身质如初。逢无量佛,如是至于山海自在通王如来,方得亡身。与十方界诸香水海,性合真空无二无别。今于如来得童真名,预菩萨会。佛问圆通,我以水性一味流通,得无生忍,圆满菩提,斯为第一。"

【注释】

①持地菩萨:相传佛陀为其母说法时,作三道珍宝铺就的台

阶，故称。密教又称内修金刚，其"荷负众生，如地之能持万物"，故名。

②阛阓（huán huì）：阛，环绕市区的墙；阓，市区的门。通称市区为阛阓。

③毗舍浮佛：译意为遍一切自在，一切胜，亦称广生，为第三十一劫中第二佛名。

④月光童子：因其人曾种无数善根，如光明照耀，为童子身，故称。亦称月光儿。

⑤浮幢王刹诸香水海：本处指《华严经》卷八所记：在普光照耀的香水海中，有大莲花，中有十佛刹及无数香水海，为佛刹之王，故称浮幢王刹。

⑥舍利弗遭违害鬼：指舍利弗在恒河岸边入定时，有一违害鬼从空而过，用拳击打舍利弗头，出定后顿感头痛。后往问佛陀，告之：有鬼打了你的头一拳，若不是你有定力，便会粉身碎骨了。现今该鬼已堕入地狱，受恶报。

【白话】

持地证悟者随即从座位起来，俯拜于佛陀脚下行礼后，对佛陀说："我记得在往日久远的岁月里有普光佛现身于世。我随他出家修行，常在一切路口、港湾之处，田地之间和险要的道路上，有阻碍交通，妨碍损坏往来车马行走的地方。我都加以平整，或造桥，或用沙土填坑。经过这样不辞辛勤的劳苦，经历了许多佛的出世而不间断。或者有人在闹市之处，需要别人代拿东西，我抢先帮人搬运，送到指定地点。放下东西就走，不取分文。在毗舍浮佛在世的时期，那时常发生饥荒。我作为一个体力劳动者，为别人运送物品无论远近，只收一文钱的饭费。如果遇到有载人运物的牛车，陷入泥坑，我就振奋精神集中全力，为牛车转动车轮,去除车主的苦恼。那时的国王,为佛设置了斋筵。我在这时,整平佛来赴筵的道路等待他的到来。一切自在的毗舍佛用手摩着我的头顶对我说:应当平整心的田地,那么世界一切的烦恼都会归于平静。我即刻心念顿开,看见自身由地所构成的微尘与造就世界的一切微尘,同等而无差别。微尘本性无住无常,并不相抵触摩擦。以至于刀剑兵器,亦无有所抵触。我于一切事物皆本自于空悟万法皆空的义理,成就了无烦恼的境地。现在回过来进入普度众生于苦海的证悟者之中。听到了诸佛宣讲美妙法义,认知其知识见解的境地。我都能首先证悟明了而被推为首座。佛陀问哪种修法圆满通达,我以认真观想构成人与世界的微尘,无常无住并无差别,本自包藏于如实而来的空性中,由心中虚幻的妄有妄见引发,物我的妄有消除后就智慧圆融,成就无上的觉悟之路,观身心与世界的微尘的空性是最好的修行方法。"

月光童子随即从座位起来,俯拜于佛陀脚下行礼后,对佛陀说:"我记得过去如恒河沙数难以记数的岁月里,有一佛出现于世,叫做水天佛。他教导各位证悟者,由修习观察水的方法进入正定的觉悟境地。观察认识身体之中,水的性质是一样的。开始从面部眼泪、鼻涕、唾液,以至全身的汗津、体液、精髓、血液、大小便,在身体内回旋往复,水的湿性相同。认识到身体中的水性,与世界之外的一切水性并无差别。我在那时,初步成就这种观察后的见解。但是只认识了身心内外之水并无差别,并未知身心本自于无。当时作为一位出家修行者,在静室中安心坐禅。我有一个弟子从窗外悄悄观看室内,只见清水遍于室中,一无所见。他年幼无知,好奇地拾一瓦片向水中投去。听到击水声后,看了看走了。我出定后,随即觉得心痛。犹如舍利弗入定后遭违害鬼拳打头部头痛一样。我心想,现在我已悟得了无烦恼的境界,很久都不得病了,为何今天忽然心痛?是修道的功力都退化失去了吗？这时那位小弟子就来到我面前，说了上述原由。我就对他说：你再到我入定时见水之后，就立即开门，从水中拿去瓦片。小弟子按我讲的去做，在我入定后，又见到水时，瓦片仍在水中，开门从水中取出来。当我出定后，身体完好如初。在修行时曾遇无数佛，一直到与山海自在通王佛相遇后，才证得水性即心性，人法二空。能与十方世界的水和各种海水，水性相合真实无二且空性无别。在于佛陀相遇后得到了童真证者的名称，入于证悟者的相会中。佛陀问哪种修法圆满通达，以我修悟水性内外流动畅通本无分别，证得无烦恼的境地的经历看，圆满的觉悟，这是最好的修法。"

【经文】

琉璃光法王子即从座起①，顶礼佛足，而白佛言："我忆往昔经恒沙劫，有佛出世，名无量声。开示菩萨本觉妙明。观此世界及众生身，皆是妄缘风力所转。我于尔时，观界安立，观世动时，观身动止，观心动念，诸动无二，等无差别。我时觉了此群动性，来无所从，去无所至。十方微尘颠倒众生，同一虚妄。如是乃至三千大千一世界内所有众生②，如一器中，贮百蚊蚋，啾啾乱鸣，于分寸中，鼓发狂闹。逢佛未几，得无生忍。尔时心开，乃见东方不动佛国，为法王子，事十方佛，身心发光，洞彻无碍。佛问圆通，我以观察风力无依，悟菩提心，入三摩地，合十方佛传一妙心，斯为第一。"

虚空藏菩萨即从座起③，顶礼佛足，而白佛言："我与如来，定光佛所，得无边身。尔时手执四大宝珠，照明十方微尘佛刹，化成虚空。又于自心现大圆镜，内放十种微妙宝光，流灌十方尽虚空际。诸幢王刹来入镜内，涉入我身。身同虚空，不相妨碍。身能善入微尘国土，广行佛事，得大随顺。此大神力，由我谛观四大无依，妄想生灭，虚空无二。佛国本同，于同发明，得无生忍。佛问圆通，我以观察虚空无二，入三摩地，妙力圆明，斯为第一。"

【注释】

①琉璃光法王子：菩萨名。琉璃光，宝石名，此宝青色莹彻有光，凡物近之皆同。

②三千大千一世界：三千大千世界中的一个小世界。三千大千世界，古代印度人把整个宇宙称作三千大千世界。人类所居住的世界，称为一小世界。它以须弥山为中心，周围有四大洲，其周又有九山八海。它所包括的范围，上自色界的初禅天，下至地下的风轮。其中有日、月、须弥山、四天下、四天王、三十三天、夜摩天、兜率天、乐变化天、他化自在天、梵世天。一千个这样的小世界称为一小千世界，一千个小千世界称为一中千世界，再集一千个中千世界称为一大千世界。因大千世界包含大、中、小三种"千世界"，故称三千大千世界。佛教沿用此说，并认为一大千世界为一佛教化的范围，亦称一佛国。宇宙有如恒河沙数的大千世界，亦有同样多的佛国。

③虚空藏：指包藏一切功德如虚空，故名。此外，还有虚空藏菩萨顶上有宝珠，可消一切罪，应一切求。见《虚空藏菩萨经》。

【白话】

琉璃光证悟者随即从座位起来，俯拜于佛陀脚下行礼后，对佛陀说："我记得在过去如恒河沙数般的久远岁月中，有佛出世，叫做无量声佛。他启示有成就的证悟者，心性本自觉悟美妙澄明。看这世间的人们都是由妄有的因缘，由习气的风力而转动的。我在这时，观察世界的存在与确立，观悟世间万物的运动时，观悟身心的运动与止息，观悟心念的产生与妄有的运作，各种妄动都是积习之风的作用，并无什么差别。这时我觉悟了这一切运动的本性，来无固有之处，去无定所。在一切由微尘构成的世界中的由本无妄有的颠倒众生灵们，都是由虚幻不实的妄有风力转动。如此乃至于大到三千大千世界，小到现实世界中的所有众生灵们，犹如在一器皿之中，装了百只蚊虫，啾啾乱叫，在有限的方寸空间，鼓噪狂乱地喧闹。遇到无量声佛的启发不久，我悟得风性的妄动，得到了妄有止息无生的觉悟境地。这时心胸豁然开朗，就见到东方不为妄有风气所动的佛国，作为一位证悟者，事奉十方世界的诸佛，身心发出静寂之风，洞察一切圆融无碍。佛陀问哪种修行方法圆满通达，以我观察风性之力一无所依，从而得觉悟真心，进入正定之境，融合十方诸佛传授的美妙澄明心法的经历，修悟风性自空澄静是最好的修法。"

　　虚空藏证悟者随即从座位起来，俯拜于佛陀脚下行礼后，对佛陀说："我与您同时在燃灯佛座前修行，证得了如空的无边法身。这时我手拿地、水、火、风空性的智慧宝珠，照亮十方世界中的一切微尘佛国，使四大在智光内都化成虚无的空间。又从心中显现出一个如大圆镜般的，从中放射出十种微妙的智慧之光，洒向十方世界的无尽虚空。一切世界的佛国都收入镜内，参悟到我的身体之中。身体如同虚空，不相互妨碍。身体能遍入一切佛国，广行普度众生于苦难的佛事，得到了广大的随意和顺心。这广大的神力，是由我认真观察地、水、火、风这四大本性并无所依托，随着妄有而生，妄想心灭尽，则与虚空一样。一切佛国本自清澄，遍空无碍同于性空。佛陀问哪种修法圆满通达，我是以观察虚空并无二致，悟入正定的觉悟，美妙之力圆满澄明，这就是最好的修行方法。"

【经文】

弥勒菩萨即从座起①，顶礼佛足，而白佛言："我忆往昔经微尘劫，有佛出世，名日月灯明。我从彼佛而得出家。心重世名，好游族姓。尔时世尊教我修习唯心识定，入三摩地。历劫以来，以此三昧事恒沙佛。求世名心，歇灭无有。至然灯佛出现于世，我乃得成无上妙圆识心三昧。乃至尽空如来国土，净秽有无，皆是我心变化所现。世尊，我了如是唯心识故，识性流出无量如来。今得授记，次补佛处。佛问圆通，我以谛观十方唯识，识心圆明，入圆成实。远离依他及遍计执②，得无生忍，斯为第一。"

大势至法王子③，与其同伦五十二菩萨即从座起，顶礼佛足，而白佛言："我忆往昔恒河沙劫，有佛出世，名无量光。十二如来相继一劫。其最后佛名超日月光。彼佛教我念佛三昧。譬如有人，一专为忆；一人专忘。如是二人，若逢不逢，或见非见。二人相忆；二忆念深。如是乃至从生至生，同于形影，不相乖见。十方如来怜念众生，如母忆子。若子逃逝，虽忆何为？子若忆母，如母忆时。母子历生不相违远。若众生心，忆佛念佛，现前当来必定见佛。去佛不远，不假方便，自得心开。如染香人，身有香气。此则名曰香光庄严。我本因地，以念佛心，入无生忍。今于此界，摄念佛人，归于净土。佛问圆通，我无选择，都摄六根，净念相继，得三摩地，斯为第一。"

【注释】

①弥勒：弥勒，梵文意译为"慈氏"，弥勒菩萨在大乘佛教中

地位殊胜，被认为是继承佛陀无上觉悟的"未来佛"。他于三界中欲界兜率天中的内院中讲经说法，并生活在温柔富贵之中，被称为"一生补过"，即菩萨之中地位最高的证悟者。可参阅拙作《圆觉经注译与评说》弥勒菩萨章。

②遍计执句：指三自性。即遍计所执，认为世间万物为实有、实我；依他起，指依因缘而产生的事物；圆成实，即圆满成就的本质上的真实。如花，忘情痴迷于实有，是遍计所执；从各种因缘如阳光、雨露、根苗而成花的形态，是依他起性；花的实体，无常无住，本自于无。佛家认为，物与我在本质上虚幻皆空。

③大势至法王子：菩萨名。与阿弥陀佛、观世音合称"西方三圣"。《观无量寿经》云："以智慧光普照一切，令离三涂（地狱、饿鬼、畜生），得无上力。"故名大势至。

【白话】

弥勒证悟者随即从座位起来，俯拜于佛陀脚下行礼后，对佛陀说："我回忆过去经历了如微尘数量无法计数的岁月中，有佛出现于世上，叫做日月灯明佛。我跟从他出家修行。由于我心里仍看重世上的名声，喜好交结名门望族。那时日月灯明佛教我修行和学习万法唯心，从而识妄心而入正定。长久以来，我以修心定念事奉过如恒河沙数一样多的佛。使追求世上的名利心，渐歇灭尽。到燃灯佛出现于世间后，我才得以成就无上美妙圆满的定心止观。以至于无尽虚空的佛国，无论是澄静与污秽、有与无，都是由能识之心变化所显现的。佛陀，我认识了一切皆由心生的原故，由心识生发出无数的佛。现在得到您的心传和认可，次于您做候补的佛位。佛陀问哪种修行方法圆满通达，我是以仔细观察一切世界皆由心识而发，识心本自圆满澄明，进入圆满真实的虚空境界。远离由因缘和合的一切形态以及事物和我的妄有之心，证得无生法忍，妄念随起随灭，这是最好的修法。"

　　大势至证悟者，及其与他共同修行的五十二位有成就的证悟者们随即从座位起来，俯拜于佛陀脚下行礼后，对佛陀说："我回忆以往如恒河沙数般无法计数的悠远岁月中，有佛出现于世，名叫无量光佛。有十二位佛相继出世，都用一个名称，救世教化达一大劫数的岁月。最后一位，在十二光佛中叫做超日月光。他教我修行念佛而入正念定止的方法。就好比有两人，其中一个专门记忆思念另一个人；另外一个人则专门忘却想他的人。这样两个人，倘若相遇也等于未相逢，或者说相见了与未见一样。只有俩人都相互牵挂；两个人的思念才能加深。如此乃至于一生至永世，都如同形影相伴，不相分离。一切世界的佛都怜悯挂念着众生灵，如同母亲挂念子女。倘若子女远走而不归，母亲虽想念子女可又有何用呢？子女如果想念母亲，如同母亲挂念子女一样。那么母子之间虽历经岁月也不会相互疏远。倘若人们的心中，想念着佛，在眼前或将来也必定会见到佛。距离佛并不遥远，不需要凭借其他方法，自身悟得了心性的开朗明净就行。比如熏染香气的人，身上就有香气。这就叫做香光庄严。我从开始的修法，是以念佛之心，进入到妄念不起的法界。现在于这个世界中，如镜普照摄入念佛的信众，归入到澄明的净土之中。佛陀问哪种修法圆满通达，我并没有选择，只是把眼、耳、鼻、舌、身、意都归摄于一念，使本自明净的心性念生念灭相继不断，悟得正定心止的境地，这就是最好的修行方法。"

卷 六

【经文】

尔时观世音菩萨即从座起①，顶礼佛足，而白佛言："世尊，忆念我昔无数恒河沙劫，于时有佛，出现于世，名观世音。我于彼佛，发菩提心。彼佛教我从闻、思、修，入三摩地。初于闻中，入流亡所。所入既寂，动静二相了然不生。如是渐增，闻所闻尽。尽闻不住，觉所觉空。空觉极圆，空所空灭。生灭既灭，寂灭现前。忽然超越世出世间。十方圆明，获二殊胜：

"一者，上合十方诸佛本妙觉心，与佛如来同一慈力。

"二者，下合十方一切六道众生，与诸众生同一悲仰。

"世尊，由我供养观音如来。蒙彼如来，授我如幻闻熏闻修金刚三昧，与佛如来同慈力故，令我身成三十二位，入诸国土。

【注释】

①观世音：佛教中普救众生，大慈大悲的菩萨，略称观音。相传可以应机以种种变化身教化众生，中国佛教寺院中常作女相，其显灵说法的道场在浙江省普陀山。本经在以下依次叙述了观音的三十二种相应随机的变化身，以救众苦难。

【白话】

这时观证悟者随即从座位起来，俯拜于佛陀脚下，行礼后对佛陀说："世之尊者，记得我过去在如无法计数的恒河沙数的久远岁月中,那时有一位佛,出现于世上,叫做观世音佛。我在佛前,发愿证悟佛理。观世音佛教我从闻声、思维、修证,进入正念定止的境地。起初在耳的闻声中,进入不攀声缘,消亡声音形态的境况。声音既入于静寂,声动与无声两种形态都了然不生。如此日渐增进,能闻之耳与所闻之声都全部尽除。尽除的声音也不长住,听觉和所听到化为空。空的觉悟极其圆融,空与所空耳识也灭除。产生与消灭既然都灭除,静寂入灭的自性就出现在面前。从而忽然超越了世间和出世间的一切境地。十方世界都圆满明净,获得了两种特殊胜境的能力:

"第一,可以上合十方佛本自美妙觉悟之心,与一切佛同样有大慈悲之力。

"第二,可以对下融合十方一切天、人、魔、地狱、饿鬼、畜生,对一切众生灵都同样具有解除悲苦的期待。

"世之尊者,由于我供奉了观世音佛。承蒙他以佛力,传授我如幻梦般的由耳熏陶闻性自性的修行得如金刚般坚固的定力,与佛具有相同的大慈悲之力,使我身体可以成为三十二种化身,入与一切国度和土地。

【经文】

"世尊,若诸菩萨入三摩地,进修无漏,胜解现圆。我现佛身而为说法,令其解脱。

"若诸有学寂静妙明,胜妙现圆。我于彼前,现独觉身而为说法,令其解脱。

"若诸有学断十二缘,缘断胜性,胜妙现圆。我于彼前,现缘觉身而为说法,令其解脱。

"若诸有学得四谛空,修道入灭,胜性现圆。我于彼前,现声闻身而为说法，令其解脱。

"若诸众生欲心明悟，不犯欲尘，欲心清净。我于彼前，现梵王身而为说法，令其解脱。

"若诸众生欲为天主，统领诸天。我于彼前，现帝释身而为说法，令其成就。

"若诸众生欲身自在，游行十方。我于彼前，现自在天身而为说法，令其成就。

"若诸众生欲身自在，飞行虚空。我于彼前，现大自在天身而为说法，令其成就。

"若诸众生爱统鬼神，救护国土。我于彼前，现天大将军身而为说法，令其成就。

"若诸众生爱统世界，保护众生。我于彼前，现四天王身而为说法，令其成就。

"若诸众生爱生天宫，驱使鬼神。我于彼前，现四天王国太子身而为说法，令其成就。

"若诸众生乐为人王。我于彼前，现人王身而为说法，令其成就。

"若诸众生爱主族姓，世间推让。我于彼前，现长者身而为说法，令其成就。

"若诸众生爱谈名言，清净自居。我于彼前，现居士身而为说法，令其成就。

"若诸众生爱治国土，剖断邦邑。我于彼前，现宰官身而为说法，令其成就。

"若诸众生爱诸数术，摄卫自居。我于彼前，现婆罗门身而为说法，令其成就。

【白话】

"世人之尊,倘若有成就的证悟者们进入了心念定止的境地,进而修悟无烦恼的过程中,殊胜的见解显现出圆满。我就会呈现出佛的化身为他们解说佛理,使之得到彻底的解脱。

"倘若有修学佛理心境寂静美妙明净的人们,殊胜美妙的心性显现圆融。我就会在他们面前,呈现出独自觉悟的身相为其解说佛理,使之解脱所见所思的烦恼。

"倘若有修学者已断除了无明而起的十二因缘,产生断除因缘的殊胜心性,将显现美妙和圆融。我会出现于他们面前,以断生死因缘而觉悟之身为之解说佛理,使他们解脱生死的烦恼。

"倘若有修行学习佛理的人们悟得了苦、集、灭、道四谛本归于空,修行到寂灭之心,殊胜的心性显现圆融。我会出现在他们面前,以闻佛法而悟道之身向他们解说佛法,使之解脱有生的烦恼。

"如果有众生灵要清心明净而觉悟,不受欲望和现象形态的迷惑,想得到心地清净。我会出现在他们面前,显现离欲、清净的梵王身相,为其解说远离欲望的修行,使他们解脱欲界的困扰。

"如果有众生灵想天的主宰,统领三十三天。我会在他们的面前,显现出护法神三十三天之主的身相,为其解说广行善事的佛理,使他们能成就大庇天下的心愿。

"如果有众生灵想得到自在之身,飞行在虚空。我会在他们的面前,显现出广大的自在天神的身相而为其解说行为举止皆善的佛理,使之成就快乐自在的境界。

"如果有的人喜欢统领鬼神,救护国家和生活在那里的人们。我会出现在他的面前,显现统帅天上人间鬼神的大将军的身相,为他解说统领鬼神的方法,使其成就心愿。

"如果有众生灵喜欢统领世界，保护一切众生灵。我会在他们面前，显现东、西、南、北四位天王的身相，为他们解说佛理，使之成就保护生灵的心愿。

"如果有众生灵喜爱生活在天宫，驱赶并使役鬼神为民造福。我会在他们面前，显现东、西、南、北四位天王的太子身相，为他们解说善行之法，使之成就心愿。

"如果有的人们乐于管理国家。我会在他们面前，显现国家治理者的身相而为他们解说治理国家的方法，使之成就心愿。

"如果有的人喜欢主持一族或一姓的事务，受到人们的拥戴。我会在他面前，显现德高望重的长者身相，为其解说为人楷模的做法，使之成就自己的心愿。

"如果有的人喜欢谈古论今，以高洁清净自好。我会在他的面前，显现居家修行的身相而为他讲解在家修行的佛法，使其成就心愿。

"如果有的人喜欢治理国家的事务，剖析判断处理所辖区域的事宜。我会在他的面前，显现办理政务的官员身相而为其讲解治理方法，使其成就事业。

"如果有的人喜爱计量和各种专门技术，收集整理利益人生。我会出现在他的面前，显现掌握知识技术的人的身相，为其讲解各种方法，使之在技能上有所成就。"

【经文】

"若有男子好学出家，持诸戒律。我于彼前，现比丘身而为说法，令其成就。

"若有女人好学出家，持诸禁戒。我于彼前，现比丘尼身而为说法，令其成就。

"若有男子乐持五戒。我于彼前，现优婆塞身而为说法，令其成就。

"若有女子五戒自居。我于彼前,现优婆夷身而为说法,令其成就。

"若有女子内政立身,以修家国。我于彼前,现女王身及国夫人,命妇大家而为说法,令其成就。

"若有众生不坏男根。我于彼前,现童男身而为说法,令其成就。

"若有处女爱乐处身,不求侵暴。我于彼前,现童女身而为说法,令其成就。

"若有诸天乐出天伦。我现天身而为说法,令其成就。

"若有诸龙乐出龙伦。我现龙身而为说法,令其成就。

"若有药叉乐度本伦[①]。我于彼前,现药叉身而为说法,令其成就。

"若乾闼婆乐脱其伦[②]。我于彼前,现乾闼婆身而为说法,令其成就。

"若阿修罗乐脱其伦[③]。我于彼前,现阿修罗身而为说法,令其成就。

"若紧那罗乐脱其伦[④]。我于彼前,现紧那罗身而为说法,令其成就。

"若摩呼罗伽乐脱其伦[⑤]。我于彼前,现摩呼罗伽身而为说法,令其成就。

"若诸众生乐人修人。我现人身而为说法,令其成就。

"若诸非人,有形无形,有想无想,乐度其伦。我于彼前,皆现其身而为说法,令其成就。

"是名妙净三十二应,入国土身。皆以三昧,闻熏闻修,无作妙力,自在成就。

【注释】

①药叉：亦作夜叉，意译能啖鬼。原为印度神话中的小神灵。佛教作为北天王的眷属，列为天龙八部之一，为保护佛教的神灵。

②乾闼婆：亦作犍陀罗，意译香神。原为印度婆罗门教崇拜的群神。汉译佛经通常称之为乐神。

③阿修罗：略称修罗，意译不端正。原为印度神话中的战神。为佛教守护神天龙八部之一，亦为六道之一。（六道参见前注）

④紧那罗：印度神话中的神。现人身马头或马身人头相，为天上的歌手，佛教也称其为乐神。

⑤摩呼罗伽：大蟒神，为人身蛇首，亦为乐神之类。

【白话】

"倘若有男子喜好学习佛理出家修行，守持二百五十条戒律。我会出现在他面前，显现出男佛教徒的身相而为之讲解佛法，使其成就佛果。

"如果有女人喜好学习佛理出家修行，遵守三百四十八戒条。我会出现在她面前，显现出女佛教徒的身相而为她解说佛法，使其成就佛果。

"倘若有男子乐意遵守不杀生、不偷盗、不邪淫、不妄语、不饮酒这五条戒律。我会在他面前，显现佛教在家修行的男居士的身相而为之解说佛法，使其成就心愿。

"如果有女子以不杀生、不偷盗、不邪淫、不妄语、不饮酒这五戒在自己居室中修行。我会在她面前，显现在家修行的女居士的身相而为她解说佛法，使其成就心愿。

"如果有女子内主家政安身立命，以至于修身齐家为祖国。我会在她面前，显现王后、夫人，以及主持家政、家教的身相而为她解说佛法，使其成就心愿。

"倘若有的人保持着男子的童贞之身。我会在他面前，显现童男之身而为他讲说佛理，使其成就以童男之身修行的心愿。

"如果有的处女爱惜并乐于保持处女之身，不在压力、暴力之下屈从。我会在她面前，显现处女之身而为她解说佛法，使其成就以处女之身修行的心愿。

"倘若在各天界中的天人期望脱离天人类的身相。我会显现天人的身相而为他们说佛法，使之成就心愿。

"倘若有守于江海、腾云降雨的龙类期望脱离龙类的身相。我会显现龙身而为其解说佛法，使之成就心愿。

"倘若有精灵期望脱离鬼类。我会在他们面前，显现神灵身相而为之解说佛法，使其成就心愿。

"倘若有香神想脱离其类。我会出现在他面前，显现香神的身相而为他宣说佛法，使其成就心愿。

"倘若有战神想脱离其类。我会在他面前，显现战神的身相而为他解说佛理，使之成就心愿。

"倘若有乐神想脱离其类。我会在他面前，显现乐神的身相而为他解说佛法，使其成就心愿。

"倘若有蟒神想脱离其类。我会在他面前，显现大蟒神的身相而为他解说佛法，使其成就心愿。

"倘若有些生灵期望成为人相在人类中修行。我就会为他们显现人的身相而为之解说佛法，使其成就心愿。

"倘若有非人类的生灵，有形体的昆虫或无形体之辨的微生物，有思想的精灵无思念的木石等，乐于脱离其类。我会在他们面前，都随其所愿显现身相而为之解说佛法，使其完成心愿。

"这就称为美妙明净的三十二种相应变化，进入一切世界的变化身。这都是以正定心念，闻佛理而熏染心性听佛法修悟其身，是无造作的美妙力量，能自由地成就一切众生灵的心愿。

【经文】

"世尊,我复以此闻熏闻修,金刚三昧无作妙力,与诸十方三世六道,一切众生同悲仰故。令诸众生于我身心,获十四种无畏功德。

"一者,由我不自观音,以观观者。令彼十方苦恼众生,观其音声,即得解脱。

"二者,知见旋复。令诸众生,设入大火,火不能烧。

"三者,观听旋复。令诸众生,大水所漂,水不能溺。

"四者,断灭妄想,心无杀害。令诸众生,入诸鬼国,鬼不能害。

"五者,熏闻成闻,六根销复,同于声听。能令众生,临当被害,刀段段坏。使其兵戈,犹如割水;亦如吹光,性无摇动。

"六者,闻熏精明,明遍法界,则诸幽暗性不能全。能令众生,药叉、罗刹、鸠槃茶鬼及毗舍遮、富单那等,虽近其傍,目不能视。

"七者,音性圆销,观听返入,离诸尘妄。能令众生,禁系枷锁,所不能著。

"八者,灭音圆闻,遍生慈力。能令众生,经过险路,贼不能劫。

"九者,熏闻离尘,色所不动。能令一切多淫众生,远离贪欲。

"十者,纯音无尘,根境圆融,无对所对。能令一切忿恨众生,离诸嗔恚。

"十一者,销尘旋明,法界身心犹如琉璃,朗彻无碍。能令一切昏钝性障,诸阿颠迦,永离痴暗。

"十二者,融形复闻,不动道场。涉入世间,不坏世界。能遍十方，供养微尘诸佛如来。各各佛边，为法王子。能令法界无子众生，欲求男者，诞生福德智慧之男。

"十三者，六根圆通，明照无二，含十方界。立大圆镜空如来藏，承顺十方微尘如来，秘密法门，受领无失。能令法界无子众生，欲求女者，诞生端正福德柔顺，众人爱敬，有相之女。

"十四者，此三千大千世界，百亿日月。现住世间诸法王子，有六十二恒河沙数。修法垂范，教化众生。随顺众生，方便智慧，各各不同。由我所得，圆通本根，发妙耳门。然后身心微妙含容，周遍法界。能令众生，持我名号，与彼共持，六十二恒河沙，诸法王子。二人福德，正等无异。

"世尊，我一名号，与彼众多名号无异。由我修习，得真圆通。是名十四施无畏力，福备众生。

【白话】

"世人之尊，我还以反观听闻内照熏习心性从听闻修悟，能破除一切烦恼的定念心止这并无造作的美妙之力，能与十方世界，过去、现在、未来三世，地狱、饿鬼、畜生、人、天、阿修罗六道，一切众生灵同样悲悯和仰慕化为一体。使众生灵从我清澄的身心力量中，获得十四种无所畏惧的功德力量。

"第一，由我不自为的观察聆听之力，用以观察领悟那些直接观察感受苦难世界的生灵们的苦难。使那些十方世界中苦恼的生灵们，用诚心念诵我名字的声音而闻知他们的心愿，使之得以解脱苦难。

"第二，使觉悟的认识见解回旋往复普及众生。使一切众生灵，在欲火的燃烧下，不被烈焰所烧。

"第三，使反观闻听清澄的心性回旋往复普及众生。使一切众生灵，在广大的苦海中漂泊时，不能被沉溺。

"第四，断除灭尽了一切心念的妄想，清澄之心永无杀害之想。使一切众生灵，以清净心入于鬼地时，一切鬼怪都不能加害于身。

"第五，使熏习的听闻妄有转为闻知心性的清澄，使眼、耳、鼻、舌、身、意这六根的妄有见解消除，同样归于声音之能听之性的清净中。能使众生灵们，在面临被杀害时，杀生之利刀一段段地损坏。使其使用的刀枪，犹如切割劈砍清水一样，水并无所伤；又好比用嘴去吹太阳的光芒，心性之清净永寂之光也不会为之摇摆晃动。

"第六，使听闻的妄有熏习化为精妙而明净，使明净遍及一切现象界，那么一切在幽暗中显现的恶性不能成全。能使众生灵，在能啖鬼、饿鬼、啖人精鬼以及啖人精气鬼、热病鬼等，接近身旁的时候，看不到心性明净的生灵。

"第七，使声音妄有心性消除而圆融无碍，当能闻之音入于耳时远离一切妄有心念。能使众生灵，在禁区、限制和枷锁面前，并不能被束缚。

"第八，灭除了声音的妄有从而圆满地听闻一切，产生周遍的大慈悲之力。能使众生灵，在经过人生险要之路时，烦恼心贼不能加害。

"第九，使熏染的闻听心念远离妄有，不为一切现象所动摇清净心。就能使一切有诸多淫欲之心的众生者，远离贪欲的困扰。

"第十，清纯的听音之性了无尘缘，眼、耳、鼻、舌、身、意所对的环境都圆融无碍，所对之物并无实有。能使一切对现实忿恨的众生灵，远离一切嗔恨心念。

"第十一，消除了妄有心即旋回到明净，使自己的身心犹如清澄透亮的琉璃一样了无一物，明朗透彻圆融无碍。能使一切倒悬的迟钝迷惑而形成的心念障碍，一切颠倒了的认识，都从痴迷昏暗中永远脱离出来。

"第十二，去妄有而圆融恢复本净闻性，本自静寂的境地。从而涉入世间，本无生灭的世界中。能够遍及十方世界，供养如微尘一样数量的佛和如实而来者。在各个佛的旁边，成为有成就的证悟者。能使世上没有儿子的众生们，要求男孩的人，能生有福、有德、有智慧的男儿。

"第十三，眼耳鼻舌身意圆满通达，明净朗然于无，遍含十方世界。如立大圆镜所摄照虚空，这如实所包藏的了无世界，承接顺达十方世界如微尘般数量的如实而来的觉悟者，使各种秘密的修行方法，都能接受领会并无遗失。能使世界没有子女的众生灵，想要得女儿的人，诞生端庄、有福德、温柔顺心，使人们喜爱敬重，长相出众的女孩。

"第十四，这三千大千世界，有百亿计的太阳和月亮。现在处身于世的证悟者，有六十二个恒河沙数的数量。他们修行佛法的行为，示范和教化着众生灵。随时顺达众生灵的心愿，用各种方法开启智慧，显现出各自不同的特征。由我所得到的清净心，圆满通达于自身的本质，引发美妙清净的耳听方便之门。然后达到身心包容的本自精微美妙的心性，周遍现象的世界。能使众生灵，能够念我观音的称号的人们，如同六十二个恒河之沙的数量的证悟者。二者所具有的福德，完全相等并无差异。

"世人之尊，念我观音菩萨的称号，与念众多佛的名号并无差异。由于我的修行，得以真正具有圆满通达。这些就称之为十四种具有的无畏力量，福德周备普度一切众生灵于苦海。

【经文】

"世尊,我又获是圆通,修证无上道故,又能善获四不思议,无作妙德。

"一者,由我初获妙妙闻心,心精遗闻。见闻觉知,不能分隔。成一圆融,清净宝觉。故我能现,众多妙容。能说无边,秘密神咒。其中或现一首、三首、五首、七首、九首、十一首,如是乃至一百八首,千首、万首、八万四千烁迦罗首。二臂、四臂、六臂、八臂、十臂、十二臂,十四、十六、十八、二十至二十四,如是乃至一百八臂,千臂、万臂、八万四千母陀罗臂。二目、三目、四目、九目,如是乃至一百八目,千目、万目、八万四千清净宝目。或慈、或威、或定、或慧,救护众生,得大自在。

"二者,由我闻思,脱出六尘。如声度垣不能为障。故我妙能现一一形,诵一一咒。其形其咒,能以无畏施诸众生。是故十方微尘国土,皆名我为施无畏者。

"三者,由我修习本妙圆通清净本根。所游世界,皆令众生舍身珍宝,求我哀愍。

"四者,我得佛心,证于究竟。能以珍宝种种供养十方如来,傍及法界六道众生。求妻得妻,求子得子,求三昧得三昧,求长寿得长寿。如是乃至求大涅槃得大涅槃。佛问圆通,我从耳门圆照三昧,缘心自在,因入流相,得三摩地,成就菩提,斯为第一。

"世尊,彼佛如来,叹我善得圆通法门。于大会中授记我为观世音号。由我观听十方圆明,故观音名,遍十方界。"

【白话】

"世之尊者,我又进而获得圆满通达,修证了无上的佛门义理,从而又能够善于获得四种不可思议的,无须造作就具备的美妙功德。

"第一,由于我从最初获得的精妙反闻心性本静的妙理,使心之精妙能脱离能闻听之耳。所见、所闻之境都觉悟、认知,不能分别阻隔。成为一个圆融无碍,清澄明净的觉悟宝境。因此我能显现,众多美妙的容貌。能说有无边法力的,具有玄机的预言。在这之中或显现出一头、三头、五头、七头、九头、十一头,如此以至于一百零八头,一千头、一万头、八万四千坚固的头;双臂、四臂、六臂、八臂、十臂、十二臂;进而十四臂、十六臂、十八臂、二十臂到二十四臂,如此以至于到一百零八臂,一千臂、一万臂、八万四千种手印之臂;双眼、三眼、四眼、九眼如此以至于到一百零八眼,一千只眼、一万只眼、八万四千只清澄明净如珍宝般的眼。或呈现慈悲、或显现威严、或表示安定、或现出智慧,来救护众生灵,得到广大的自在境地。

"第二,由于我从闻听觉悟,脱出色、声、香、味、触、法六种不洁的尘境。犹如声音能越过屏障不能为之阻碍。因此我能奇妙地显现各种形象,诵出各种预言。这些各种形态和预言,能广施于众生灵以无畏的力量。所以十方的一切世界,都称我为广施大无畏力量的证悟者。

"第三,由于我修行学习本自美妙圆满通达清净的闻性。因此所游历的世界里,都使人们能够舍身命、珍宝,恳求我施以普度众生于苦海的怜悯之心。

"第四,我得到如实的真心,修证到本净。能以奇珍异宝一切财富供奉十方诸佛,并旁及到世俗之中的天、人、畜、鬼、地狱、阿修罗。使祈求妻子的得到妻室,让盼求子女的得到子女,求证定念心止的得证正定,恳求长寿者得到长寿。如此以至于求证广大静寂境界的得证广大的静寂境界。佛陀问哪种修行方法圆满通达,我从耳根这一方法圆满映照定念心止,任因缘心得自在,因此而进入无生死流转的形态,得证正定,成就了觉悟之心,由耳根入定是最好的修法。

"世之尊者,那位如实而来的观世音佛,赞叹我善于得证圆满通达的方法。在大会中印证我为观世音的名号。由于我观察闻听十方世界圆融明净,因此观音的称号,遍及十方世界。"

【经文】

尔时,世尊于师子座,从其五体同放宝光,远灌十方微尘如来,及法王子诸菩萨顶。彼诸如来,亦于五体同放宝光。从微尘方来灌佛顶,并灌会中诸大菩萨及阿罗汉。林木池沼,皆演法音。交光相罗,如宝丝网。是诸大众,得未曾有。一切普获,金刚三昧。即时,天雨百宝莲华,青、黄、赤、白,间错纷揉。十方虚空,成七宝色。此娑婆界,大地山河俱时不现,唯见十方微尘国土,合成一界。梵呗咏歌①,自然敷奏。

于是如来,告文殊师利法王子:"汝今观此,二十五无学诸大菩萨及阿罗汉,各说最初成道方便。皆言修习真实圆通。彼等修行,实无优劣,前后差别。我今欲令阿难开悟,二十五行,谁当其根?兼我灭后,此界众生,入菩萨乘,求无上道,何方便门得易成就?"

文殊师利法王子,奉佛慈旨,即从座起,顶礼佛足,承佛威神,说偈对佛:

【注释】

①梵呗（bài）：亦称呗匿，意译为赞叹、赞颂。指依曲调引声歌咏偈颂，以赞颂诸佛菩萨的济世功德。

【白话】

这时，佛陀在狮子宝座之上，从他的头和双手双脚同时放射出珍宝般的灵光，远远彻照于十方世界如微尘一样不可胜数的各方佛和有成就的证悟者头顶。这些诸佛，也从他们的头部和双手双脚处同样放射出灵光。从如微尘般数量的各方返照在佛陀的头顶，并灌顶于大会之中的各位有成就的证悟者以及证得无烦恼境地的人。森林、池沼风吹水流之间，都演奏出和谐的佛法之音。灵光交相辉映，如编织的由珍宝结成的罗网。与会的众生灵，得到未曾有过的欢悦。都获得了如金刚石般坚不可摧的定念心止。此时，天上飘落下由百宝莲花花瓣形成的花雨，青、黄、红、白各色，交错相间百态纷呈。十方虚空，都绘成金、银、砗磲、琉璃、玛瑙、琥珀、珊瑚七宝的颜色。这时世俗的苦难世界，大地、山河万有形态都不见了，只见十方如微尘般数量的广大国土，都合成一界。赞颂佛法功德的咏唱之声，自然而然地响奏着。

这时佛陀，对文殊证悟者说："你现在观察，这二十五位证得无学果位的证悟者以及无烦恼的修证者，分别说了最初成就佛法的方法。都说各自的修行方法是真实无妄圆满通达的。你们各种修行方法，实际上并无优劣之分，也没有哪种在前或在后的差别。我现在要使阿难觉悟，在二十五种修行方法中，哪一种对应阿难的根机呢？另外在我寂灭之后，在这苦难世界的众生灵，进入广大的证悟者的境地，追求无上的真理，用什么方法容易得以成就心愿呢？"

文殊这位有成就的证悟者，依据佛陀慈悲的旨意，随即从座位上起来，五体投地叩拜佛足后，承接着佛陀神奇的威力，用诗句对佛陀回答：

【经文】

觉海性澄圆，圆澄觉元妙。
元明照生所，所立照性亡。
迷妄有虚空，依空立世界。
想澄成国土，知觉乃众生。
空生大觉中，如海一沤发。
有漏微尘国，皆依空所生。
沤灭空本无，况复诸三有①。
归元性无二，方便有多门。
圣性无不通，顺逆皆方便。
初心入三昧，迟速不同伦。
色想结成尘，精了不能彻；
如何不明彻，于是获圆通②？
音声杂语言，但伊名句味；
一非含一切，云何获圆通？
香以合中知，离则元无有；
不恒其所觉，云何获圆通？
味性非本然，要以味时有；
其觉不恒一，云何获圆通？
触以所触明，无所不明触；
合离性非定，云何获圆通？
法称为内尘，凭尘必有所；

能所非遍涉，云何获圆通？
见性虽洞然，明前不明后；
四维亏一半，云何获圆通？
鼻息出入通，现前无交气；
支离匪涉入，云何获圆通？
舌非入无端，因味生觉了；
味亡了无有，云何获圆通？
身与所触同，各非圆觉观；
涯量不冥会，云何获圆通？
知根杂乱思，湛了终无见；
想念不可脱，云何获圆通？
识见杂三和，诘本称非相；
自体先无定，云何获圆通？
心闻洞十方，生于大因力；
初心不能入，云何获圆通？
鼻想本权机，只令摄心住；
住成心所住，云何获圆通？
说法弄音文，开悟先成者；
名句非无漏，云何获圆通？
持犯但束身，非身无所束；
元非遍一切，云何获圆通？
神通本宿因，何关法分别；
念缘非离物，云何获圆通？
若以地性观，坚碍非通达；
有为非圣性，云何获圆通？
若以水性观，想念非真实；

如如非觉观,云何获圆通?
若以火性观,厌有非真离;
非初心方便,云何获圆通?
若以风性观,动寂非无对;
对非无上觉,云何获圆通?
若以空性观,昏钝先非觉;
无觉异菩提,云何获圆通?
若以识性观,观识非常住;
存心乃虚妄,云何获圆通?
诸行是无常,念性元生灭;
因果今殊感,云何获圆通?

【注释】

①三有:又称三界,指生死的境界。有因有果谓之有,三有即三界之生死,分别为欲有、色有、无色有。另外还有本有、当有、中有之三有说,所谓本有与当有之间所受之身心,欲界、色界之生死,必有中有。

②以下分别用反诘句式,分别阐述了由色尘发端二十四种修法,难以圆满通达的认识。最后明确表明,要渡脱苦海的修法,最好的就是观照音声的方法,即观音法门,并进一步说明其教化人心之功,自在无畏之力。

【白话】

觉悟心性如大海,圆满清澄自美妙。
本自明净观照有,妄有立处朗性无。
迷惑虚妄于有空,依据空间立万物。

妄念化澄成世事，有知有觉众生灵。
虚空萌生觉海中，犹如其中一泡沫。
有情无数世界里，都从虚空生妄有。
妄尘尽灭本无空，何况妄有诸烦恼。
归于本自清净心，修行方法有多种。
圣洁自性路路通，二十五法皆成立。
初发心愿修正定，觉心早晚不相同。
妄想形态成妄有，领会实质不透彻；
如果实质未明彻，何以圆满获通达？
声音可以传语言，需要依据字与句；
字句不能代一切，何以圆满获通达？
鼻闻香而生知觉，香散离则化乌有；
其味并不总嗅觉，何以圆满获通达？
舌味并非本具有，要有味道才产生；
味觉并非总不变，何以圆满获通达？
触觉有触才有觉，无所接触没有觉；
时离时合无定性，何以圆满获通达？
意识为内心妄有，所想必定有所依；
所依并非全遍布，何以圆满获通达？
眼见虽如洞观火，但见前不见于后；
前后左右少一处，何以圆满获通达？
鼻息出入才畅通，相互之间无交接；
出气入气不相涉，何以圆满获通达？
舌头无端不生味，因为味生才有觉；
味道消失觉亦无，何以圆满获通达？
身体与接触相通，都非圆融觉悟观；
无涯事物不领会，何以圆满获通达？

认识本自乱纷纷，清澄觉悟归于无；
心念不可脱离有，何以圆满获通达？
眼识境见三组合，寻其根本并非实；
自体本质无确定，何以圆满获通达？
心声耳闻察十方，产生觉悟修持力；
初发心愿不能具，何以圆满获通达？
鼻息观想权宜法，只使妄心住一处；
住成一处心所有，何以圆满获通达？
说法所用声与文，只能开悟成就者；
名称文句非觉悟，何以圆满获通达？
持戒无犯约束身，无我无身难束缚；
本自不能遍各处，何以圆满获通达？
神通由定修行得，正法澄心无关此；
妄念因缘未离有，何以圆满获通达？
修观地性有为法，坚固阻碍不通达；
有为之法不圣明，何以圆满获通达？
修观水性有为法，心中观想非实有；
不动不是观照觉，何以圆满获通达？
修悟火性观察想，厌恶有欲非离欲；
并非初发修证路，何以圆满获通达？
观想风性修悟法，动静并非面对无；
二者相对非觉悟，何以圆满获通达？
观想空性修证法，浑沌并非净觉知；
无觉有别修正道，何以圆满获通达？
观想识性证悟法，观察心识总不常；
存有一心实虚妄，何以圆满获通达？
一切事物不常存，念佛之法亦生灭；

前因后果各有别,何以圆满获通达?

【经文】

我今白世尊,佛出娑婆界。
此方真教体,清净在音闻。
欲取三摩提,实以闻中入。
离苦得解脱,良哉观世音。
于恒沙劫中,入微尘佛国。
得大自在力,无畏施众生。
妙音观世音,梵音海潮音;
救世悉安宁,出世获常住。
我今启如来,如观音所说。
譬如人静居,十方俱击鼓。
十处一时闻,此则圆真实。
目非观障外,口鼻亦复然。
身以合方知,心念纷无绪。
隔垣听音响,遐迩俱可闻。
五根所不齐,是则通真实。
音声性动静,闻中为有无。
无声号无闻,非实闻无性。
声无既无灭,声有亦非生。
生灭二圆离,是则常真实。
纵令在梦想,不为不思无。
觉观出思惟,身心不能及。
今此娑婆国,声论得宣明。
众生迷本闻,循声故流转。

阿难纵强记，不免落邪思。
岂非随所沦，旋流获无妄。
阿难汝谛听，我承佛威力。
宣说金刚王，如幻不思议，
佛母真三昧。汝闻微尘佛，
一切秘密门，欲漏不先除，
畜闻成过误。将闻持佛佛，
何不自闻闻？闻非自然生，
因声有名字。旋闻与声脱，
能脱欲谁名？一根既返源，
六根成解脱。见闻如幻翳，
三界若空华。闻复翳根除，
尘销觉圆净。静极光通达，
寂照含虚空。却来观世间，
犹如梦中事。摩登伽在梦，
谁能留汝形？如世巧幻师，
幻作诸男女，虽然诸根动，
要以一机抽。息机归寂然，
诸幻成无性，六根亦如是。
元依一精明，分成六和合。
一处成休复，六用皆不成。
尘垢应念销，成圆明净妙。
余尘尚诸学，明极即如来。
大众及阿难，旋汝倒闻机，
反闻闻自性，性成无上道。

圆通实如是。此是微尘佛，
一路涅槃门。过去诸如来，
斯门已成就；现在诸菩萨，
今各入圆明。未来修学人，
当依如是法。我亦从中证，
非惟观世音。诚如佛世尊，
询我诸方便。以救诸末劫，
求出世间人，成就涅槃心，
观世音为最。自余诸方便，
皆是佛威神，即事舍尘劳。
非是长修学，浅深同说法。
顶礼如来藏，无漏不思议。
愿加被未来，于此门无惑。
方便易成就，堪以教阿难，
及末劫沉沦。但以此根修，
圆通超余者，真实心如是。

【白话】

我今天对佛陀说，佛显身于苦难界。
此界真正教化法，在听闻音声清净。
要取得正心正定，是以净闻自性入。
脱离苦难得解脱，最好即是观音法。
在如恒沙数岁月，进入微尘量国土。
得广大自在之力，无畏施德于众生。
传妙音的观世音，无染的佛音如潮；
救度众生得安宁，获出世常住静心。

我现在再对佛说，正如观音菩萨讲。
好比人静住一处，有十方同时击鼓。
十处鼓声同时闻，这才是圆满真实。
眼不能穿透障碍，口和鼻所感有限。
身体有触才感知，心念纷繁常无绪。
隔墙垣能听响动，或远或近都能听。
这是五根所没有，从而耳闻通真实。
声音特性有动静，听到为有未听无。
无声静境叫无闻，并非闻性不真实。
无声之时性不灭，有声之际亦未生。
闻性圆满离生灭，因此常存是真实。
即使梦中想念存，不因不想而无闻。
闻觉超出思惟外，妄有身心不能及。
在这纷扰的世界，要用声音传佛理。
众生迷惑自闻性，追循声音而流转。
阿难纵然能强记，仍不免于沦淫欲。
这不就是在沦落，旋回流转获无妄。
阿难你要认真听，我承接佛的威力。
宣讲佛陀的义理，如幻不可思议法，
是成就佛的正定。你听如微尘数佛，
所讲秘密的修法，若不除有漏之欲，
听得多反成错误。将闻性记诸佛法，
何不由闻返自性？闻性不是自然生，
有了声音才命名。返闻自性脱动静，
脱离的主体是谁？由耳根返本还源，
六根皆成就解脱。所见所闻如幻有，
三界万物空中花。闻性归净妄有除，

尘埃尽消觉圆明。静至极寂光通达，
朗照蕴含虚空中。反观世间一切事，
犹如一场幻梦中。摩登伽女梦里人，
怎能留住你身形？如世巧妙魔术师，
幻术化为众男女，虽然人人皆能动，
一机关不断伸缩。机关一停归静寂，
各种动态皆无性，六根妄有亦如此。
原本依心之精明，成眼耳鼻舌身意。
一处能休止复原，六根妄有不成立。
世尘心垢欲念消，成就圆明美妙净。
世尘尚余是有学，光明极地佛境界。
与会大众和阿难，回旋你颠倒闻性，
返观闻听知闻性，澄性则成无上道。
圆满通达实如此。这是无量数之佛，
都修此法证涅槃。过去一切成佛者，
都依此门得成就；现在一切证悟者，
今日由此入圆明。未来一切修学人，
应当依据此方法。我也是由此证悟，
不仅是观音一人。正如我面对佛陀，
回答自己的修法。为救助未来岁月，
想脱离苦海之人，得静寂澄净之心，
观世音之法最好。其他各种修行法，
都是佛的威神力，为救众生脱烦恼。
不是长久修学法，有深有浅皆佛理。
五体投地拜佛法，无烦恼不可思议。
愿加被与未来人，修听闻法不疑惑。
此方法容易成就，足以来教化阿难，

及其未来沉沦人。只要由耳根修法,
圆满通达超其他,证真实心即此法。

【经文】

于是阿难及诸大众,身心了然,得大开示。观佛菩提及大涅槃。犹如有人,因事远游,未得归还,明了其家所归道路。普会大众,天龙八部①,有学二乘,及诸一切新发心菩萨,其数凡有十恒河沙。皆得本心,远尘离垢,获法眼净②。性比丘尼,闻说偈已,成阿罗汉。无量众生,皆发无等等阿耨多罗三藐三菩提心。

阿难整衣服,于大众中合掌顶礼。心迹圆明,悲欣交集。欲益未来诸众生故,稽首白佛:"大悲世尊,我今已悟,成佛法门。是中修行得无疑惑。常闻如来说如是言:'自未得度,先度人者,菩萨发心。自觉已圆,能觉他者,如来应世。'我虽未度,愿度末劫一切众生。世尊,此诸众生,去佛渐远。邪师说法,如恒河沙。欲摄其心入三摩地,云何令其安立道场,远诸魔事,于菩提心得无退屈?"

尔时世尊,于大众中称赞阿难:"善哉,善哉。如汝所问,安立道场,救护众生,末劫沉溺。汝今谛听,当为汝说。"阿难大众,唯然奉教。

佛告阿难:"汝常闻毗奈耶中,宣说修行三决定义。所谓摄心为戒;因戒生定;因定发慧。是则名为三无漏学。

"阿难,云何摄心我名为戒?若诸世界,六道众生,其心不淫。则不随其,生死相续。汝修三昧,本出尘劳。淫心不除,尘不可出。纵有多智,禅定现前,如不断淫,必落魔道。上品魔王,中品魔民,下品魔女。彼等诸魔,亦有徒众。各各自谓,成无上道。我灭度后，末法之中，多此魔民，炽盛世间。广行贪淫，为善知识。令诸众生，落爱见坑，失菩提路。汝教世人，修三摩地，先断心淫。是名如来先佛世尊，第一决定，清净明诲。是故阿难，若不断淫，修禅定者如蒸沙石，欲其成饭，经百千劫，只名热沙。何以故？此非饭本，沙石成故。汝以淫身，求佛妙果，纵得妙悟，皆是淫根。根本成淫，轮转三途，必不能出。如来涅槃何路修证？必使淫机身心俱断，断性亦无。于佛菩提斯可希冀。如我此说，名为佛说。不如此说，即波旬说。

【注释】

①天龙八部：佛教的保护神，简称八部。以天龙为首，依次为：天、龙、夜叉即鬼神、乾闼婆即香神或乐神、阿修罗即战神、迦楼罗即金翅鸟、紧那罗即歌神、摩睺罗迦即大蟒神。其中以天、龙神通最殊，故合称"天龙"。

②法眼净：佛教名词。指认识了佛理之真谛，通于大小乘。小乘法眼即初果见四谛即苦、集、灭、道，称为法眼；大乘法眼指初地得真无生法，故称。《注维摩经·卷一》亦有："始见道迹，故得法眼名。"

【白话】

这时阿难和与会的众生灵，身心畅快明白，得到了文殊证悟者的启示。观想佛陀觉悟及到达广大清净永寂境界。这好比有一个人，离乡远游，虽然还没有回家，但已经明白了回家安居的道路。到会的广大信众，佛教的守护神天龙八部，尚需进学的声闻、缘觉二乘的修行者，以及一切初发愿修证大乘佛理的生灵，其数量有如十条恒河沙粒。都得悟本心，远离世俗的烦恼，获得对佛理的正确认识。摩登伽女，听了这番义理后，成为初果的阿罗汉。无数的众生灵，都发愿证悟无可比拟的，无上的正等觉悟之心。

阿难整理了衣服，在广大的信徒之中合掌于胸前，顶礼佛足。这时他心里圆通明朗，悲喜交加。为了要利益未来的众生灵，叩首到地多时后对佛陀说："广大慈悲的世之尊者，我现在已经觉悟，明白了成佛的修行方法。从听闻修行而不再会有疑惑。我常听佛这样说：'自己未能渡脱苦海，而要先渡脱他人，这是有成就的证悟者的心愿。自己觉悟圆满，又能觉悟其他人的，是佛入世的化身。'我虽未渡脱苦海，却愿渡脱在末劫时期的一切众生灵出苦海。世之尊者，这些众生灵，离开佛在世的岁月日渐遥远。邪恶之师的认识，如恒沙之数不可计数。要想收摄人心进入定念心止，如何使其心安于一个修行的地方，远离一切邪魔的侵扰，在修悟正觉之心时不退缩呢？"

这时佛陀，面对大家称赞阿难说："很好，很好。如你所问，如何安定地确立道场，救护一切众生灵，免于在末劫时沉溺于无边苦海。你现在认真听，应当为你解说。"阿难和信徒们，认真地聆听教化。

佛陀告诉阿难："你常听我讲戒律，解说修行中的三个基本规则。就是收心守戒律；由戒律而产生定力；由定力而生发智慧。这就称为三个达到无烦恼即无漏果位的修学。

"阿难，什么是收摄妄心而称之为戒呢？如果一切世界中天、人、魔、畜生、鬼、地狱，这六种境地生灵，心中不存淫欲。就不会随生死，连续地轮回。你修行正定，本意是脱离世俗的烦恼。若淫欲之心不除，世俗烦恼是不会超出的。既使你有许多智慧，有定念心止的暂时定力，如果不能断绝淫欲，必然要堕落于魔道。道术高的是魔王，中等的是魔众，下等的变成魔女。那些邪魔，也有许多信徒。每个邪魔都自以为成就了至高无上的大道。在我去世之后，在佛法没落的岁月里，有许多魔众，在世间盛行。广泛地施行着贪婪和淫欲，自以为是善于传播真理的人。使一切众生，堕落在爱欲认识的深坑中，失去了觉悟的大路。你教化世俗之人，修行正定，要首先断除心中的淫欲之念。这是过去一切佛，所确立戒律中的有决定意义的第一戒，是清净明确的教诲。因此阿难，如果不能断除淫欲，那么修习禅定的人就好比蒸煮砂石，要使其成为饭菜，历经无尽岁月，只能称为加热砂石。为什么呢？因为砂石从根本上讲，永远不能成饭。如果你以淫欲之身心，求证佛法美妙的果报，纵使能得到美妙的证悟，也都是由淫所生的根苗。由于从根本上是淫欲的，就会轮回流转于地狱、饿鬼、畜生这三种路途之中，而必然不能脱出。佛陀静寂之境用什么来修证呢？必须使淫欲的身心彻底断绝，连了断之心亦化为无。这样对于佛理的证悟才可能有希望得到。和我说法相同的，称为佛说。不这样说，就是魔王的说法。

【经文】

"阿难，又诸世界六道众生，其心不杀，则不随其生死相续。汝修三昧，本出尘劳。杀心不除，尘不可出。纵有多智，禅定现前，如不断杀，必落神道。上品之人，为大力鬼；中品则为飞行夜叉，诸鬼帅等；下品当为地行罗刹①。彼诸鬼神，亦有徒众，各各自谓成无上道。我灭度末法之中，多此鬼神炽盛世间。自言食肉，得菩提路。

"阿难，我令比丘，食五净肉。此肉皆我神力化生，本无命根。汝婆罗门，地多蒸湿，加以砂石，草菜不生。我以大悲神力所加，因大慈悲，假名为肉，汝得其味。奈何如来灭度之后，食众生肉，名为释子。汝等当知，是食肉人，纵得心开似三摩地，皆大罗刹。报终必沉生死苦海，非佛弟子。如是之人，相杀相吞，相食未已。云何是人，得出三界？汝教世人修三摩地，次断杀生。是名如来先佛世尊，第二决定，清净明诲。是故阿难，若不断杀，修禅定者，譬如有人，自塞其耳，高声大叫，求人不闻。此等名为，欲隐弥露。清净比丘及诸菩萨，于歧路行，不蹋生草，况以手拔？云何大悲，取诸众生血肉充食？若诸比丘，不服东方丝绵绢帛，及是此土靴履、裘毳，乳酪、醍醐②。如是比丘，于世真脱。酬还宿债，不游三界。何以故？服其身分，皆为彼缘。如人食其地中百谷，足不离地。必使身心于诸众生，若身身分，身心二途，不服不食。我说是人，真解脱者。如我此说，名为佛说。不如此说，即波旬说。

【注释】

①罗刹：梵文音译的简称，原为古印度神话中的恶魔，后演变为恶鬼。佛教沿用，仍为恶鬼。男罗刹为黑身、朱发、绿眼；女罗刹为绝色美妇。慧琳《一切经音义》卷二十五有："罗刹此云恶鬼也，食人血肉，或飞空、或地行，捷疾可畏也。"

②醍醐：酥酪上凝聚的油脂。《本草纲目·兽一》有"作酪时，上一重凝者为酥，酥上如油者为醍醐，熬之即出，不可多得，极甘美。"佛教以此喻一乘教义。此外，纯酥油浇顶，清凉舒适。佛教以此喻用智慧灌输于人，使人彻悟，谓之醍醐灌顶。

【白话】

"阿难，还有一切世上的天、人、阿修罗（恶神）、畜生、饿鬼、地狱中的生灵，他的心中不存杀机，就可以不随生死轮回和业报相续不断。你修定念心止，本想超出尘劳烦恼。如杀心不除，就不可能脱出世俗的烦恼。纵使有许多世间的智慧，能出现定念正心的短暂境界，但如果不断杀心，必定会堕落于神鬼之道。根机好的人，就成为大力鬼；根机一般的人，就成为能飞行的鬼神；根机差的人，就成为吸食人精气的罗刹鬼。这些鬼神，也有信徒，都自称成就了无上大道。在我去世后的佛教末法时期，有许多鬼神，盛行在世间。扬言吃肉，可以证得觉悟的正路。

"阿难，我让有些出家修行的人，可以食五种干净的肉即不见杀、不闻杀、不为我而杀、自死、鸟残之肉。这类肉是我以神通之力变化而生，本来并没有命根即不能繁衍。因为在你们僧众所在之地，炎热水分蒸发很快，加以多砂石，青草和蔬菜都不生长。我以大悲心发神通之力所作，因为以大慈悲之心，故称其为肉，你们食时，应有慈悲心。岂能在我去世后，食众生灵之肉，还自称为佛弟子。你们应当知道，这种食肉的人，即使得心开好似进入正定境地，都是大神鬼之类。福报终结时必定沉溺于生死轮回的苦海之中，不是佛门信徒。这样的人，相互杀戮、吞食，没有终期。这样的人，又如何能跳出欲、色、无色这有情三界呢？你教化世俗之人修行正定，第二点就是要断除杀生。这是过去一切佛，所确立戒律中有决定意义的第二戒，是清净明确的教诲。因此阿难，如果不断除杀机，修习禅定的人，正如自己塞住耳朵，高声大叫，想让别人听不到一样。这种做法，就叫做欲盖弥彰。心清性净的出家修行者以及证悟者，在小路上行走，不愿踩踏生长中的小草，何况用手去拔？为什么讲大慈悲心的人，要用众生灵的血肉之躯充当食物呢？倘若一些出家人，不穿东方中国的丝绸、缎锦、绢纱、衣帛，以及印度的皮靴、裘皮，不食乳酪、醍醐等乳制品。这样的出家修行者，在世间是真正的解脱者。酬报和还清了过去所欠的宿债，不再游行流落在有情三界之中。为什么呢？穿着兽皮，就是与兽有了前世之缘。正如人吃地上的百谷，同时双足也不离土地。一定使身心相通于众生灵，使身体好比其他生灵的皮毛和一部分，使身心二者统一，不穿生灵之皮，不食生灵之肉。我说这样的人，是真正的解脱者。和我一样这样说的，称为佛说。不这样说的，就是魔王的说法。

【经文】

"阿难，又复世界六道众生，其心不偷，则不随其生死相续。汝修三昧，本出尘劳。偷心不除，尘不可出。纵有多智，禅定现前，如不断偷，必落邪道。上品精灵；中品妖魅；下品邪人，诸魅所著。彼等群邪，亦有徒众，各各自谓成无上道。我灭度后，末法之中多此妖邪，炽盛世间。潜匿奸欺，称善知识。各自谓己，得上人法，炫惑无识，恐令失心。所过之处，其家耗散。我教比丘，循方乞食，令其舍贪，成菩提道。诸比丘等，不自熟食。寄于残生，旅泊三界，示一往还，去已无返。云何贼人，假我衣服，裨贩如来，造种种业，皆言佛法。却非出家，具戒比丘为小乘道。由是疑误无量众生，堕无间狱①。若我灭后，其有比丘发心决定修三摩地，能于如来形像之前，身然一灯，烧一指节，及于身上爇一香炷②。我说是人，无始宿债，一时酬毕。长揖世间，永脱诸漏。虽未即明无上觉路，是人于法，已决定心。若不为此，舍身微因，纵成无为，必还生人，酬其宿债。如我马麦③，正等无异。汝教世人，修三摩地，后断偷盗，是名如来先佛世尊，第三决定，清净明诲。是故阿难，若不断偷，修禅定者，譬如有人，水灌漏卮④，欲求其满，纵经尘劫，终无平复。若诸比丘，衣钵之余，分寸不畜。乞食余分，施饿众生。于大集会，合掌礼众。有人捶詈⑤，同于称赞。必使身心二俱捐舍。身肉骨血，与众生共。不将如来不了义说，回为己解，以误初学。佛印是人得真三昧。如我所说，名为佛说。不如此说，即波旬说。

【注释】

①无间狱：梵文意译，音译为阿鼻地狱。佛教名词。是八大地狱中的第八狱，堕入者受苦无间断，为造"十不善业"之重罪者所堕之处。

②爇（ruò 又读 rè）：点燃，放火燃烧。

③如我马麦句：《兴起行经》有昔佛与五百信徒应舍卫国毘兰邑王之邀，供斋三月。到该城后，由于魔入作法，使王者忘却此事。此时城中又有饥荒，乞食不易，幸有驯马师将马食之麦的一半供养佛及信徒。九十日后，王醒悟，方忏悔。舍利弗向佛陀问其因缘，佛说这是偿还旧债，以示宿债必酬，一念要还，况乎杀、盗。佛说，在过去佛时，有王请其食。饭后过去佛为一病僧带回一份饭食。当时有一修行者（即今日佛陀）及随从五百弟子，在过去佛经过其修行的山林时，闻到了饭香，心中不平，说："秃头沙门应食马麦"，弟子们亦随声附和。今日我们食马麦，就是当时一念之报应啊。

④卮（zhī）：容器。

⑤詈（lì）：责骂。

【白话】

"阿难，还有世上的天、人、神（阿修罗）、地狱、饿鬼、畜生等众生灵，他们的心里不产生偷盗之想，就可以了脱生死轮回的报应。你们修行正定之心，是要跳出世俗的烦恼。但如果偷窃之心不灭除，就不可能跳出世俗的烦恼。纵然有许多世间之智，也能呈现短暂的定念心止，但是如果不能断除偷盗心，必然落于邪恶的去处。根机好的成为精灵；中等的成为妖魔鬼魅；下等的成为邪路之人，成为魑魅魍魉。这些妖邪之类，也有信徒，都自称成就了至高无上的大道。在我去世后，在佛法没落的岁月之中有许多妖孽奸邪之人，盛行于世间。妖孽们隐蔽、奸诈、欺世盗名，自称是善于传播真理的人。都自称已经得到了，至高无上的救人之法，迷惑没有知识的人，恐吓他们使之失落本有的真实之心。他们所到之处，使信奉者家中财物耗散殆尽。我教导出家修行者，依各方随处乞食，从而使之舍弃贪念，成就觉悟之道。要出家修行者，不自己做饭。以一己之余生，行走于有情世间，以示在人世只此次往来，永不回返。何以有偷盗之心的人，穿上出家的僧衣，假借佛陀之名，制造各种恶业，还自称是佛法。反而却非难出家修行的人，是只具备了受过具足戒的，只修行自身清净的小乘道路的人。从而欺骗了许多的生灵们，堕落到地狱之中，受无尽的苦难。倘若我去世后，有出家的修行者发愿坚定地修定念心止，能在佛像前，割身肉注油燃灯，或烧去手指上的一节，或在身上点燃一炷香而为法忘身。我说这个人，从无始以来的所有旧债，都会全部还清。永远告别世间，脱离一切有情和烦恼。虽然此人仍未立即明了至高无上的觉悟之路，但对于佛法，已有坚定的信仰心。倘若不能有为所信仰，舍身点燃灯或香这微小的发端，纵使成就了无烦恼境界，也必须回到人间偿还过去所欠下的旧债，回报债主。就如我所受到"马麦"的果报一样，没有本质的差异。你教化世人，修定念心止后，要断除偷盗之心，这是过去佛，所确定戒律中有决定意义的第三戒，是清净明确的教诲。因此阿难，如果不断除偷盗，修习禅定的人，就好比有个人，用水灌一只漏的器皿，想用水装满器皿，纵使历经岁月，最终也不会装满。倘若出家修行者，对于所需日常衣钵之外，都不留私蓄。乞食若有所余，施于饥饿的众生灵。在集会中，合掌胸前礼拜大家。即使有人打骂，亦相同于他人称赞。必须使身心两者都舍弃。身体、肉、骨、血，与众生灵共有。不将佛的对世俗人的不了义说法，作为自己证悟的见解，以免误导于初学佛理的人。这样佛陀印证此人得到了真正的定念心止。如我这样说的，称为佛所说。不这样说的，就是魔王的说法。

【经文】

"阿难，如是世界六道众生，虽则身心无杀、盗、淫，三行已圆。若大妄语，即三摩地不得清净。成爱见魔，失如来种。所谓未得谓得，未证言证。或求世间尊胜第一。谓前人言，我今已得须陀洹果、斯陀含果、阿那含果、阿罗汉道、辟支佛乘①，十地地前诸菩萨②。求彼礼忏，贪其供养。是一颠迦，消灭佛种。如人以刀，断多罗木③。佛记是人，永殒善根，无复知见，沉三苦海，不成三昧。我灭度后，敕诸菩萨及阿罗汉，应身生彼，末法之中作种种形，度诸轮转。或作沙门、白衣、居士、人王、宰官、童男、童女，如是乃至淫女、寡妇、奸偷屠贩，与其同事。称赞佛乘，令其身心，入三摩地。终不自言，我真菩萨，真阿罗汉，泄佛密因，轻言未学。唯除命终，阴有遗付。云何是人，惑乱众生，成大妄语？汝教世人修三摩地，后复断除诸大妄语。是名如来先佛世尊，第四决定，清净明诲。是故阿难，若不断其大妄语者，如刻人粪为栴檀形，欲求香气，无有是处。我教比丘，直心道场。于四威仪④，一切行中，尚无虚假。云何自称，得上人法？譬如穷人，妄号帝王，自取诛灭。况复法王，如何妄窃？因地不真，果招纡曲。求佛菩提，如噬脐人，欲谁成就？若诸比丘，心如直弦，一切真实，入三摩提永无魔事。我印是人，成就菩萨无上知觉。如我所说，名为佛说。不如此说，即波旬说。"

【注释】

①辟支佛乘：辟支佛，又译为"独觉"、"缘觉"，是声闻、缘觉、佛乘这三乘中的"中乘"，即能够"闻法信受，殷勤精进，求自然慧，乐独善寂者"。

②十地句：指大乘菩萨修行的十个层次，称"大乘菩萨十地"。1．欢喜地，亦称"极喜地"、"喜地"，在此地已初证圣果，悟法我皆空，能教益自身、他人，产生极大欢喜。2．离垢地，亦称"净地"，远离于任何违反戒律的烦恼，致使身心清净无垢。3．发光地，亦称"明地"，修行而解惑，智慧显现。4．焰胜地，亦称"焰慧地"，使心性中之慧，日益精进。5．极难胜地，成就禅定，使洞察世人之心的"俗谛"与佛教义理的"真谛"融会贯通，因极难成就，故名。6．现前地，亦称"现在地"，由"缘起"智慧，引发"无分别智"，使最殊胜的智慧出现。7．远行地，亦称"深入地"，入于无相的远行状态，产生大悲之心，远离自觉自度。8．不动地，延运无功用相续，不被一切妄念所动。9．善慧地，洞察一切，于一切处知可度不可度，能广行教化、"说法"。10．法云地，成就智慧，具足无边功德，身若空、智若云。《华严经》卷二十三称：此十地修的内容分别为：施、戒、忍、精进、静虑、般若、方便善巧、愿、力、智等"十度"。此外，除以上"十地"说外，还有"三乘共十地"说，即声闻、缘觉、菩萨共同之十地；"四乘十地"，即声闻乘十地，缘觉乘十地，菩萨乘十地，佛乘十地等。

③多罗木：一种树木，一经砍伐，永不再生。

④四威仪：指佛教徒行、住、坐、卧的规则、相状。《菩萨善戒经》卷五云："四威仪，一者行，二者住，三者坐，四者卧。菩萨若行若坐，昼夜常调恶业之心。忍行坐苦，非时不卧，非时不住。所住内外，若床、若地、若草、若叶，于此四处常念供养，佛法僧宝。"意谓行为有威德和规则。

【白话】

"阿难，如果世界上的天、人、神、畜生、地狱、饿鬼这六种道路上的众生灵，虽然身心没有杀机、盗心、淫意，慈、舍、梵三行已经圆满。倘若口出狂妄自大的语言，就会在定念心止的境地中得不到清澄宁静。成为渴爱一己妄见的魔鬼，失去佛果的根本。妄语就是未得佛道而自称已得道，未证得佛果就说已经证得佛果。或者为了求得世间人们的尊敬和殊胜的第一的地位。对别人说，我现在已证得了初果、二果、三果、四果，成独觉的佛果，以至于成为十地证悟者或十地之前的三贤证悟者的果位。希望人们向他礼拜忏悔，贪图别人的供养。这样的人疯癫者，消失和断灭了佛性的根本。正如有人，以刀砍断不再生的树木一样。佛陀预测这种人，会永断善根，不会再增长智慧和见解，会沉溺于地狱、饿鬼、畜生的苦海之中，不能成就定念心止。我去世后，要求有成就的证悟者、觉悟者，应化身生于各种人中，在佛法没落的时期做种种形态的人，以救度在苦海中轮转不休的生灵。或化作出家人、百姓、在家的佛教徒、国王、大臣、童男、童女，以至于为卖淫女、寡妇、奸偷屠贩各色人等，与他们同事。在他们中称赞佛法，使他们的身心，进入佛门的定念心止之中。决不自称，我是真正的证悟者，是证得佛果的人，从而泄露佛法的秘密因缘，给那些初学佛理的人。只有在生命终结时，才能暗中授予遗嘱。怎么能当那种，迷惑扰乱众生灵，口出狂妄之语的人呢？你们教化世人修正定，要断除一切狂妄之语。这是过去佛，所确定戒律中有决定意义的第四戒，是清净明确的教诲。因此阿难，如果不断除口出狂妄之语的人，就好比用人粪刻成檀香木的形状，要让它发出香气，是不可能的。我教导出家修行者，直率心就是道场。在行、住、坐、卧，一切行动之中，都没有虚假。怎么能自称，得到了至高无上的法力呢？好比穷人，虚妄地自称为帝王，会自取灭亡。何况为众生灵的法王，怎么能是狂妄之徒所能窃得的呢？因为所修境地不真实，果报时就会曲折而变形。这样要求证觉悟，就好比用口咬自己的肚脐，何以能完成呢？倘若出家修行者，修证心如直弦，一切言行都真诚实在，可以进入正定心止而永无魔鬼滋事。我印证这样的人，成就证悟者无上的智慧和觉悟。和我所说的一样，称为佛说。不这样说的，就是魔王所说。"

卷 七

【经文】

"阿难,汝问摄心。我今先说入三摩地,修学妙门。求菩萨道,要先持此四种律仪①,皎如冰霜,自不能生一切枝叶。心三,口四,生必无因。

"阿难,如是四事,若不遗失。心尚不缘色、香、味、触。一切魔事,云何发生?若有宿习不能灭除,汝教是人,一心诵我佛顶光明摩诃萨怛多般怛啰②,无上神咒③。斯是如来无见顶相,无为心佛,从顶发辉,坐宝莲华,所说心咒。且汝宿世与摩登伽,历劫因缘,恩爱习气非是一生及与一劫。我一宣扬,爱心永脱,成阿罗汉。彼尚淫女,无心修行,神力冥资,速证无学。云何汝等在会声闻,求最上乘,决定成佛,譬如以尘扬于顺风,有何艰险?若有末世欲坐道场,先持比丘清净禁戒。要当选择戒清净者第一沙门,以为其师。若其不遇真清净僧,汝戒律仪,必不成就。戒成已后,著新净衣,然香闲居,诵此心佛所说神咒一百八遍,然后结界,建立道场。求于十方现住国土,无上如来放大悲光,来灌其顶。

"阿难,如是末世清净比丘,若比丘尼,白衣檀越④。心灭贪淫,持佛净戒。于道场中,发菩萨愿。出入澡浴,六时行道。如是不寐,经三七日。我自现身,至其人身,摩顶安慰,令其开悟。"

阿难白佛言:"世尊,我蒙如来无上悲诲,心已开悟。自知修证,无学道成。末法修行,建立道场,云何结界,合佛世尊清净轨则?"

佛告阿难:"若末世人,愿立道场。先取雪山大力白牛。食其山中肥腻香草,此牛惟饮雪山清水,其粪微细。可取其粪,和合栴檀,以泥其地。若非雪山,其牛臭秽,不堪涂地。别于平原,穿去地皮,五尺以下,取其黄土。和上栴檀、沉木、苏合、薰陆、郁金、白胶、青木、零陵、甘松及鸡舌香。以此十种,细罗为粉,合土成泥,以涂场地。方圆丈六,为八角坛。坛心置一金银铜木所造莲华,华中安钵。钵中先盛八月露水,水中随安所有华叶。取八圆镜,各安其方,围绕华钵。镜外建立十六莲华。十六香炉,间华铺设庄严。香炉纯烧沉水,无令见火。取白牛乳,置十六器,乳为煎饼。并诸沙糖、油饼、乳糜、苏合、蜜姜、纯酥、纯蜜,于莲华外,各各十六,围绕华外,以奉诸佛及大菩萨。

【注释】

① 律仪:律,梵文意译,亦为"调伏"、"灭"、"化度"等,佛教名词。是对比丘(俗称和尚),比丘尼(俗称尼姑)所制定的禁戒,认为能调心制伏诸恶,律与戒有所不同,是专为出家人制订的法规。"律犹法也",从而"诠量轻重,分别犯不犯"。本是佛陀生前为约束僧众而定,部派分裂后,所持有所不同。在中国,有四种不同的律流传,以道宣倡导的《四分律》传播最广,并以此形成了中国佛教的一支,名"律宗",唐天宝十三年(公元754年)鉴真法师把律宗传入日本。仪,仪式。律仪,律法仪式。《大乘义章》卷十有:"言律仪者,制恶之法。说名为律,行依律戒,故号律仪。又复内调亦为律,外应真则,目之为仪。"有三种律仪:

《俱舍论》卷十四称:"一别解脱律仪,谓欲缠戒;二静虑生律仪,谓色缠戒;三道生律仪,谓无漏戒。"本文所称四律仪为前述淫、杀、盗、妄口这四条戒律。

②摩诃句:摩诃意译为大,萨怛多译为白,般怛罗译为伞盖。全句译为大白伞盖,意谓念此咒有加持、保护之功,可显现人的本妙真心。

③神咒:佛教名词,意译为有神通之力的预言。梵文音译为陀罗尼,意指真言。依禅定发秘密语,有不测之神验,谓之咒;咒陀罗尼指于咒总持而不失。陀罗尼,译为总持,即使善法不失,恶法不起。分为法陀罗尼、义陀罗尼、咒陀罗尼、忍陀罗尼四种。

④檀越:佛教名词。指施主,越为施之功德,已越贫穷海之义。檀,译作布施。

【白话】

"阿难,你问如何收摄降伏妄有之心。我今天已先讲了进入定念心止境地,修学的精妙方法。追求自觉觉他证悟的大道,要首先持这四种戒律即淫、杀、盗、妄言,使心中皎洁如冰雪秋霜,自身就不会生一切如旁出枝叶似的过失。心中所生的三种贪、嗔、痴和口中所出的妄语、绮语、两舌、恶口,就无从而生了。

"阿难,这四种戒律,如果不遗弃失却。心就不会攀缘于外境的形态、嗅觉、味觉、触觉。一切烦恼心事,又何以发生呢?倘若有过去的妄有习气不能灭除,你应教化这样的人,一心念诵我的佛顶光明大白伞盖,这至高无上的神奇真言。这是如来不见顶相,从无为心佛顶上发出的宝光,中有无量佛坐莲花宝座,所宣说的总持清心的真言。并且你在过去的岁月里与摩登伽女,有久远的因缘,所形成的恩爱习气不是一生以至于长期的时光中凝结的。经我一宣扬清心的真言，爱欲之心就永远脱离了，成就了佛果。摩登伽是卖淫女，本无心修行，但得真言加持之力的资助，迅速证悟到了无烦恼的境地。何以你们与会闻法而信的修行者，要求证最上乘的，决定要成就佛果，好比将妄尘随顺风而去，去烦恼还有什么艰难险阻呢？倘若在未来的岁月里有想坐道场修法，要先持有出家修行清净心的戒律。要选择戒行清净的第一流的修证者，作为受戒之师。如果不能遇到真正净心的高僧，即使受戒，也必定不能有所成就。受戒之后，穿上清净的新法衣，燃香坐禅，念诵无为心佛所说的真言一百零八遍，然后依界，建立修道的坛场。愿求十方世界，现住的佛，放射广大的悲悯寂光，来照他的头顶。

"阿难，在未来岁月的清净出家修行者，女出家人，在家修行的施主。如心中灭除了贪爱、淫欲，持守佛法清净戒律。在道场聚会中，发愿修证觉悟。出入道场要洗澡、沐浴，日夜六时在法会之中。这样不入睡，经过二十一日。我就会现身，来到修行者面前，摩其头顶安慰身心，使他开启智慧。"

阿难对佛陀说："世之尊者，我承蒙您至高无上的大慈悲之心的教诲，我心已开启了觉悟的智慧。自知修证佛理，成就了无学果位。在佛法衰落时期修行，建立修道坛场，如何办理，才合乎佛陀清净的规则呢？"

佛陀对阿难说："如果在佛教衰落时期的信徒，愿建立道场。要先到雪山找到大力白牛。这种牛吃的是雪山肥美细腻的香草，饮的是雪山清澄的融水，它的粪细微清香。可以用这种牛粪，调和檀香末来铺地。如果不是雪山牛，牛粪发臭污秽，不能用来铺涂地面。在另一处平地上，铲去地皮，挖取五尺以下的黄土。再用土和檀香、沉水香、苏合、薰陆、郁金香、白胶、青木、零陵、甘松以及鸡舌香。用这十种含香的草木，磨成细末筛成粉，用水和土调和成泥,用以铺涂场地。方圆一丈六尺,建成八角形的坛场。坛的中心设置用金、银、铜、木等制造的四种莲花,花中安放一钵。在钵中事先盛好八月中秋的露水,水中随之安放所有的花叶。取八面圆镜,依次安放在八方,围绕花钵。在圆镜外建好十六朵莲花。安放十六个香炉,其间铺设花朵以示庄严。香炉燃烧纯正的沉水香料,不使其有火苗。再取来白牛乳,设置十六只容器供放物品,用牛乳煎成饼。在饼中和以砂糖、油饼、乳糜、苏合、蜜姜、纯酥、纯蜜等,在莲花外边,分别盛于十六个容器中,围绕着莲花,用以供奉佛以及有成就的证悟者们。

【经文】

"每以食时,若在中夜,取蜜半升,用酥三合。坛前别安一小火炉,以兜楼婆香,煎取香水,沐浴其炭,然令猛炽,投是酥蜜于炎炉内,烧令烟尽,享佛菩萨。令其四外,遍悬幡华。于坛室中,四壁敷设十方如来及诸菩萨,所有形像①。应于当阳,张卢舍那、释迦、弥勒、阿閦、弥陀,诸大变化观音形像,兼金刚藏,安其左右。帝释、梵王、乌刍瑟摩、并蓝地迦、诸军茶利,与毗俱胝,四天王等,频那、夜迦,张于门侧,左右安置。又取八镜,覆悬虚空,与坛场中所安之镜,方面相对。使其形影,重重相涉。于初七中,至诚顶十方如来,诸大菩萨阿罗汉号。恒于六时,诵咒围坛,至心行道。一时常有一百八遍。第二七中,一向专心发菩萨愿,心无间断。我毗奈耶先有愿教。第三七中,于十二时,一向持佛般怛啰咒。至第七日,十方如来,一时出现。镜交光处,承佛摩顶。即于道场修三摩地。能令如是末世修学,身心明净,犹如琉璃。

"阿难,若此比丘受戒师,及同会中十比丘等,其中有一不清净者，如是道场，多不成就。从三七后，端坐安居，经一百日。有利根者，不起于座，得须陀洹。纵其身心圣果未成，决定自知成佛不谬。汝问道场，建立如是。"

阿难顶礼佛足，而白佛言："自我出家，恃佛憍爱。求多闻故，未证无为。遭彼梵天邪术所禁，心虽明了，力不自由。赖遇文殊，令我解脱。虽蒙如来佛顶神咒，冥获其力，尚未亲闻。惟愿大慈，重为宣说。悲救此会诸修行辈，末及当来在轮回者。承佛密音，身意解脱。"于时会中一切大众，普皆作礼，伫闻如来秘密章句。

尔时世尊，从肉髻中，涌出百宝光。光中涌出千叶宝莲。有化如来，坐宝华中。顶放十道百宝光明。一一光明，皆遍示现十恒河沙，金刚密迹，擎山持杵，遍虚空界。大众仰观，畏爱兼抱，求佛哀祐。一心听佛，无见顶相，放光如来宣说神咒。

【注释】

①形像：指施资财人力制造设置佛的各种身像。在道场即修行处、供佛处、寺庙、法会等处用各种材料如金、银、铜、铁、泥塑等，所制造的雕塑像、画像、各种姿态像。在各种姿态像中，佛像、菩萨像的印契即手势、持物、身色、衣色，也各有不同，往往有含义或特指。

【白话】

"每天在中午用饭时供奉，如果在半夜，用蜜半斤调三合酥。在坛前另安放一个小火炉，以白茅香，煎制成香水，洗净所用之炭，烧炭到炽热时，将调成的酥蜜投入火炉中，燃烧到灰飞烟灭，以供佛、菩萨享用。在坛场四周，悬挂各种饰物。在坛室内，四壁挂设十方佛及众证悟者的画像。在坛中向阳朝南的地方，挂上卢舍那佛、释迦佛、弥勒佛、阿閦佛、弥陀佛，以及各种变化身的观音证悟者像，还要以金刚藏证悟者的像，分别安置在左右两边。把帝释天王、梵天王、火头金刚、青面金刚、解怨金刚，与三目金刚，持国、增长、广目、多闻四天王等，以及猪头使者、象鼻使者的形象挂于坛场正门的两侧，分左右安置。还要用八面圆镜，悬空倒挂，与坛场之中所安放的八面圆镜，依次相对。使镜面的影像，相互重叠、涉入。在第一个七天中，要以至诚心顶礼膜拜十方佛，以及各有成就证悟者的称号。在昼夜六时，专心念诵心咒并围坛绕行，以诚心行于道场。每时念心咒一百零八遍。第二个七天中，一直专心发自觉觉他心愿，从不间断。我要先依戒律调伏教化发愿修证心。第三个七天中，在昼夜十二时，一心持诵大白伞盖楞严咒。到第七天，十方佛就会在同时，一齐出现。在圆镜相交的光映处，使设坛者承接佛的以手摩其头顶。即便于道场中修得正定。能使这些在末法时期的修行者，身心明净，犹如透彻的琉璃一样。

"阿难，如果出家修行者的受戒师父，及其同修的十个出家人之中，有一个心不清净，这道场，就不能成就心愿。二十一日后，就正身而坐，找一清净处静修，经一百天后。有根机的人，不离于座，能得初果，断妄有。即使身心佛果尚未证得，但却明确知道修道成佛自己不会有误。你问如何建道场，就是这样。"

阿难顶礼佛足后，对佛陀说："自从我出家修行以来，自恃受到您的关心和宠爱。只求博学多闻，从而并未证得无学果位。在遭遇了梵天的邪咒之后，心里虽明白，但定力不能自禁。有赖于文殊，施神力使我从欲爱中解脱。虽然蒙受佛顶神咒之力，暗中加力，但并未亲自聆听。期望您发大慈悲之心，再一次为我解说。以大慈悲力救度这次法会中的修行者，及未来之世仍在轮回之中的生灵。承受佛秘密的法音，使身心得以解脱烦恼。"这时与会的一切生灵们，都向佛顶礼，恭听佛陀宣讲咒语。

　　这时世之尊者，从头顶的髻中，放射出百宝的光芒。在光中涌显出千叶宝莲花。一位化身佛，坐在莲花宝座上。化身佛头顶上放射出十道百宝光明。每一道光明，都普遍呈现如十条恒河沙数般的金刚之身，有的擎着山脉，有的持金刚杵，遍及整个虚无的空间。信徒们仰面观看此景，敬畏与热爱之心同时产生，求佛哀悯祐护。一心聆听佛陀，看不见顶相的，放射光芒的佛宣讲楞严咒。

【经文】

　　"南无萨怛他苏伽多耶阿啰诃帝三藐三菩陀写[①]。萨怛他佛陀俱胝瑟尼钐。南无萨婆勃陀勃地萨跢鞞弊。南无萨多南三藐三菩陀俱知南。娑舍啰婆伽僧加喃。南无卢鸡阿罗汉跢喃。南无苏卢多波那喃。南无娑羯唎陀伽弥喃。南无卢鸡三藐伽跢喃。三藐伽波啰底波多那喃。南无提婆离瑟赧。南无悉陀耶毗地耶陀啰离瑟赧。舍波奴揭啰诃娑诃娑啰摩他喃。南无跋啰诃摩泥。南无因陀啰耶。南无婆伽婆帝。卢陀啰耶。乌摩般帝。娑醯夜耶。南无婆伽婆帝。那啰野拏那。槃遮摩诃三慕陀啰。南无悉羯唎多耶。南无婆伽婆帝。摩诃迦啰耶。地唎般剌那伽啰。毗陀啰波拿迦啰耶。阿地目帝。尸摩舍那泥婆悉泥。摩怛唎伽拿。南无悉羯唎多耶。南无婆伽婆帝。多他伽跢俱啰耶。南无般头摩俱啰耶。南无跋阇罗俱啰耶。南无摩尼俱啰耶。南无伽阇俱啰耶。南无婆伽婆帝。帝唎茶输啰西那。波啰诃啰拿啰阇耶。跢他伽多耶。南无婆伽婆帝。南无阿弥多婆耶。哆他伽多耶。阿啰诃帝。三藐三菩陀耶。南无婆伽婆帝。阿刍鞞耶。跢他伽多耶。阿啰诃帝。三藐三菩陀耶。南无婆伽婆帝。鞞沙阇耶俱卢吠柱唎耶。般啰婆啰阇耶。跢他伽多耶。南无婆伽婆帝。三补师毖多。萨怜捺啰剌阇耶。跢他伽多耶。阿啰诃帝。三藐三菩陀耶。南无婆伽婆帝。舍鸡野母那曳。跢他伽多耶。阿啰诃帝。三藐三菩陀耶。南无婆伽婆帝。剌怛那鸡都啰阇耶。跢他伽多耶。阿啰诃帝。三藐三菩陀耶。帝瓢南无萨羯唎多。翳昙婆伽婆多。萨怛他伽都瑟尼钐。萨怛多般怛嚂。南无阿婆啰视耽。般啰帝扬歧啰。萨啰婆部多揭啰诃。尼羯啰呵揭迦啰诃尼。跋啰毖地耶叱陀你。阿迦啰密唎柱。般唎怛啰耶儜揭唎。萨啰婆槃陀那目叉尼。萨啰婆突瑟吒。突悉乏般那你伐啰尼。赭都啰失帝南。羯啰诃娑诃萨啰若阇。毗多崩娑那羯唎。阿瑟吒冰舍帝南。那叉刹怛啰若阇。波啰萨陀那羯唎。阿瑟吒南。摩诃揭啰诃若阇。毗多崩萨那羯唎。萨婆舍都卢你婆啰若阇。呼蓝突悉乏难遮那舍尼。毖沙舍悉怛啰。阿吉尼乌陀迦啰若阇。阿般啰视多具啰。摩诃般啰战持。摩诃叠多。摩诃帝阇。摩诃税多阇婆啰。摩诃跋啰槃陀啰婆悉你。阿唎耶多啰。毗唎俱知。誓婆毗阇耶。跋阇啰摩礼底。毗舍卢多。勃腾罔迦。跋阇啰制喝那阿遮。摩啰制婆般啰质多。跋阇啰檀持。毗舍啰遮。扇多舍鞞提婆补视多。苏摩卢波。摩诃税多。阿唎耶多啰。摩诃婆啰阿般啰。跋阇啰商揭啰制婆。跋阇啰俱摩唎。俱蓝陀唎。跋阇啰喝萨多遮。毗地耶乾遮那摩唎迦。啒苏母婆羯啰跢那。鞞卢遮那俱唎耶。夜啰菟瑟尼钐。毗折蓝婆摩尼遮。跋阇啰迦那迦波啰婆。卢阇那跋阇啰顿稚遮。税多遮迦摩罗。刹奢尸波啰婆。翳帝夷帝。母陀啰羯拿。娑鞞啰忏。掘梵都。印兔那么么写。乌𤙖。唎瑟揭拿。般剌舍悉多。萨怛他伽都瑟尼钐。虎𤙖。都卢雍。瞻婆那。虎𤙖。都卢雍。悉耽婆那。虎𤙖。都卢雍。波罗瑟地耶三般叉拿羯啰。虎斛。都卢雍。萨婆药叉喝啰刹娑。揭啰诃若阇。毗腾崩萨那羯啰。虎斛。都卢雍。者都啰尸底南。揭啰诃娑诃萨啰南。毗腾崩萨那啰。虎斛。都卢雍。啰叉。婆伽梵。萨怛他伽都瑟尼钐。波啰点阇吉唎。摩诃娑诃萨啰。勃树娑诃萨啰室唎沙。俱知娑诃萨泥帝㘑。阿弊提视婆唎多。吒吒罂迦。摩诃跋阇卢陀啰。帝唎菩婆那。曼茶啰。乌斛。莎悉帝薄婆都。么么。印兔那么么写。啰阇婆夜。主啰跋夜。阿祇尼婆夜。乌陀迦婆夜。毗沙婆夜。舍萨多啰婆夜。婆啰斫羯啰婆夜。突瑟叉婆夜。阿舍你婆夜。阿迦啰密唎柱婆夜。陀啰尼部弥剑波伽波陀婆夜。乌啰迦婆多婆夜。剌阇坛茶婆夜。那伽婆夜。毗条怛婆夜。苏波啰拿婆夜。药叉揭啰诃。啰叉私揭啰诃。毕唎多揭啰诃。毗舍遮揭啰诃。部多揭啰诃。鸠槃茶揭啰诃。补丹那揭啰诃。迦吒补丹那揭啰诃。悉乾度揭啰诃。阿播悉摩啰揭啰诃。乌檀摩陀揭啰诃。车夜揭啰诃。醯唎婆帝揭啰诃。社多诃唎南。揭婆诃唎南。卢地啰诃唎南。忙娑诃唎南。谜陀诃唎南。摩阇诃唎南。阇多诃唎女。视比多诃唎南。毗多诃唎南。婆多诃唎南。阿输遮诃唎女。质多诃唎女。帝钐萨鞞钐。萨婆揭啰诃南。毗陀耶阇嗔陀夜弥。鸡啰夜弥。波唎跋啰者迦讫唎担。毗陀夜阇嗔陀夜弥。鸡啰夜弥。茶演尼讫唎担。毗陀夜阇嗔陀夜弥。鸡啰夜弥。摩诃般输怛夜。卢陀啰讫唎担。毗陀夜阇嗔陀夜弥。鸡啰夜弥。那啰夜拿讫唎担。毗陀夜阇嗔陀夜弥。鸡啰夜弥。怛埵伽卢茶西讫唎担。毗陀夜阇嗔陀夜弥。鸡啰夜弥。摩诃迦啰摩怛唎伽拿讫唎担。毗陀夜阇嗔陀夜弥。鸡啰夜弥。迦波利迦讫唎担。毗陀夜阇嗔陀夜弥。鸡啰夜弥。阇耶羯啰摩度羯啰。萨婆啰他娑达那讫唎担。毗陀夜阇嗔陀夜弥。鸡啰夜弥。赭咄啰婆耆你讫唎担。毗陀夜阇嗔陀夜弥。鸡啰夜弥。毗唎羊讫唎知。难陀鸡沙啰伽拿般帝。索醯夜讫唎担。毗陀夜阇嗔陀夜弥。鸡啰夜弥。那揭那舍啰婆拿讫唎担。毗陀夜阇嗔陀夜弥。鸡啰夜弥。阿罗汉讫唎担毗陀夜阇嗔陀夜弥。鸡啰夜弥。毗多啰伽讫唎担。毗陀夜阇嗔陀夜弥。鸡啰夜弥跋阇啰波你。具醯夜具醯夜。迦地般帝讫唎担。毗陀夜阇嗔陀夜弥。鸡啰夜弥。啰叉罔。婆伽梵。印兔地么么写。婆伽梵。萨怛多般怛啰。南无粹都帝。阿悉多那啰剌迦。波啰婆悉普吒。毗迦萨怛多钵帝唎。什佛啰什佛啰。陀啰陀啰。频陀啰频陀啰嗔陀嗔陀。虎𤙖。虎𤙖。泮吒。泮吒泮吒泮吒泮吒。娑诃。醯醯泮。阿牟迦耶泮。阿波啰提诃多泮。婆啰波啰陀泮。阿素啰毗陀啰波迦泮。萨婆提鞞弊泮。萨婆那伽弊泮。萨婆药叉弊泮。萨婆乾闼婆弊泮。萨婆补丹那弊泮。迦吒补丹那弊泮。萨婆突狼枳帝弊泮。萨婆突涩比唎讫瑟帝弊泮。萨婆什婆唎弊泮。萨婆阿播悉摩𠰂弊泮。萨婆舍啰婆拿弊泮。萨婆地帝鸡弊泮。萨婆怛摩陀继弊泮。萨婆毗陀耶啰誓遮𠰂弊泮。阇夜羯罗摩度羯啰。萨婆啰他娑陀鸡弊泮。毗地夜遮唎弊泮。者都啰缚耆你弊泮。跋阇啰俱摩唎。毗陀夜啰誓弊泮。摩诃波啰丁羊叉耆唎弊泮。跋阇啰商羯啰夜。波啰丈耆啰阇耶泮。摩诃迦啰夜。摩诃末怛唎迦拿。南无娑羯唎多夜泮。毖瑟拿婢曳泮。勃啰诃牟尼曳泮。阿耆尼曳泮。摩诃羯唎曳泮。羯啰檀迟曳泮。蔑怛唎曳泮。唠怛唎曳泮。遮文茶曳泮。羯逻啰怛唎曳泮。迦般唎曳泮。阿地目质多迦尸摩舍那。婆私你曳泮。演吉质。萨埵婆写。么么印兔那么么写。突瑟吒质多。阿末怛唎质多。乌阇诃啰。伽婆诃啰。卢地啰诃啰。婆娑诃啰。摩阇诃啰。阇多诃啰。视毖多诃啰。跋略夜诃啰。乾陀诃啰。布史波诃啰。颇啰诃啰。婆写诃啰。般波质多。突瑟吒质多。唠陀啰质多。药叉揭啰诃。

啰刹娑揭啰诃。闭嚟多揭啰诃。毗舍遮揭啰诃。部多揭啰诃。鸠槃茶揭啰诃。悉乾陀揭啰诃。乌怛摩陀揭啰呵。车夜揭啰诃。阿播萨摩啰揭啰诃。宅祛革茶耆尼揭啰诃。唎佛帝揭啰诃。阇弥迦揭啰诃。舍俱尼揭啰诃。姥陀啰难地迦揭啰诃。阿蓝婆揭啰诃。乾度波尼揭啰诃。什伐啰堙迦醯迦。坠帝药迦。怛隶帝药迦。者突托迦。昵提什伐啰毖钐摩什伐啰。薄底迦。鼻底迦。室隶瑟密迦。娑你般帝迦。萨婆什伐啰。室卢吉帝。末陀鞞达卢制剑。阿绮卢钳。目佉卢钳。羯唎突卢钳。揭啰诃揭蓝。羯拿输蓝。惮多输蓝。迄唎夜输蓝。末么输蓝。跋唎室婆输蓝。毖栗瑟吒输蓝。乌陀啰输蓝。羯知输蓝。跋悉帝输蓝。邬卢输蓝。常伽输蓝。喝悉多输蓝。跋陀输蓝。娑房盎伽般啰丈伽输蓝。部多毖哆茶。茶耆尼什婆啰。陀突卢迦建咄卢吉知婆路多毗。萨般卢诃凌伽。输沙怛啰娑那羯啰。毗沙喻迦。阿耆尼乌陀迦。末啰鞞啰建哆啰。阿迦啰密唎咄怛敛部迦。地栗剌吒。毖唎瑟质迦。萨婆那俱啰。肆引伽弊揭啰唎药叉怛啰刍。末啰视吠帝钐娑鞞钐。悉怛多钵怛啰。摩诃跋阇卢瑟尼钐。摩诃般赖丈耆蓝。夜波突陀舍喻阇那。辫怛隶拿。毗陀耶槃昙迦卢弥。帝殊槃昙迦卢弥。般啰毗陀槃昙迦卢弥。跢侄他。唵。阿那隶。毗舍提。鞞啰跋阇啰陀唎。槃陀槃陀你。跋阇啰谤尼泮。虎𤙖都卢瓮泮。莎婆诃。

【注释】

①楞严咒：又称佛顶咒，全咒共四百二十七句，其中最后八句为心咒。前四百一十九句表示愿归命于诸佛、菩萨以及众圣贤，并咒愿加被离诸恶鬼、病等灾难；后八句是正咒，六时行咒，每时念诵一百零八遍即指此八句。佛教认为，楞严咒作为佛经中最

长的一篇,是佛顶光明,精妙之处是世人不解,不可思议的。到唐初玄奘大师时,即提出"五不翻"的"五种不译"的具体内容,认为五种情况下,译经只译梵音,不译梵文原意。第一条就是秘密语,如陀罗尼(咒语)不译,另外多义词、中国没有的事物、历代译经惯例、产生善意之词均属不译之处。依例本咒今译亦付阙,谨以说明。

自古咒皆不译的依据主要是:咒中所述之鬼神,不是现实世界能理解的;咒如军队中的口令,不足为外人说;对治于不同人之心魔,人人皆有不同;本意为佛之密语,非圣、非大贤不解。诵咒大体上有成就、增益、破恶、息灾、召魔降伏、伏一切邪咒、吉祥等功德。

【经文】

"阿难,是佛顶光聚,悉怛多般啰,秘密伽陀,微妙章句。出生十方一切诸佛。十方如来因此咒心,得成无上正遍知觉;十方如来执此咒心,降伏诸魔,制诸外道;十方如来乘此咒心,坐宝莲华,应微尘国;十方如来含此咒心,于微尘国,转大法轮;十方如来持此咒心,能于十方摩顶授记,自果未成,亦于十方蒙佛授记;十方如来依此咒心,能于十方拔济群苦,所谓地狱、饿鬼、畜生、盲聋喑痖,冤憎会苦,爱别离苦,求不得苦,五阴炽盛,大小诸横,同时解脱,贼难兵难,王难狱难,风火水难,饥渴贫穷,应念销散;十方如来随此咒心,能于十方事善知识,四威仪中供养如意,恒沙如来会中推为大法王子;十方如来行此咒心,能于十方摄受亲困,令诸小乘闻秘密藏,不生惊怖;十方如来诵此咒心,成无上觉,坐菩提树,入大涅槃;十方如来传此咒心,于灭度后付佛法事,究竟住持。严净戒律，悉得清净。若我说是佛顶光聚般怛啰咒，从旦至暮，音声相联。字句中间，亦不重叠。经恒沙劫，终不能尽。亦说此咒，名如来顶。汝等有学，未尽轮回，发心至诚，取阿罗汉。不持此咒而坐道场，令其身心远诸魔事，无有是处。

【白话】

"阿难，这是佛顶之光的聚集，是护生大白伞盖，秘密的有重句的，微妙的诗篇之句。产生十方世界的一切佛。十方佛都是由此如来清净心，得以成就至高无上的真正周遍的智慧和觉悟；一切佛都是持有这清净本心，降伏一切心魔，制服一切其他教派的；一切佛都是乘着这清净本心，坐在莲花宝座上，应召唤而至一切国土；一切佛都是怀着真实的清净心，从而能于十方世界为教化信徒，使法轮永转；一切佛都是持有这真实的清净心，为一切信众度脱苦海，摩顶并授予佛果，自己的佛果若未能成就，也是在一切地方，承蒙佛的度脱；一切佛都是依据这清净心，才能于一切地方超拔救济广大的生灵，在地狱、在饿鬼之道、在畜生之类、或是盲、聋、哑巴，或是冤、憎、相会之苦，渴爱离别之苦，渴求不得之苦，以及由色、受、想、行、识所引起了，大大小小的人生一切苦难，都得以同时解脱，无论贼难、兵难、王权之难、牢狱之难、风火水之难、饥饿、干渴、贫穷，都能因念此咒而消散殆尽；一切佛都随顺着这秘密的心愿神力，在十方世界中帮助有觉悟智慧的人，在行、住、坐、卧之中都如意并得到供奉，在如恒河沙数一样多的法会中就推举为有成就的证悟者；一切佛奉行这清净的心愿，能在十方世界摄收保护受困于难的亲属，能使有自觉之人听到这佛之清净本心的呼唤，不产生惊恐而由自觉者成为觉他者；一切佛念诵这清净的心愿，成就无上觉悟，于佛理的智慧指引下，进入广大的清澄、寂静的境界；一切佛都传播着这净心的愿力，在去世后嘱咐后人永传佛教义理，住持律法。严肃地执行戒律，使身心都得到清净。如果我宣说这佛顶之光聚集的如白伞盖护持众生的心之秘愿，从早到晚，音声连绵。一字一句之间，都不发生重复的失误。那么虽然历经久远的如恒河沙数的岁月，其心之愿力也不会用尽。也就是说，这真言神咒就称为佛顶咒。你们仍未证佛果的人，还未能断尽轮回但只要发愿一心至诚求觉悟，定会取得佛果。倘若不奉持楞严咒而坐修行的道场中，要想使身心不受世俗妄有心魔的侵扰，是不可能的。

【经文】

"阿难，若诸世界，随所国土，所生众生，随国所生桦皮、贝叶、纸素、白氎①，书写此咒，贮于香囊。是人心昏，未能诵忆，或带身上，或书宅中，当知是人，尽其生年，一切诸毒所不能害。

"阿难，我今为汝，更说此咒。救护世间，得大无畏，成就众生出世间智。若我灭后，末世众生，有能自诵，若教他诵。当知如是诵持众生，火不能烧，水不能溺。大毒小毒，所不能害。如是乃至龙天鬼神，精祇魔魅，所有恶咒，皆不能著。心得正受，一切咒诅，魇蛊毒药，金毒银毒，草木虫蛇，万物毒气，入此人口，成甘露味。一切恶星，并诸鬼神，碜心毒人，于如是人，不能起恶。频那夜迦，诸恶鬼王，并其眷属，皆领深恩，常加守护。

【注释】

①白氎（dié）：白色的细棉布。

【白话】

"阿难,如果一切世界,所有国土,所居住的众生灵,以本国生产的桦树皮、贝多罗叶、白色的细棉布,书写楞严咒,装于香袋之中。这人心意昏乱,不能背诵,但将楞严咒或带在身上,或挂在书房住宅之中,应当知道这个人,可以享尽天年,一切毒物都不能加害。

"阿难,我现在为你,再讲一讲楞严咒的作用。可以救护世间众生,得到大无畏的力量,成就人们超脱世间的智慧。在我去世后,在佛法衰落的岁月里,如果有人能自己念诵,并能教其他人念诵。应当知道能念诵持守的人们,火不能烧身,水不能溺命。大小毒害,都不能加身。这样的人以至于天龙鬼神,精灵魔怪,所有邪恶的诅咒,都不能害身。由于心中得到正念定止,使一切诅咒,厌蛊尸毒所成毒药,金银之毒,草木虫蛇所生,一切万物所有毒性,进入持楞严咒的人之口中,都会成为甘泉雨露的味道。一切邪恶的星宿,并且包括一切鬼神,入心之毒,对于持楞严咒的人,都不能生起恶念。猪首人身和象鼻人身护法魔王,一切恶鬼之王,及其大鬼、小鬼等眷属,都曾身受佛的深厚恩德,会时常守护着持楞严咒的人们。

【经文】

"阿难,当知是咒,常有八万四千那由他恒河沙,俱胝[①]金刚藏王菩萨种族,一一皆有诸金刚众而为眷属,昼夜随侍。设有众生,于散乱心,非三摩地,心忆口持。是金刚王常随从彼诸善男子。何况决定菩提心者,此诸金刚菩萨藏王,精心阴速,发彼神识。是人应时心能记忆,八万四千恒河沙劫,周遍了知,得无疑惑。从第一劫乃至后身[②],生生不生药叉罗刹,及富单那、迦吒富单那、鸠槃茶、毗舍遮等,并诸饿鬼,有形无形,有想无想,如是恶处。是善男子,若读若诵,若书若写,若带若藏,诸色供养,劫劫不生贫穷下贱,不可乐处。此诸众生,纵其自身不作福业,十方如来所有功德,悉与此人。由是得于恒河沙阿僧祇③,不可说不可说劫,常与诸佛同生一处。无量功德,如恶叉聚,同处熏修,永无分散。是故能令破戒之人,戒根清净。未得戒者,令其得戒;未精进者,令得精进;无智慧者,令得智慧;不清净者,速得清净;不持斋戒,自成斋戒。

【注释】

①恒河沙,俱胝(zhī)句:那由他,数词,亿。俱胝,数词,百亿。全句指有八万四千亿恒河沙数,百亿的金刚藏王证悟者,及其种族。意为有八万四千亿如恒河沙数的,不可计数的。

②第一劫:指发心修行之初。劫,古代印度最长的计时单位。又译为劫波,通常把世界从形成、发展直至灭亡的整个过程称为一劫。佛教把"成"、"住"、"坏"、"灭"称为一大劫,这四个时期各包括二十中劫,一中劫由"一增"、"一减"两小劫构成。说法并不一致。还有一些借代词,如劫数、浩劫等。

③阿僧祇:数词,译为无数,数之极限。

【白话】

"阿难,应当知道这楞严咒,常有八万四千亿如恒河沙数,不可计数的金刚藏王证悟者及其种族,其各个都有许多金刚是他们的眷属,都会日夜随时护卫念诵此咒的人。假若有人,心念散乱,未入正定,但却能心记口诵楞严咒。那么能摧毁一切烦恼的金刚王会常常跟随这些男信众而守护他们。何况那些已发愿修证觉悟的人，这无数的金刚证悟者之王，会精心地在冥冥之中加速修行者的功力，启发他的神通智慧。受启发的人，应当随时从心中记忆，历时八万四千如恒河沙数般岁月的事情，都能知道了解，没有疑惑之处。从发心修行之初到成就佛果之前，生生世世都不会生于迅疾鬼、食人鬼、热病鬼、恶臭鬼、瓮形鬼、啖精气鬼等之中，以及生于一切饿鬼，有形之植物，无形的虚空，有思想的精灵，无思想的金石，这些恶劣的地方。这诵咒而修的男信徒，或读、或背诵，或抄、或默写，或是将楞严咒带在身上、或是珍藏在家里，用各种方式供奉，永远也不会出生在贫穷、低下卑贱的家里，不生在不快乐的环境中。这些持咒的人们，纵使自身并没有修福集善业，但十方佛所作的功德，都会加被于他们。并由此得到如恒河沙数不可统计的时间，不是语言所能表述的久远岁月中，常与佛同在一处。有无量功德，就如同有恶鬼聚在一处一样，善业之人与佛共同在一起受善念熏习而修行，永不分开散离。所以能使曾犯戒的人，妄念之心变得清净。从而未能得戒的人，使之得戒；未能精进修行的，使之精进不止；没有智慧之人，变得智慧；心念不清净之人，迅速得到心澄明净；不能持守斋戒的，也能自修得悟成就斋戒。

【经文】

"阿难，是善男子持此咒时，设犯禁戒于未受时，持咒之后，众破戒罪，无问轻重，一时销灭。纵经饮酒，食啖五辛，种种不净，一切诸佛、菩萨、金刚、天仙、鬼神，不将为过。设著不净破弊衣服，一行一住，悉同清净。纵不作坛，不入道场，亦不行道，诵持此咒，还同入坛行道功德，无有异也。若造五逆无间重罪，及诸比丘、比丘尼，四弃、八弃。诵此咒已，如是重业,犹如猛风吹散沙聚,悉皆灭除,更无毫发。

"阿难,若有众生,从无量无数劫来,所有一切轻重罪障。从前世来,未及忏悔。若能读诵,书写此咒,身上带持,若安住处,庄宅园馆。如是积业,犹汤销雪,不久皆得悟无生忍。

"复次阿难,若有女人,未生男女,欲求孕者。若能至心忆念斯咒,或能身上带此悉怛多般怛啰者,便生福德智慧男女。求长命者,即得长命;欲求果报速圆满者,速得圆满;身命色力,亦复如是。命终之后,随愿往生十方国土。必定不生边地下贱,何况杂形。

【白话】

"阿难,这个男修行者在未持有楞严咒时,所犯的禁戒,在持咒之后,一切破戒的罪过,无论轻重,都会随之消灭。纵使曾经饮酒、吃五种有辛味的蔬菜蒜、葱、兴渠(青白色的根茎类植物,味如蒜)、韭、薤,各种不净之物,持咒后,则一切佛、证悟者、破一切烦恼者、天上仙人、鬼神,都不会追究其过失。如果穿肮脏破烂的衣服,但此人的行为举止,都同样是清净的。即使这人不作坛场,不入道场行三七修行,也不作法事、行道,但只要念诵持守楞严咒,与入坛场作功德,并不差别。倘若曾犯杀父、杀母、杀证悟者、破坏信徒和睦,放佛身血等五种杵逆大罪,本应堕于从不间断苦难的地狱,以及有男出家人、女出家修行者,犯有杀、盗、淫、妄四弃戒,女的又犯触不洁男性、与不洁之男同入室相倚、覆盖过失、随出家人共处却不忏悔,犯八弃戒。念诵楞严咒之后,这些极重的恶业,犹如猛烈的狂风吹散聚沙一样,都会消失除去,丝毫不存。

"阿难,如果有众生灵,从无法计数的岁月以来,所造就的一切或轻或重的罪孽。从前世业来，未及时忏悔。如果能阅读背诵，抄写楞严咒，随身携带，或安放在居住的地方，或田庄、住宅、园林、馆堂。那么他所积的恶业，就犹如开水浇于冰雪而冰消雪化，不久就会觉悟，证得妄念不生的佛理。

"还有阿难，如果有妇女，未能生子女，想怀孕生育。那么，如果能诚心背诵记忆楞严咒，或者能随着携带大白伞盖咒，便能生下有智慧有福德的子女。想求长命的人，也会得长命；想求福德果报的，也会迅速得到圆满心愿；求身强体健、物力财力的，也会如愿以偿。在生命终结之后，可以随着心愿往生于一切地方。一定不会生在边远低贱的地方和人家，更不会是各种杂乱的地方。

【经文】

"阿难，若诸国土州县聚落，饥荒疫疠。或复刀兵贼难斗争，兼余一切厄难之地。写此神咒，安城四门，并诸支提或脱阇上。令其国土所有众生，奉迎斯咒，礼拜恭敬，一心供养。令其人民各各身佩，或各各安所居宅地。一切灾厄，悉皆销灭。

"阿难，在在处处，国土众生，随有此咒，天龙欢喜，风雨顺时，五谷丰殷，兆庶安乐。亦复能镇一切恶星，随方变怪。灾障不起，人无横夭。杻械枷锁，不著其身。昼夜安眠，常无恶梦。

"阿难，是娑婆界，有八万四千灾变恶星。二十八大恶星而为上首。复有八大恶星，以为其主，作种种形，出现世时，能生众生种种灾异。有此咒地，悉皆销灭。十二由旬，成结界地，诸恶灾祥永不能入。是故如来宣示此咒，于未来世，保护初学诸修行者，入三摩提。身心泰然，得大安稳。更无一切诸魔鬼神，及无始来冤横宿殃，旧业陈债，来相恼害。汝及众中诸有学人，及未来世诸修行者，依我坛场，如法持戒，所受戒主，逢清净僧，持此咒心，不生疑悔。是善男子，于此父母所生之身，不得心通，十方如来便为妄语。"说是语已，会中无量百千金刚，一时佛前合掌顶礼，而白佛言："如佛所说，我当诚心，保护如是修菩提者。"

【白话】

"阿难，如果各国的州县村落，生发饥荒瘟疫。或者有贼兵犯境短兵交接，以及一切艰难困苦的地方。写楞严咒，在东南西北四个城门之上，并写在庙堂或幡幢上。让这个国家的所有人民，供奉迎取楞严咒，顶礼膜拜，恭敬供养，并使人民都在身上佩带，或每个人在其居住之地安放本咒。一切灾难，都会消灭。

"阿难，在每一个地方，一切国家的人们，只有持有楞严咒，天龙八部为之欢喜，风调雨顺，五谷丰登，人民安居乐业。楞严咒还能镇住一切恶神，以及随时变幻的鬼怪。使灾难不起，人无飞来横祸。各种牢狱之灾，扭梏、枷锁，不会加身。每天高枕无忧，睡眠之中不生噩梦。

"阿难，在这纷扰的世界中，有八万四千带来灾难的恶星神。以东南西北四方各七个，共计二十八个恶星神为首。还有彗星、计都星、罗睺星、金星、木星、水星、火星、土星这八个大的星神，作为主体，变幻各种形态，显现在人间，能给人们带来各种灾祸。但在有楞严咒的地方，灾难都能消灭。在三百六十里内形成地界，各种灾害永远不能侵入。因此佛陀讲解楞严咒，对于在未来岁月里，初学佛法的修行者加以保护，使之进入正定境地。身心康泰，得到广大的安宁。更不让一切妖魔鬼怪，以及从久远的时光以来各种积怨旧灾祸，恶业债务，来加害或增添烦恼于身。你们与会中有待于修学佛果的人们,以及未来岁月里一切修行者,依据我建坛场的方法,进行持戒,而受戒的法师,又是真正的清净高僧,持有这清净的愿力之心,不产生怀疑和后悔。这样的男修行者,以受身于父母的血肉之躯,不能得到心净而通达的境地,一切佛就是妄语者。"佛陀说了这段话后,法会中不可计量的金刚,都到佛陀面前合掌顶礼膜拜,并对佛陀说:"正如您所说,我们应当以至诚之心,来保护持楞严咒修悟佛理的人。"

【经文】

尔时,梵王、并天帝释、四天大王,亦于佛前同时顶礼,而白佛言:"审有如是修学善人,我当尽心至诚保护。令其一生所作如愿。复有无量药叉大将,诸罗刹王、富单那王、鸠槃茶王、毗舍遮王、频那夜迦、诸大鬼王及鬼帅,亦于佛前合掌顶礼:"我亦誓愿护持是人。令菩提心,速得圆满。"复有无量日月天子,风师雨师、云师雷师、并电伯等,年岁巡官、诸星眷属,亦于会中顶礼佛足,而白佛言:"我亦保护是修行人,安立道场,得无所畏。"复有无量山神海神,一切土地、水陆空行、万物精祇,并风神王、无色界天,于如来前,同时稽首,而白佛言:"我亦保护是修行人,得成菩提,永无魔事。"尔时八万四千那由他恒河沙,俱胝金刚藏王菩萨,在大会中,即从座起,顶礼佛足,而白佛言:"世尊,如我等辈所修功业,久成菩提,不取涅槃,常随此咒,救护末世修三摩提正修行者。世尊,如是修心求正定人,若在道场,及余经行,乃至散心游戏聚落。我等徒众,常当随从侍卫此人。纵令魔王大自在天求其方便,终不可得。诸小鬼神,去此善人十由旬外。除彼发心乐修禅者。世尊,如是恶魔若眷属,欲来侵扰是善人者,我以宝杵殒碎其首，犹如微尘。恒令此人，所作如愿。"

【白话】

这时，梵天王、忉利天王、四大天王，也在佛陀面前同时顶礼膜拜后，对佛陀说："如果有持楞严咒的修行者，我们应当尽心至诚地保护他们。使他们一生的所作所为都能如愿。"还有无数的能啖鬼中的大将，食人鬼王、恶鬼王、热病鬼王、瓮形鬼王、猪头和象头鬼王、各大鬼王以及鬼中元帅，也在佛陀面前合掌于胸前顶礼膜拜后说："我们也发誓愿保护持楞严咒的人。使他们的证悟之心，迅速得以圆满。"还有无数的日、月王，风、雨、云、雷、电之神，管岁月更替和巡察世间善恶之神、各种星辰之神及其眷属，也在法会之中顶礼膜拜于佛陀脚下，对佛陀说："我们也保护持楞严咒的修行者，使之建立道场，得到无所畏惧的智慧。"还有无数的山、海之神，土地神、飞行于江水陆地和空中的神、万物的精灵，以及风神之王、无色界天，也以佛陀面前，同时叩拜后，对佛陀说："我们也保护持咒的修行者，得以成就觉悟之心，永远没有烦恼魔来滋事。"这时八万四千亿恒河沙般多的，不可计数的金刚藏王证悟者，在会场中的座位上站起来，顶礼膜拜于佛陀脚下后，对佛陀说："世人之尊，像我们所修行的功业，很久以前就证悟了，但我们没有进入静寂的境地，就是要经常并随时保护持咒的人，来救护未来的末法时期修行正定的修行者。世人之尊，这些修行定念心止的人，无论在道场里，还是在途中，或是散步、娱乐、聚会、住宿。我们大家，都会时常跟随并保护持咒的人。即使是魔王或大自在天魔设法滋扰，最终也不能得逞。一切小鬼神，都离修行者三百里以外。除非小鬼神要发愿修行，才能接近修行者。世人之尊，如果有恶魔或魔的眷属，要来侵犯扰乱修楞严咒的人，我们就会用金刚宝杵打碎他们的头,犹如微尘般的粉碎。永远使修行者,一切如愿。"

【经文】

阿难即从座起,顶礼佛足,而白佛言:"我辈愚钝,好为多闻,于诸漏心未求出离。蒙佛慈诲,得正熏修,身心快然,获大饶益。世尊,如是修证佛三摩提,未到涅槃,云何名为乾慧之地①,四十四心②?至何渐次,得修行目?诣何方所,名入地中③?云何名为等觉菩萨?"作是已,五体投地。大众一心,伫佛慈音,瞪瞢瞻仰。

尔时世尊,赞阿难言:"善哉,善哉。汝等乃能普为大众,及诸末世一切众生,修三摩地求大乘者,从于凡夫,终大涅槃,悬示无上正修行路。汝今谛听,当为汝说。"阿难大众,合掌刳心,默然受教。

佛言:"阿难当知,妙性圆明,离诸名相。本来无有世界众生,因妄有生,因生有灭。生灭名妄,灭妄名真。是称如来无上菩提及大涅槃,二转依号。阿难,汝今欲修真三摩地,直诣如来大涅槃者,先当识此众生世界,二颠倒因。颠倒不生,斯则如来真三摩地。

【注释】

①乾慧地:亦作过灭净地,欲念已灭,虽有智慧,但"未得理水"。

②四十四心:指四十四位心境的现象。包括十信(信心住、念心住、精进心、慧心住、定心住、不退心、护法心、回向心、戒心住、愿心住),十住(发生住、治地住、修行住、生贵住、方便具足住、正心住、不退住、童真住、法王子住、灌顶住),十行

（欢喜行、饶益行、无嗔恨行、无尽行、离痴乱行、善现行、无著行、尊重行、善法行、真实行），十回向（救护一切众生离众生相回向、不坏回向、等一切佛回向、至一切处回向、无尽功德藏回向、随顺平等善根回向、随顺等观一切众生回向、真如相回向、无缚解脱回向、法界无量回向），四加行（暖地、顶地、忍地、世第一地即中道不二既无觉亦无迷的境地），共计四十四个修清净心地境界的名称和次序。

③入地：指大乘菩萨十地，是菩萨行的十个阶位。参见前注"十地"。

【白话】

阿难随即从座位上起来，顶礼膜拜于佛陀脚下后，对佛陀说："我们愚昧迟钝，喜好博学多闻，没有修定以求脱离世俗心。承蒙您慈祥的教诲，得到正确熏习和修行的定法，身心快乐，获得了很大的收益。世人之尊，修证定心，但未到达静寂境界，为何称之为乾慧境地，以及渐次呈现的四十四位心境形态？要达到什么阶段，才得以修行的法眼清净？要做到什么程度，才叫做入地证悟者？什么程度就称为正等正觉即无上智慧和觉悟的证悟者呢？"问完后，五体投地，叩拜佛陀。与会信徒都专心致志，伫立静候佛陀传法音，都瞪大了眼睛，翘首以盼。

这时佛陀，称赞阿难说："很好，好得很。你们能为广大信众，以及未来岁月中的一切生灵，修行定念心止求广大的清澄之境，使信奉的人，都成就静寂的境界，请我启示无上智慧的修行之路，你现在认真听，应当为你们解说。"阿难和信众们，都合掌于胸前，以至诚心，静听佛陀教诲。

佛陀说："阿难你应当知道，自性本来美妙圆满澄明，远离一切名称及其现象形态。本来并无所谓现象的世界和众生灵，由于心念之妄有而产生,有产生就有了消灭。有了生与灭就称为妄有,消灭了妄有就称为真如即真实的本质。修行至此的,就称为无上的觉悟和进入了广大的寂灭境界,觉悟和寂灭只是两个辗转相依的两个称谓。阿难,你现在要修真实的正定,直接进入佛的广大境界,应当首先认识众生界和现象世界,两种颠倒的原因。颠倒的认识不产生,这就是佛的真正的定念心止。

【经文】

"阿难,云何名为众生颠倒?阿难,由性明心,性明圆故。因明发性,性妄见生。从毕竟无,成究竟有。此有所有,非因所因。住所住相,了无根本。本此无住,建立世界及诸众生。迷本圆明,是生虚妄。妄性无体,非有所依。将欲复真,欲真已非真真如性。非真求复,宛成非相。非生非住,非心非法,展转发生。生力发明,熏以成业。同业相感,因有感业相灭相生,由是故有众生颠倒。

"阿难,云何名为世界颠倒?是有所有,分段妄生,因此界立。非因所因,无住所住,迁流不住,因此世成。三世四方,和合相涉。变化众生,成十二类。是故世界因动有声,因声有色。因色有香,因香有触,因触有味,因味知法。六乱妄相,成业性故。十二区分,由此轮转,是故世间声、香、味、触,穷十二变,为一旋复。乘此轮转颠倒相故,是有世界卵生、胎生、湿生、化生、有色、无色、有想、无想、若非有色、若非无色、若非有想、若非无想[①]。

【注释】

①本句为佛教认为世界上的十二类生灵。卵生,如鸟;胎生,

如人；湿生，如虫；化生，如菌；有色，有形态与情意；无色，无形态和情意；有想，有精神而无形态，如精灵；无想，无精神而有形态，如金石；非有色，无坚固的形态与情态而有短暂的现象形态，如水母、浮石；非无色，有暂时的形态与情态，无长时间的形态；非有想，似有感觉而无情态，如含羞草；非无想，似无情态而实有，如土枭、破镜鸟。

【白话】

"阿难，什么叫做众生颠倒呢？人之性本自澄明，心性明净而圆满。由于澄明而由业力引发性动，心性妄动则妄有之念萌生。本自于无，一切无常，却妄成于有。心有而一切皆有，并非以有因而产生。妄有之所有的形态，并无其根本。在一切无常却妄有的形态上，形成了现实世界以及一切众生灵。人们迷失了本自圆满明净之心，产生了虚妄不实的见解。妄有之心性并无一真实之体，也没有什么可以依托。如果要去妄返真，要求真实之心就已经不是真正的如实而来的真如心了。以非真实心求真实是以妄求妄，反而会变成虚妄之形态。见解心现象妄有心并非实生实有，由妄有而生，辗转生发。妄有生发一切现象，积习熏染而成业力。有相同的业力就相互感应，因为有相互交感的业力各种妄有的现象形态此灭彼生，由此就有了众生灵的各种颠倒认识。

"阿难，什么叫做世界的颠倒呢？这妄有的一切形态，成为不同形态的妄有现象，并因此加以界定和确立。并非因为有所起因，是本无实有上所加有的，从而迁流不息，因此成为世界。过去、现在、未来三世和东、西、南、北四个方位，相互和合涉入，妄有时空的作用下，变化出众生灵，并生成十二个种类。因此这个世界因业力的运动而有声音，因声而产生现象形态。因为有现象形态就有了香与臭，有香就有感触，有感触就有味觉，有味觉就有知觉与见解。这声、色、香、触、味、法六种妄有形态，形成了业力的性能。从而形成了十二种众生，并由此如轮旋转，生灭不休。所以世间的眼、耳、鼻、舌、身、意六根与色、声、香、味、触、法六尘，穷通变化于十二种生灵，形成一个循环往复的作用。在这种轮转颠倒的形态下，具有了世界上的卵生、胎生，由湿化而生、由变化生、有色、无色、有想、无想、非有色、非无色、非有想、非无想这十二种众生。

【经文】

"阿难，由因世界虚妄轮回动颠倒故，和合气成八万四千飞沈乱想。如是故有卵羯逻蓝①，流转国土。鱼鸟龟蛇，其类充塞。由因世界杂染轮回，欲颠倒故。和合滋成八万四千横竖乱想。如是故有胎遏蒲昙②，流转国土。人畜龙仙，其类充塞。由因世界执着轮回，趣颠倒故。和合暖成八万四千翻覆乱想。如是故有湿相蔽尸，流转国土。含蠢蠕动，其类充塞。由因世界变易轮回，假颠倒故。和合触成八万四千新故乱想。如是故有化相羯南，流转国土。转蜕飞行，其类充塞。由因世界留碍轮回，障颠倒故。和合著成八万四千精耀乱想。如是故有色相羯南，流转国土。休咎精明，其类充塞。由因世界销散轮回，惑颠倒故。和合暗成八万四千阴隐乱想。如是故有无色羯南，流转国土。空散销沈，其类充塞。由因世界罔象轮回，影颠倒故。和合忆成八万四千潜结乱想。如是故有想相羯南，流转国土。神鬼精灵，其类充塞。由因世界愚钝轮回，痴颠倒故。和合顽成八万四千枯槁乱想。如是故有无想羯南，流转国土。精神化为土木金石，其类充塞。由因世界相待轮回，伪颠倒故。和合染成八万四千因依乱想。如是故有非有色相，成色羯南，流转国土。诸水母等，以虾为目，其类充塞。由因世界相引轮回，性颠倒故。和合咒成八万四千呼召乱想。由是故有非无色相，无色羯南，流转国土。咒诅厌生，其类充塞。由因世界合妄轮回，罔颠倒故。和合异成八万四千回互乱想。如是故有非有想相，成想羯南，流转国土。彼蒲卢等③，异质相成，其类充塞。由因世界怨害轮回，杀颠倒故。和合怪成八万四千食父母想。如是故有非无想相，无想羯南，流转国土。如土枭等，附地为儿，及破镜鸟，以毒树果，抱为其子。子成，父母皆遭其食，其类充塞。是名众生十二种类。"

【注释】

①羯逻蓝：梵文音译，义译为凝滑、杂秽，为父母之精卵初和合凝结的形态，为一至七天之间。

②遏蒲昙：指胎卵逐渐分别之现象形态，由受精卵形成胞胎。

③蒲卢：细腰蜂。

【白话】

"阿难，由妄想业缘形成轮回颠倒之性，以念成气，气交则和合成八万四千飞腾、沉积、纷乱万象的欲想，气刚则成卵胎，流转于世间，如鱼、鸟、龟、蛇之类，充满世界。由于这世界由有情混杂互染而轮回不休，形成了爱欲颠倒的困惑。和合滋生成为八万四千种纷乱情想。因此情想产生胞胎，流转于世间。如人、畜、龙、仙等种类，充满世界。由于这世界执着于潮湿于温度的轮回不休，妄有湿暖的合成而颠倒。在暖的作用下生成八万四千翻动覆盖的混乱欲想。从而产生了由湿而生的肉体，流转于世间。如蠢蠢蠕动的毛虫，充满世界。由于这世界在变化中轮回不息,假托易物成颠倒的迷惑。触类化生成八万四千由新旧更替纷乱的情想。从而产生了变化蜕变之形,流转于世间。由蛹虫蜕变为飞蛾,如蚊、蛾充满世界。由于这世界留色成碍轮回不休,因色障颠倒。由星火色泽合成八万四千精气火耀的纷乱妄想。从而就有了形态的硬化,流转于世间。由星辰的吉象休与凶象咎的精华光明产生,如萤火虫、含珍珠之蚌,这一类有色众生充满世界。由于这世界有厌世弃俗的消身散尽的轮回之想,由本自真心产生颠倒的迷惑,由业力和合暗昧组成了八万四千由阴暗隐情的纷乱妄想。从而就有了无固定形态的变更,流转于世间。如空处、散处、消处、沉积处,如狂风等类充满世界。由于这世界有求神通的罔象轮回之想,由妄影情态产生颠倒的迷惑,妄想和合组成八万四千心理情结的纷乱迷想。从而就有了妄念的变更,流转于世间。如魑魅魍魉、万物精灵等类充满世界。由于这世界有愚昧迟钝的顽有轮回之念,真心因痴有产生颠倒的迷惑,顽念和合组成了八万四千枯槁的纷乱迷想。从而就有了无想顽有的变更,流转于世间。如顽有之念化成的一切土、木、金、石,诸如动植物化石、忘夫石等类充满世界。由于这世界有假托现象形态的轮回之念,虚假颠倒。和合感染组成八万四千依托于物的纷乱迷想。从而就有了并非有自身形态,组成了依存于其他形态的变更,流转于世间。如依于水沫之水母,以虾为眼目的菌类、各种寄生虫等充满了世界。由于这世界有心灵呼唤,引发意念的轮回之想,使澄明之性产生颠倒。和合咒念组成八万四千心灵召唤的纷乱迷想。从而就有了并非没有形态,并无形态的变化更替,流转于世间。如诅咒、厌世,心灵感应等充满了世界。由于这世界有妄有妄心合成的轮回之念,妄上加妄而颠倒。和合异类组成八万四千回旋往复的纷乱迷想。从而就有了并无心念的形态,变成有想的更替,流转于世间。如细腰蜂负泥做蜂房而养螟蛉子，养他人子等，本质不同却相合而成，这些也充满了世界。由于这世界有积怨伤害的轮回之想，杀害心的颠倒。和合怨恨组成了八万四千吞食父母的心念。从而就有了并非无想的现象，由无想变更，流转于世间。如猫头鹰，抱土块以为子，以及破镜鸟，抱毒树上的果实为子。子长成后，父母反遭其食，（相传这两类鸟，饥时可食父母）这类生物也充满了世界。这些就称为十二个种类的众生灵。"

卷 八

【经文】

"阿难,如是众生,一一类中,亦各具十二颠倒。犹如捏目,乱华发生。颠倒妙圆真净明心,具足如斯虚妄乱想。汝今修证佛三摩地,于是本因,元所乱想,立三渐次,方得除灭。如净器中,除去毒蜜,以诸汤水,并杂灰香洗涤其器,后贮甘露。云何名为三种渐次?一者修习,除其助因;二者真修,刳其正性;三者增进,违其现业。云何助因?

"阿难,如是世界十二类生,不能自全,依四食住。所谓段食、触食、思食、识食。是故佛说一切众生,皆依食住。

"阿难,一切众生,食甘故生,食毒故死。是诸众生,求三摩提,当断世间五种辛菜。是五种辛,熟食发淫,生啖增恚。如是世界食辛之人,纵能宣说十二部经,十方天仙,嫌其臭秽,咸皆远离。诸饿鬼等,因彼食次,舐其唇吻。常与鬼住,福德日销,长无利益。是食辛人修三摩地,菩萨天仙,十方善神不来守护。大力魔王得其方便,现作佛身,来为说法。非毁禁戒,赞淫怒痴。命终自为魔王眷属。受魔福尽,堕无间狱。

"阿难,修菩提者,永断五辛。是则名为第一增进修行渐次。

"云何正性?阿难,如是众生入三摩地,要先严持清净戒律。永断淫心,不餐酒肉。以火净食,无啖生气。阿难,是修行人,若不断淫及与杀生,出三界者,无有是处。当观淫欲,犹如毒蛇，如见怨贼。先持声闻，四弃、八弃，执身不动。后行菩萨清净律仪，执心不起。禁戒成就，则于世间永无相生相杀之业。偷劫不行，无相负累，亦于世间，不还宿债。是清净人，修三摩地，父母肉身，不须天眼，自然观见十方世界。睹佛闻法，亲奉圣旨，得大神通，游十方界。宿命清净，得无艰险。是则名为第二增行修行渐次。

"云何现业？阿难，如是清净持禁戒人，心无贪淫，于外六尘，不多流逸。因不流逸，旋元自归。尘既不缘，根无所偶。返流全一，六用不行。十方国土，皎然清净。譬如瑠璃，内悬明月。身心快然，妙圆平等①，获大安稳。一切如来密圆净妙，皆现其中。是人即获无生法忍。从是渐修，随所发行，安立圣位。是则名为第三增进修行渐次。

【注释】

①平等：佛家平等的含义有：共通、通用、同等的人、人之间无高下与尊卑之分、超越憎恶爱好的超然境界、无差别的世界和贯穿于各种现象中的绝对真理，并认为一切生灵从最初的本质来看，都是完全平等的。

【白话】

"阿难，这些有灵性根苗的生灵，在每个种类之中，也各具有十二种颠倒的因缘。就好比自己按捏眼睛，就会眼花缭乱。这种妄有的颠倒见解，是本自美妙圆满且真实明净之心中，所具备的虚妄心纷乱的起念。你现在修证佛门的定念心止，对生妄的原因，纷乱的心念处，确立渐次修行的三个内容，才能得以消除妄想。比如要除净器皿之中，装过的毒蜜，必须反复用开水冲洗，并且加进香灰洗涤容器，之后才可以贮盛甘露。是哪三种逐渐修行的内容呢？第一是修得耳根清净，除去助恶之因缘；第二是真正修行，解剖于深藏的本净心性；第三是增进善行，于今日恶业相违。什么是助恶的因缘呢？

"阿难，这个世界上的十二种众生灵，不能以身自我保全，都依赖四种饮食方法而生存。就是段食，即按一定的时间，把食物分成部分来吃。触食，即依靠感受如神。思食，以禅思为食如禅天。识食，心理上的受用如无色天。所以佛陀讲一切众生灵，都依靠食物存在于世。

"阿难，一切众生灵，食甜的食物就活，食毒物便会死。所以众生们，要求定念心止，应当断除世上五种辛辣的菜。这五种辛辣即葱、蒜、韭、薤、洋葱，熟食激发淫欲，生吃使人易生愤恨。这世界食五辛之人，纵使能够宣讲解说一切佛典，所有天上仙人，都会嫌他口臭污秽都远离而去。一切饥饿鬼们，会因为他食五辛，而舐他的嘴唇。常与饿鬼相处，从而福德日消，总不能益人利己。食五辛的人修正定，有成就的证悟者和天上仙人，一切施善行的天神都不会保护他。而大力魔王就借此机会，显现成佛陀身相，来为他讲魔法。毁坏佛门禁戒，赞扬淫欲、怨怒、痴迷。当生命终结之日就成为魔王的家眷。受用完为魔的福报后，会堕落到永不间断折磨的地狱中。

"阿难，修证觉悟智慧的出家人，要永远断除上述五种辛辣食物。这就称为第一项修行的内容。

"什么是正确的心性呢？阿难，这些众生灵要进入定念心止，要首先严格守持清净的戒律。永远断除淫欲之心，不吃肉、不饮酒。要用火吃干净的熟食，不吃生的食物。阿难，若修行的人，不能断绝淫欲与杀生，要想超出有情三界，是不可能的。应当视淫欲，如致命毒蛇，如冤家盗贼一样。首先要持有闻佛法而信并修行之心，男弃杀、盗、淫、妄，女再弃触、入、覆、随。使妄有身心不起。然后再持证悟者清净的戒律和仪轨，再使心念不起。禁戒能有所成就，在世上就永无相生相杀的恶业。没有偷盗的行为，就没有互相担负积累恶业的果报，那么在世上，就不需要偿还宿债。这样心地清净的人，修定念心止，以受身于父母的血肉之身，不需得天眼神通，就自然可以观察一切世界，亲身听佛传法，得到佛的认可，得到广大的神通之力，游于十方世界。使宿命清净，永无艰险。这就称为第二项的修行内容。

"什么是进善并改变现在的业力？阿难，持守禁戒而清净的修行者，心中没有贪念淫意，对于外界的色、声、香、味、触、法，不再随波逐流般地放逸。由于不逐流和放逸，就回转到本自清澄的心地。对于一切既不攀缘，眼、耳、鼻、舌、身、意也就没有对象。就会返本归真，六根与六尘不再妄有。从而一切世界，都归于皎洁清净。好比在透明的琉璃球内，悬空明月一样。身心舒畅，美妙圆满而平等，获得广大无边的安乐，一切佛秘密圆满而美妙明净的境界，都会呈现出来。这样的人就会获得烦恼不生的境界。从而逐渐进一步修行，随着他所依次显发的修悟，依次获得证悟者的佛果名位。这就称为第三项修行的内容。

【经文】

"阿难，是善男子，欲爱干枯，根境不偶。现前残质，不复续生。执心虚明，纯是智慧。慧性明圆，蓥十方界①。乾有其慧，名乾慧地。

"欲习初干，未与如来法流水接。即以此心，中中流入，圆妙开敷。从真妙圆，重发真妙，妙信常住，一切妄想灭尽无余。中道纯真②，名信心住。

"真信明了,一切圆通。阴、处、界三③,不能为碍。如是乃至过去未来,无数劫中,舍身受身一切习气,皆现在前。是善男子,皆能忆念,得无遗忘,名念心住。

"妙圆纯真,真精发化。无始习气,通一精明。惟以精明进趣真净,名精进心。

"心精现前,纯以智慧,名慧心住。

"执持智明,周遍寂湛,寂妙常凝,名定心住。

"定光发明,明性深入。惟进无退,名不退心。

"心进安然,保持不失。十方如来气分交接,名护法心。

"觉明保持,能以妙力,回佛慈光,向佛安住。犹如双镜,光明相对。其中妙影,重重相入,名回向心。

"心光密回,获佛常凝无上妙净。安住无为,得无遗失,名戒心住。

"住戒自在,能游十方,所去随愿,名愿心住④。

【注释】

①鎣(yíng):磨,琢磨使发光。亦作"莹"。

②中道:指脱离"二边",如有与无、常与断等,即两个极端的观点。大小乘对中道的解释各有不同,中国佛教各宗派对此也各执一词,但都认为它是佛教的真谛,常与真如、佛性同义。所谓谈无不碍论有,佛教认为一切事物都是凭借各种因缘生成,经合成后表现为一个具体的事物,故称之为有,但一切事物原无自性,只是短暂的聚合,缘尽则散,故又称无。有与无只不过只一种言说、称谓罢了,是一种方便即方法,借以表达佛理的方法。

③阴、处、界:分别指五阴,即色、受、想、行、识五蕴;十二处,即六根,眼、耳、鼻、舌、身、意与六境,色、声、香、

味、触、法，总为十二产生心和心所法之处；界，十八界，指人一身能产生认识功能的六根，认识对象的六境，以及由此产生的六识，即眼识、耳识、鼻识、舌识、身识、意识。是佛教以人的认识为中心，对现象所作的分类，总谓十八。

④愿心住句：至此句十信住结束，是菩萨五十五位修行中的一至十位；以下分述了十住，为十一至二十位；十行，为二十一位至三十位；十回向，为三十一位至四十位；十地，为四十一位至五十位；四加行；乾慧地，总谓五十五位。

【白话】

"阿难，这位男修悟者，欲爱心海干枯，身体感官与外境不再偶合。呈现于前的残余身体，本质上不再产生连续的业缘。所执有的身心如虚空澄明，表现出纯正的智慧。智慧开启的心性明净圆满，光映世界。无妄而只有其智慧，所以称为乾慧地。

"爱欲的积习初见干枯，但仍未与真实而来的法流之水相接。就是以此初心，在心念之中，流入静寂大海而圆满美妙开启心智。从真实美妙的心地，重新焕发出真正美妙，诚信永在的，将一切妄念都灭除无余的清心。不落有无纯洁真实，这就称为信心住。

"真实的诚信心明确，一切都圆满通达。五阴、十二处、十八界，都不能阻碍。这样对于过去、未来，乃至于极为久远的岁月中，身心所受的一切恶习善行，都会显现在眼前。这样的男修证者，一切都能记忆，得到无一忘却，这就称为念心常在。

"美妙圆满纯真，引发变化为真实的心智。从无始以前的妄想习气，都通达于一体在精巧明慧中。只有以这精巧明慧进一步至真实澄净，就称为精进心。

"心之精巧出现，继而成为纯净的智慧，就称为慧心常在。

"执定持有心智的明净，周遍静寂清湛，在静寂美妙常在的澄凝中，就叫做定心住。

"在定心光洁明净中，明心见性而深入。只进不退，就称为不退心。

"心不退而进则安，从而保持不失。于一切佛心法气分交接，就叫做护法心常住。

"心觉明净永保持住，就能以妙力，回光返照佛的慈光，回向佛心安然常住。就犹如两面明镜，光明相对。这镜中的妙影，相互重重映入，这就称为回向明心。

"佛心寂光绵密回照，获得佛常凝无上的精妙清净。安住于无为，一无所失，这就叫做戒心永住。

"安住于自在的戒心之境，能游于一切世界，来去随心所愿，这就称为愿心住。

【经文】

"阿难，是善男子，以真方便，发此十心。心精发辉，十用涉入，圆成一心，名发心住。

"心中发明，如净瑠璃，内现精金，以前妙心，履以成地，名治地住。

"心地涉知，俱得明了。游履十方，得无留碍，名修行住。

"行与佛同，受佛气分。如中阴身，自求父母。阴信冥通，入如来种，名生贵住。

"既游道胎，亲奉觉胤①。如胎已成，人相不缺，名方便具足住。

"容貌如佛，心相亦同，名正心住。

"身心合成,日益增长,名不退住。

"十身灵相,一时具足,名童真住。

"形成出胎,亲为佛子,名法王子住。

"表以成人,如国大王以诸国事分委太子。彼刹利王世子长成,陈列灌顶,名灌顶住②。

【注释】

①胤(yìn):后代。

②灌顶住:以上为十住。从生贵住至灌顶住,采用了以入胎至成人的比喻来传法。

【白话】

"阿难,有男修行者,以真实的方法,发上述十种信心。心性发出光辉,十信之心,互相涉入,圆融成一真心,就称为发心住。

"心中所发的澄明妙智,如明净的瑠璃之内,所呈现的精妙宝光,妙智之心,履践于真实境地,这就叫做治地住。

"发心与修之地所涉入的见解,都明确了然。游履教化一切世界,得无阻碍,就称为修行住。

"行为与佛相同,承受佛陀的真实气分。如在形成生命的中间状况,可以自己选择转生父母。阴冥与阳界通达,入于佛的根苗,就叫做生贵住。

"既入于佛的胎苗,就亲身受领觉悟法统。如胎已长成,人的形态不缺,就称为方便具足住。

"人不仅容貌如佛,法心也和佛相同,就叫做正心住。

"身形与心合成一体,日日增长智慧,就叫做不退住。

"佛的十身灵相菩提身、愿身、化身、住持身、相好庄严身、势力身、如意身、福德身、智身、法身,一时间都具备初成,就叫做童真住。

"人形长成出胎后,就成为亲近佛的得法之子,就叫做法王子住。

"仪表成年后,犹如国王以各种国家事务分派委任于太子一样。这位帝王的世子成长后,就要举行隆重的灌顶仪式,继承王位,这就叫做灌顶住。

【经文】

"阿难,是善男子,成佛子已。具足无量如来妙德,十方随顺,名欢喜行。

"善能利益一切众生,名饶益行。

"自觉觉他,得无违拒,名无嗔恨行。

"种类出生,穷未来际,三世平等,十方通达,名无尽行。

"一切合同,种种法门,得无差误,名离痴乱行。

"则于同中显现群异。一一异相,各各见同,名善现行。

"如是乃至十方虚空满足微尘,一一尘中现十方界。现尘现界,不相留碍,名无著行。

"种种现前,咸是第一波罗蜜多①,名尊重行。

"如是圆融,能成十方诸佛轨则,名善法行。

"一一皆是清净无漏,一真无为,性本然故,名真实行②。

【注释】

①波罗蜜多:梵文音译,意译为度、度彼岸等,指从现实生死迷惑的此岸到达涅槃解脱的彼岸。大乘佛教以六项修持内容为

度彼岸的方法,称为"六度"(参见前注)。

②名真实行句:本段至此为十行。

【白话】

"阿难,这男修行者,成为佛的法子。就具备无法计量的佛之美妙功德,一切世界随缘顺意度众生灵,称为欢喜行。

"善于并能够谋利益于一切生灵,称为饶益行。

"自身觉悟并觉悟他人,得到了面对一切烦恼,不违背拒绝的境界,称为无嗔恨行。

"在十二种类众生灵中,都随类出入化度,认知过去、现在、未来三世,众生一切平等,十方世界通达无碍,称为无尽行。

"一切修行方法,都能合为一体,修证没有差别和错误,称离痴乱行。

"在一切法理中显现不同的各种现象。对每一个不同的现象,都能认识其无常与本自于空的共同处,称善现行。

"这样以至于十方虚空中的所有微尘中,任何一微尘之中都可以显现出一个十方世界,出现的每一个微尘,显现的每一个世界,都不相互阻碍,称无著行。

"一切现实中的言行,都是为众生度生死的此岸到涅槃的彼岸最终的目的,称尊重行。

"这样圆融无碍,能够成就一切佛的规则,称善法行。

"上述九行都是清净无烦恼之行,是一心中本真无为,自性的本来面目,称真实行。

【经文】

"阿难,是善男子,满足神通成佛事已。纯洁精真,远诸留患。当度众生,灭除度相。回无为心,向涅槃路。名救护一切众生离众生相回向。

"坏其可坏,远离诸离,名不坏回向。

"本觉湛然,觉齐佛觉,名等一切佛回向。

"精真发明,地如佛地,名至一切处回向。

"世界如来,互相涉入,得无挂碍,名无尽功德藏回向。

"于同佛地,地中各各生清净因。依因发挥,取涅槃道,名随顺平等善根回向。

"真根既成,十方众生,皆我本性。性圆成就,不失众生,名随顺等观一切众生回向。

"即一切法,离一切相。唯即与离,二无所著,名真如相回向。

"真得所如,十方无碍,名无缚解脱回向。

"性德圆成,法界量灭,名法界无量回向①。

【注释】

①至名法界无量回向句:以上为十回向。

【白话】

"阿难,这男修证者,满足地得到神通成就佛事后。纯洁了心的精妙真实,远离一切俗世的心忧内患。应当度脱众生灵,在心中灭除一切度脱他人的心念和形态。回入于无为之心,心向于静寂之路,这就称为救护一切众生离众生相回向。

"坏灭一切可坏灭的形态,远离一切能离和所离之心,这就称为不坏回向。

"本自觉悟的心地湛明,觉悟并齐于佛之正觉,就称为一切佛回向。

"精妙的真实心发出澄明,其境地与佛地相同,就称为至一切处回向。

"一切世界都如实而来,互相涉入,得以一无挂碍,称为无尽功德藏回向。

"在于佛之境地同等的心性之地中,产生各种清净之因。依据此因发挥,取得静寂的道果,称为随顺平等善根回向。

"真实平等之根既已长成,一切众生灵,都与我本自一性。心性圆满成就,不失却救度一切众生灵,称为随顺等观一切众生回向。

"近一切法,离一切形态。对接近、远离二者,都无执着之心,称为真如相回向。

"真实得到心之如实的自性,一切圆融无碍,称为无缚解脱回向。

"心性功德圆满成就,现象界的一切数量都灭除,称为法界无量回向。

【经文】

"阿难,是善男子,尽是清净四十一心。次成四种妙圆加行。即以佛觉,用为己心,若出未出,犹如钻火,欲然其木,名为暖地。

"又以己心,成佛所履。若依非依。如登高山,身入虚空,下有微碍,名为顶地。

"心佛二同,善得中道,如忍事人,非怀非出,名为忍地。

"数量销灭,迷觉中道,二无所目,名世第一地①。

"阿难,是善男子,于大菩提善得通达,觉通如来,尽佛境界,名欢喜地。

"异性入同，同性亦灭，名离垢地。

"净极明生，名发光地。

"明极觉满，名焰慧地。

"一切同异，所不能至，名难胜地。

"无为真如，性净明露，名现前地。

"尽真如际，名远行地。

"一真如心，名不动地。

"发真如用，名善慧地。

"阿难，是诸菩萨，从此已住，修习毕功，功德圆满。亦目此地名修习位。慈阴妙云，覆涅槃海，名法云地②。

"如来逆流，如是菩萨顺行而至，觉际入交，名为等觉。阿难，从乾慧心至等觉已，是觉始获金刚心中，初乾慧地，如是重重，单复十二③，方尽妙觉，成无上道。是种种地，皆以金刚观察如幻十种深喻。奢摩他中④，用诸如来毗婆舍那⑤，清净修证，渐次深入。阿难，如是皆以三增进故，善能成就，五十五位真菩提路。作是观者，名为正观；若他观者，名为邪观。"

【注释】

①名世第一地句：以上为四加行。

②名法云地句：以上为十地，为菩萨五十五位修行中的四十一至五十位。

③单复十二：单指一个名称一个修行之位，共七重，即乾慧地、暖地、顶地、忍地、世第一、等觉、妙觉；复指一个名称有十个修行之位，即十信、十住、十行、十回向、十地，共五重。单复相加为十二，故称。

④奢摩他：梵文音译，译为止，指对所观察的一切对象，都

能够"住心于内"专心致志，不受外界影响。又译作止寂、禅定等。

⑤毗婆舍那：意为观，指智慧，把禅定与智慧结合，就谓之"止观"。中国佛教中的天台宗有"止观双修"的要求；禅宗认为"禅定"是"慧之体"，"智慧"即观是"定之用"，二者之间是"体用"结合的关系。

【白话】

"阿难，修行的男信徒，所修的都是清净的四十一位心地。接着要成就四种美妙圆融的加行之功。以得证的佛之觉悟，体会运用到自己的心地，使似出而未出之心，犹如钻木取火，燃起木料，暖气可感，称为暖地。

"又以自己加行之功的心，成就如佛所履行的证悟。心好似还依附于体，又似超出体外。犹如登高山之顶，身体进入虚空，但脚未离山顶，脚下仍有些阻碍，未离于世，称为顶地。

"心即是佛，善于并得证不落有无二边的中道，犹如隐忍心事的人，心若无亦不显现出来，称为忍地。

"一切数与量都从心地消灭，不落迷觉二边，二者都无所见，称为世第一地。

"阿难，这位男信徒，在广大的认知觉悟中得以通达无碍，心之觉悟与真实本质相通，尽入于佛境界，称为欢喜地。

"一切现象性质的差别都能归之以同，连无常、无住的共同性质也灭除殆尽，称为离垢地。

"心澄明清静至极，称为发光地。

"澄明至极觉悟圆满，称为焰慧地。

"一切现象形态的相同与差异，都不能至于心中，称为难胜地。

"无为真实而来之心，性净明朗如晨露无染，称为现前地。

"穷尽真实本质之边际，称远行地。

"一真实之心，不为外物所动，称不动地。

"发出真实本心的妙用，称为善慧地。

"阿难，这些有成就的证悟者，从此以后，修行已完成，功德圆满。也认为此地是修习的正位。慈心如布满天空的奇妙云团，覆盖了永寂的海，称为法云地。

"佛于觉海慈航逆流而觉世，发愿的证悟者是依佛法顺流而入静寂海，与觉悟心海相交际融合，称为等觉。阿难，从乾慧心地到觉悟之菩萨位，是由于觉悟而获得破除一切烦恼之心，进入了乾慧地后，要经过反复修行，由一个名称一个修行之位的七重境地，到一个名称包括十个修行之位的复合五重境地，共十二个境界，才能尽获美妙的觉悟之心，成就无上的佛果。这些各种境界，都是以能破一切烦恼心的金刚智慧，观察一切事物如十种深刻的比喻即如幻、如幻焰、如梦、如水中月、如空中花、如影、如海市蜃楼、如镜中像、如露、如空谷之声音。在止定中，用佛之智慧，修证清净心地，逐渐深入。阿难，这都是由止、观、禅即止观双修的三种逐渐进取的原故，才能够得到成就，修成五十五位的真正觉悟之坦途。能这样修行的，称为真正的觉悟智慧；如果不这样观察认识，而用其他认识为指导的，称为邪恶的心智。"

【经文】

尔时文殊师利法王子，在大众中，即从座起，顶礼佛足，而白佛言："当何名是经？我及众生，云何奉持？"

佛告文殊师利："是经名大佛顶悉怛多般怛啰无上宝印，十方如来清净海眼。亦名救护亲因，度脱阿难，及此会中性比丘尼，得菩提心，入遍知海。亦名如来密因修证了义。亦名大方广妙莲华王，十方佛母陀罗尼咒。亦名灌顶章句，诸菩萨万行首楞严。汝当奉持。"

说是语已，即时阿难及诸大众，得蒙如来开示密印般怛啰义，兼闻此经了义名目。顿悟禅那，修进圣位增上妙理，心虑虚凝。断除三界修心，六品微细烦恼。即从座起，顶礼佛足，合掌恭敬，而白佛言："大威德世尊，慈音无遮，善开众生微细沈惑。令我今日，身心快然，得大饶益。世尊，若此妙明真净妙心，本来遍圆。如是乃至大地草木，蠕动含灵本元真如，即是如来成佛真体。佛体真实，云何复有地狱、饿鬼、畜生、修罗、人、天等道？世尊，此道为复本来自有，为是众生妄习生起？世尊，如宝莲香比丘尼，持菩萨戒，私行淫欲，妄言行淫，非杀非偷无有业报。发是语已，先于女根生大猛火，后于节节猛火烧然，堕无间狱。瑠璃大王[①]、善星比丘[②]。瑠璃为诛瞿昙族性[③]，善星妄说一切法空，生身陷入阿鼻地狱。此诸地狱，为有定处？为复自然，彼彼发业，各各私受？惟垂大慈，发开童蒙。令诸一切持戒众生，闻决定义，欢喜顶戴，谨洁无犯。"

【注释】

①瑠璃大王：人名，为舍卫国波斯匿王之子，继位后灭迦毗罗卫国释迦种族。《瑠璃王经》记有他因此恶行堕地狱之始末。

②善星比丘：传说佛陀身为太子时，长子善星、次子优婆摩地、三子罗睺罗。相传他出家后能读诵十二部经，但后来他近恶友，专和佛陀作对，妄说一切法空，业空、涅槃亦空，后堕无间地狱。

③瞿昙：即乔达摩，为佛陀的姓氏，亦称释迦、释迦牟尼。

【白话】

这时文殊证悟者，在信徒之中，随即从座位上起来，五体投地叩拜于佛陀脚下后，对佛陀说："应当把这部经叫做什么名称呢？我和众生灵，如何依教奉行呢？"

佛陀告诉文殊："这部经称为大佛顶白伞盖无上之宝心印，一切佛清净心海之法眼。也称救护亲近佛法人的因缘，度脱阿难，及其在法会中的摩登伽女，得以修证觉悟心，入于遍布一切的心智大海。还称为佛秘密心因修证真实的经典。又称广大方正美妙莲花净心之王，是成就一切佛的神咒真言。又叫佛灌顶的经文，是证悟者一切行为坚固正定的经典。你们应当依此经奉行持守。"

佛陀说了以后，这时阿难和各位信众，得以承蒙佛陀开启秘密心印白伞盖护持的义理，又知道了这部经透彻的佛理和名称。顿时觉悟了定念心止，对修行增进佛果的精妙义理，心念凝结于虚空。断除了欲界、色界、无色界的修证心，断三界九地中，八十一品迷惑中，欲界前六品微小细密的烦恼心而证得二果。阿难随即从座位上起来，五体投地叩拜于佛陀脚下后，合掌于胸前，恭敬地对佛陀说："广大威力和德行的世人之尊，慈悲之音一无遮挡，善念开启众生灵微细的困惑。使我今天，身心愉快，得到了极大的收益。世之尊者，如果这美妙明净真心，本来遍及一切圆融无碍。那么这世界中的大地草木，一切有灵性根苗的生物本自真实，是如实而来的佛性之体。佛性的真实之体，又为何有地狱、饿鬼、畜生、争斗之神、人、天等六种道路的众生灵？世人之尊，这些不同道上的生灵为本来就有的，还是由众生灵的妄想习气产生的呢？世之尊者，或者如宝莲香这位女出家修行者，本来已受成就证悟者的戒律，却又与人行淫纵欲，并妄言淫欲的行为，既不杀生，也不偷盗，因此是没有业报的。说这些话后，首先从她的生殖器生起猛烈的大火，随后由此向上，猛烈燃烧，堕入永不间断苦难的地狱。或是如琉璃王、善星修行者。琉璃王因为忿怒诛杀了释迦种族，善星出家人妄说一切法空，无果报、涅槃，两人都由此生随即陷入地狱永受煎熬。这些地狱，是有确定的处所呢？还是由自然支配，由各人不同的业力果报，各自去承受呢？期望佛陀发大慈悲心，启发我们如童子的无知。使一切信守持有戒律的信徒，听到这根本意义的法理，欢喜地顶礼和拥戴，谨慎、纯洁，秋毫无犯。"

【经文】

佛告阿难："快哉此问，令诸众生，不入邪见。汝今谛听，应为汝说。

"阿难，一切众生，实本真净，因彼妄见，有妄习生。因此分开内分、外分。

"阿难，内分即是众生分内。因诸爱染，发起妄情。情积不休，能生爱水。是故众生，心忆珍馐，口中水出。心忆前人，或怜或恨，目中泪盈。贪求财宝，心发爱涎，举体光润。心著行淫，男女二根，自然流液。阿难，诸爱虽别，流结是同。润湿不升，自然从坠。此名内分。

"阿难，外分即是众生分外。因诸渴仰，发明虚想。想积不休，能生胜气。是故众生，心持禁戒，举身轻清。心持咒印，顾盼雄毅。心欲生天，梦想飞举。心存佛国，圣境冥现。事善知识，自轻身命。阿难，诸想虽别，轻举是同。飞动不沈，自然超越。此名外分。

"阿难，一切世间，生死相续。生从顺习，死从变流。临命终时，未舍暖触。一生善恶，俱时顿现。死逆生顺，二习相交。纯想即飞，必生天上。若飞心中，兼福兼慧及与净愿，自然心开，见十方佛。一切净土，随愿往生。情少想多，轻举非远。即为飞仙，大力鬼王，飞行夜叉地行罗刹，游于四天，所去无碍。其中若有善愿善心，护持我法；或护禁戒，随持戒人；或护神咒，随持咒者；或护禅定，保绥法忍。是等亲住如来座下。情想均等，不飞不坠，生于人间。想明斯聪，情幽斯钝。情多想少，流入横生，重为毛群，轻为羽族。七情三想，沈下水轮，生于火际，受气猛火，身为饿鬼，常被焚烧，水能害己，无食无饮，经百千劫。九情一想，下洞火轮，身入风火二交过地。轻生有间，重生无间，二种地狱。纯情即沈，入阿鼻狱。若沈心中，有谤大乘毁佛禁戒，诳妄说法，虚贪信施，滥膺恭敬，五逆十重①，更生十方阿鼻地狱。循造恶业，虽则自招。众同分中，兼有元地。

【注释】

①五逆十重：佛教名词。五逆，又称五无间业，其恶违背佛理，故称；又其犯者会堕入不间断受煎熬之地狱，因恶业而受苦果，故又称无间业。五逆分别为：杀父、父母、杀阿罗汉即证悟者、出佛身上血、破坏僧众团结。十重，又称十恶，分别为：杀生、偷盗、邪淫、妄语、两舌即搬弄是非、恶口、绮语、贪、嗔、诽谤佛、法、僧三宝。

【白话】

佛陀对阿难说："这个问题提得很好，使一切众生灵，不致堕入邪恶的见解之中。你现在认真听,应当为你解说。

"阿难,一切众生灵,本自真实明净,因为虚妄不实的认识,具有了妄想习气的生发。因分成内分、外分这两种分别之心。

"阿难,所谓内分就是众生灵从自身之中产生的妄念。因为各种渴爱的感染,从心中发起妄有情欲。妄情积累不休止,就会从体内产生爱欲的液体。所以众生灵,从心中忆念珍馐美味,就会有口水产生。心里回忆故人,或怜惜、或怨恨,其情所致会热泪盈眶。由于贪求财物珍宝,会使眼中放出贪婪之光且血液流动加快而使身体显得润滑。心中思淫欲,男人和女人的生殖器都会自然流出津液。阿难,各种渴爱虽然有区别,但流露于外凝结于内心是相同的。心地被爱水湿润就不能升华,自然地从此而坠落。这称为内分。

"阿难,所谓外分就是众生灵对外部世界的分别与渴求。因为各种渴望仰慕,引发虚妄的想法。想法积累不休止,就能产生殊胜的气息。所以众生灵们,心中持有戒律,就浑身轻松清静,心中持有真言信仰,面对现实就不会顾盼流连而雄伟刚毅。心想升入天界,梦里会想到飞腾。心中存念佛国,圣明的境界就会呈现。求学于智慧者,就会为信仰而不惜自己的生命。阿难,各种想法虽然有不同,但轻松地飞腾却是相同的。思绪飞动而不沉寂,自然就会超越现状而发痴心妄想。这称为外分。

"阿难,一切世间,生生死死相互接续。生是随顺业习而来,死是从于变迁和流转。在生命终结时,气尽而体温尚存时。一生的善恶所为,都会同时显现。逆于死而顺于生,这两种业习会相互交锋。纯洁思想的就会飞跃,必然生于天界。倘若在飞跃的心中,还有一生所作的福德所求的智慧以及有澄明心愿的人,自然会心胸开阔,可见到一切佛。一切纯净的世界,都会随着他的心愿而往生。如果是情欲少而纯正思想多的,轻快地飞跃就不会高远。会成为飞行之仙,力大无比的鬼王,飞行的食人鬼或地行的啖精鬼,游历于东南西北的天下,来去一无阻碍。这其中倘若有发善愿修心,持信保护佛法;或是保护戒律,随从持戒者;或是保护真言神咒,随从持咒者;或是保护止观智慧,保护修佛果的。他们就会亲自到佛的座下成为护法神。情欲与思想大体相等的,既不升华也不坠落,就生活在人间。思想明晰的就成为聪明的人,情欲深幽的就成为迟钝的人。情欲多于思考的,就流入畜生类,重的成为群居有皮毛的走兽,轻的成为有羽毛的飞禽。有七分情欲,三分思想的,就会成沉于水中的族类,或生于炎热的地方,受热气猛火炙身,或身为饥饿之鬼,常常被焚烧,水也能伤害它们,常无饮食,如此要经历漫长的岁月。九分情欲,一分思想,就会下落到洞火转轮,身处于风火二轮的交换处。较轻一些的堕入有间歇苦难的地狱中,重的堕入无间断苦难的地狱里受煎熬。纯粹情欲的生灵,堕入永远不得转生的苦难地狱之中。如果沉沦兽禽和地狱的生灵,有诽谤自觉觉他的修行者并毁坏佛法禁戒,狂妄地讲说法理,虚伪贪婪并得到他人的信赖和布施,滥用他人的恭敬心,以至犯五逆十重之恶业,会反复生活于十方永不转生的苦难地狱中。这些都是遵循着各人所造恶业,虽然是自作自受。但众生灵都有的果报中,还都有其各自的起因。

【经文】

"阿难,此等皆是彼诸众生自业所感,造十习因,受六交报。云何十因?

"阿难,一者,淫习交接,发于相磨。研磨不休,如是故有大猛火光于中发动。如人以手自相摩触,暖相现前。二习相然,故有铁床铜柱诸事。是故十方一切如来,色目行淫,同名欲火。菩萨见欲,如避火坑。

"二者，贪习交计，发地相吸。吸揽不止，如是故有积寒坚冰，于中冻冽。如人以口吸缩风气，有冷触生。二习相陵，故有吒吒波波罗罗，青赤白莲寒冰等事。是故十方一切如来，色目多求，同名贪水。菩萨见贪，如避瘴海。

"三者，慢习交陵，发于相恃。驰流不息，如是故有腾逸奔波，积波为水。如人口舌自相绵味，因而水发。二习相鼓，故有血河灰河，热沙毒海，融铜灌吞诸事。是故十方一切如来，色目我慢，名饮痴水。菩萨见慢，如避巨溺。

"四者，嗔习交冲，发于相忤。忤结不息，心热发火，铸气为金。如是故有刀山铁橛①，剑树剑轮，斧钺枪锯。如人衔冤，杀气飞动。二习相击，故有宫割斩斫，剉剌槌击诸事②。是故十方一切如来，色目嗔恚，名利刀剑。菩萨见嗔，如避诛戮。

"五者，诈习交诱，发于相调。引起不住，如是故有绳木绞校。如水浸田，草木生长。二习相延，故有杻械枷锁，鞭杖挝棒诸事。是故十方一切如来，色目奸伪，同名谗贼。菩萨见诈，如畏豺狼。

"六者，诳习交欺，发于相罔。诬罔不止，飞心造奸。如是故有尘土屎尿，秽污不净。如尘随风，各无所见。二习相加，故有没溺腾掷，飞坠漂沦诸事。是故十方一切如来，色目欺诳，同名劫杀。菩萨见诳，如践蛇虺③。

"七者，冤习交嫌，发于衔恨。如是故有飞石投砾，匣贮车槛，瓮盛囊扑。如阴毒人，怀抱畜恶。二习相吞，故有投掷擒捉，击射抛撮诸事。是故十方一切如来，色目冤家，名违害鬼。菩萨见冤，如饮鸩酒。

"八者，见习交明，如萨迦耶④，见戒禁取，邪悟诸业。发于违拒，出生相反。如是故有王使主吏，证执文籍。如行路人，来往相见。二习相交，故有勘问权诈考讯，推鞫察访⑤，披究照明，善恶童子手执文簿，辞辩诸事。是故十方一切如来，色目恶见，同名见坑。菩萨见诸虚妄偏执，如临毒壑。

"九者，枉习交加，发于诬谤。如是故有合山合石，碾硙耕磨。如谗贼人，逼枉良善。二习相排，故有押捺槌按，蹙漉衡度诸事。是故十方一切如来，色目怨谤，同名谗虎。菩萨见枉，如遭霹雳。

"十者，讼习交喧，发于藏覆。如是故有鉴见照烛。如于日中，不能藏影。二习相陈，故有恶友业镜火珠，披露宿业，对验诸事。是故十方一切如来，色目覆藏，同名阴贼。菩萨观覆，如戴高山，履于巨海。

【注释】

① 梱（kǔn）：箭。

② 剉（cuò）：锉的异体字，打磨。

③ 虺（huǐ）：毒虫；毒蛇。

④ 萨迦耶：译为有身见，认为有真实的我，产生有我所见之想。

⑤ 鞫（jū）：审讯、查问。

【白话】

"阿难，这些都是这些生灵们自身的业缘所感招而来的，由于造作十种业习，使六根即眼耳鼻舌身意交融而受的业报。什么是十种业习之因呢？

"阿难，第一，淫欲习性交接，生发于相互身心的揉磨。反复揉磨不休，因而就有很大而猛烈的欲火电光从身心之中生发涌动。犹如人以手自己相互摩擦，就会产生温暖一样。欲习与淫欲之火的习性相互触发点燃，因此就有地狱中对男女淫欲者设置的绑铜柱置铁床以烧欲根的煎熬。所以一切佛，观察看待淫欲之行，都会异口同声地说欲火焚身。有成就的证悟们看待淫欲，犹如避开火坑。

"第二，贪婪与相交时计较的习气，生发于相互间吸取而据为己有。吸取延揽不止，从而就有如厚积的寒冷冰凌，在心中凝结。犹如有人以口吸纳冷风之气，就有冷的感觉产生。业习与现有贪习相互侵入，就有寒冰地狱中呼寒叫冷的难耐之声，在青、赤、白各色八寒地狱中饱受冰冻之苦的报应。所以一切佛，观察看待贪求，都会同样称贪水寒于冰。证悟者们看待贪婪，犹如避开瘴疠之海。

"第三，傲慢的习气新旧相交侵入，生发于自恃其尊。神驰意往而川流不息，因此就有心性的奔腾放逸和波澜，积心波如水无形。犹如以舌舐颚自然会有口水，从口中绵绵而出。新旧的傲慢习气相互鼓动，从而就有死后入血河、灰河、炙热沙海、毒海的折磨，受溶化的铜液灌口之苦的地狱报应。所以一切佛，观察看待傲慢，都称为如饮痴呆之水。证悟者看待傲慢，犹如避开沉入无边的苦海。

"第四，怨习与愤怒交融冲击，生发出相互抵触。怨结不息，心生热而引发怒火，铸冶凝结于心。因此就有上刀山、中乱箭、攀剑树、刀剑轮砍、斧钺枪锯之伤的地狱果报。犹如有人含冤报仇，杀气腾腾。新旧怨习相互冲击，因而有割去生殖器、斩首、断骨，钻刺于胸、槌击于身的死后折磨。所以一切佛，观察看待怨恨，都称为锋利的杀人刀剑。证悟者们看待怨恨，犹如避开杀身之祸。

"第五，奸诈的习性交相诱发，生发出利益的调整。引发生起的奸诈之心不停，因此就有心中如绳曲木直般的计较。犹如水浸润田园，草木不断生长。宿业和现有的习气相互延续，就有杻械、枷锁、鞭打、杖击和棍棒加身等死后地狱的折磨。所以一切佛，观察看待奸诈伪善，都称之为进谗言的恶贼。证悟者们看待欺诈行为，犹如令人生畏的豺狼。

"第六，诳骗的习性交融成为欺骗，生发于相互蒙蔽。诬陷蒙蔽不休止，纷飞的心绪制造离间诡计。因而就有心地中的飞尘垢土屎尿等，污秽不净的东西充斥。犹如沙尘随风而起，使人一无所见。宿习与新生的欺骗心相加在一起，从而有沉于污秽、腾挪、甩掷、抛起、坠下、漂浮、沦落等地狱报应。所以一切佛，观察看待欺骗行为，都认为是劫杀。证悟者们看待骗行，犹如踏上毒蛇避之犹恐不及。

"第七，报冤积习相交现行而生嫌恶，引发心中的仇恨。因而就有飞石击打，囚车牢槛拘禁，瓮中盛置，袋囊投装等现象。旧冤新仇两种习气相互吞食人心，因此就有死后被擒拿投掷于地牢，被射击揪捉等报应。所以一切佛，观察看待冤冤相报，称之为害人之鬼。证悟者们看待以冤报冤，犹如去饮毒酒。

"第八，见解的业习与有我所见的妄有习气交融，自以为聪明犹如认为有一个实有的我，认为应持牛、猴等戒而以为神，产生各种邪恶的认识。引发出违背拒绝真理，相互矛盾的教义。因而就有审查问询，检证文书等事宜。犹如行路之人，来往时会相互遇见。过去与现在两种见解习气相交，死后就会有勘察、审问，权谋机诈，拷问逼讯，推理审讯明察暗访，披阅探究以明真相，及其由善恶童子手执文书，对察狡辩等牢狱之灾的报应。所以一切佛，观察看待邪恶的见解，都会称之为深坑。证悟者们看待一切虚妄偏执的认识，犹如面临毒害的深沟。

"第九，冤枉他人业习与现行相交增加，引发出诬陷诽谤。

因而就有相合山石，碾压挖磨之行。犹如进谗言的盗贼，反诬他人、冤枉善良之人。新旧积习相互排列而枉行，因此就有地狱关押、按捺、捶打，蹙其身以袋中，压其身而出血的报应。所以一切佛，观察看待怨毒诽谤，都称之为谗言如恶虎。证悟者看待冤枉之事，犹如遭到雷击。

"第十，诉讼积习交相喧哗，引发出藏污纳垢掩盖真相。因而就有对事的鉴别和照亮黑暗的灯火。犹如太阳当空，人不能掩藏身影。业习与习性相互铺陈，因此就有在地狱被恶毒的友人在所造业因的明镜中，披露真相，核对验证罪状而受火珠穿身之苦。所以一切佛，观察看待掩盖隐藏真相，视为阴险盗贼。证悟者们看待掩盖真相，犹如头压大山，步入深海。

【经文】

"云何六报？阿难，一切众生，六识造业，所招恶报，从六根出。云何恶报从六根出？

"一者见报，招引恶果。此见业交，则临终时，先见猛火满十方界。亡者神识，飞坠乘烟，入无间狱。发明二相：一者明见，则能遍见种种恶物，生无量畏。二者暗见，寂然不见，生无量恐。如是见火，烧听，能为镬汤洋铜；烧息，能为黑烟紫焰；烧味，能为焦丸铁糜；烧触，能为热灰、炉炭；烧心，能生星火迸洒，煽鼓空界。

"二者闻报，招引恶界。此闻业交，则临终时，先见波涛没溺天地。亡者神识，降注乘流，入无间狱。发明二相：一者开听，听种种闹，精神愁乱①。二者闭听，寂无所闻，幽魄沈没。如是闻波，注闻，则能为责为诘；注见，则能为雷为吼，为恶毒气；注息，则能为雨为雾，洒诸毒虫，周满身体；注味，则能为脓为血,种种杂秽;注触,则能为畜为鬼,为粪为尿;注意,则能为电为雹,摧碎心魄。

"三者嗅报,招引恶果。此嗅业交,则临终时,先见毒气充塞远近,亡者神识,从地涌出,入无间狱。发明二相:一者通闻,被诸恶气,熏极心扰。二者塞闻,气掩不通,闷绝于地。如是嗅气,冲息,则能为质为履;冲见,则能为火为炬;冲听,则能为没为溺,为洋为沸;冲味,则能为馁为爽;冲触,则能为绽为烂,为大肉山,有百千眼,无量咂食;冲思,则能为灰为瘴,为飞沙砾,击碎身体。

"四者味报,招引恶果。此味业交,则临终时,先见铁网,猛焰炽烈,周覆世界,亡者神识,下透挂网,倒悬其头,入无间狱。发明二相:一者吸气,结成寒冰,冻裂身肉。二者吐气,飞为猛火,焦烂骨髓。如是尝味,历尝,则能为承为忍;历见,则能为然金石;历听,则能为利兵刃;历息,则能为大铁笼,弥覆国土;历触,则能为弓为箭,为弩为射;历思,则能为飞热铁,从空雨下。

"五者触报,招引恶果。此触业交,则临终时,先见大山,四面来合,无复出路,亡者神识,见大铁城,火蛇火狗,虎狼狮子,牛头狱卒,马头罗刹,手执枪矟②,驱入城门,向无间狱。发明二相:一者合触,合山逼体,骨肉血溃。二者离触,刀剑触身,心肝屠裂。如是合触,历触,则能为道为观,为听为案;历见,则能为烧为爇;历听,则能为撞为击,为剚为射③;历息,则能为括为袋,为考为缚;历尝,则能为耕为钳,为斩为截;历思,则能为坠为飞,为煎为炙。

"六者思报,招引恶果。此思业交,则临终时,先见恶风吹坏国土,亡者神识,被吹上空,旋落乘风堕无间狱。发明二相:

一者不觉，迷极则荒，奔走不息。二者不迷，觉知则苦，无量煎烧，痛深难忍。如是邪思，结思，则能为方为所；结见，则能为鉴为证；结听，则能为大合石，为冰为霜，为土为雾；结息，则能为大火车，火船火槛；结尝，则能为大叫唤，为悔为泣；结触，则能为大为小，为一日中万生万死，为偃为师。

【注释】

①愗（mào）：常作恀（kòu），愗，愚昧。
②矟（shuò）：长矛，即槊。
③剚（zì）：刺入、插入。

【白话】

"什么是六种报应呢？阿难，一切有灵性根苗的生灵，由眼耳鼻舌身意六识造作恶业，从而招致恶业报应，都是从眼耳鼻舌身意这六根产生的。为何说恶报是从六根产生出来的呢？

"第一为见报，招引恶果。由于眼所见而入心中生妄有积习与恶业相交接，临终之际，在眼里心中会首先看见猛烈的火焰布满世界。死者如神的心识，会升起如烟而随之坠于无边苦难的地狱。引发明了两种现象形态：一是明白地看到，就能够看见一切恶的事物，产生无法估量的畏惧。二是在黑暗中一无所见，静寂无声，产生无法估量的恐惧。生前所见化为烈火，所听，化为铜鼎煎汤的沸腾之声；所闻的气息，化为黑色的烟尘红色火焰的气浪；所尝的美味，化为炭丸铁米；所触肌肤柔物，化为炉中炭、炙热灰；心中所念的事物，生成四溅的星火，充塞着空间。

"第二为所听的报应，所招引的恶果。由于耳所听而生妄有积习与恶业交接，临终之际，在眼里心中会首先看见波涛汹涌铺天盖地的洪水。死者如神化的心中，会注入这洪流之中，进入无边苦海的地狱。引发明了两种现象形态：一是通达的听力，听到一切喧闹之声，使人神志混乱。二是闭塞的听力，一片静寂一无所闻，如幽魂沉于深海。生前所听化为波涛，注入耳中，成为一片责骂和诘难之声；注入眼里，为一片雷鸣风吼，邪恶的天气；注入鼻息，则为在风雨浓雾中充满了毒虫，洒满了身体；注入口中，化为脓血，各种污秽之物；注入触觉，化为臭畜恶鬼，粪尿；注入意识，则化为闪电冰雹，摧毁粉碎人的心灵。

"第三为所嗅的报应，所招引的恶果。由于妄有的嗅觉习性与恶业交接，临终之际，首先见到毒气充满远近，死者出神之心，从地上如泉涌般的毒气中出来，进入无边的地狱。生发明了两种现象形态：一是通达的嗅觉，被各种毒气包围，熏得心中极其困扰。二是闭塞了嗅觉，气息不通，憋闷昏绝在地。这生前的嗅觉之气，冲于鼻息，化为被质讯被驱赶；冲于眼睛，则变为火炬；冲入耳中，则变为沉没尿坑，投之于沸水中的哀叫；冲入口中，则成为烂鱼和臭汤；冲到肌肤，则成为绽开腐烂的一堆如山的臭肉，有百千计的蛆虫，见到后死命地吞食；冲入心中，化为灰土瘴疬，化为飞沙走石，击打粉碎着身躯。

"第四为味觉的报应，所招引的恶果。由于妄有的味觉习性与恶业交接，临终之际，先看到铁网，经烈火燃烧，覆盖世界，死者神妙之心，要从网下逃过却被挂在网中，倒悬着身体，进入苦难无边的地狱。生发明了有两种现象形态：一是吸入气味，则结成寒冰，进而冰裂身体肌肤。二是吐出之气，化为猛火，反过来烧焦身体直至骨髓。生前所尝美味，经历口舌，化为承受食生灵而宰割的难忍之痛；经历眼睛，则化为刺目燃烧的金属岩浆；经历耳朵，则化为锋利的兵刃而入；经历鼻息，则化为有刺之大铁笼，覆盖一切地方无法躲避；经历身体，则成为弓箭，被矢箭之靶；经历心中，则成为飞速而下的铁水，从当空如雨而下痛不欲生。

"第五为身体触觉的报应，所招引的恶果。由于妄有的触觉习性与恶业交接，临终之际，先看见大山，从四面合拢，没有出路可逃，死者神妙之心，看见有大铁城，中有火蛇、火狗，虎、狼、猛狮，牛头人身的狱卒，马头人身的恶鬼，手拿长枪、长矛，驱赶着死者进入城门之中，在不尽的地狱中受煎熬。生发明了两种现象形态：一是结合的接触，组合的大山逼迫挤压身体，血肉溃烂。二是脱离接触，刀剑砍刺，使人心肝俱裂。生前结合的接触，历度身体触觉，则化为游街示众，宣判定案；历度眼睛，则化为火烧热烤；历度耳朵，则化为撞击声，箭射枪刺的惨叫声；历度鼻息，则化为包捆、入于口袋，拷问和缚绑的窒息；历度味觉之舌，则化为刀耕火钳，截割和斩断的苦难；历度心中时，则化为忽而下坠忽而飞升，或受煎熬或受火烧。

"第六为思念的报应，所招引的恶果。由于妄念的习气与恶业相交接，临终之际，先看见恶风吹坏一切地方，死者神妙的心识，被吹到空中，又飞旋着下落而堕入无边的苦难地狱。生发明了两种现象形态：一是没有觉察之心，在迷离中的原野上，奔走不止。二是心中没有迷惑，知道是无边的苦难，受无数的煎熬、火烧，痛苦之深，令人难以忍受。生前邪恶的思念，凝结于心，则能知道所受今日之苦的地方和场所；凝结于眼，则能明鉴证明前业；凝结于耳，则化为大块组合的石头，冰霜所盖，土雾所掩；凝结于鼻息，则化为往来的火车、火船和火门槛；凝结于舌，则化为大声叫唤，悔声和哭泣；凝结于身，则身体忽大忽小抽缩不止，在一日之生有万生万死的痛楚，起卧不宁。

【经文】

"阿难，是名地狱十因六果，皆是众生迷妄所造。若诸众生，恶业同造，入阿鼻狱，受无量苦，经无量劫。六根各造，及彼所作兼境兼根，是人则入八无间狱。身口意三，作杀盗淫，是人则入十八地狱。三业不兼，中间或为一杀一盗，是人则入三十六地狱。见见一根，单犯一业，是人则入一百八地狱。由是众生，别作别造。于世界中，入同分地。妄想发生，非本来有。

"复次阿难，是诸众生，非破律仪，犯菩萨戒，毁佛涅槃，诸余杂业，历劫烧然，后还罪毕，受诸鬼形。若于本因，贪物为罪，是人罪毕，遇物成形，名为怪鬼；贪色为罪，是人罪毕，遇风成形，名为魃鬼①；贪惑为罪，是人罪毕，遇畜成形，名为魅鬼；贪恨为罪，是人罪毕，遇虫成形，名为蛊毒鬼；贪忆为罪，是人罪毕，遇衰成形，名为疠鬼；贪傲为罪，是人罪毕，遇气成形，名为饿鬼；贪罔为罪，是人罪毕，遇幽为形，名为魇鬼；贪明为罪，是人罪毕，遇精为形，名魍魉鬼；贪成为罪，是人罪毕，遇明为形，名役使鬼；贪党为罪，是人罪毕，遇人为形，名传送鬼。

【注释】

①魃（bá）：旱神，其目在顶，走行如风，所见之国大旱。本段共述十个鬼名，加上一百零八处地狱，佛教对于彼岸世界的描述可见一斑。比现实世界中生老病死等八苦更为详尽，既可以看出对来生的关注，也反映了对现实的否定和无奈。

【白话】

"阿难，这就叫做入地狱的十种原因和六种果报，都是人们迷惑于妄有所造有的。如果有人，邪恶的业习共同造作，入地狱，受无法计量的苦难，历经无尽的岁月。如果是眼耳鼻舌身意,各有所造业习,那么其所作各有不同,那么这样的人则入于八种不间断苦难的地狱。如果身、口、意三者,犯了杀、盗、淫,那么这样的人,就入于八火、十寒这十八层地狱。若身、口、意并不都有罪业,之中或只犯杀、盗,三者只有二,那么此人则入三十六地狱轻于前。六根之中,只见根业一个犯杀、或盗、或淫,这人则入一百零八地狱,而少受煎熬。由于人们,所作业因不同。在世界之中,涉入不同而分成不同的境地。这都是妄有所生发,并非是本来就有的地狱。

"还有阿难,这些人们,除非破坏戒律仪轨,违犯证悟者的禁戒,毁坏佛的永寂境界,许多其余的恶业,在经历长期的地狱火烧后,所受罪业报应后,要承受各种鬼的形态。如果本来受报之因,是贪财物而受罪业之报,这人报应之后,依所遇财物而成物形,称为附于财物的怪异鬼;如果是因贪色欲而造罪业,这人在报应之后,遇风而成形状,称为旱地鬼;如果是蛊惑而造的罪业,这人在受报应之后,遇畜生而成身形,称为妖魅鬼;若是因愤恨而造罪业,这人在受报应后,遇虫类而成身形,称为毒虫鬼;因追忆怀恨之心而造罪业,此人在受报应后,遇衰败之气而成形,称为瘟疠鬼;因傲慢而造罪业,此人在受报应后,遇气后而成形,称为饿鬼;因虚妄迷惑而造罪业,此人在受报应后,遇幽暗处而成形,称为梦魇鬼;因妄作聪明而造罪业,此人在受报应后,遇精灵而成形,称为迷惑并恐吓他人的魍魉鬼;因贪图成就功利而造罪业,此人在受报应后,遇通达明了处而成形,称为被人使役支配的役使鬼。因贪求结党营私而造罪业,此人在受报应后,遇人而成形,称鬼附身以表达凶吉之兆的传送鬼。

【经文】

"阿难,是人皆以纯情坠落。业火烧干,上出为鬼。此等皆是自妄想业之所招引。若悟菩提,则妙圆明,本无所有。

"复次阿难,鬼业既尽,则情与想二俱成空。方于世同,与元负人,怨对相值。身为畜生,酬其宿债。物怪之鬼,物销报尽,生于世间,多为枭类;风魃之鬼,风销报尽,生于世间,多为咎徵一切异类;畜魅之鬼,畜死报尽,生于世间,多为狐类;虫蛊之鬼,蛊灭报尽,生于世间,多为毒类;衰疠之鬼,衰穷报尽,生于世间,多为蛔类;受气之鬼,气销报尽,生于世间,多为食类;绵幽之鬼,幽销报尽,生于世间,多为服类;和精之鬼,和销报尽,生于世间,多为应类;明灵之鬼,明灭报尽,生于世间,多为休徵一切诸类;依人之鬼,人亡报尽,生于世间,多为循类。

"阿难,是等皆以业火干枯,酬其宿债,傍为畜生。此等亦皆自虚妄业之所招引。若悟菩提,则此妄缘,本无所有。如汝所言宝莲香等,及琉璃王、善星比丘。如是恶业,本自发明,非从天降,亦非地出,亦非人与。自妄所招,还自来受。菩提心中,皆为浮虚妄想凝结。

"复次阿难,从是畜生,酬偿先债。若彼酬者,分越所酬。此等众生,还复为人,反徵其剩。如彼有力,兼有福德,则于人中不舍其身,酬还彼力。若无福者,还为畜生,偿彼余直。

"阿难当知,若用钱物,或役其力,偿足自停。如于中间杀彼身命,或食其肉,如是乃至经微尘劫,相食相诛。犹如转轮,互为高下,无有休息。除奢摩他及佛出世,不可停寝。汝今当知:彼枭伦者,酬足复形,生人道中,参合顽类;彼咎徵者,酬足复形,生人道中,参合异类;彼狐伦者,酬足复形,生人道中,参合庸类;彼毒伦者,酬足复形,生人道中,参合很类;彼蛔伦者,酬足复形,生人道中,参合微类;彼食伦者,酬足复形，生人道中，参合柔类；彼服伦者，酬足复形，生人道中，参合劳类；彼应伦者，酬足复形，生人道中，参于文类；彼休徵者，酬足复形，生人道中，参合明类；彼诸循伦，酬足复形，生人道中，参于达类。

"阿难，是等皆以宿债毕酬，复形人道。皆无始来，业计颠倒，相生相杀。不遇如来，不闻正法，于尘劳中，法尔轮转。此辈名为可怜愍者。

【白话】

"阿难，这些人都是以纯粹的情欲坠落于地狱。恶业被地狱之火烧干之后，上升到世间当鬼。这些都是自己妄想心所招致的罪业。倘若能觉悟佛理，则心自美妙圆满澄明，本自没有什么罪业。

"还有阿难，做鬼的罪业尽除后，则以前的情与妄想二者经报应皆成空虚之形。这时又到人世间，与原来的冤家对头，相逢并还怨还债。转生为畜生，以酬还旧日之债。依托于草木等物的鬼怪，当所依托的事物败坏之后报应才尽，转生到人世间后，仍有余习故大多成为食父的破镜鸟；因淫欲遇风成形的旱鬼，风月消尽所受报应亦除，转生到人世间，沿余习大多成为有不祥征兆的淫禽欲兽；遇畜生成形的魅鬼，畜死后报应方尽，转生到人世间，沿贪习大多成为狐类；毒虫鬼，在毒虫死后报应方尽，转生人世间，大多成为有毒的蛇蝎之类；衰败瘟疠鬼，衰败穷尽报应亦尽，转生于人世间，大多成蛔虫等寄生虫类；承受气息的恶鬼，在气消失后报应方尽，生于人世间，成为人可食用的家畜；幽暗鬼，在幽暗消除时报应方尽，生于人间，大多成为供人衣服的蚕类；精灵鬼，在精消灵散报尽之后，生于人世间，大多成为应时而生的春燕秋蝉；役使之明了鬼，明了灭除而报业已尽时，生于人世间，大多成为预卜吉凶之兆的灵验鸟兽；依附于人身之鬼，人死亡且报业亦尽，生于人世间，大多成为循顺人们狗、猫之类。

"阿难，这十类生灵都是经业报而受地狱之火烧干枯之后，为了偿还清过去的欠债，傍生为畜生的。这些也都是因为自己虚妄的业习所招致的结果。如果能觉悟佛法，则妄有业缘，本自一无所有。正如你所说的坠入地狱的女出家人宝莲香以及杀释迦族人的琉璃王，声称无报应的善星出家修行者。这些恶业，本来就是自己所生发造成的，并非从天而降，也不是从地而生出来，也不是他人给予的。是自己妄有心性所招致，自作自受。都是本自清澄心中，生出的轻浮妄有的心念凝结而成的。

"另外阿难，从做畜生，来偿还宿债。如果他所偿还的，超过了所有的宿债。这样的众生灵，还会转生为人，反过来追回他剩余的果报。如果他还有善报之力，有余福和功德，则在人类中不失去人身，来偿还他有善报之力的部分。如果是没有福业的人，还会成为畜生，来偿还不足的部分。

"阿难应当知道，如果多用了他人的钱财，或多占用了他人的付出，偿还够了报应自然停止。如果在还业报期间又杀害他人生命，或食其他生灵的血肉，这样就会历经万劫，永远相互吞食杀戮。犹如转动的车轮，此起彼落，永无高下胜负之分，永不休止。除非修行止观智慧以及有佛现世间，否则仇怨拼杀不能停止。你现在应当知道：那转生为不孝鸟的人，旧债还清后又恢复人形，出生在人类中，成为顽固不化的人；那不祥征兆鬼类，旧债还清后又恢复人形，生于人类之中，成为怪异之人；那成为狐类的人，旧债还清后又恢复人形，生于人之中，成为庸俗之辈；那成为毒虫的人，旧债还清后又恢复人形，生于人之中，成为狠毒之人；那成为寄生虫的，旧债还清后又恢复人形，生在人之中，成为地位低贱卑微的人；那供人食用的家畜，在旧债还清后又恢复人形，生在人之中，成为软弱温柔的人；那供人使役服务的，在旧债还清后又恢复人形，生在人类，成为劳碌辛苦的人；那成为春燕秋蝉者，旧债还清后恢复人形，生在人类，成为以文为生的人；那预卜凶吉者，旧债还清后恢复人形，生在人类，成为精明辩巧的人；那循顺人的狗猫，在旧债还清后恢复人形，生在人类，成为达情世故的人。

"阿难，这十种人，都以还清旧债后，恢复人形。都是从无始以来的妄有业习的颠倒认识中产生，从而相互为生存而争夺杀戮。如果不能遇到佛陀现世，不能听到佛理，就会于世俗生活的劳碌之中，如轮旋转轮回不休。这类人就称为可怜悯惜之人。

【经文】

"阿难，复有从人，不依正觉修三摩地。别修妄念，存想固形。游于山林人不及处，有十种仙：

"阿难，彼诸众生，坚固服饵而不休息。食道圆成，名地行仙。坚固草木而不休息。药道圆成，名飞行仙。坚固金石而不休息。化道圆成，名游行仙。坚固动止而不休息。气精圆成，名空行仙。坚固津液而不休息。润德圆成，名天行仙。坚固精色而不休息。吸粹圆成，名通行仙。坚固咒禁而不休息。术法圆成，名道行仙。坚固思念而不休息。思忆圆成，名照行仙。坚固交遘而不休息。感应圆成，名精行仙。坚固变化而不休息。觉悟圆成，名绝行仙。

"阿难，是等皆于人中炼心，不修正觉。别得生理，寿千万岁。休止深山或大海岛，绝于人境。斯亦轮回妄想流转，不修三昧。报尽还来，散入诸趣。

"阿难，诸世间人，不求常住。未能舍诸妻妾恩爱，于邪淫中，心不流逸。澄莹生明，命终之后，邻于日月。如是一类，名四天王天。于己妻房，淫爱微薄。于净居时，不得全味。命终之后，超日月明，居人间顶。如是一类，名忉利天。逢欲暂交，去无思忆。于人间世，动少静多。命终之后，于虚空中，朗然安住。日月光明，上照不及。是诸人等自有光明，如是一类，名须焰摩天。一切时静，有应触来，未能违戾。命终之后，上升精微，不接下界诸人天境。乃至劫坏，三灾不及。如是一类，名兜率陀天。我无欲心，应汝行事。于横陈时，味如嚼蜡。命终之后，生越化地。如是一类，名乐变化天。无世间心，同世行事。于行事交，了然超越。命终之后，遍能出超化无化境。如是一类，名他化自在天。

"阿难，如是六天，形虽出动，心迹尚交。自此已还，名为欲界。"

【白话】

"阿难，还有的人，不依佛法修行止观智慧。另外修证妄有之心，想此身永远固有其形。他们游历于山泉林边等偏僻的地方，修成并具有十种仙人的特征：

"阿难，这些人们，想永远具有坚固的身体形态服用药物而不休止停息。修炼食用之法圆满成功，称为地行仙人。为求身坚体固而培育益寿草木如人参、灵芝而从不休止停息。修炼丹药而身轻体健，得到圆满成就，称为飞行仙人。为身坚体固炼化金石而不休止停息。从而化石成金修道圆满成就，称为游行仙人。为身坚体固练武术修内功而且不休止停息。凝精气神于一念圆满成就，称为空行仙人。为身坚体固而鼓天池，吞玉液反复吞咽津液从不休止。内润五脏、外润肌肤，圆满成就，称为天行仙人。为身坚体固吸日月之精华而不休止。吸纳吐故精粹而圆满成就，称为通行仙人。为身坚体固持咒语诵真言而从不休止。达人济世之法圆满成就，称为道行仙人。为身坚体固深思冥想而不休止。心神相应圆满成就，称为照行仙人。为身坚体固意念与肾气交接，熄火平心而不休止。身心感应圆满成就，称精行仙人。为身坚体固潜心事物的变化而不休止停息。知觉感悟事理圆满成就，称为绝行仙人。

"阿难，这十种仙人都是想长生不老在人间，而以妄有之心修炼，不能修行正确的觉悟之心。别开生面得到了养生之理，寿命可达千岁、万岁。他们休养在深山或大海中的岛屿，和人世隔绝。这也是在轮回和妄想中流转，不能修悟心念定止。在修行的福德报尽之后，仍然会入于地狱、饿鬼、畜生、人、天、阿修罗六种去处。

"阿难，有些世上之人，不寻求常存永在。不能舍去妻子家室恩爱，对于邪恶淫荡，则心中不放逸流露。心中澄明光洁，死后则与日月相邻。这一类人，叫做四天王天。对于自己的妻室，淫欲之爱很微薄。在清净居住时，仍不能得以完全清心寡欲。这些人在死后，能超出日月之明，生活在人间的顶部。这一类人所居之处，叫做忉利天。与家室相逢，只有短暂的性欲之交，过后并无思念追忆。在人世之中，社交少静处多。在生命终结之后，在无限的虚空之中，安然在明朗的天际居住。是照耀人间的日月之光，都不能企及的光明之处。这些人们自身都放射光明，这样的地方，叫做须焰摩天。一切时光都静居一处，有应时而来的异性接触，仍不能抗拒。在生命终结之后，上升到精美微妙之处，不接触下界中的人、天境地。以至于在长久的岁月中水、火、风三种灾难都不及于身。这一类人所在之地，叫做兜率陀天。自身已无欲火烧心，只是为了应付她人习性和世俗事理。在美色横陈于面之时，味同嚼蜡。在生命终结之后，生于超越欲念变化一切而顺心如意。这些人所在之处，叫做乐变化天。没有世间的欲爱之心，同样在世上有家室之事。对于男欢女爱之事关往时，了然超越，事我两忘。生命终结之后，能超出一切变化的境地，任运随缘。这一类所在之处，叫做他化自在天。

"阿难，在这六欲天中，身体形态远离爱欲，但心中仍有渴爱积习出没涌动，留下相交的余迹。从此境地以下，称之为欲界六欲天。"

卷 九

【经文】

"阿难,世间一切所修心人,不假禅那,无有智慧。但能执身不行淫欲,若行若坐,想念俱无,爱染不生,无留欲界。是人应念身为梵侣。如是一类,名梵众天。欲习既除,离欲心现,于诸律仪,爱乐随顺。是人应时能行梵德。如是一类,名梵辅天。身心妙圆,威仪不缺,清净禁戒,加以明悟。是人应时能统梵众,为大梵王。如是一类,名大梵天。阿难,此三胜流,一切苦恼所不能逼。虽非正修真三摩地,清净心中,诸漏不动,名为初禅。

"阿难,其次梵天,统摄梵人,圆满梵行,澄心不动,寂湛生光。如是一类,名少光天。光光相然,照耀无尽,映十方界,遍成琉璃。如是一类,名无量光天。吸持圆光,成就教体,发化清净,应用无尽。如是一类,名光音天。阿难,此三胜流,一切忧悬所不能逼,虽非正修真三摩地,清净心中,粗漏已伏,名为二禅。

"阿难,如是天人,圆光成音,披音露妙,发成精行,通寂灭乐。如是一类,名少净天。净空现前,引发无际,身心轻安,成寂灭乐。如是一类,名无量净天。世界身心,一切圆净,净德成就,胜托现前,归寂灭乐。如是一类,名遍净天。阿难,此三胜流,具大随顺,身心安稳,得无量乐。虽非正得真三摩地,安隐心中,欢喜毕具,名为三禅。

"阿难,复次天人,不逼身心,苦因已尽,乐非常住,久必坏生。苦乐二心,俱时顿舍,粗重相灭,净福性生。如是一类,名福生天。舍心圆融,胜解清净,福无遮中,得妙随顺,穷未来际。如是一类,名福爱天。阿难,从是天中,有二歧路:若于先心无量净光,福德圆明,修证而住。如是一类,名广果天。若于先心,双厌苦乐,精研舍心,相续不断。圆穷舍道,身心俱灭,心虑灰凝,经五百劫。是人既以生灭为因,不能发明不生灭性,初半劫灭,后半劫生。如是一类,名无想天。阿难,此四胜流,一切世间诸苦乐境,所不能动。虽非无为真不动地,有所得心,功用纯熟,名为四禅。

【白话】

"阿难,世间一切发心的修行者,不修习定念心止,不能有智慧。但是能洁身自好不在行为上行淫纵欲,或行若住,心中没有邪念,不产生渴爱之想,不留连于欲界。此人会以无念身心生于天界为清净伴侣。这一类人,叫做梵众天。欲爱习气已除去,脱离于贪欲之心呈现出来,对于戒律仪轨,乐意跟随顺从。这样的人能奉行清净天界的福德。这一类人,称为在梵辅天。身心美妙圆满,威严仪表没有缺憾,禁戒清净,并有澄明的觉悟。这样的人能统领清净天界的众生,成为大梵王。这一类人,称为大梵天。阿难,梵众天、梵辅天、大梵天这三种天都胜于欲界六天之流,一切苦难烦恼都不能逼身。虽然并非能真正修行正定之心,但其清净心中,一切妄念不起,这称为初禅。

"阿难,其次的大梵天,统领清净天人,圆满清净之行,澄心止于一处,清湛静寂而生光。这一类人,称为在少光天。身心之光相互交映,照耀无尽,映至十方世界,遍成琉璃光彩。这一类人，称为在无量光天。吸收持有圆满的无量之光，成就佛教法理，生发教化清净心，应用无穷。这一类人，称为在光音天。阿难，这少光天、无量光天、光音天胜过初禅，一切忧患不能加身，虽然并非真正修行到正定心止，但清净心中，各种明显的妄有心已降伏，称为二禅。

"阿难，这些天人，圆满光明之音，显露得更为美妙，生发成为精进之行，通达寂灭乐境。这一类人，称为在少净天。明净虚空呈现于前，引发至无边无际，身心轻松安详，成就了寂灭之乐，这一类人，称为在无量净天。身心面对世界，一切圆满明净，澄净之德有所成就，胜境显现于前，归于寂灭快乐。这一类人，称为在遍净天。阿难，这少净天、无量净天、遍净天胜于二禅，具有广大的随和顺意，身心安稳，得无量之快乐。虽然并非真正得到正定心止，但在安稳中心，具备了欢喜之乐，称为三禅。

"阿难，还有天界之人，不逼迫身心，苦业已经灭尽，但快乐并不能永存，日久必然坏灭。苦与乐两种分别心，都同时舍弃，明显的现象形态已灭除，清净福德的心性萌生。这一类人，称为在福生天。舍弃之心圆融无碍，殊胜的解脱心于清净之中，在无际的福中，得美妙的随心顺意，穷通于未来无边无际的岁月。这一类人，称为在福爱天。阿难，在福爱天中，有两条不同的路：一是如果在顺意随心中生发无量清净光明，福德圆满澄明，通过修证而住于一心。这一种，称为广果天。二是如果在顺意随心中生厌于苦乐之念，精进研习舍弃身心，并连续不间断。穷尽于圆融，身心俱灭除，使心神凝结，可以身经五百劫数漫长的岁月。这样的人是以有生与灭的心愿来修行的，因而不能生发明了澄明之心性本无生灭，在最后一劫的前半部分时期仍有灭定心，后半部分时期妄有萌发。这一种，称为无想天。阿难，这福生天、福爱天、广果天、无想天四种天胜过三禅，一切世间的苦乐境界，都不能为之所动。虽然并不是无为心境的真实不动之地，有所得所证之心念，但修行之功纯熟而随心而定，称之为四禅。

【经文】

"阿难，此中复有五不还天。于下界中九品习气，俱时灭尽。苦乐双亡，下无卜居，故于舍心众同分中，安立居处。

"阿难，苦乐两灭，斗心不交。如是一类，名无烦天。机括独行，研交无地。如是一类，名无热天。十方世界，妙见圆澄，更无尘象一切沈垢。如是一类，名善见天。精见现前，陶铸无碍。如是一类，名善现天。究竟群几，穷色性性，入无边际。如是一类，名色究竟天。

"阿难，此不还天，彼诸四禅四位天王，独有钦闻，不能知见。如今世间旷野深山，圣道场地，皆阿罗汉所住持故，世间粗人，所不能见。阿难，是十八天，独行无交，未尽形累，自此已还，名为色界。

"复次阿难，从是有顶色边际中，其间复有二种歧路：若于舍心，发明智慧，慧光圆通，便出尘界，成阿罗汉，入菩萨乘。如是一类，名为回心大阿罗汉。若在舍心，舍厌成就，觉身为碍，销碍入空，如是一类，名为空处；诸碍既销，无碍无灭，其中唯留阿赖耶识[①]，全于末那半分微细，如是一类，名为识处；空色既亡，识心都灭，十方寂然，迥无攸往，如是一类，名无所有处；识性不动，以灭穷研，于无尽中，发宣尽性，如存不存，若尽非尽，如是一类，名为非想非非想处。此等穷空，不尽空理，从不还天圣道穷者。如是一类，名不回心钝阿罗汉。

若从无想诸外道天,穷空不归,迷漏无闻,便入轮转。

"阿难,是诸天上各各天人,则是凡夫业果酬答,答尽入轮。彼之天王,即是菩萨游三摩地,渐次增进,回向圣伦所修行路。阿难,是四空天,身心灭尽,定性现前,无业果色,从此逮终,名无色界。此皆不了妙觉明心,积妄发生,妄有三界,中间妄随七趣沈溺。补特伽罗②,各从其类。

【注释】

①阿赖耶识:佛教名词,为八识中的第八识,指大乘瑜伽行派五位百法中的心法。按认识作用分为:眼识、耳识、鼻识、舌识、身识、意识、末那识(又称染污)、阿赖耶识(或称含藏,有包含之意)等八个识体。

②补特伽罗:原为耆那教名词,指物质,具有触、味、香、色。佛教借用,意译为人、数取趣即数数取著,诸趣受生。常指生死轮回的主体,屡往诸趣,本文称"七趣",即地狱、饿鬼、畜生、阿修罗、人、仙、天轮回。佛教因主张无我,故"补特伽罗"只是宣讲教义的"假施设"。

【白话】

"阿难,在色界天中还有五种不还天。对于欲界九品贪嗔等习性积气,都同时灭除已尽。对于苦乐之惑都不存,在欲界中不在居住,因此对于修行舍妄有与众人共同分开的境地之中,在色界天上,确立安置居住之处。

"阿难,苦乐二边之心灭除,对立斗争的心念不交接于内。这一类人,称为在无烦天。弓之发机,箭之尾括,分别行事,思虑发箭交战之心无存在之处。这一类人,称为在无热天。观一切世界,美妙圆满清澄,再没有任何妄有心念和尘染。这一类人,称为在善见天。精巧的见解呈现于前，面对一切现象组合，都能觉悟如陶工铸物随意并无阻碍一样。这一类人，称为在善现天。对于万物众生灵精心探究理趣，穷尽物质特性和人之心性，进入无边无际的虚空。这一类人，称为在色究竟天。

"阿难，在这五种不还天，那些四禅之前欲界天的四位天王，只是能钦佩地听说，不能见识这种境界。如今天世界上深山旷野中，建立圣人道场的人，都是由证悟者主持，世俗之人，也不能见识。阿难，这十八清净梵天，都是独行而居，但未能脱离形体的拖累，自此以上各天，称为色界。

"还有阿难，从色界之顶色空的边际中，在其之间还有两种不同之路：倘若能舍去妄有心，生发澄明的智慧，慧光圆满通达，便能超出现实世界，成就佛果，进入自觉觉他的大乘证悟的正觉。这一类人，称为回小乘向大乘的证悟者。倘若修舍妄有之心，能舍弃现象形态而有成就，觉悟了身心本自妄有为修悟的阻碍，消灭了阻碍而人、法二空，这一类人，叫做在空无边处定；妄有阻碍已经消除，无生亦无灭，八识中只留包含清净心的藏识，对于染污之我已灭，只留下微细的心法，这一类人，叫做在识无边处定；空与现象形态都消亡，识心也都灭除，一切归于静寂，身心皆无可往之处，这一类人，叫做在无所有处定；藏识心性，以定心穷究精研，在无尽的修习中，生发以尽心性之定止，从而以识心修定，心识总在若存若无，若除尽若未尽之间，这一类人，叫做在非想非非想处定。这四无色定又称四空，没有穷尽理解空的义理，从五不还天修证佛理。倘若从无想的各种教派的天界中，穷究空之义理，以空证悟空理，证亦为有从而迷惑于妄有不闻正法，终会随业缘入于六道轮回之中。

"阿难，以上所述欲界六欲天、色界四禅十三天、五不还天这二十四天的天人们，都是对凡人所修行善业的果报，业报尽时仍堕入轮回各道之中。那些各天王，都是有成就的证悟者们，游历于定念心止的智慧，逐渐增进，回到诸境界修证佛果的修行之路。阿难，这四空天中，身与心识都全部灭尽，定念心止显现在面前，已没有业报之果，一切妄习至此终结，称之为无色界四空天。这三界二十八天，都是不了解本自美妙觉悟而澄明之心，积妄有习气而产生修证心，未脱离妄有心识的欲界、色界、无色界，从而在妄有修习之中随业果之力尽时，仍会入于地狱、饿鬼、畜生、阿修罗、人、仙、天这七种去处而沉溺于轮回。从而不断地入于各处，各人随从业力而受相类之果。

【经文】

"复次阿难，是三界中，复有四种阿修罗类：若于鬼道，以护法力，乘通入空，此阿修罗从卵而生，鬼趣所摄；若于天中，降德贬坠，其所卜居，邻于日月，此阿修罗从胎而出，人趣所摄；有修罗王执持世界，力洞无畏，能与梵王及天帝释四天争权，此阿修罗因变化有，天趣所摄；阿难，别有一分下劣修罗，生大海心，沈水穴口，旦游虚空，暮归水路，此阿修罗因湿气有，畜生趣摄。

"阿难，如是地狱、饿鬼、畜生，人及神仙，天洎修罗，精研七趣，皆是昏沈诸有为相。妄想受生，妄想随业，于妙圆明无作本心，皆如空华，元无所著。但一虚妄，更无根绪。

"阿难，此等众生，不识本心，受此轮回，经无量劫，不得真净，皆由随顺杀盗淫故。反此三种，又则出生无杀盗淫。有名鬼伦，无名天趣，有无相倾，起轮回性。若得妙发三摩提者，则妙常寂，有无二无，无二亦灭。尚无不杀、不偷、不淫，云何更随杀盗淫事？

"阿难，不断三业，各各有私。因各各私，众私同分，非无定处。自妄发生，生妄无因，无可寻究。汝勖修行，欲得菩提，要除三惑。不尽三惑，纵得神通，皆是世间有为功用，习气不灭，落于魔道。虽欲除妄，倍加虚伪。如来说为可哀怜者。汝妄自造，非菩提咎。作是说者，名为正说；若他说者，即魔王说。"

即时如来将罢法座。于师子床，揽七宝几，迴紫金山，再来凭倚，普告大众及阿难言："汝等有学缘觉声闻，今日迴心，趣大菩提无上妙觉，吾今已说真修行法。汝犹未识修奢摩他，毗婆舍那，微细魔事，魔境现前，汝不能识。洗心非正，落于邪见。或汝阴魔，或复天魔，或著鬼神，或遭魑魅。心中不明，认贼为子。又复于中得少为足。如第四禅无闻比丘，妄言证圣，天报已毕，衰相现前，谤阿罗汉，身遭后有，堕阿鼻狱。汝应谛听，吾今为汝仔细分别。"阿难起立，并其会中同有学者，欢喜顶礼，伏听慈诲。

【白话】

"还有阿难，在欲界、色界、无色界中，另有四种争斗行为常不端正的神：倘若于鬼道所出，但能保护佛法，能获神通入虚空而居住，这一种神从卵中生出，仍在神鬼之道；倘若从天中而来，因欲界天中欲有而德缺被贬到神鬼之中，其所住与日月相邻，这一种神从胎中而出，在人类之中；还有神鬼之王在人类时为王侯，善争斗而英勇无畏，在天界能与天王分庭抗礼，与诸天之王争夺权力，这些鬼王是因为从人间变化而生于天界，因而属于天界；阿难，此外还有一种从畜生下等种类而来的鬼神，他们生于大海之中，居身于水穴之内，白天游历于虚空，夜里又回到水中，这一种鬼神因为湿润之气而产生，因而属于畜生一类。

"阿难，这些地狱、饿鬼、畜生、人、神仙、天道鬼神，仔细研究这七种去处，都是迷惑昏沉的妄有形态。由妄想生发而随善恶业报，从美妙圆满澄明无妄的本心看，都如空中幻花，本无所有。只是一种虚妄的形态，毫无可依据的根本。

"阿难，这些众生灵，因为不能认识本自清澄之心，才承受各道轮回，历经不尽岁月，仍旧不能到真正的净土，这都是由于随顺杀、盗、淫的恶业。反之对此三恶业，则又产生了没有杀、盗、淫。有恶业者入地狱成饿鬼，无恶业者生于欲界天中，有与无二边互相倾轧，皆有烦恼而产生生死轮回的果报。倘若得以美妙生发的定念心止，则在美妙常在的静寂中，有与无两种见解都归于无，连没有两种见解的意念也消灭。那么既然没有不杀、不偷、不淫这有无之心，又何以会有随意而有的杀、盗、淫的事情呢？

"阿难，不断除杀、盗、淫这三种恶业，那就有各种不同的业习。因为恶业各有所不同，在每人不同之中又有共同，并非没有确定之处而成不同果报的六种去处。自身的报应都是由妄有而产生，产生妄有并无确定之因，并无可探寻。你勉力修行，要证得觉悟，就要灭除杀、盗、淫这三种恶业。若不尽除三种恶业就会迷惑于心，纵使得到各种神通，也都是俗世间的造作有为的功能和用途，妄有习气不灭除，最终会落于魔道之中。在妄有之上除妄，则更加妄上加妄。佛说他们是可以为之怜悯的。虚妄是由你自己造作的，并非修行正道的过错。除恶业的说法，称为正确的解说；倘若有其他的不同说法，就是魔王的邪说。"

这时佛陀将结束这次讲法。在狮子座位上，拉拢七宝案几，迴转发出紫金光若宝山的身体，再一次凭倚着案几，对大家和阿难说："你们有待修学的闻法而信、因法而觉的二乘修行人，今日起回小向大，修行广大清静无上美妙的觉悟，我今日已经对你们解说了真实修行的佛法。你们仍不能认识修行止、观，观照细微处的魔事，如果魔境出现在面前，你们将不能识别。清洗之妄心之法不正确，会落入邪恶的见解之中。或者迷惑于自身的色、受、想、行、识五阴之魔境，或是惑于天魔、或是跟着鬼神、或是遇到魑魅之境。心中不澄明，误认魔为佛，如认贼为子。还有的在修行中得初果就以为满足。比如得色界四禅的无闻这位出家修行者，妄称自己证得佛果，当在天界的果报受毕之后，而有五种衰败现象即花萎、衣垢、汗出、体臭、不乐出现时，诽谤佛法，反而身遭恶报，堕落到无边的地狱之中。你们应当认真听，我今天要为你们仔细分别加以解说。"阿难从座位起立，和参加法会的有待进学的信徒们，欢喜地叩拜于佛陀脚下行礼，恭敬地聆听佛陀教诲。

【经文】

佛告阿难及诸大众："汝等当知，有漏世界十二类生，本觉妙明，觉圆心体，与十方佛无二无别。由汝妄想，迷理为咎，痴爱发生。生发遍迷，故有空性。化迷不息，有世界生。则此十方微尘国土，非无漏者，皆是迷顽妄想安立。当知虚空，生汝心内。犹如片云，点太清里。况诸世界在虚空耶？汝等一人发真归元，此十方空皆悉销殒。云何空中所有国土而不振裂？汝辈修禅，饰三摩地。十方菩萨及诸无漏大阿罗汉，心精通㳷[①]，当处湛然。一切魔王及与鬼神，诸凡夫天，见其宫殿无故崩裂。大地振坼[②]，水陆飞腾，无不惊慑[③]。凡夫昏暗，不觉迁讹。彼等咸得五种神通，唯除漏尽，恋此尘劳，如何令汝摧裂其处？是故鬼神及诸天魔，魍魉妖精，于三昧时，佥来恼汝。

"然彼诸魔,虽有大怒。彼尘劳内,汝妙觉中,如风吹光,如刀断水,了不相触。汝如沸汤,彼如坚冰。暖气渐邻,不日销殒。徒恃神力,但为其客,成就破乱,由汝心中五阴主人。主人若迷,客得其便。当处禅那,觉悟无惑,则彼魔事无奈汝何。阴销入明,则彼群邪咸受幽气。明能破暗,近自销殒,如何敢留,扰乱禅定?若不明悟,被阴所迷,则汝阿难必为魔子,成就魔人。如摩登伽殊为眇劣,彼唯咒汝,破佛律仪。八万行中,只毁一戒。心清净故,尚未沦溺。此乃隳汝宝觉全身。如宰臣家,忽逢籍没,宛转零落,无可哀救。

"阿难当知:汝坐道场,销落诸念。其念若尽,则诸离念一切精明。动静不移,忆忘如一。当住此处,入三摩地。如明目人,处大幽暗,精性妙净,心未发光。此则名为色阴区宇。若目明朗,十方洞开,无复幽暗,名色阴尽。是人则能超越劫浊。观其所由,坚固妄想以为其本。

【注释】

①渳(mǐn):灭;尽。泯没、消亡。
②坼(chè):分裂;裂开。
③慑(shè):慴的异体字。恐惧;畏服。

【白话】

佛陀告诉阿难以及与会的众信徒说:"你们应当知道,在妄有的烦恼世界中的十二类生灵,本自觉悟美妙明净,觉悟圆满的澄心,与一切佛并没有区别。由于你们被无始以来的妄想习气所迷惑,在妄见的义理产生错误,产生了痴迷和爱欲。从而生发出遍及世界的迷惑,从而由妄有产生空的心性。化迷除妄之心不止息，于空相对的妄有世界就产生出来。所以这一切世界之中，凡是没有除妄有心离烦恼的人，都是在迷惑顽固的妄想世界中安身立命的。应当知道虚空，就产生于你自己的心里。犹如片片白云，点缀在无边的天空里。况且一切世界也都是在虚空之中的呢？你们之中如果有一个人能发现真实本自之心，这十方虚空都会消灭殆尽。那为何在虚空之中的一切世界并没有振动、分裂？你们修习禅定，修饰止观心地。一切证悟者以及无烦恼的成就者，心精通达于泯灭，应当处于湛然宁静之中。一切魔王以及鬼神，欲界诸天，见到他们所在的宫殿突然崩塌开裂，大地振动、裂开，陆地水里飞升奔腾，无不惊慌恐惧。凡夫心智昏迷黑暗，不能觉察其变迁。那些妖魔鬼怪都是得到了神足、天眼、天耳、他心、宿命这五种神通，只是没有除尽妄有之心，留恋这纷扰的世界，怎么会任随你们摧毁他们的宫殿呢？因此鬼神以及欲界诸天，魑魅魍魉、妖魔精灵，在你们修正念心止之时，就会一起来扰乱你们的修行。

"虽然他们这些魔神，怀有大怒之心。但他们在扰乱烦恼之内，你美妙觉悟的心中，犹如以风吹光线，以刀砍断流水一样，不起作用。你好比烧开的水，邪魔如坚硬的冰。当热气渐渐接近冰时，很快就会消溶。神魔依恃着神通之力，但终为过路之客，能否修行有成或被破坏扰乱，是由你心中的色、受、想、行、识这五阴的主人决定的。倘若自己心中迷惑，外来客就会行其方便了。应当在禅定之中，觉悟而不迷惑，即使群魔使尽浑身解数也对你无可奈何。你的五阴境地消灭之后，就会入于澄明境界，那些群魔邪恶都是受幽暗之气而成妄有。光明能破除黑暗，明近暗则黑暗会消灭干净，群魔又如何敢留于心地，扰乱你们修行禅定呢？如果心中不能澄明证悟，被妄有所迷惑，则你阿难必然会成为魔王的弟子，成为魔鬼一类。如摩登伽女本来很渺小、卑劣,她只是用魔咒于你,就几乎破坏了佛法的戒律仪轨。在八万条细则之中,只毁坏了不与女身相触这一条戒法。好在你心地仍清静,虽受抚摸但还没有沦丧沉溺于欲海之中。这是毁坏你宝贵觉悟的法身。犹如宰相大臣家中,忽然遭逢变故,被抄家没收一切财产,辗转流落田野,无可挽救。

"阿难应当知道:你在修止观,反观内照去除一切妄有心念。各种妄有心念如果尽除,那么各种远离心念,全部都在精妙明净之中。无论动或静的境地都不为所动,记忆与忘却都归之如一。应当心止于一处,进入正定境地。如眼睛明亮的人,在一片黑暗之中,精妙心性虽明净,但妄有尚存,心中不能引发光明仍处暗中。这就称为色阴区宇(被各种现象拘束和掩盖)。如果心性澄明朗照,则如十方豁然洞开,一切幽暗不复存在,就称为色阴尽(妄有形态尽除)。这人就能超越从无始以来的妄有习气的污染。反观妄念的由来,是以坚持固执的妄想之心,作为其根本的。

【经文】

"阿难,当在此中,精研妙明,四大不织,少选之间,身能出碍。此名精明流溢前境。斯但功用,暂得如是,非为圣证,不作圣心,名善境界。若作圣解,即受群邪。

"阿难,复以此心,精研妙明,其身内彻。是人忽然于其身内,拾出蛲蛔。身相宛然,亦无伤毁。此名精明流溢形体。斯但精行,暂得如是,非为圣证,不作圣心,名善境界。若作圣解,即受群邪。

"又以此心,内外精研,其时魂魄意志精神,除执受身,余皆涉入,经为宾主。忽于空中闻说法音,或闻十方同敷密义。

此名精魄递相离合，成就善种，暂得如是，非为圣证，不作圣主，名善境界。若作圣解，即受群邪。

"又以此心，澄露皎彻，内光发明，十方遍作阎浮檀色。一切种类，化为如来，于时忽见毗卢遮那①，踞天光台，千佛围绕，百亿国土，及与莲华俱时出现。此名心魂灵悟所染。心光研明，照诸世界，暂得如是，非为圣证，不作圣心，名善境界。若作圣解，即受群邪。

"又以此心，精研妙明，观察不停，抑按降伏，制止超越。于是忽然十方虚空，成七宝色，或百宝色。同时遍满，不相留碍，青黄赤白，各各纯现。此名抑按功力逾分。暂得如是，非为圣证，不作圣心，名善境界。若作圣解，即受群邪。

【注释】

①毗卢遮那：梵文音译，意为"光明遍照"、"大日"。佛教各派解释不同。华严宗认为是报身佛；天台宗、密宗皆认为是法身佛；法相宗以毗卢遮那佛为自性身。

【白话】

"阿难，应当在止观之中，精细研究美妙澄明之心，那么由地、水、火、风所构成的身体并无如密织的网，在顷刻之间，身体就能脱出妄有的阻碍。这叫做精妙澄明流溢到眼前的境界。这是止观功用的形态，暂时得到的空境，不是得证圣道，也不认为是圣道而生欢喜之心，就称为很好的境界。如果认为证得圣道，就会落入群魔的邪恶中。

"阿难，还要以止观之心，精细研究其美妙澄明，可观见身体内的一切。此人能在自己体内，看到并取出蛲虫、蛔虫等寄生虫。身体仍安然如故，并没有受伤。这叫做精妙澄明流溢到身体。这只是止观定力行到精妙，暂时得到的，不是证得佛理，也不认为证得了佛果而生欢喜心，就称为好的境界。如果认为证得佛理，就会落入群魔的邪恶中。

"还要以此止观之心，由内到外精细研究，这时魂魄意志和精神，除了还承受其身体外，其余都能相互涉入，并相互成为宾主。能在忽然之间听到空中传来的讲说佛法的声音，或者是听到十方虚空里同时传来的解说玄妙密义之理。这叫做精神和魂魄与外界相互传递、分离和结合，成就了善业之因，暂时得到的结果，并非证悟佛理，在心里也不认为如此，这称为好的境界。如果认为证得了佛理，就会落入群魔的邪恶中。

"还要以此止观之心，发出皎洁澄明清彻的特征，从内心放射出光明，使一切世界都变成紫金光的色彩。一切十二种类的生灵，都化为佛。这时会忽然看见法身佛，安坐在天上光明的台阶之上，有千佛围绕，虚空中的一切地方，以及莲花都同时出现在眼前。这叫做心灵和魂魄受到觉悟灵光的感染。心中灵光研发光明，照映一切世界，是暂时如此，并非证得佛理，在心里也不这样认为，称为好的境界。如果认为证得了佛理，就会落入群魔的邪恶中。

"还要以此止观之心，精细研究而美妙明净，在不停的观察中，抑制纷扰降伏妄念，制止住妄心的超出逾越。这时会忽然看到十方虚空，成七宝的色彩，或者成为百宝的颜色。同时遍布空间，不相互阻碍，青、黄、红、白，各种都分别显现出来。这称为止观之心的定力抑制妄有心专致过分。是暂时这样，并非证得佛理，在心里也不这样认为，称为好的境界。如果认为证得了佛理，就会落入群魔的邪恶中。

【经文】

"又以此心,研究澄彻,精光不乱。忽于夜半,在暗室内见种种物,不殊白昼。而暗室物亦不除灭。此名心细密澄其见,所视洞幽。暂得如是,非为圣证,不作圣心,名善境界。若作圣解,即受群邪。

"又以此心,圆入虚融,四肢忽然同于草木,火烧刀斫,曾无所觉。又则火光不能烧爇,纵割其肉,犹如削木。此名尘并,排四大性,一向入纯。暂得如是,非为圣证,不作圣心,名善境界。若作圣解,即受群邪。

"又以此心,成就清净,净心功极,忽见大地十方山河,皆成佛国。具足七宝,光明遍满。又见恒沙诸佛如来,遍满空界,楼殿华丽。下见地狱,上观天宫,得无障碍。此名欣厌凝思日深,想久化成。非为圣证,不作圣心,名善境界。若作圣解,即受群邪。

"又以此心,研究深远,忽于中夜,遥见远方市井街巷,亲族眷属,或闻其语。此名迫心逼极飞出,故多隔见。非为圣证,不作圣心,名善境界。若作圣解,即受群邪。

"又以此心,研究精极,见善知识,形体变移,少选无端,种种迁改。此名邪心含受魑魅,或遭天魔入其心腹。无端说法,通达妙义。非为圣证,不作圣心,魔事销歇。若作圣解,即受群邪。

"阿难,如是十种禅那现境,皆是色阴用心交互,故现斯事。众生顽迷,不自忖量,逢此因缘,迷不自识,谓言登圣。大妄语成,堕无间狱。汝等当依如来灭后,于末法中宣示斯义。无令天魔得其方便,保护覆护,成无上道。

【白话】

"还要以此止观之心,研究到清澄明彻,精妙之光不散乱。忽然会于夜间,在黑暗的室内见到各种事物,和白天没有区别。而且暗室内的事物也不消失。这叫做修心细密见性澄明,所见如洞中探幽。是暂时如此,并非证悟佛理,心里也不这样认识,称为好的境界。如果认为证得了佛理,就会落入群魔的邪恶中。

"还要以此止观之心,圆融并化入虚空,使身体双手双脚忽然之间同于草木,火烧刀砍,没有感觉。用火光焚烧不能使其发热,纵使是用刀割其肉,犹如削木头一样。这叫做现象物质形态合并,排除了地、水、火、风的物质性,一心进入止定。是暂时如此,并非证悟了佛理,心里也不这样认为,称为好的境界。如果认为证得了佛理,就会落入群魔的邪恶中。

"还要以此止观之心,成就清净境地,净心之功到极致,会忽然见到一切大地山河,都成为佛国净土。具有七宝,光明洒遍大地。还见有如恒河沙数般的佛,遍及布满虚空界,有华丽的宫殿楼阁。往下可见地狱之况,往上可观天宫之景,没有阻碍屏障。这叫做欣喜佛国厌恶浊世的凝神静思日见深厚,久想变化而成。并非证得佛理,心里也不作这样的想法,称为好的境界。如果认为证得了佛理,就会落入群魔的邪恶中。

"还要以此止观之心,研究到深远至极,会忽然在半夜,遥遥看见远方的市镇和街巷,以及亲人家眷,或者听到他们的话语。这叫做急迫修心而其飞出身体,从而能隔远方而看见。并非证悟了佛理,心中也不这样想,称为好的境界。如果认为证悟了佛理,就会落入群魔的邪恶中。

"还要以此止观之心,研究到精妙至极,会见到掌握了事物真谛的觉悟者,身体形态变化迁移,顷刻间变化多端,有各种改变的状况。这叫做有邪念之心包含并接受了鬼怪,或者是遭遇到天魔入于心中。从而无端解说法理,通达精妙的意义。这并非证悟了佛理,在心里也不这样认为,称为好的境界。如果认为证悟了佛理,就会落入群魔的邪恶中。

"阿难,这就是十种禅定修行中显现的境界,都是现象的形态在心中交互作用,因此呈现出来的事物。众生们迷惑于顽固的现象形态,不能自己加以忖思考量,每逢到这些境界,就迷惑起来不能识别,自认为证得了圣明的境地。妄自尊大称其有成就,从而堕入无边的地狱之中。你们应当在佛寂灭之后,在末法时期宣讲这些义理。不使天魔有机可乘,保护并爱护修行的人,成就无上智慧的佛果。

【经文】

"阿难,彼善男子,修三摩提、奢摩他中,色阴尽者,见诸佛心,如明镜中,显现其像。若有所得而未能用。犹如魇人,手足宛然,见闻不惑。心触客邪而不能动。此则名为受阴区宇。若魇咎歇,其心离身,返观其面,去住自由,无复留碍,名受阴尽。是人则能超越见浊。观其所由,虚明妄想以为其本。

"阿难,彼善男子,当在此中得大光耀。其心发明,内抑过分。忽于其处,发无穷悲。如是乃至观见蚊蚋,犹如赤子,心生怜愍,不觉流泪。此名功用抑摧过越。悟则无咎,非为圣证。觉了不迷,久自销歇。若作圣解,则有悲魔入其心腑。见人则悲,啼泣无限,失于正受,当众沦坠。

"阿难,又彼定中诸善男子,见色阴销,受阴明白。胜相现前,感激过分。忽于其中,生无限勇,其心猛利,志齐诸佛。谓三僧祇①,一念能越。此名功用陵率过越。悟则无咎,非为圣证。觉了不迷,久自销歇。若作圣解,则有狂魔入其心腑,见人则夸,我慢无比。其心乃至上不见佛,下不见人,失于正受,当众沦坠。

"又彼定中诸善男子,见色阴销,受阴明白。前无新证,归失故居。智力衰微,入中隳地,迥无所见,心中忽然生大枯渴。于一切时,沈忆不散,将此以为勤精进相。此名修心无慧自失。悟则无咎,非为圣证。若作圣解,则有忆魔入其心腑,旦夕撮心,悬在一处,失于正受,当从沦坠。

"又彼定中诸善男子,见色阴销,受阴明白。慧力过定,失于猛利。以诸胜性,怀于心中。自心已疑是卢舍那②,得少为足。此名用心亡失恒审。溺于知见,悟则无咎,非为圣证。若作圣解,则有下劣易知足魔入其心腑,见人自言:我得无上第一义谛,失于正受,当从沦坠。

"又彼定中诸善男子,见色阴销,受阴明白。新证未获,故心已亡,历览二际,自生艰险。于心忽然生无尽忧,如坐铁床,如饮毒药,心不欲活,常求于人令害其命,早取解脱。此名修行失于方便。悟则无咎,非为圣证。若作圣解,则有一分常忧愁魔入其心腑,手执刀剑,自割其肉,欣其舍寿。或常忧愁,走入山林,不耐见人,失于正受,当从沦坠。

【注释】

①三僧祇:三阿僧祇的略称。为菩萨修行的年月时间。阿僧祇,译为无数,为数之极,以万亿为兆计之,一阿僧祇为一千万万万万万万万兆。

②卢舍那:梵文音译,译为佛之报身。佛名。

【白话】

"阿难,这位男修行者,在止观、禅定中,除尽了现象世界,见到一切佛之净心,正如在明镜中,显现出身像。好像有所得而未能起作用。犹如睡梦被魇魔的人,手脚依旧,见闻不迷惑。但心中被邪魔侵入虽明白却身不由己不能动弹。这就叫做感受的范围受到拘束和掩盖。倘若魇魔停止,其心就能脱离身体,返观自己的面目,来去自由,再无滞留阻碍,就称为除尽了感受的范围和区域。这人就能超越所见的污浊。观察这种原由,仍是虚幻发明而以妄有心念为其根本。

"阿难,这位有修养的男信徒,应当在禅定之中得到广大光明的照耀。在心中有萌发的光明觉悟,但心中压抑妄有过分。忽然在心地,发出无穷的悲悯之心。以至于见到蚊虫,都犹如自己的子女,心中生出怜悯,不觉之中流下眼泪。这叫做功用之心压抑催促过度。觉悟了则无过失,并非证得了佛理。觉悟了就不会迷惑,妄生之悲日久也会消失歇止。倘若认为这便是证悟佛理,就有悲魔潜入心底。见人就悲,哭涕抽泣不断,从而失去正受,从这里沦坠下界。

"阿难,还有在禅定中的有教养的男信徒们,对所见现象的范围境地都消灭,感觉明白。殊胜的佛的形态呈现在面前,心中感受激动过分。忽然在这之中,生出无限勇气,心志猛烈,发愿与佛比肩。认为历经无尽岁月才能修悟的佛果,自己在一念之间就能超越。这叫做功用之心凌驾跨越过分。觉悟了就没有过失,这并非证得了佛理。觉悟了就不会迷惑,日久了自己之妄念就会消灭止歇。倘若认为这就是证悟了佛理,就有狂妄之魔潜入心底,见到人就自夸,自我傲慢无比。其心以至于上不见佛,下不见人,从此失去正受,沉沦坠落于下界。

"还有在禅定中的一些有教养的男信徒,所见现象的境地都消灭了,感受的境地明白。向前不能突破感觉之境,后退已失去了现象形态的境地。智力衰竭,进入色受二阴之中毁坏的境地,一无所见,在心中忽然产生广大干枯渴极。在一切时间,沉重的忆想不散,并以为这就是勤奋精进的表现。这叫做修心并无智慧而自失本心。觉悟了就没有过失,这并非为证悟了佛理。倘若认为证悟了佛理,就会有忆想魔潜入其心底,时时紧摄其心,悬在一暗处,失去正确的感受,从而沉沦坠落于邪道。

"还有在禅定中的一些有教养的男信徒,所见的境地都消灭了,所感受之境明白。智慧之力超过定力,失之于猛烈锐利。以各种殊胜心性,怀在心里。自己心中暗疑自己是佛的报身,得到了一些就以为足够了。这叫做用心修悟但失之于恒定和审慎。沉溺于认识见解的泥潭,觉悟了会没有过失,认为这并非证悟了佛理。倘若认为这就是证悟了佛理,就会有下等低劣的容易知足的魔潜入其心底,见人自己说:我证得了无上的最正确的真谛,失去了禅境的正确感受,从而沉沦并坠落于邪道。

"还有一些在禅定中的有教养的男信徒,所见的境地都消灭了,感受的境地明白。新的修证还未能获得,原有的妄心已经失去,历览过去和未来,自己产生了修证艰难险阻的想法。在心中忽然产生了无尽的忧虑,如坐铁刺之床,如饮有毒之药,心中不想活下去,常求别人结束他的性命,以便早日解脱。这叫做在修行之中失去了正确的方式。觉悟了就没有过失,认为这并非证悟了佛理。倘若认为这就是证悟了佛理,就会有一分常忧愁魔潜入其心底,诱导此人手执刀剑,自割其肉,欢欣地舍弃自己的寿命。或者常常处于忧愁之中,遁入山林,不愿见人,从而失去接受正确的佛理,从此沉沦坠落于邪道。

【经文】

"又彼定中诸善男子,见色阴销,受阴明白。处清净中心安稳后,忽然自有无限喜生,心中欢悦,不能自止。此名轻安无慧自禁。悟则无咎,非为圣证。若作圣解,则有一分好喜乐魔入其心腑,见人则笑,于衢路傍,自歌自舞。自谓已得无碍解脱,失于正受,当从沦坠。

"又彼定中诸善男子,见色阴销,受阴明白。自谓已足,忽有无端大我慢起①。如是乃至慢与过慢,及慢过慢,或增上慢,或卑劣慢,一时俱发。心中尚轻十方如来,何况下位声闻缘觉。此名见胜无慧自救。悟则无咎,非为圣证。若作圣解,则有一分大我慢魔入其心腑,不礼塔庙,摧毁经像。谓檀越言②:此是金铜,或是土木,经是树叶,或是曡华③。肉身真常,不自恭敬,却崇土木,实为颠倒。其深信者,从其毁碎,埋弃地中,疑误众生,入无间狱。失于正受,当从沦坠。

"又彼定中诸善男子,见色阴销,受阴明白。于精明中圆悟精理,得大随顺。其心忽生无量轻安,已言成圣,得大自在。此名因慧获诸轻清。悟则无咎,非为圣证。若作圣解,则有一分好轻清魔入其心腑,自谓满足,更不求进。此等多作无闻比丘,疑误众生,堕阿鼻狱。失于正受,当从沦坠。

"又彼定中诸善男子,见色阴销,受阴明白。于明悟中,得虚明性。其中忽然归向永灭,拨无因果,一向入空。空心现前,乃至心生长断灭解。悟则无咎,非为圣证。若作圣解,则有空魔入其心腑,乃谤持戒,名为小乘。菩萨悟空,有何持犯?其人常于信心檀越,饮酒啖肉,广行淫秽。因魔力故,摄其前人不生疑谤。鬼心久入,或食屎尿与酒肉等,一种俱空。破佛律仪,误入人罪。失于正受,当从沦坠。

"又彼定中诸善男子,见色阴销,受阴明白。味其虚明,深入心骨。其心忽有无限爱生,爱极发狂,便为贪欲。此名定境安顺入心。无慧自持,误入诸欲。悟则无咎,非为圣证。若作圣解,则有欲魔入其心腑,一向说欲为菩提道。化诸白衣平等行欲,其行淫者,名持法子。神鬼力故,于末世中摄其凡愚,其数至百,如是乃至一百二百,或五六百,多满千万。魔心生厌,离其身体,威德既无,陷于王难。疑误众生,入无间狱。失于正受,当从沦坠。

"阿难,如是十种禅那现境,皆是受阴用心交互,故现斯事。众生顽迷,不自忖量,逢此因缘,迷不自识,谓言登圣。大妄语成,堕无间狱。汝等亦当将如来语,于我灭后,传示末法,遍令众生,开悟斯义,无令天魔得其方便。保护覆护,成无上道。

【注释】

①我慢:佛教名词,意谓傲慢自负,通常有七种慢:1. 慢,对劣于己者或等于己者认为己胜于人而傲慢自负。2. 过慢,对与自己相等的人,说自己胜于人;对比己胜过者说自己与其人相等。3. 慢过慢,对比自己胜过的人说自己为胜。4. 我慢,不认识"我"是五蕴的暂时和合,以为有实我、我所。5. 增上慢,修行未证得果位而自以为证得,未证言证,未得言得。6. 卑慢,认为与胜过自己很多的人相差无几(亦有自甘卑劣,不思上进之说)。7. 邪慢,自己无德而自称有德。

②檀越:梵文意译,本意译作"施主",即向寺院、僧人施舍财物、饮食的世俗信徒。

③氎(dié):叠的异体字。氎华,细布、绢帛

【白话】

"还有在禅定中的一些有教养的男信徒,所见现象的境地都消灭了,感受的境地明白。处于清净之中心平稳安定,之后忽然自己有了无限的喜悦生出,心中的欢悦,不能自禁。这叫做在轻松安定中没有智慧以自禁。觉悟了就不会有过失,认为这并非是证悟的佛理。倘若以为证悟了佛理,就会有一分好喜乐魔潜入其心底,见人则笑,在大街的路边,自己独自载歌载舞。自称自己得证了圆融无碍和解脱,失去正受,从而沉沦坠落于邪道。

"还有在禅定中的一些有教养的男信徒,所见的境地都消灭了,感受的境地明白。自称已经满足,忽然无端之间产生了很大的傲慢自负。以至于七种傲慢,一时全都产生出来。在心中还轻看一切佛,更何况那些修行在佛位之下的声闻、缘觉这些修道者。这叫做有殊胜的见解却没有智慧自救。觉悟了就没有过失,认为这并非证悟佛理。倘若认为证悟了佛理,就会有一分很大的傲慢魔潜入其心底,使之不礼拜塔庙,摧毁佛经、佛像。对施主们说:这些造像是金银铜铁,或由木料泥土造就,佛经是写在贝叶或绢帛上的文字。只有身体是真实常有的,不恭敬自我,却崇敬土木,实在是颠倒真假的谬误。使深信的人,听了后摧毁打碎佛像,埋弃于地上,从而疑惑众生灵,进入永受折磨的地狱。失去了正受的智慧,沉沦坠落于邪道。

"还有在禅定中的一些有教养的男信徒,所见的境遇都消灭了,感受的境遇明白。在精进明净的证悟之中得到圆融精妙的理趣,得以一切随意顺心。在他的心里忽然产生了无限的轻松安宁,自己说成就了佛果,得到了大自在之身心。这叫做因为智慧获得的许多轻松和清净。觉悟了就没有过失,了解了这并非证悟了佛理。倘若认为证悟了佛理,就有一分喜好轻松清净之魔潜入其心底,自称心满意足,再不求精进。这些人大多作为如无闻比丘的结果，未悟言悟而贻误众生灵，会堕入无间地狱。失去正受智慧，从而沉沦坠落于邪道。

"还有在禅定中的一些有教养的男信徒，所见的境遇都消灭了，感受的境遇明白无误。在明确的修悟中，得到虚空般澄明的心性。在心里忽然归向于永远寂灭，认为本无因缘果报，一切都归入空了。空的认识呈现在眼前，以至于心中产生了长时间有断与灭的见解。觉悟后没有过失，这并非证悟佛理。倘若认为证悟了佛理，就有空魔潜入其心底，成为诽谤持守戒律的人，称持戒者为小乘修行者。自称有成就的证悟者既然觉悟了一切皆空之理，有什么守戒和犯戒的分别呢？这种人经常会在信奉他的施主面前，饮酒食肉，广行淫秽之事。因为魔力的原故，能摄取在他面前之人的信奉之心而对他不能产生疑问和指责。魔鬼之心潜入日深，或者食屎尿与酒肉等，都一样皆空。破坏佛教戒律威仪，误导他人做罪业。失去了正受的智慧，沉沦坠落于邪道。

"还有禅定中的一些有教养的男信徒，所见的境遇都消灭了，感受的境遇明白无误。体验到虚空明净的感受，深入到心骨之中。他的心中忽然会有无限的爱意萌生，爱到极致处便发狂，成为贪欲。这叫做在定境过于安宁顺合人心。没有智慧之力的自持，误入于一切欲望之中。觉悟了就没有过失，这并非证悟佛理。倘若认为是证悟了佛理，就有欲魔潜入其心底，坚持认为爱欲就是觉悟之路。教化人们都一视同仁做爱欲之事，在行为上淫欲的人，就叫做行正法的证悟者。由于鬼神之力的原故，在未来岁月里他们能摄取平凡愚昧之人的心念，追随者可以有近百人，或者有一百、二百人，或者有五六百人，多至成千上万。到魔心支配的欲望心念产生厌倦时，就会脱离他的身体，鬼神的威德既然消失，就会因纵欲而为国法所不容。这样贻误众生，就会进入无边的地狱。失去正受的智慧，沉沦坠落于邪道。

"阿难,以上讲的是十种禅定境地中的现象,都是感受际遇的受阴在心中交相互动,所以出现的状况。由于众生顽固的迷惑之心,不能自我考量,相逢于这种境遇,就迷失而不能正确认识自身,自称登上了神圣的境界。是狂妄自大的胡言乱语,会堕落于永不脱离苦难的地狱中。你们也应当将我所讲的,在我寂灭以后,传播讲解于末法时期,使一切众生灵,觉悟这些义理,不使魔鬼有机可乘。保护那些发愿的修行者,成就圣明无上的佛果。

【经文】

"阿难,彼善男子修三摩地,受阴尽者,虽未漏尽,心离其形,如鸟出笼。已能成就从是凡身,上历菩萨六十圣位①。得意生身,随往无碍。譬如有人,熟寐呓言,是人虽无别所知,其言已成,音韵伦次,令不寐者,咸悟其语。此则名为想阴区宇②。若动念尽,浮想销除,于觉明心,如去尘垢。一伦生死,首尾圆照,名想阴尽。是人则能超烦恼浊③。观其所由,融通妄想以为其本。

"阿难,彼善男子,受阴虚妙,不遭邪虑,圆定发明。三摩地中心爱发明,锐其精思,贪求善巧。尔时天魔候得其便,飞精附人,口说经法。其人不觉是其魔著,自言谓得无上涅槃。来彼求巧善男子处,敷座说法。其形斯须或作比丘,令彼人见,或为帝释,或为妇女,或比丘尼,或寝暗室,身有光明。是人愚迷,惑为菩萨,信其教化,摇荡其心,破佛律仪,潜行贪欲。口中好言灾祥变异,或言如来某处出世,或言劫火,或说刀兵,恐怖于人。令其家资,无故耗散。此名怪鬼年老成魔,恼乱是人。厌足心生,去彼人体。弟子与师,俱陷王难。汝当先觉,不入轮回。迷惑不知,堕无间狱。

"阿难，又善男子，受阴虚妙，不遭邪虑，圆定发明。三摩地中心爱游荡，飞其精思，贪求经历。尔时天魔候得其便，飞精附人，口说经法。其人亦不觉知魔著，亦言自得无上涅槃。来彼求游善男子处，敷座说法。自形无变，其听法者，忽自见身坐宝莲华，全体化成紫金光聚。一众听人，各各如是，得未曾有。是人愚迷，惑为菩萨。淫逸其心，破佛律仪，潜行贪欲。口中好言诸佛应世，某处某人，当是某佛化身来此，某人即是某菩萨等，来化人间。其人见故，心生倾渴，邪见密兴，种智销灭。此名魃鬼年老成魔，恼乱是人。厌足心生，去彼人体。弟子与师，俱陷王难。汝当先觉，不入轮回。迷惑不知，堕无间狱。

【注释】

①菩萨六十圣位：由凡人至菩萨随意所到意生身的六十个修行次序、圣位。即三渐次、乾慧地、五十五位修行、妙觉，总称六十。

②想阴区宇：想，谓于境取相为性，对现象从认识上进行的区分。想阴即想蕴，从本卷至全经结束，分别讲述五阴即色、受、想、行、识，在相应的禅定中，分别对应的十种妄有境地，总计五十种。区，区域、范围、拘束；宇，覆盖、包含、涵盖。区宇，可以理解为境遇、境地、范围、区域等。

③烦恼浊：佛教名词。指贪、嗔、痴等一切修行中的烦恼。为五浊之一。

【白话】

"阿难，这位有教养的男信徒修定念心止，感受的境遇已除尽，虽然未除尽妄有，但心脱离了身体，如小鸟出笼。已经能从凡人之身，向上历经六十个阶段成就果位。得到了随意所到的身心，来去没有阻碍。好比有一个人，在熟睡时说梦话，这个人虽然一无所知，但他的话，语音清晰，使没睡的人，都能听懂他的话语。这叫做思想蕴含的范围。倘若妄动的心念尽除，浮想也消除了，本自觉悟澄明之心，如拂去尘垢。一切众生灵生与死的因缘，从始至终犹如明镜映照圆融无碍，这叫做思想的境遇尽除。这人就能超脱贪、嗔、痴等修行中的烦恼。反观其思想境遇的来源，还在于要修圆融通达的妄想心念为其根本的。

"阿难，这位有教养的男信徒修定念心止，其感受的境遇静虚美妙，不再遭遇邪恶心虑的侵扰，生发圆融止定的明净。如果在修定之中心里喜爱圆融明净，以敏锐精妙的思绪，贪求善巧的方法。此时天魔就有机可乘，飞快地以精灵附于此人之身，支配其讲解经法。这人并不觉察是被魔控制，自称得证无上的涅槃境界。来到与他同样贪求善巧方法的男修行者那里，敷设讲座宣说法理。他的身形在须臾之间可变为出家的修行者，使别人认为是高僧，或变化为天主，或为妇女，或为女出家人，或者在他睡在暗室之时，身体会放出光明。求机巧的人愚昧，迷惑地认为他是证悟者，相信他的教化，从而动摇了修正之心，破坏佛教导的戒律和威仪，暗地里去做贪欲之事。魔附身的人口中喜欢说灾难、吉祥、变化、怪异的事，或者说佛将在某处出世，或者说世界末日将临有水火之灾，或者说有战祸，以此来制造恐怖。使人们家中的财产，无故受到耗散。这叫鬼怪日久年深而成魔，来扰乱修定的人。当魔心厌倦满足时，就离开修定者的身体。为师的修定者和他的信徒，都会陷入国法的惩治。你应当先察觉，不致坠入轮回苦海。如果迷惑不能认知，就会堕落于无边的地狱。

"阿难，还有出家的男信徒，感受的境遇静虚美妙，不再遭遇邪恶心虑的侵扰，生发圆融止定的明净。如果在修定中心里喜爱游历，以飞快精妙的思绪，贪求经历各地。这时天魔就等候并得到机会，飞速以其精灵附于此人之身，支配其讲经说法。这人并不觉察是被魔所控制，也说自己证得了无上的涅槃境界。来到与他同样贪求游历的男修行者那里，敷设讲座宣说法理。他自己的形体不变，听他说法理的人，会忽然看见自己坐有七宝之光的莲花座上，全身变成紫金光环。一起听讲的人，都是如此，得到未曾有过的体验。是这些人愚昧，迷惑地认为是证悟者。从而淫逸其身心，破坏佛教导的戒律和威仪，暗地里去做贪欲之事。魔附身的人口中喜欢说佛应化入世的事迹，说某地的某个人，应当是佛的化身，某个人就是某个菩萨，来到人间度化众生等等。使相信的人见到他后，从心中产生渴望和仰慕，邪恶的见解隐隐兴起，心智的种子被消灭。这叫做旱鬼日久年深而成魔，来扰乱修定的人。当魔心厌倦满足时，就离开修定者的身体。为师的修定者和他的信徒，都会因扰乱人心而陷入国法的惩治。你应当先察觉，不致坠入轮回苦海。如果迷惑不知是魔，就会堕落于无边的苦难地狱。

【经文】

"又善男子，受阴虚妙，不遭邪虑，圆定发明。三摩地中心爱绵㳷①，澄其精思，贪求契回。尔时天魔候得其便，飞精附人，口说经法。其人实不觉知魔著，亦言自得无上涅槃。来彼求合善男子处，敷座说法。其形及彼听法之人，外无迁变。令其听者，未闻法前，心自开悟。念念移易，或得宿命，或有他心，或见地狱，或知人间好恶诸事，或口说偈，或自诵经，各各欢娱，得未曾有。是人愚迷，惑为菩萨，绵爱其心，破佛律仪，潜行贪欲。口中好言佛有大小；某佛先佛，某佛后佛；其中亦有真佛假佛；男佛女佛。菩萨亦然。其人见故，洗涤本心，易入邪悟。此名魅鬼年老成魔，恼乱是人。厌足心生，去彼人体。弟子与师，俱陷王难。汝当先觉，不入轮回。迷惑不知，堕无间狱。

"又善男子，受阴虚妙，不遭邪虑，圆定发明。三摩地中心爱根本，穷览物化性之终始，精爽其心，贪求辨析。尔时天魔候得其便，飞精附人，口说经法。其人先不觉知魔著，亦言自得无上涅槃。来彼求元善男子处，敷座说法。身有威神，摧伏求者。令其座下虽未闻法，自然心伏。是诸人等，将佛涅槃菩提法身，即是现前我肉身上。父父子子，递代相生，即是法身常住不绝。都指现在，即为佛国。无别净居及金色相。其人信受，亡失先心，身命归依，得未曾有。是等愚迷，惑为菩萨，推究其心，破佛律仪，潜行贪欲。口中好言眼耳鼻舌，皆为净土；男女二根，即是菩提涅槃真处。彼无知者，信是秽言。此名蛊毒魇胜恶鬼年老成魔，恼乱是人。厌足心生，去彼人体。弟子与师，俱陷王难。汝当先觉，不入轮回。迷惑不知，堕无间狱。

【注释】

①湣（mǐn）：爱绵湣，指喜爱密契妙理。

【白话】

"还有出家修行的男信徒，感受的境遇静虚美妙，不再遭遇邪恶心虑的侵扰，生发圆融止定的明净。如果在修定中心里喜爱绵密的推理，澄清其精妙的思索，贪求析合佛心。此时天魔就等候到时机，飞速以其精灵附于此人之身，支配其讲经说法。这人并不能觉察和知道被魔所控制，也说自己证得了无上的涅槃境界。来到与他同样喜爱析合佛心的男修行者那里，敷设讲座宣说法理。他的身体以及听他讲法之人，外表上没有变化。但使听讲的人，在没听他宣法理之前，心中就自然有所领悟。使听者与讲者之间心念变化迁移而合心，从而或者知过去未来得宿命通达，或者知别人心思得他心通达，或者见地狱中的状况，或者知道人间好坏等事，或者口中念念有诗词佳句，或者自己念诵经文，使听者各个欢乐愉快，得到从未有过的经历。听信的人愚昧，迷惑地认为他是证悟者，产生了绵密的爱心，从而破坏了佛教导的戒律和威仪，暗中去做贪欲之事。魔附身的修定者喜欢说佛有大小的区别；某佛是先世之佛，某佛是后世之佛；其中有真佛和假佛；有男佛和女佛。菩萨证悟者也是如此。使相信他见解的人，清洗了本自修行的心愿，随之进入邪恶的领悟之中。这叫做依畜生之形的鬼怪日久年深而成魔，来扰乱修定止的人。当魔心厌倦满足时，就离开修定者的身体。为师者的修定之人和追随他的信徒，都会因为扰乱人心而陷入国法的惩办之中。你应当先察觉，不致坠入轮回之中。如果迷惑不知是魔，就会堕落于无边的苦难地狱。

"还有出家修行的男信徒，感受的境遇静虚美妙，不再遭遇邪恶心虑的侵扰，生发圆融止定的明净。如果在修定中喜爱推究万物的根本起源，穷尽事物变化的始末，其心清爽精细，贪求分辨析理。此时天魔就等候到机会，飞速以其精灵附于此人之身，支配其讲经说法。这人并不知道被魔控制，也说自己证得了无上的涅槃境界。来到与他同样喜爱推究万物根本起源的男修行者那里，敷设讲座宣说法理。他的身体具有威严和神力，能折伏听法之人。使他们虽然没听到法理，却自然而然地从心里信服。这些人们，认为佛的涅槃境界、菩提智慧、法相之身，就是呈现在我们面前的血肉之身。父父子子,一代接一代出生,就是法身常在不绝。并指出现在的世界,就是佛国。并无别的净土和金色的佛身。使人相信并接受他的邪说,失却了修行之心,以身心性命归依,认为得到了从未有过的体会。听信的人们愚昧,迷惑地认为他是证悟者,推究其魔附之心,是破坏佛所教导的戒律和威仪,暗中去做贪欲之事。魔附身的修定者口中喜好讲眼、耳、鼻、舌,都是净土;男女的生殖器官,都是智慧境界的真正所在之处。那些没有智慧的人,相信这些污秽的话。这叫做遇毒虫和幽灵而成的恶鬼日久年深而成魔,来扰乱修定的人。当魔心厌倦满足时,就离开修定者的身体。为师者的修定之人和信奉他的弟子们,都会因为扰乱人心而陷入国法的惩治。你应当先察觉,不致坠入轮回之中。如果迷惑不能认知魔法,就会堕落入无边的苦难地狱。

【经文】

"又善男子,受阴虚妙,不遇邪虑,圆定发明。三摩地中心爱悬应,周流精研,贪求冥感。尔时天魔候得其便,飞精附人,口说经法。其人元不觉知魔著,亦言自得无上涅槃。来彼求应善男子处,敷座说法。能令听众,暂见其身如百千岁。心生爱染,不能舍离。身为奴仆,四事供养[①],不觉疲劳。各各令其座下人心,知是先师,本善知识。别生法爱,黏如胶漆,得未曾有。是人愚迷,惑为菩萨,亲近其心,破佛律仪,潜行贪欲。口中好言我于前世,于某生中,先度某人。当时是我妻妾兄弟,今来相度。与汝相随归某世界,供养某佛。或言别有大光明天,佛于中住,一切如来所休居地。彼无知者,信是虚诳,遗失本心。此名疠鬼年老成魔,恼乱是人。厌足心生,去彼人体。弟子与师，俱陷王难。汝当先觉，不入轮回。迷惑不知，堕无间狱。

"又善男子，受阴虚妙，不遇邪虑，圆定发明。三摩地中心爱深入，克己辛勤，乐处阴寂，贪求静谧。尔时天魔候得其便，飞精附人，口说经法。其人本不觉知魔著，亦言自得无上涅槃。来彼求阴善男子处，敷座说法。令其听人，各知本业。或于其处，语一人言：汝今未死，已作畜生。敕使一人，于后蹋尾，顿令其人起不能得。于是一众倾心钦伏。有人起心，已知其肇。佛律仪外，重加精苦，诽谤比丘，骂詈徒众②，讦露人事③，不避讥嫌。口中好言未然祸福，及至其时，毫发无失。此大力鬼年老成魔，恼乱是人。厌足心生，去彼人体。弟子与师，俱陷王难。汝当先觉，不入轮回。迷惑不知，堕无间狱。

【注释】

①四事供养：以衣服、卧具、饮食、医药，供奉。
②詈（lì）：责骂。
③讦（jié）：攻击别人的短处或揭露他人的隐私。

【白话】

"还有出家修行的男信徒，感受的境遇静虚美妙，不再遭遇邪恶心虑的侵扰，生发圆融止定的明净。如果在修定中心里喜爱悬而未决和感应，周遍流布精心研究，贪求冥通之感。此时天魔就会等候到机会，飞速以其精灵附于此人之身，支配其讲经说法。这人根本不觉察知道被魔控制，也自称证得了无上的涅槃境界。来到与他同样喜爱感应的男修行者那里，敷设讲座宣说法理。能使听众，暂时看见他的身体犹如寿星过百岁、千岁。心中产生敬仰爱慕，不能离开。自愿做他的奴仆，供养衣、食、住、医药，不知疲劳。并使在其座下听讲的人，都在心中认为他是信徒们前世的老师，本来就是善于传授佛法的高僧。从而特别地生出对其法义的喜爱，如胶似漆，觉得有未曾得到过的感受。信徒愚昧，迷惑地认为他是证悟者，从心里亲近他，破坏了佛所教导的戒律和威仪，暗中去做贪欲的事。魔附身的修定者口中喜好讲我在前世，于某一生之中，先度脱了某个人。这人当时是我的妻妾或者是兄弟，因此今日再来度脱他。现在与你相伴相随回到某一世界，来共同供养某位佛。或者说另有一个广大光明的天界，佛就住在那里，是一切佛所休息并安居的地方。那些无知的信徒，相信了他虚幻的诳言，从而失却了本有的修悟之心。这叫做病疠鬼日久年深而成魔，扰乱修定的人。当魔心厌倦满足时，就离开修定者的身体。为师者的修定之人和信奉他的弟子们，都会因为扰乱人心而陷入国法的惩治之中。你应当先察觉，不致坠入轮回之中。如果迷惑不能认识知道这些，就会堕落入无边的苦难地狱。

"还有出家修行的男信徒，感受的境遇静虚美妙，不再遭遇邪恶心虑的侵扰，生发圆融止定的明净。如果在修定中心里喜受深入境地，克己而辛勤地修道，乐于处在阴暗静寂之中，贪求静谧的环境。此时天魔就会等候到机会，飞速以其精灵附于此人之身，支配其讲经说法。这人根本不察觉认识魔控制了自己，也自称证得了无上的涅槃境界。来到了与他同样贪求阴暗静寂的男修行者那里，敷设讲座宣说法理。使听众，分别都知道自己前世的宿业。或就在那里，对一个人说：你现在还没死，但已经变成畜生。又指使另一个人，在那个人的身后去凭空踩他的尾巴，顿时就使那个人站不起来。于是大家都诚心地钦佩信服贪求静谧的修定者。如果有人起了疑心，他也会马上知道。在佛教导的戒律仪轨之外，又加了苦行，诽谤出家的男修行者，责骂信徒，揭露别人的阴私，不避一切讥笑和嫌弃。口中喜欢预言灾祸福分，到时候，就会与所预言的不差分毫。这叫做大力鬼日久年深而成魔，扰乱修定的人。当魔心厌倦时，就离开修定者的身体。为师者的修定之人和信奉他的弟子们，都会因为扰乱人心而陷入国法的惩治中。你应当先察觉，不致坠入轮回之中。如果迷惑不能知道魔事，就会堕落入无边的苦难地狱。

【经文】

"又善男子，受阴虚妙，不遭邪虑，圆定发明。三摩地中心爱知见，勤苦研寻，贪求宿命。尔时天魔候得其便，飞精附人，口说经法。其人殊不知觉魔著，亦言自得无上涅槃。来彼求知善男子处，敷座说法。是人无端于说法处，得大宝珠。其魔或时化为畜生，口衔其珠，及杂珍宝，简册符牍，诸奇异物。先授彼人，后著其体。或诱听人，藏于地下，有明月珠照耀其处。是诸听者得未曾有。多食药草，不餐嘉馔，或时日餐一麻一麦，其形肥充，魔力持故。诽谤比丘，骂詈徒众，不避讥嫌。口中好言他方宝藏，十方圣贤潜匿之处。随其后者，往往见有奇异之人。此名山林土地、城隍川岳鬼神年老成魔，或有宣淫，破佛戒律，与承事者，潜行五欲①。或有精进，纯食草木，无定行事，恼乱是人。厌足心生，去彼人体。弟子与师，多陷王难。汝当先觉，不入轮回。迷惑不知，堕无间狱。

"又善男子，受阴虚妙，不遭邪虑，圆定发明。三摩地中心爱神通，种种变化，研究化元，贪取神力。尔时天魔候得其便，飞精附人，口说经法。其人诚不觉知魔著，亦言自得无上涅槃。来彼求通善男子处，敷座说法。是人或复手执火光，手撮其光，分于所听四众头上②。是诸听人，顶上火光，皆长数尺，亦无热性，曾不焚烧。或水上行，如履平地；或于空中，安坐不动；或入瓶内，或处囊中，越牖透垣，曾无障碍。唯于刀兵不得自在。自言是佛，身著白衣，受比丘礼。诽谤禅律，骂詈徒众。讦露人事，不避讥嫌。口中常说神通自在，或复令人傍见佛土。鬼力惑人，非有真实。赞叹行淫，不毁粗行，将诸猥媟③，以为传法。此名天地大力山精、海精、风精、河精、土精，一切草木积劫精魅。或复龙魅，或寿终仙，再活为魅。或仙期终，计年应死，其形不化，他怪所附，年老成魔，恼乱是人。厌足心生，去彼人体。弟子与师，多陷王难。汝当先觉，不入轮回。迷惑不知，堕无间狱。

【注释】

①五欲：佛教用语。亦称五妙欲，为色、声、香、味、触五境所产生的五种情欲；又把财欲、色欲、食欲、名欲、睡眠欲称为五欲。佛教认为五欲是众生流转生死的直接原因。

②四众：亦称四僧伽，通常指佛教信众，比丘、比丘尼、优婆塞、优婆夷，即男女出家人，俗称和尚、尼姑和在家持五戒的男女居士。

③猥媟（xiè）：猥亵；污秽。亲昵放荡。

【白话】

"还有出家修行的男信徒，感受的境遇静虚美妙，不再遭遇邪恶心虑的侵扰，生发圆融止定的明净。在修定中若心里喜爱知识和见解，辛勤刻苦研究探寻，贪图求得宿命冥通。此时天魔就会等候到机会，飞速以其精灵附于此人之身，支配其讲经说法。

这人根本不能察觉并知道魔控制了自己,也称自己证得了无上的涅槃境界。来到与他同样贪求宿命通的男修行者那里,敷设讲座宣说法理。在他说法之处,会无缘无故地得到大批的宝珠。天魔或者变成一个畜生,口里衔着宝珠,或各种珍宝,或简册、印符、木牍,一些稀奇异物。先把这些东西给人,随后就附在人的身上。或者诱惑听信的人,有一个地方,藏有夜明珠,并在那里找到照耀四处的宝珠。使听信他的人们得到了未曾有过的见闻。他大多数时间中吃药草,不吃美味佳肴,或者每天只吃一餐麻或麦,身体充实肥胖,这是魔力的作用。他诽谤出家修行的人,责骂信徒,不避讥笑和讨嫌。口中喜欢说各地埋藏的珍宝,一切圣人贤者隐居之处。尾随其后的人,往往会看见一些奇异的人。这叫做山林、土地之神、城隍、山神、河神因日久年深而成魔,或者宣扬淫欲,破坏佛的戒律,并与顺承他的人,暗地里做贪图名、利、色、食、睡等事。或者有时精进修行,纯粹只食草木,做事没有一定的规律,这都是魔附修定者之身扰乱的结果。当魔心厌倦时,就离开修定者的身体。为师者的修定之人和他的弟子们,都会因为扰乱人心而陷入国法的惩治中。你应当先察觉,不致坠入轮回之中。如果迷惑不知魔事,就会堕落入无边的苦难地狱。

"还有出家修行的男信徒,感受的境遇静虚美妙,不再遭遇邪恶心虑的侵扰,生发圆融止定的明净。在修定中若心里喜爱各种神通,种种变化,研究变化之本,贪求神力。此时天魔就会等候到机会,飞速以其精灵附于此人之身,支配其讲经说法。这人确实不能觉察并知道魔控制了自己,也自称证得了无上的涅槃境界。来到与他同样贪求各种神通之力的男修行者那里,敷设讲座宣说法理。他或者是手拿火把,用手拔其光焰,分散到在场男女听众的头上。这些人们的头顶之上,都会放射出火光，都长达数尺，也不觉得火热，不会焚烧其身。他或者会在水面上行走，如履平地一般；或者升于空中，安然稳坐不动；或者进入瓶内，钻入袋囊之中，能穿越门窗透过墙壁，也不会受到阻碍。惟独对于刀枪还不能不被伤害。自称是佛，身穿普通的服装，接受出家修行者的礼拜。他谤禅定和戒律，责骂信徒。揭露他人阴私，不避讥笑和人们的厌恶。口中常常说一些神通如何自由自在，或许能使人看见佛国净土。这些都是被鬼力迷惑的人，并非是真实的。他们还赞叹施行淫欲，不杜绝粗俗的行为，把许多猥亵放荡的行为，认为是传法。这叫做天地之间大力的山精、海精、风精、河精、土精，以及一切花草树木历经岁月而成的精魅。或者是龙魅，或是寿终的仙人，复活后成的妖魅。或者是仙人寿期已至，计算年龄应当死去，在其形体未变化时，被魔怪所附身，日久年深而成魔，来扰乱修定的人。当魔心厌倦时，就离开修定者的身体。为师者的修定之人和他的弟子们，都会因为扰乱人心而陷入国法的惩治中。你应当先察觉，不致坠入轮回之中。如果迷惑不知魔事，就会堕落入无边的苦难地狱。

【经文】

"又善男子，受阴虚妙，不遭邪虑，圆定发明。三摩地中心爱入灭，研究化性，贪求深空。尔时天魔候得其便，飞精附人，口说经法。其人终不觉知魔者，亦言自得无上涅槃。来彼求空善男子处，敷座说法。于大众内，其形忽空，众无所见，还从虚空，突然而出，存没自在。或现其身，洞如琉璃；或垂手足，作栴檀气；或大小便，如厚石蜜。诽谤戒律，轻贱出家。口中常说无因无果，一死永灭。无复后身及诸凡圣。虽得空寂，潜行贪欲。受其欲者，亦得空心，拨无因果。此名日月薄蚀精气，金玉芝草，麟凤龟鹤，经千万年不死为灵，出生国土，年老成魔，恼乱是人。厌足心生，去彼人体。弟子与师，多陷王难。汝当先觉，不入轮回。迷惑不知，堕无间狱。

"又善男子，受阴虚妙，不遭邪虑，圆定发明。三摩地中心爱长寿，辛苦研几，贪求永岁，弃分段生，顿希变易细相常住。尔时天魔候得其便，飞精附人，口说经法。其人竟不觉知魔著，亦言自得无上涅槃。来彼求生善男子处，敷座说法。好言他方往还无滞。或经万里，瞬息再来，皆于彼方取得其物。或于一处，在一宅中，数步之间，令其从东诣至西壁，是人急行，累年不到。因此心信，疑佛现前。口中常说十方，皆是吾子。我生诸佛，我出世界。我是元佛，出世自然，不因修得。此名住世自在天魔，使其眷属，如遮文茶①，及四天王毗舍童子②，未发心者，利其虚明，食彼精气。或不因师，其修行人亲自观见，称执金刚与汝长命。现美女身，盛行贪欲。未逾年岁，肝脑枯竭。口兼独言，听若妖魅。前人未详，多陷王难。未及遇刑，先已干死。恼乱彼人，叫至殂殒。汝当先觉，不入轮回。迷惑不知，堕无间狱。

【注释】

①遮文茶：为欲界天魔的部属，译作嫉妒女、奴神。
②毗舍童子：译作噉精气鬼，专事吸食人精气。

【白话】

"还有出家修行的男信徒，感受的境遇静虚美妙，不再遭遇邪恶心虑的侵扰，生发圆融止定的明净。若在修定中心里喜爱寂灭，研究变化之性，贪求深刻的空境。此时天魔就会等候到机会，飞速以精灵附于此人之身，支配其讲经说法。这人始终不能觉察知道魔控制了他，也自称证得了无上的涅槃境界。来到与他同样贪求空境的男修行者那里，敷设讲座宣说法理。在大众之中，他的形体可以忽然化为空，人们一无所见，还可以从虚空之中，突然而出，存在和消失自在无妨。或者显现他的身体，空洞犹如琉璃；或者垂下手足，有檀香气产生；或者使他的大小便，犹如炼制的冰糖。他诽谤佛教的戒律，轻视出家的修行者。他口中经常讲没有因果报应，一旦死亡就永远寂灭。没有转生后的身命和那些凡人与圣贤的差别。他虽然得到了进入空寂境地的定力，但暗中却做贪欲之事。接受了他贪欲行为的人，也得到空心之力，认为无因果报应。这叫做日食月食之时，金枝玉叶般的灵芝草，如凤毛麟角般的千年灵龟、仙鹤，经过千万年采日月之精气不死成为精灵，出生在人间，日久年深而成魔，扰乱修定者。当魔心厌倦时，就离开修定者的身体。为师者的修定之人和他的弟子们，都会因为扰乱人心而陷入国法的惩治中。你应当先察觉，不致坠入轮回之中。如果迷惑不知魔事，就会堕落入无边的苦难地狱。

"还有出家修行的男信徒，感受的境遇静虚美妙，不再遭遇邪恶心虑的侵扰，生发圆融止定的明净。若在修定中心里喜爱长寿，辛苦钻研，贪求长生，抛弃掉转生的分段生死，立即期望在生死变易时使精细的生命形态永在。此时天魔就会等候到时机，飞速以其精灵附于此人之身，支配其讲经说法。这人毕竟不能觉察魔控制了自己，也自称证得了无上的涅槃境界。来到与他同样贪求长生的有教养的男修行者那里，敷设讲座宣说法理。他好说在一切地方来往无阻。或者途经万里，转瞬之间便可往还，并都在那里取来实物验证。或者在一处，在一间房里，几步之间，让你从东边走到西边的墙壁，你快步奔走，数年也不能走到。因此使人们从心里信服，不怀疑他就是佛出现在面前。他口中常说一切众生灵，都是我的弟子。我生出一切佛，我创造出了世界。我是第一佛，自然出生于世，不是因为修行才证得的。这叫做住于世间的自在天魔，指使他的眷属，如嫉妒女，及其四天王所属的噉精气鬼，对未发心证悟佛理者，利用心虚实不明，吸食其精气。或者可以不因师傅指点，就让求长生的修行之人亲眼看见魔王现身，自称具有如金刚坚固的长生之术可让你长命不死。并呈现美女之身，与求长生者极尽贪欲之事。不过一年，就使此人肝脑枯竭。口中自言自语，像与妖精对话。这人不知为魔妖附身，大多会因为胡言乱语而陷入牢狱之灾，还不等到行刑时，就因精疲血枯而死。这是魔王扰乱修行之人，以至于丧命。你应当先觉察，不至于坠入轮回之中。如果迷惑不知魔事，就会堕落入于无边的苦难地狱。

【经文】

"阿难当知，是十种魔，于末世时，在我法中出家修道。或附人体，或自现形，皆言已成正遍知觉。赞叹淫欲，破佛律仪。先恶魔师，与魔弟子，淫淫相传。如是邪精，魅其心腑。近则九生，多逾百世，令真修行，总为魔眷。命终之后，必为魔民。失正遍知，堕无间狱。汝今未须先取寂灭，纵得无学，留愿入彼末法之中①，起大慈悲，救度正心深信众生，令不著魔，得正知见。我今度汝，已出生死。汝遵佛语，名报佛恩。

"阿难，如是十种禅那现境，皆是想阴用心交互，故现斯事。众生顽迷，不自忖量，逢此因缘，迷不自识，谓言登圣。大妄语成，堕无间狱。汝等必须将如来语，于我灭后，传示末法。遍令众生开悟斯义，无令天魔得其方便。保护覆护，成无上道。"

【注释】

①末法：佛教三时之一。佛教认为佛陀逝后，佛法将日益衰微，分为正法、像法、末法三个时期，有不同说法。通常认为正法即正确无误的佛法时期，有五百年，包括教说、修行、证悟三个方面；像法即相似正法的佛法时期，有一千年，只有教说、修行两个方面；末法即佛法将灭的时期，有一万年，只有教说，既无修行，也无证悟。

【白话】

"阿难应当知道，这十种因想而成的魔，在未来世界之时，假借佛法出家修道。或者附于人身，或者自己现形，都说已成就了正确遍布一切智慧的觉悟。他们称赞淫欲之事，破坏佛教的戒律仪轨。首先由魔附身的人为师傅，与随从的信徒，以淫荡纵欲为修法而相传。以邪魔之精灵，迷惑信徒的身心。近则九百年，长则三千年，使原有真心的修行之人，都成为魔王的随从。此生终了之后，必然成为魔王的子民。失却正确遍及一切的智慧，堕落到无边的苦难地狱。你现在无须率先取得清澄寂灭的境界，纵使证得了无学的佛果，也要发愿留在未来佛法衰落的人间之中，发起广大的慈悲之心，救度具有正确信念的众生灵，使他们不着魔心困扰，得到正确的智慧见解。我现在已经度脱于你，跳出生死轮回的苦海。你要遵照我的教理，这称为报佛度脱之恩。

"阿难，这十种禅定中所显现的境遇，都是妄想之心相互作用，才显现的状况。由于众生顽固的妄有之心的迷惑，不能自己忖度考量，遇到这些现象，就迷失了自我，自称达到了圣贤的境界。形成了狂妄自大的诳言，会堕落于无法自拔的地狱。你们必须把我的教诲，在我寂灭之后，传播启示于末法时期。普遍让众生灵领悟其中的义理，不使天魔得到机会。保护他们的修行，使之成就无上的佛果。"

卷 十

【经文】

"阿难,彼善男子修三摩地,想阴尽者,是人平常梦想消灭,寤寐恒一。觉明虚静,犹如晴空,无复粗重前尘影事。观诸世间大地山河,如镜鉴明。来无所粘,过无踪迹,虚受照应,了罔陈习,唯一精真。生灭根元,从此披露。见诸十方十二众生,毕殚其类。虽未通其各命由绪,见同生基。犹如野马,熠熠清扰。为浮根尘究竟枢穴。此则名为行阴区宇。若此清扰熠熠元性,性入元澄,一澄元习,如波澜灭,化为澄水,名行阴尽。是人则能超众生浊。观其所由,幽隐妄想以为其本。

"阿难当知,是得正知奢摩他中诸善男子,凝明正心,十类天魔不得其便。方得精研穷生类本。于本类中生元露者,观彼幽清圆扰动元。于圆元中起计度者,是人坠入二无因论:

"一者,是人见本无因。何以故?是人既得生机全破,乘于眼根八百功德,见八万劫所有众生,业流湾环,死此生彼。只见众生轮回其处。八万劫外,冥无所观。便作是解,此等世间十方众生,八万劫来,无因自有。由此计度,亡正遍知,堕落外道,惑菩提性。

"二者,是人见末无因。何以故?是人于生既见其根。知人生人,悟鸟生鸟,乌从来黑,鹄从来白。人天本竖,畜生无横;白非洗成,黑非染造。从八万劫,无复改移。今尽此形,亦复如是。而我本来不见菩提,云何更有成菩提事?当知今日一切物象，皆本无因。由此计度，亡正遍知，堕落外道，惑菩提性。是则名为第一外道①，立无因论。

【注释】

①第一外道：这是第一种佛教以外的学说。外道，是指佛教以外的其他各种哲学思想。通常指佛教产生后的六种学说，即："善恶无果论"，"苦乐无因论"，否定轮回的"断灭论"，宿命哲学的"常见论"和"宿因论"以及"诡辩论"，从哲学观点看，前三种属于唯物主义派别；第四、五种属于反对神权、王权的怀疑论或虚无思想，有进步意义；第六种游离于神学和唯物主义之间，同样被佛教所排斥。本经在下述的十种外道，则主要针对在修行禅定中，所产生的心理认识，指出其都是与佛理相背的。

【白话】

"阿难，那有教养的男信徒修定念心止，想象的境遇除尽，那么这人平常的梦想已经消灭，醒与睡时一样。觉悟明净清虚且宁静之心，犹如一碧晴空，再没有粗俗重重的世俗妄尘痕迹。看一切人世的大地山河，如明镜映照事物。来无所带，去无踪迹。清虚的感受观照回应，了然陈旧的妄想习气，惟一有本自精妙的真心。一切生与灭的根本原因，都披露无余。洞察一切世界中的十二种众生灵，全都尽知其种类。虽然不能通达各种生命的由来，但认识观见了其共同的生命之基。犹如尘埃，在阳光下清辉中浮动纷扰。这若有似无的纷扰就是浮根尘想最根本的机关所在。这就叫做心理运行境遇的范围。倘若这个在清澄光明中纷扰的原有习性，这妄行的习性一旦进入本自澄明的心地，妄行之习一下化为澄明，犹如波澜止息，化为清澄之水，这叫做心理运行境域的尽除。这人就能超出众生灵的烦恼污浊。反观行阴即心理运作的由来，是以幽深隐微的妄想心念作为其根本的。

"阿难应当知道，这得到正确智慧的禅定中的男信徒，凝聚明净正确的心境，前述十种天魔就得不到侵扰的机会。才能得以精细研究并穷究十二种生灵生命的根源。在对于每一类中生命根本之源的显露中，观察到他们都是在幽深清净圆满本心中扰动不止为本源的。在圆满心中生起推理忖度来，这人就会坠入两种无因论：

"第一种，这人所见到的事物本是无因而产生的。为什么呢？这位修禅定者生机已全部破除，乘着眼所具有的八百功德，能见八万劫的漫长岁月中所有的众生灵，在业力的流转中如水湾回环往复，死于此种而生于彼类。只见一切众生灵轮回世间。但对于八万劫之外更久的岁月，则冥然一无所见。因此便产生了这样的见解，认为这个世界一切有灵性根苗的生灵，自八万劫的岁月里，本自无因自然就有的。由此来推论和想象，失去了正确认识一切的智慧，堕落于佛教以外的学说中，迷惑了本自清澄的心性。

"第二种，此人见到一切结果都是无因而有的。为什么呢？此人对于生命既然已经认为见到了根本。知道了人自然生人，领悟了鸟自然生鸟，乌鸦从自然而来就是黑的，天鹅从自然而来就是白的。人和天界的天人本来站立而行，畜生本来就是横伏而走的；白并非由水洗而成，黑并非染而造就的。从八万劫以来的时光中，并没有改变。今天这个形体如此，以后还是如此。而且我本来就看不见觉悟的佛果，又如何能有成就觉悟佛果的事呢？认为应当知道今天的一切事物和现象，都本自无因。由此推论忖度，失却了正确遍及一切的智慧，堕落于其他学说之中，迷惑了本自清澄的心性。这就被称为第一种佛教之外的学说，建立无因的理论。

【经文】

"阿难,是三摩中诸善男子,凝明正心,魔不得便。穷生类本,观彼幽清常扰动元,于圆常中起计度者。是人坠入四遍常论:

"一者,是人穷心境性,二处无因。修习能知二万劫中,十方众生所有生灭,咸皆循环,不曾散失,计以为常。

"二者,是人穷四大元,四性常住,修习能知四万劫中,十方众生所有生灭,咸皆体恒,不曾散失,计以为常。

"三者,是人穷尽六根末那执受,心意识中本元由处,性常恒故。修习能知八万劫中,一切众生循环不失,本来常住。穷不失性,计以为常。

"四者,是人既尽想元,生理更无流止运转。生灭想心,今已永灭。理中自然,成不生灭。因心所度,计以为常。由此计常,亡正遍知,堕落外道,惑菩提性。是则名为第二外道,立圆常论。

"又三摩中诸善男子,坚凝正心,魔不得便。穷生类本,观彼幽清常扰动元,于自他中起计度者。是人坠入四颠倒见,一分无常,一分常论:

"一者,是人观妙明心,遍十方界,湛然以为究竟神我。从是则计我遍十方,凝明不动。一切众生于我心中自生自死,则我心性,名之为常。彼生灭者,真无常性。

"二者,是人不观其心,遍观十方恒沙国土,见劫坏处,名为究竟无常种性。劫不坏处,名究竟常。

"三者,是人别观我心,精细微密,犹如微尘。流转十方,性无移改。能令此身即生即灭,其不坏性,名我性常。一切死生从我流出,名无常性。

"四者，是人知想阴尽，见行阴流，行阴常流，计为常性。色受想等，今已灭尽，名为无常。由此计度，一分无常，一分常故。堕落外道，惑菩提性。是则名为第三外道，一分常论。

【白话】

"阿难，在禅定中的有教养的男信徒，凝聚明净正确的心境，天魔就无机可乘。他穷究十二种类众生灵的本原，观察他们在幽隐轻微中常常处于运行不止的状态，在这种圆融反复的运动中产生了推论和忖度。这个人就会坠入四种普遍常存论：

"第一种，这个人穷究内心和外境的性质，这两者都是无因的。其修习之功能知道在二万劫的时光里，一切众生灵所有的产生和死亡，都是如人生人或畜生畜循环往复，不曾散乱失去其类，从而推论众生其类常存不变。

"第二种，这个人穷究地、水、火、风的本原，认为地、水、火、风的性质常存不变。其修习之功能知道在四万劫的时光中，一切生灵所有的生死现象，都由地、水、火、风和合而成并恒常不变，不曾散乱失去，从而推论地、水、火、风常存不变。

"第三种，这个人穷究与六根及眼识等六识和末那识染污所具有的执有感受，对心念意识产生的根本和原由，认为心性是常有不变的。其修习之功能知道八万劫的岁月中，一切众生灵都是此死彼生循环不已，本来就是常存不变。在无穷的反复中不失去其特性，推论心念意识是常存的。

"第四种，这个人既然尽除了妄想之心，从生理上再没有流动与止定的心念运转。生与灭的妄想心，这时已永远灭除。从而在理念之中，自然也成为不生不灭。因为由心中忖度，推论理念是常存的。由此推论常存，失去了正确普遍的智慧，堕落于佛教以外的学说中，迷惑修悟的真实性。这就叫做第二种佛教之外的学说，建立圆融常存的理论。

"还有修定念心上中的男信徒，坚定凝结正确之心，天魔无机可乘。他们穷究十二类生灵的本原，观察他们在幽隐轻微中常处于运行不止的状态，于是在自己和外境之中产生推论忖度。这样的人就会坠入四种错误的见解中，产生一半无常如人身，一半常存如理念的论说：

"第一种，这个人观察美妙明净之心，遍及一切，以这清湛心性为最终的神圣之我。从这里推论忖度我遍及一切世界，凝聚清明不动。一切众生灵都生于我心中且自生自灭，我的心性，称为常存。其他有生有灭的，是真实的无常之性。

"第二种，这个人不反观其心，普遍观察一切如恒河沙难以计数的世界，见到劫坏之时，称为毕竟并无常存的根本特性。见到劫数不坏的虚空之处，又称为毕竟是常存的。

"第三种，这个人专门观察自己的心，精细微密，犹如微小的尘土。流布转迁一切地方，其物质性并无改变。能使身心随生随灭，也不会破坏了心的特性，就叫我的心性是常存的。一切心中的随生随灭都是从我心流露产生出来的，这叫心性的无常特性。

"第四种，这个人知道想念的境遇尽除，身心运行的境遇不息，运行的境遇就推论为常存之性。色、受、想、行、识等五蕴，现在已灭尽，就叫做五蕴的无常特性。由此推论忖度，身心萌发的妄有一部分是无常的，而潜行不止的境遇一部分是常存的。堕落于佛教之外的学说中，迷惑了修悟之性。这就叫做第三种佛教之外的学说，一部分常存的理论。

【经文】

"又三摩中诸善男子，坚凝正心，魔不得便。穷生类本，观彼幽清常扰动元，于分位中生计度者。是人坠入四有边论：

"一者，是人心计生元，流用不息。计过未者，名为有边；计相续心，名为无边。

"二者，是人观八万劫，则见众生，八万劫前，寂无闻见。无闻见处，名为无边；有众生处，名为有边。

"三者，是人计我遍知，得无边性。彼一切人现我知中，我曾不知彼之知性。名彼不得无边之心，但有边性。

"四者，是人穷行阴空，以其所见，心路筹度。一切众生一身之中，计其咸皆半生半灭。明其世界一切所有，一半有边，一半无边。由是计度有边无边①，堕落外道，惑菩提性。是则名为第四外道，立有边论。

"又三摩中诸善男子，坚凝正心，魔不得便。穷生类本，观彼幽清常扰动元，于知见中生计度者。是人坠入四种颠倒，不死矫乱，遍计虚论：

"一者，是人观变化元，见迁流处，名之为变；见相续处，名之为恒。见所见处，名之为生；不见见处，名之为灭。相续之因，性不断处，名之为增；正相续中，中所离处，名之为减。各各生处，名之为有；互互亡处，名之为无。以理都观，用心别见。有求法人，来问其义，答言：我今亦生亦灭，亦有亦无，亦增亦减。于一切时，皆乱其语。令彼前人，遗失章句。

"二者，是人谛观其心，互互无处，因无得证。有人来问，唯答一字，但言其无。除无之余，无所言说。

"三者，是人谛观其心，各各有处，因有得证。有人来问，唯答一字，但言其是。除此之余，无所言说。

"四者，是人有无俱见。其境枝故，其心亦乱。有人来问，答言：亦有即是亦无。亦无之中，不是亦有。一切矫乱，无容穷诘。由此计度矫乱虚无，堕落外道，惑菩提性。是则名为第五外道，四颠倒性，不死矫乱，遍计虚论。

【注释】

①有边无边：佛教术语。为论事物有与无的义理。佛教认为事物依各种因缘而成，表现为一个具体的事物，故称之为有、有边。但一切事物原无自性，从佛理看只是短暂的聚合，缘尽则无，一切无常，故称为无、无边。应取中道，不著二边即不执着偏执于两个极端。

【白话】

"还有在修定中的一些男信徒，坚定凝结正确之心，天魔无机可乘。这些人穷究十二类生灵的本原，观察他们在幽隐轻微之中常处于运行不止的状态，于是在时间、闻见、人我、生灭中产生了推论和忖度。这人就会坠入四种有边论：

"第一种，这人心里推论生命运行的本原，是流动功用不止息的。推测过去与未来的存在，叫做有边；推测现在之心是念念相续不断的，就叫做无边。

"第二种，这人可以观察到八万劫时光中的生灵，对于八万劫岁月之前的生灵，就一无所见、所闻。对于无闻、无见之处，称为无边；有众生灵的有见、有闻之处，称为有边。

"第三种，这人推论我遍知一切，得证事物的无边性。其他一切人都呈现在我所知之中，但我却不知他们得知的边际性。叫做他们不能得到无边之心，只是有边之心性。

"第四种，这人穷究运行境遇的空灭，以他所理解的，从心中进行运筹揣度。认为一切众生灵在一身中都是一半在产生一半在灭除。认为世界所有的一切事物，同样是一半有边，一半无边。由此推论忖度有无二边,堕落于佛教之外的学说中,迷惑了修悟的觉性。这就叫做第四种佛教之外的学说,确立有边的理论。

"还有在修定中的有些男信徒,坚定凝结修正之心,天魔无机可乘。这些人穷究十二类生灵之本,观察他们在幽隐轻微之中常处于运行不止的状态,于是在知道与见解中产生推论忖度。这人就会堕入四种错误见解,说有不死的虚假乱言,普遍推论虚妄的理论:

"第一种,这人观察生命变化中的本原,见其变迁如川流不息之处,就称之为变;见到相互连续之处,就称之为恒。见到所见之处,称之为生,不能看见能够见到的劫外之处就叫做灭。认为相互连续的原因,是本性不断之处,就称之为增;认为正在相互连续之中,其中间所有的隔离之处,就叫做减。见到一切生灵产生之处,就称之为有;众生灵的死亡之处,就叫做无。以上这种理论都是因为在观想中,用尽心机而产生的差别的见解。如果有求法之人,来问他的义理。他回答:我现在既是生也是灭,既是有也是无,既是增长也是减缩。在一切时候,都胡言乱语。使那些前来讨教的人,失其所问,不知其章法句义。

"第二种,这人认真观想其心,认为一切事物都无不变之处,因此认为已经因知无而得证佛理。有人来问他,只回答一个字,只说一个无。除此之外,就一无所说。

"第三种,这人认真观想其心,认为一切事物都有动念之处,因此而认为因知有处得证佛理。有人来问他,只回答一个字,只说是。除是之外,就一无所说。

"第四种,这人认为有与无都有所见。他的心境与外境发生分歧,心也产生混乱。有人来问他,他回答说:也是有就是也是无。也是无之中,却不是也是有。一切都虚假混乱,不容他人穷究发问。由这种推论忖度的造作混乱而归于虚无,堕落于佛教之外的学说中,迷惑了修悟的心性。这就叫做第五种佛教之外的学说,四种错误矛盾的性质,是寄托于不死的虚假和混乱,是心中普遍产生的推论虚妄的理论。

【经文】

"又三摩中诸善男子,坚凝正心,魔不得便。穷生类本,观彼幽清常扰动元,于无尽流生计度者。是人坠入死后有相,发心颠倒。或自固身,云色是我;或见我圆,含遍国土,云我有色;或彼前缘随我回复,云色属我;或复我依行中相续,云我在色。皆计度言,死后有相。如是循环有十六相。从此或计毕竟烦恼,毕竟菩提。两性并驱,各不相触。由此计度死后有故,堕落外道,惑菩提性。是则名为第六外道,立五阴中死后有相,心颠倒论。

"又三摩中诸善男子,坚凝正心,魔不得便。穷生类本,观彼幽清常扰动元,于先除灭色受想中生计度者。是人坠入死后无相,发心颠倒。见其色灭,形无所因。观其想灭,心无所系,知其受灭,无复连缀。阴性销散,纵有生理,而无受想,与草木同。此质现前犹不可得,死后云何更有诸相?因之勘校死后相无。如是循环,有八无相。从此或计涅槃因果,一切皆空。徒有名字,究竟断灭。由此计度死后无故,堕落外道,惑菩提性。是则名为第七外道,立五阴中死后无相,心颠倒论。

"又三摩中诸善男子,坚凝正心,魔不得便。穷生类本。观彼幽清常扰动元,于行存中,兼受想灭,双计有无,自体相破。是人坠入死后俱非,起颠倒论。色受想中,见有非有。行迁流内，观无不无。如是循环，穷尽阴界，八俱非相。随得一缘，皆言死后有相无相。又计诸行，性迁讹故，心发通悟。有无俱非，虚实失措。由此计度死后俱非，后际昏瞢无可道故。堕落外道，惑菩提性。是则名为第八外道，立五阴中死后俱非，心颠倒论。

【白话】

"还有在修定中的有些男信徒，坚定凝结修正之心，天魔无机可乘。这些人穷究十二类生灵之本原，观察他们在幽隐轻微之中常处于运行不止的状态，于是在其不尽的运行流转中产生推论忖度。这人就会坠于死后有相论，心里发生错误的见解。或者自我保养坚固身体，称身体的物质形态就是我；或认为我心圆融，遍及一切国土，称我有物质形态；或者这面前的一切现象随着我反复呈现，称物质之身本属于我；或者又看我在生命运行的中间相互接续，称我就在物质世界中。这都是推论忖度的说法，认为死后是有现象形态之相的。这四种形态之相在色、受、想、行四阴中循环，就有四四计十六种形态之相。由此推论烦恼总归是烦恼，觉悟总归是菩提觉悟。两种性质并驾齐驱，各自并不相互接触。并由此推论忖度死后有形态之相，从而堕落于佛教之外的学说中，迷惑了修悟之心。这就叫做第六种佛教之外的学说，建立色、受、想、行、识五阴之中的死后有形态之相，使修正之心发生错误的理论。

"还有在修定中的有些男信徒，坚定凝结修正之心，天魔无机可乘。这些人穷究十二类众生灵之本原，观察其在幽隐清静之中常处于运行不止的状态，于是在原先灭除了的色阴、受阴、想阴之中产生推论忖度，这样的人就会坠入死后无相论，心里产生错误的见解。见到修悟到色相形态灭除，身体形态无所因缘。观察到色、想都灭除，则心念就一无所系，知道这样感受也消灭了，不再相连相缀。境遇的感觉性能消散，纵使还有生与死的生理因素，但没有感受和思想，人与草木同样了。这身体的物质形态在眼前尚且不可得，死后又何以还会有一切形态呢？因此确认死后没有形态之相。这样循环，色、受、想、行四阴在生前和死后共有八种无相。从此推论寂灭之涅槃与业因果报，一切皆空。徒有名称，终究归于断灭。由此推论忖度死后一切皆无，从而堕落于佛教之外的学说中，迷惑了修正之心。这就叫做第七种佛教之外的学说，建立色、受、想、行、识五阴之中的死后没有形态之相，使修正之心产生错误的理论。

"还有在修定中的一些男信徒，坚定凝结修正之心，天魔无机可乘。这些人穷究十二类生灵之本原，观察其在幽清之中常处于运行不止的状态，于是在行阴即心念的境遇还存有之中，看到色、受、想三阴灭除，双向推论以行阴之有破三阴之无，以三阴无破行阴之有，使自己相互矛盾。这人就会坠入死后一切皆非，建立起错误的理论。在色、受、想三阴中，既认为是有又似是没有。在生理运行的迁移流变之内，观察其是无却不是无。如此循环，穷究详尽于色、受、想、行四阴境界，由前至后，由后至前，共八种都无确定的形态之相。随意举出其中一种，都说是死后既有形态之相，也无形态之相可得。又推论一切生理运行，本性是迁移虚妄的，心中生发出所谓的通达和彻悟。认为有无皆不是，从而对虚妄和真实失却判断。并由此推论忖度死后一切皆非，身后之路昏沉迷茫一无可言。堕落到佛教之外的学说中，迷惑了修悟之心。这就叫做第八种佛教之外的学说，建立色、受、想、行、识五阴之中死后万事皆非，心中产生了错误颠倒的理论。

【经文】

"又三摩中诸善男子,坚凝正心,魔不得便。穷生类本,观彼幽清常扰动元,于后后无生计度者。是人坠入七断灭论[①]:或计身灭,或欲尽灭,或苦尽灭,或极乐灭,或极舍灭。如是循环,穷尽七际[②],现前销灭,灭已无复。由此计度死后断灭,坠落外道,惑菩提性。是则名为第九外道,立五阴中死后断灭,心颠倒论。

"又三摩中诸善男子,坚凝正心,魔不得便。穷生类本,观彼幽清常扰动元,于后后有生计度者。是人坠入五涅槃论:或以欲界为正转依。观见圆明,生爱慕故。或以初禅,性无忧故;或以二禅,心无苦故;或以三禅,极悦随故;或以四禅,苦乐二亡,不受轮回生灭性故。迷有漏天,作无为解,五处安稳,为胜净依。如是循环,五处究竟。由此计度五现涅槃,堕落外道,惑菩提性。是则名为第十外道,立五阴中五现涅槃,心颠倒论。

"阿难,如是十种禅那狂解,皆是行阴用心交互,故现斯悟。众生顽迷,不自忖量,逢此现前,以迷为解,自言登圣。大妄语成,堕无间狱。汝等必须将如来语,于我灭后,传示末法。遍令众生觉了斯义。无令心魔自起深孽,保护覆护,销息邪见。教其身心,开觉真义,于无上道不遭枝歧。勿令心祈得少为足,作大觉王清净标指。

【注释】

①七断灭:指人、天七处即人间、欲界、初禅、二禅、三禅、四禅、无色界等。

②七际:指四洲、六欲天二际;初禅、二禅、三禅、四禅四

际；四空天又称四空处一际，共七际。际，边际。

【白话】

"还有修定中的一些男信徒，坚定凝结修正之心，天魔无机可乘。他们穷究十二类生灵的本原，观察其在幽清中常处于运行不止的状态，于是认为在色身死了之后一切归之于无并推论忖度。这样的人就会坠入七种断灭的理论：或者推论死后身体断灭，或者欲念全部断灭，或者苦难全部灭除，或者极乐灭除，或者极舍灭除。这样循环推论，穷尽七际，呈现在眼前的一切都灭除，灭尽之后已不会再有。由此推论忖度死后断灭干净，从而坠落于佛教之外的学说中，迷惑了修正之心性。这就叫做第九种佛教以外的学说，建立色、受、想、行、识五阴之中死后一切断灭，心中产生了错误颠倒的理论。

"还有修定中的一些男信徒，坚定凝结修正之心，天魔无机可乘。穷究各种生灵的本原，观察其在幽隐轻微中常处于运行不止的状态，于是认为在身死之后由不止而必有并产生推论和忖度。这样的人就会坠入五种涅槃论：或者以为欲界之六欲天人之境为涅槃所依的境界。观想见到那里圆通光明，所以产生了爱慕。或者以为初禅之境地脱离心生喜乐，无忧无虑为涅槃；或者以为二禅境地定生喜乐，所以心中没有苦恼为涅槃；或者以为三禅境地离喜妙乐，所以极喜悦随心而住为涅槃；或者以为四禅境地舍念清净，苦与乐皆无，所以不受生死轮回制约为涅槃境界。迷惑于有心念的天人境界，作为寂静无为圣境，在天人、四禅五处，以为是安稳和殊胜的澄静所依之地。这样循环往复，以天人、四禅五处为圣果。由于推论忖度现在所处之地为涅槃境界，从而堕落到佛教之外的学说中，迷惑了修正的心性。这就叫做第十种佛教以外的学说，建立色、受、想、行、识五阴之中五种现出境地为涅槃境界，心里产生错误颠倒的理论。

"阿难，上述十种禅定中的狂妄见解，都是心理运行区域用妄有之心交互作用，因此呈现的所谓证悟。众生顽固的妄心迷惑，不能自我忖度，遇到这种境况出现于眼前，以迷惑为悟解，自称得证圣果。大妄之语成立，堕落于苦难无边的地狱。你们必须将我所讲的，在我寂灭之后，传法启示于未来佛法衰落时期的人们。普遍使众生灵理解这些义理。不让心中妄有之魔生起而自造深重罪孽，保护修定之人维护其心，消除止息邪恶见解。教导他们，开启觉悟身心并领悟真正的佛理，在无上佛道上不致遭逢歧路。不使其心祈求得到一点领悟就以少而满足，要以作为广大觉悟的清净法王为指南和标志。

【经文】

"阿难，彼善男子修三摩地，行阴尽者，诸世间性，幽清扰动，同分生机，倏然隳裂，沈细纲纽。补特伽罗①，酬业深脉，感应悬绝。于涅槃天将大明悟。如鸡后鸣，瞻顾东方，已有精色。六根虚静，无复驰逸。内外湛明，入无所入。深达十方十二种类，受命元由。观由执元，诸类不召。于十方界，已获其同。精色不沈，发现幽秘。此则名为识阴区宇。若于群召，已获同中，销磨六门，合开成就。见闻通邻，互用清净。十方世界及与身心，如吠琉璃内外明彻。名识阴尽。是人则能超越命浊②。观其所由罔象虚无颠倒妄想，以为其本。

"阿难当知，是善男子穷诸行空，于识还元。已灭生灭，而于寂灭精妙未圆。能令己身，根隔合开，亦与十方诸类通觉，觉知通淴，能入圆元。若于所归，立真常因，生胜解者，是人则堕因所因执。娑毗迦罗所归冥谛，成其伴侣。迷佛菩提；亡失知见。是名第一立所得心，成所归果。违远圆通，背涅槃城，生外道种。

"阿难，又善男子穷诸行空，已灭生灭，而于寂灭精妙未圆。若于所归，览为自体，尽虚空界十二类内所有众生，皆我身中一类流出，生胜解者，是人则堕能非能执。摩醯首罗现无边身③，成其伴侣。迷佛菩提，亡失知见。是名第二立能为心，成能事果。违远圆通，背涅槃城，生大慢天我遍圆种。

【注释】

①补特伽罗：佛教人、我的另称，生死轮回的主体。因主张无我，并不承认补特伽罗为实有，但为了言说、顺世、宣传教义，"假施设"即假说为有。

②命浊：浊，污浊。以烦恼、邪见为浊之本体，命之短缩乃至十岁为其结果，故称命浊。为五浊即劫浊、见浊、烦恼浊、众生浊、命浊。

③摩醯（xī）首罗：译为大自在天，指此天王在大千世界中得自在，为八臂三眼身相，骑白牛。

【白话】

"阿难，这位有教养的男修行者证悟定念心止，心理运行的境遇除尽，对一切世间的生命现象，幽隐轻微的运动，具有共同的区分生命机制，已经倏然毁坏断裂，深沉细微形成生命纽带的心识纲领消失。轮回之我，酬偿前业的深沉细脉，在对应的心理感受上如悬丝断绝。对于涅槃广大光明的天境将证悟。正如雄鸡高唱，眺望东方，已有晨曦之色。眼、耳、鼻、舌、身、意清虚宁静，不再奔驰逸飞。内心与外境湛然澄明，进入无所入的境地。深远地通达十二类生灵,在一切世界中感受生命的本原。观察到生灵所执有的生命之原,但一切种类都不能召唤于他。在十方世界中,已获悉了其本原的共同性。精妙之心不再沉隐,妄念产生的幽隐秘密显现出来。这就叫做心识了别的范围。倘若对业十二种业缘的召唤,已经获悉了他们共同的本原,消灭了眼、耳、鼻、舌、身、意这妄尘进入之门,并和合为一,分开为六,圆融成就。那么看见与听见的功能就通达如邻,相互运用清净无碍。一切世界及其身心,犹如透明的玻璃那样明彻。这叫做心识表现的区域尽除。这样的人就能超越生命日渐减少的烦恼。观察这人的心识来由,仍是若有似无虚幻错误的妄念,作为根本的。

"阿难应当知道,这位男修行者穷究一切心理运行本归于空,将澄明心识返还于本原。已经灭除了生灭的意念,但对于永寂灭尽的精妙佛理并未圆融。能使自己身心,将各种感官隔离或合和,也能与一切众生灵通达感觉,觉悟和智慧能通达无碍,进入圆通的本原。倘若在所归的圆通中,确立真实常存的想法,并因此而生这是殊胜见解,这人就会堕入因为有所执有的因缘。这与黄发数论派大师所归纳的二十五谛中的第一谛冥谛即我思殊胜境地相通,成为他们的伴侣。迷惑修悟佛理之心,失去了智慧的见解。这叫做第一种妄念,建立了有所得之心,成有所归的心果。违背远离了圆满通达,与佛果之城背道而驰,生于数论派之中。

"阿难,还有修行的男信徒穷究一切心理运行皆归于空,已经灭除了生与灭的心念,但对于永寂尽灭的精妙佛理并未圆融明了。倘若对于所归依的心识,以为是自己的本体,所有空间世界的十二种的一切众生灵,都由身体之中的惟一心识中川流而出,从而产生殊胜见解,这人就堕落到能否定和确定的无所不能之中。这与大自在天主现出无边神通的各类身形相通,成为他的伴侣。迷惑了修悟佛理之心,失去了智慧的见解。这叫做第二种妄念，建立了无所不能的有为之心，生成了能成一切事的心果。违背远离了圆满通达，与佛果之城背道而驰，生于广大自我傲慢的天王境地成为我遍及圆通一切的根苗。

【经文】

"又善男子穷诸行空，已灭生灭，而于寂灭精妙未圆。若于所归，有所归依。自疑身心从彼流出，十方虚空咸其生起，即于都起所宣流地，作真常身无生灭解。在生灭中，早计常住。既惑不生，亦迷生灭，安住沈迷，生胜解者，是人则堕常非常执。计自在天成其伴侣。迷佛菩提，亡失知见。是名第三立因依心，成妄计果。违远圆通，背涅槃城，生倒圆种。

"又善男子穷诸行空，已灭生灭，而于寂灭精妙未圆。若于所知，知遍圆故，因知立解。十方草木皆称有情，与人无异。草木为人，人死还成十方草树。无择遍知，生胜解者，是人则堕知无知执。婆吒、霰尼执一切觉①，成其伴侣。迷佛菩提，亡失知见。是名第四计圆知心，成虚谬果。违远圆通，背涅槃城，生倒知种。

"又善男子穷诸行空，已灭生灭，而于寂灭精妙未圆。若于圆融根互用中，已得随顺。便与圆化一切发生，求火光明，乐水清净，爱风周流，观尘成就，各各崇事。以此群尘，发作本因，立常住解。是人则堕生无生执。诸迦叶波并婆罗门②，勤心役身，事火崇水，求出生死，成其伴侣。迷佛菩提，亡失知见。是名第五计著崇事，迷心从物，立妄求因，求妄冀果。违远圆通，背涅槃城，生颠化种。

"又善男子穷诸行空，已灭生灭，而于寂灭精妙未圆。若于圆明，计明中虚，非无群化，以永灭依，为所归依，生胜解者，是人则堕归无归执。无想天中，诸舜若多③，成其伴侣。迷佛菩提，亡失知见。是名第六圆虚无心，成空亡果。违远圆通，背涅槃城，生断灭种。

【注释】

①婆吒、霰（xiàn）尼：为两种邪见外道名称。执涅槃无常，计草木有名。

②迦叶波并婆罗门：皆为佛教之外的教派。前者倡苦行；后者为古代印度知识的垄断者，为印度第一种姓，从事修行者称为梵志，自称"人间之神"。婆罗门教形成于公元前七世纪，信仰多神，在八九世纪经改造，形成现代印度教的雏形。

③舜若多：虚空之神。译作空性，有二义：一指虚空之实体；二指诸法之空无谓之空，空之性，名为空性。

【白话】

"还有修定的男信徒穷究一切心理运行皆归于空，已经灭除了生与灭的心念，但对于永寂灭尽的精妙佛理并未圆融彻悟。倘若对于所归依的唯识之处，以为是最终所归之境。自己怀疑身心都是从识境流出，一切虚空都是从这里生起，就是都是从心所宣泄流布一切地方，认为这是真实常住之身且没有生与灭。在生与灭之中，预先推论识境常住不变。他既迷惑于不生的现象，也迷惑于生与灭的本质，安然停在沉沉的迷惑中，产生这是殊胜的见解，这人就会堕落于识境为常在而众生灵为不常存的认识中。其推论与自在天王相同，从而成为其伴侣。迷惑了修悟佛理之心，失却了智慧的见解。这叫做第三种妄念，建立了因识生身而依于心地，形成虚妄推论的心识之果。违背远离了圆满通达，与佛果之城背道而驰，产生了颠倒圆满的根苗。

"还有修定的男信徒穷究一切心理运行皆归于空,已经灭除了生与灭的心念,但对于永寂灭尽的精妙佛理并未圆融明了。倘若对于心识所知的本性,就是智慧周遍和圆满,所以因心识所知确立见解。以为一切草木都叫有情生灵,与人并无区别。草木可以为人,人死后还可以成为一切花草树木。有情众生与无情草木都是有知的,产生此为殊胜的见解,这样的人就会堕入智与无智的偏执中。与邪见的草木有智和一切事物都有知觉相同,成为其伴侣。迷惑了修证佛理之心,失去了智慧的见解。这叫做第四种妄念,建立了推论心识是圆满周遍的,形成了虚妄荒谬的心果。违背远离了圆满通达,与佛果之城背道而驰,产生了颠倒知觉的错误根苗。

"还有修定的男信徒穷究一切心理运行皆归于空,已经灭除了生与灭的心念,但对于永寂灭尽的精妙佛理并未圆融明了。倘若对于在圆融无碍的境地中一切感官可以相互作用,已经得以随意顺达。从而在圆融变化的一切中发生地、水、火、风为常存永在的心识,进而追求火的光明,乐见水之清净,喜爱风的周游流布,观察大地成就的面貌,对地、水、火、风作为推崇备至的事物。认为这些事物,就是产生世界的根本原因,建立地、水、火、风是常住不变的见解。这样的人就会堕于生命是从无生命的事物产生的执着认识。与那些梵志辛勤劳役身心,敬火、崇拜水,希求超出生死一样,从而成为其伴侣。迷惑了修悟佛理之心,失却了智慧的见解。这叫做第五种妄念,执着于崇拜自然之事,迷失了真心而随从事物,建立了地、水、火、风为生死之因,希求妄有的心果。违背远离了圆满通达,与佛果之城背道而驰,产生了错误的自然造化的根苗。

"还有修定的男信徒穷究一切心理运行皆归于空,已经灭除了生与灭的心念,但对于永寂灭尽的精妙佛理并未圆融明了。倘若对于在圆融明净境地，推论明净之中皆为虚空，并无群伦的变化，以永远灭尽作为依所之地，产生出这就是殊胜的见解，这样的人就会堕入有所归依，又无可归依的偏执中。和无想天界之中，一切虚空之神相同，成为其伴侣。迷惑了修证佛理之心，失去了智慧的见解。这叫做第六种妄念，认为圆明虚无并无真心，成立了空亡之果。违背远离了圆满通达，与佛果之城背道而驰，产生了一切断灭无生的错误根苗。

【经文】

"又善男子穷诸行空，已灭生灭，而于寂灭精妙未圆。若于圆常固身常住，同于精圆，长不倾逝，生殊解者。是人则堕贪非贪执。诸阿斯陀求长命者①，成其伴侣。迷佛菩提，亡失知见。是名第七执着命元，立固妄因，趣长劳果。违远圆通，背涅槃城，生妄延种。

"又善男子穷诸行空，已灭生灭，而于寂灭精妙未圆。观命互通，却留尘劳，恐其销尽。便于此际坐莲花宫，广化七珍，多增宝媛，恣纵其心，生胜解者。是人则堕真无真执。吒枳、迦罗②，成其伴侣。迷佛菩提，亡失知见。是名第八发邪思因，立炽尘果。违远圆通，背涅槃城，生天魔种。

"又善男子穷诸行空，已灭生灭，而于寂灭精妙未圆。于命明中，分别精粗，疏决真伪。因果相酬，唯求感应，背清净道。所谓见苦断集，证灭修道。居灭已休，更不前进，生胜解者。是人则堕定性声闻。诸无闻僧增上慢者，成其伴侣。迷佛菩提，亡失知见。是名第九圆精应心，成趣寂果。违远圆通，背涅槃城，生缠空种。

"又善男子穷诸行空，已灭生灭，而于寂灭精妙未圆。若于圆融清净觉明，发研深妙，即立涅槃而不前进，生胜解者。是人则堕定性辟支③。诸缘独伦不回心者，成其伴侣。迷佛菩提，亡失知见。是名第十圆觉溜心，成湛明果。违远圆通，背涅槃城，生觉圆明不化圆种。

【注释】

①阿斯陀：译作无比，长寿仙。其人期望常住，虽延长其命，但终归坏灭。求"长劳果"《会解》指出：劳，应作牢，声之误。

②吒枳、迦罗：能化欲境自娱，为欲顶自在天类。

③辟支：译为缘觉、独觉。缘觉是佛在世，以知十二因缘而证悟的修行者；独觉则是独居山林，悟无常、无我，而独自得道，故称。皆为自度者。

【白话】

"有修定中的男信徒穷究一切心理运行皆归于空，已经灭除了生和灭的意念，但对永寂灭尽的精妙佛理并未圆融明了。倘若在圆满常住的心境中，坚固身心，等同于精妙圆满，长久不倾灭消失之中，产生了此为殊胜境地的见解，这样的人就会堕入贪求身心永生而实际不得的贪非贪执的执着中。就与那些长寿仙及其追求长命的修行者一样，成为其伴侣。迷惑了修悟佛理之心，失去了智慧的见解。这叫做第七种妄念，执着于生命的本原，建立永固的妄想因缘，去修行长久牢固的永生之果。违背远离了圆满通达，与佛果之城背道而驰，产生妄想延年永生的根苗。

"有修定中的男信徒穷究一切心理运行皆归于空，已经灭除了生与灭的意念，但对永寂灭尽的精妙佛理并未圆融明了。倘若在观悟生命是互相通融，物在命在，从而留却世间事物，恐怕物消命尽。从而以修定神通现宝殿,坐于莲花宫内,广泛变化七种珍宝以增辉,增加艳丽美女,恣情放纵其心,产生此为殊胜境地的见解。这样的人就会堕入以不真实的生命本原反以为真的偏执中。就与以欲境自娱的天魔一样,成为其伴侣。迷惑了修悟佛理之心,失去了智慧的见解。这叫做第八种妄念,引发出邪恶的思想,因此建立世俗事物炽盛而焚身的苦果。违背远离了圆满通达,与佛果之城背道而驰,生于天魔的种类中。

"有修定中的男信徒穷究一切心理运行皆归于空,已经灭除了生与灭的意念,但对永寂灭尽的精妙佛理并未圆融明了。倘若在明确生命的本原业力中,分出圣凡的差别,疏理抉择其真假。知出世与入世,都有因果报业,惟求真修实证的感应,违背了修悟清净本心的佛理。所谓见到苦从而要断一切烦恼之集,为证悟寂灭修佛道。认为灭除烦恼后就可以休止了,不再求前进,产生出这就是殊胜境地的见解。这样的人就会堕入定性的闻佛法而信只求自度的声闻之中。和一切不求智慧博闻的出家人且增进佛缘慢而满足者一样,成为其伴侣。迷惑了修证佛理之心,失去了智慧的见解。这叫做第九种妄念,以圆满精妙之心,生成走向寂灭之果。违背远离了圆满通达,与佛果之城背道而驰,产生为空所缠缚的根苗。

"有修定中的男信徒穷究一切心理运行皆归于空,已经灭除了生与灭的意念,但对永寂灭尽的精妙佛理并未圆融明了。倘若于圆融无碍清净的觉悟明了的境地,发生研究深刻美妙的义理,随即确立这就是涅槃境界而不再前进,产生了此为殊胜的见解。这样的人就会堕入定性的缘觉、独觉乘。与一切知因缘,独修得悟的修行者一样,不肯自度度人回发转向大乘,成为自度、自悟者的伴侣。迷惑了修证佛理之心,失去了智慧的见解。这叫做第十种妄念,以圆满觉悟的泯念之心,成就明彻湛然的证果。违背远离了圆满通达,与佛果之城背道而驰,生成理圆智明,无应时变化之身的圆通根苗。

【经文】

"阿难,如是十种禅那,中途成狂。因依迷惑,于未足中生满足证。皆是识阴用心交互,故生斯位。众生顽迷,不自忖量。逢此现前,各以所爱先习迷心,而自休息。将为毕竟所归宁地,自言满足无上菩提,大妄语成。外道邪魔所感业终,堕无间狱。声闻缘觉,不成增进。汝等存心,秉如来道,将此法门,于我灭后,传示末世,普令众生,觉了斯义。无令见魔,自作沈孽。保绥哀救,销息邪缘,令其身心入佛知见。从始成就,不遭歧路。如是法门,先过去世恒沙劫中,微尘如来,乘此心开,得无上道。

"识阴若尽,则汝现前诸根互用。从互用中,能入菩萨金刚乾慧。圆明精心,于中发化。如净琉璃,内含宝月。如是乃超十信、十住、十行、十回向、四加行心,菩萨所行金刚十地,等觉圆明,入于如来妙庄严海。圆满菩提,归无所得。此是过去先佛世尊,奢摩他中,毗婆舍那,觉明分析微细魔事。魔境现前,汝能谙识,心垢洗除,不落邪见。阴魔销灭,天魔摧碎。大力鬼神,褫魄逃逝[①]。魑魅魍魉,无复出生。直至菩提,无诸少乏。下劣增进,于大涅槃,心不迷闷。若诸末世愚钝众生,未识禅那,不知说法,乐修三昧,汝恐同邪,一心劝令持我佛顶陀罗尼咒。若未能诵,写于禅堂,或带身上,一切诸魔,所不能动。汝当恭钦十方如来,究竟修进最后垂范。"

【注释】

①褫（chǐ）魄：夺去魂魄；丧魂落魄。

【白话】

"阿难，上述十种修禅定中的情况，都是中途妄念而成狂妄之见。因为迷惑，在并未证悟的途中产生了满足证得之念。这是识心的作用交相互有，因此生成了心果之位。众生灵妄念顽固迷惑，不能自己忖思揣度。当心境出现于前，各自都以所爱的业习迷惑真心，而自我满足休止了修定。以此作为最终所归依之地，自称心满意足无上觉悟，妄自尊大的诳语成立。其他教派邪恶之魔终究感应于他，从而堕入永不间断苦难的地狱。或者成为声闻缘觉二乘果位，不能成就并增进修证之果。你们要心存真心，信奉佛道，将这种修证之法，在我灭度之后，传播开示于佛法衰落的岁月里，使广大众生灵，觉悟这其中的佛理。不使心中妄念之魔，自己造作沉重的罪孽。保全救护修定之人，消除止息邪念因缘，使其身心在佛智慧的见解中。从开始到成就佛果，不遭遇歧途邪路。这个修行方法，是过去的岁月中，无数的佛，都是乘此方便心获开悟，得证无上圣果。

"如果心识的区域尽除，那么你现在的一切感官可以互相通用。从互相作用之中，能证入证悟者的有金刚不坏之身的乾慧地。圆满明净精妙真心，在其中发生变化。犹如澄净琉璃，从中倒映宝贵的月光。这样就能超越十信、十住、十行、十回向、四加行心，证悟者所行的破烦恼的金刚十地，到与佛平等觉悟圆满明净，进入如实而来的美妙庄严的心海。圆满觉悟，无须一切所得。这是过去的佛，在止、观中，觉察分明并分析微细的天魔邪事。在魔境出现于前时，你能认识清楚，除去洗却心中尘垢，就不会落于邪恶的见解中。色、受、想、行、识的心魔消灭，五十种境地的天魔就如摧枯拉朽一样被粉碎。大力鬼神，也会丧魂落魄而逃之夭夭。妖异精灵，无法再生。这样可以直接证至觉悟，没有缺憾。低下智劣者也可增进智慧，对广大的清澄永寂境界，心中不产生迷惑和苦闷。倘若那些在佛法衰落时期的愚昧迟钝的众生灵，不能识别禅定中的五十种天魔之事，不知我所说的分辨法理，虽乐于修定，你担心他们同于邪魔，就劝他们专心持有我的大佛顶真言。倘若不能背诵，就书写于禅室之内，或者带在身上，一切天魔，都不能侵犯。你应当恭敬钦受一切佛，这最终修定的方法并垂示于后来修行之人，遗范于一切众生灵。"

【经文】

阿难即从座起，闻佛示诲，顶礼钦奉，忆持无失。于大众中，重复白佛："如佛所言，五阴相中，五种虚妄为本想心。我等平常未闻如来微细开示。又此五阴为并销除，为次第尽？如是五重，诣何为界？惟愿如来发宣大慈，为此大众清明心目。以为末世一切众生，作将来眼。"

佛告阿难："精真妙明，本觉圆净。非留死生及诸尘垢，乃至虚空，皆因妄想之所生起。斯元本觉，妙明精真。妄以发生诸器世间。如演若多，迷头认影。妄元无因，于妄想中立因缘性。迷因缘者，称为自然。彼虚空性，犹实幻生。因缘自然，皆是众生妄心计度。

"阿难，知妄所起，说妄因缘。若妄元无，说妄因缘元无所有。何况不知，推自然者？是故如来与汝发明，五阴本因，同是妄想。汝体先因父母想生。汝心非想，则不能来想中传命。如我先言：心想醋味，口中涎生；心想登高，足心酸起。悬崖不有，醋物未来。汝体必非虚妄通伦，口水如何因谈醋出？是故当知，汝现色身，名为坚固第一妄想。

"即此所说临高想心，能令汝形真受酸涩。由因受生，能动色体。汝今现前顺益违损，二现驱驰，名为虚明第二妄想。

"由汝念虑，使汝色身。身非念伦，汝身何因随念所使，种种取像？心生形取与念相应。寤即想心，寐为诸梦。则汝想念摇动妄情，名为融通第三妄想。

"化理不住，运运密移。甲长发生，气销容皱。日夜相代，曾无觉悟。阿难，此若非汝，云何体迁？如必是真，汝何无觉？则汝诸行，念念不停。名为幽隐第四妄想。

"又汝精明，湛不摇处，名恒常者。于身不出见闻觉知。若实精真，不容习妄。何因汝等曾于昔年睹一奇物，经历年岁，忆忘俱无，于后忽然覆睹前异，记忆宛然，曾不遗失？则此精了，湛不摇中，念念受熏，有何筹算。阿难当知，此湛非真，如急流水，望如恬静，流急不见，非是无流。若非想元，宁受妄习？非汝六根，互用开合，此之妄想无时得灭。故汝现在见闻觉知，中串习几。则湛了内罔象虚无，第五颠倒微细精想。

【白话】

阿难听了佛陀的启示和教诲之后，随即从座位上起来，顶礼膜拜于佛陀脚下并钦受奉行，口诵心忆，不使忘却。在广大的信徒之中，再一次向佛陀问道："如您所说，在色、受、想、行、识境遇的形态中，五种虚妄的作用都是以妄心为根本。我们平常没有听到您对此微妙细密开蒙启示。还有在修定中色、受、想、行、识五阴是一并消除的，还是依次逐步消除的呢？这五重境地,又以何为界限呢?期望您发大慈悲心宣讲,为修行者心明眼亮。并为未来世界中的一切众生灵,指出将来修证的方向,清净法眼。"

佛陀对阿难说:"心境本自精妙真实,觉悟圆满明净。并非滞留在生与死以及一切妄有尘垢之中,以至于虚空,也都是妄想之心所产生的。这妄想心本自觉悟,精妙真实明净。一切世间的现象都是妄有的。正如前述狂人演若达多,其头本在却妄以为失去,其影不实却反以为真。妄想的本原并无所谓的原因,是于妄想之中假立因缘性。迷惑于因缘性的人,称一切事物是自然的。不知那虚无的空间,仍是幻有生成。谈因缘或自然,都是人们妄有心理的推论忖度。

"阿难,知道妄想所生起之处,可以说妄想从因缘而有。倘若妄想根本于无,说妄想和因缘则本自一无所有。何况不知因缘为何,却推说自然的人不是更为虚妄吗?因此我再为你启发和说明,色、受、想、行、识五阴的根本原因,同样是由妄想而生。你的身体先是由父母欲想而产生。你的将有之身心,如果不是妄想,就不能来到父母的欲想中投胎受命。如我所说:心里想着醋的味道,口中就有口水产生;心里想登到高处,脚心会有酸累之感生起。但实际并无高峻的悬崖,也无酸醋。你之体若不是与妄想一样,为何口中会因说醋而出涎水?从由妄想而有酸的道理中应当知道,你现在物质身体的存在,就称为色阴坚固的第一种妄想。

"以上述例子所讲的有登临高山的妄想心,就能使你的形体真正感受到酸涩。因为有了感受的产生,就能使你的身体产生变化。你现在在生活面前的顺心与违意、受益与受损,这两种心境都被驱动和奔驰着。这就称为受阴虚妄却明白益与损的第二种妄想。

"由你的心念思虑，使你的物质之身产生作用。身体与心念不是同类，为何你的身体会因为心念的指使而随着产生作用，做出各种事情呢？心念产生身体随之与其相应。醒着是思想着的心，睡着是一切梦。因此你的想念摇动妄情，就称为想阴醒与睡融合相通的第三种妄想。

"生理的变化从不停止，运动隐密推移而不觉察。如指甲在长，头发在生，气色变化容颜变成老皱。日夜相互新陈代谢，人却无觉察。阿难，这变化如果不是你，何以身体会变迁呢？如果说就是真实的你，那么你为何没有觉察呢？因此你的一切行为，都由心念而起从不停息。这称为行阴在幽隐之处运行的第四种妄想。

"还有你在精妙明净，湛然不动的心境中，就称这是恒永常在之心。可是它对于身体所产生的作用，不出于所见、闻、觉、知之中。倘若这就是真实精妙之心，就不会容纳外界妄尘的熏习。为何你们曾在多年以前目睹过一件奇异的事物，在经历了流年岁月后，记忆全部都没有了，以后忽然又目睹了以前见过的奇异事物，记忆又宛然如故，毫不遗忘呢？那么在这精妙明了，湛然不动摇的境地，每个心念都要受外境的熏染，这是无法统计运算出多少来的。阿难由此应当知道，这湛然的心境并非是真正恒常不动的，比如急流之水，远望恰似恬静，其实是水流湍急，所以看不出来，不是水不流。倘若心境不是妄想的本源，又何以会受外境的妄有熏习呢？除非你的眼、耳、鼻、舌、身、意，能互相为用，开合自在，这心之妄想是永远不能灭除的。因此你现在的见、闻、觉、知的功用，相互之中是串联且妄有是从几处相串熏习的。所以湛然明了的心境无常存之态，是暂时无象虚无的境地，这称为识阴错误微细精妙的第五种妄想。

【经文】

"阿难,是五受阴,五妄想成。汝今欲知因界浅深,唯色与空,是色边际;唯触及离,是受边际;唯记与忘,是想边际;唯灭与生,是行边际;湛入合湛,归识边际。此五阴元,重叠生起。生因识有,灭从色除。理则顿悟,乘悟并销。事非顿除,因次第尽。我已示汝劫波巾结,何所不明,再此询问?汝应将此妄想根元,心得开通,传示将来末法之中诸修行者,令识虚妄。深厌自生,知有涅槃,不恋三界。

"阿难,若复有人,遍满十方所有虚空,盈满七宝,持以奉上微尘诸佛,承事供养,心无虚度。于意云何,是人以此施佛因缘,得福多不?"

阿难答言:"虚空无尽,珍宝无边。昔有众生,施佛七钱,舍身犹获转轮王位。况复现前虚空既穷,佛土充遍,皆施珍宝。穷劫思议,尚不能及。是福云何更有边际?"

佛告阿难:"诸佛如来,语无虚妄。若复有人,身具四重十波罗夷①,瞬息即经此方他方,阿鼻地狱。乃至穷尽十方无间,靡不经历。能以一念将此法门,于末劫中开示未学。是人罪障,应念销灭。变其所受地狱苦因,成安乐国。得福超越前之施人,百倍千倍,千万亿倍。如是乃至算数譬喻所不能及。

"阿难,若有众生,能诵此经,能持此咒,如我广说,穷劫不尽。依我教言,如教行道。直成菩提,无复魔业。"

佛说此经已,比丘、比丘尼、优婆塞、优婆夷,一切世间天人、阿修罗,及诸他方菩萨二乘,圣仙童子,并初发心大力鬼神,皆大欢喜,作礼而去。

【注释】

①四重十波罗夷：波罗夷，指戒律中的重罪，犯此戒者，永弃清众。意为极恶无余。四重波罗夷，通常指犯四戒：淫、盗、杀、大妄语。此外还有密教四波罗夷等。十波罗夷，大乘对于前述小乘四波罗夷之外，而说菩萨十波罗夷，除淫、盗、杀、大妄语，另有酤酒、说四众过、自赞毁他、悭惜加毁、嗔心不受悔、谤三宝。

【白话】

"阿难，这五种感受的五阴之境，形成了五种妄想。你现在要想知道其原因和界限的浅与深的关系，应当知道有形的事物与无形的空，就是受阴的区域；感触与脱离了感觉，就是受阴的区域；记忆与忘却，就是想阴的区域；灭除与产生，就是行阴的区域；湛然不动入于和合湛然明了，归属识阴的区域。这五阴的本原，是相互重叠生起的。生起是因为心识而具有的，灭除是从物质形态灭除的。明白此理就能顿时开悟，所谓的开悟也一并消除。事物形态因习在心地并非一念顿时尽除，因此应依次逐渐灭除。我已在前面启示你，将经久之妄习如一条华巾上有六个结，要依次解结的喻理告诉了你，为何不明白，还要再次询问呢？你应该把这个妄想根源，从心里得到开启通达，传播启示将来末法之中的一切修行者，使其认识五阴的一切都是虚妄。深刻地厌恶自己心中产生的妄有，知道有寂灭的涅槃境界，不再依恋于欲界、色界、无色界的有情、有想的境地。

"阿难，倘若有人，以遍及布满一切空间的七种珍宝，来奉献给无数的佛，事奉承当供应给养，心中没有虚妄之想。你如何看，这样的人以此珍宝布施于佛的因缘，得到的福报多不多？"

阿难回答说："虚空是无穷尽的，珍宝也应是无边无尽的。过去有人，只布施于佛七个钱币，死后转生为手转宝轮的圣王。何况现在要穷尽虚空，将一切佛国，都施于珍宝。其福穷尽无量计议，也不能算清。这样的福德如何能用数量来考量，用范围来计算呢？"

佛陀对阿难说："一切佛，不说虚妄的话。如果还有人，身犯四重戒和大乘证悟者十种重戒，在瞬息之间就将堕入此一方、彼一方的苦难地狱。以至于将由此到彼穷尽十方一切不间断煎熬的地狱，将一一经历。如果在将堕的一念之间将修定的方法，在末劫之中开启未学的信徒。这人的罪孽，就会由此念消失。改变其所受地狱苦报的因缘，化成安乐的境地。他得到的福报会超过以珍宝施佛的人，一百倍、一千倍、千万倍、亿倍。以至于无法计算其数量，是譬喻所不能企及的。

"阿难，倘若有众生灵，能够念诵楞严经，能念诵持有楞严咒，像我一样广为解说，其福福历度岁月也说不尽。能依据我的教诲，按教理修行圣道。就能一直成就觉悟，不会再有一切魔的业缘。"

佛陀讲完楞严经之后，佛教四众，男女出家修行者，男女居家持五戒的信仰者，一切世间的天、人、争斗之神，以及从各方而来的证悟者和闻法而信、悟十二因缘而自证的两种修行者，圣洁的仙人童子，还有初发心证悟的大力鬼神等等，都皆大欢喜，顶礼膜拜佛陀后离去。